UTB

W0299939

Eine Arbeitsgemeinschaft der Verlage

Böhlau Verlag · Wien · Köln · Weimar
Verlag Barbara Budrich · Opladen · Farmington Hills
facultas.wuv · Wien
Wilhelm Fink · München
A. Francke Verlag · Tübingen und Basel
Haupt Verlag · Bern · Stuttgart · Wien
Julius Klinkhardt Verlagsbuchhandlung · Bad Heilbrunn
Mohr Siebeck · Tübingen
Nomos Verlagsgesellschaft · Baden-Baden
Orell Füssli Verlag · Zürich
Ernst Reinhardt Verlag · München · Basel
Ferdinand Schöningh · Paderborn · München · Wien · Zürich
Eugen Ulmer Verlag · Stuttgart
UVK Verlagsgesellschaft · Konstanz, mit UVK/Lucius · München
Vandenhoeck & Ruprecht · Göttingen
vdf Hochschulverlag AG an der ETH Zürich

Theologie studieren

im modularisierten Studiengang

herausgegeben von
Karlheinz Ruhstorfer, Clauß Peter Sajak, Dominik Burkard

Clauß Peter Sajak

Praktische Theologie

Modul 4

Ferdinand Schöningh

Online-Angebote oder elektronische Ausgaben sind erhältlich unter **www.utb-shop.de**

Bibliografische Information Der Deutschen Nationalbibliothek

Die Deutsche Nationalbibliothek verzeichnet diese Publikation in der Deutschen Nationalbibliografie; detaillierte bibliografische Daten sind im Internet über http://dnb.d-nb.de abrufbar.

Internet: www.schoeningh.de

Printed in Germany.
Herstellung: Ferdinand Schöningh, Paderborn
Einbandgestaltung: Atelier Reichert, Stuttgart

UTB-Band-Nr: 3472
ISBN 978-3-8252-3472-0

Inhaltsverzeichnis

Zur Reihe ... 11

Vorwort ... 13

I. Einführung in die Pastoraltheologie *(Reinhard Feiter)* ... 15

1. Pastoral und Pastoraltheologie ... 15
1.1 Die Pastoraltheologie – ein Krisendiskurs ... 15
1.2 Kleine Geschichte der Pastoraltheologie ... 17
1.3 Unterscheidung der Pastoral ... 23
1.3.1 Die Pastoral-Metapher ... 24
1.3.2 Der Begriff des Pastoralen ... 27

2. Theorie der Praxis ... 32
2.1 Praxis als Gegenstand und als Instanz der Kritik ... 32
2.2 Praxis und Empirie ... 35
2.3 Praxis und Subjektivität ... 40

3. Thema: Freiheit ... 44
3.1 Riskante Freiheit ... 44
3.2 Zur Freiheit berufen ... 46
3.3 Gewagte Freiheit ... 49

4. Zur weiteren Orientierung ... 53
4.1 Typen der Pastoraltheologie ... 54
4.2 Pastoraltheologische Cluster ... 56
4.3 Nachbarinnen der Pastoraltheologie ... 58

Literatur ... 60

II. Einführung in die Religionspädagogik *(Clauß Peter Sajak)* ... 65

1. Religionspädagogik als Theorie der Praxis religiöser Bildung ... 65
1.1 Der Begriff „Religionspädagogik" ... 65
1.2 Religionspädagogik als Wissenschaft ... 66
1.2.1 Zur Geschichte der Disziplin ... 67
1.2.2 Die Gegenstandsbereiche der Religionspädagogik ... 69
1.2.3 Die Frage der Methoden ... 71
1.3 Religionspädagogik als Fachdidaktik Religion? ... 72

2. Realisierungen, Lernorte und Anfragen ... 74
2.1 Der Lernort Familie und das Verbindlichkeitsproblem ... 76
2.2 Der Lernort Gemeinde und das Lehrbarkeitsproblem ... 78
2.3 Der Lernort Religionsunterricht und das Bildungsparadox ... 81
2.4 Die Erwachsenenbildung und das Milieuproblem ... 82

3. Religionsdidaktik: Theorie und Praxis des schulischen Religionsunterrichts ... 85
3.1 Voraussetzungen des schulischen Religionsunterrichts ... 86
3.2 Die Prinzipien der Religionsdidaktik ... 89
3.2.1 Das Prinzip der Korrelation ... 90
3.2.2 Das Prinzip der Elementarisierung ... 94
3.3 Kompetenzen zur Gestaltung religionsdidaktischer Prozesse ... 96
3.3.1 Lebensweltliche Kompetenz ... 97
3.3.2 Pädagogische Kompetenz ... 99
3.3.3 Sachkompetenz ... 103
3.3.4 Didaktische Kompetenz ... 107
3.3.5 Methodische Kompetenz ... 111

4. Aktuelle Fragestellungen und Diskussionen ... 115

Literatur ... 115

III. Einführung in das Kirchenrecht *(Georg Bier)* ... 121

1. Recht ... 121
1.1 Eine Rechtsordnung für die Kirche? ... 121
1.2 Kanonisches Recht? ... 123
1.3 Funktionen des Kirchenrechts ... 125
1.4 Kirchenrechtswissenschaft als theologische Disziplin ... 126

2. Geschichtliche Anteile des Kirchenrechts ... 130
2.1 Anfänge ... 130
2.2 Das Corpus Iuris Canonici ... 131
2.3 Die Kodifikation von 1917 ... 133
2.4 Die Kodifikation von 1983 ... 134
2.5 Eine Kodifikationen für die katholischen Ostkirchen ... 136

3. Göttliches und kirchliches Recht ... 137
3.1 Göttliches Recht ... 137
3.2 (Bloß) kirchliches Recht ... 142

4. Gesetze ... 143
4.1 Merkmale ... 143
4.2 Gesetzgeber ... 145
4.3 Promulgation und Inkrafttreten ... 147
4.4 Verbindlichkeit und Geltung ... 148

5. Interpretation von Gesetzen ... 152
5.1 Interpretationsregeln ... 153
5.2 Geltung von Interpretationen ... 156
5.3 Konzilsgemäße Auslegung des CIC? ... 159

6. Quellen des geltenden Kirchenrechts ... 163
6.1 Kodifikationen ... 163
6.2 Einzelgesetze des Apostolischen Stuhls ... 164
6.3 Partikulargesetze ... 165
6.4 Konkordate ... 166
6.5 Gewohnheit ... 166

7. Rechtsmaterie ... 167
7.1 Rechtssystematik und Inhalte des CIC ... 168
7.2 Grundzüge des kodikarischen Kirchenverständnisses ... 169
7.2.1 Societas perfecta ... 170
7.2.2 Pflicht zur Gliedschaft ... 170
7.2.3 Jurisdiktionsprimat des Papstes ... 171
7.2.4 Stände- und Geschlechterhierarchie ... 172
7.2.5 Wahre Gleichheit ... 173
7.2.6 Individuelles Heil und kirchliches Gemeinwohl ... 174

Literatur ... 175

IV. Einführung in die Liturgiewissenschaft
(Ansgar Franz/Siri Fuhrmann/Alexander Zerfaß) ... 179

1. Begriffsklärungen ... 179
1.1 Der Begriff „Liturgie“ ... 179
1.2 Liturgiewissenschaft ... 180
1.2.1 Historische Streiflichter ... 180
1.2.2 Die Herausbildung der drei Zweige der Liturgiewissenschaft ... 181
1.2.3 Gegenstand und Methoden ... 182
1.3 Liturgiewissenschaft und Lehramtsstudium ... 184

2. Liturgietheologischer Überblick 185
2.1 Die gottesdienstliche Versammlung 185
2.1.1 Die Kirche als die „Herausgerufene“ Gottes 185
2.1.2 Wesentliche Dimensionen der liturgischen Versammlung 187
2.1.3 Die liturgische Versammlung als Fest 190
2.2 Liturgie als Gedächtnis der Heilstaten Gottes 190
2.2.1 Das Wesen der liturgischen Anamnese 190
2.2.2 Gottes „uralte Wundertaten“ leuchten „auch in unserer Zeit“ . . . 193
2.2.3 Die Zeitstruktur der Liturgie 196
2.2.4 „Mysterium“ und „sacramentum“ 199
2.3 Symbol und Ritual 200
2.3.1 Symbol und Symbolsprache 200
2.3.2 Wesen und Funktion eines liturgischen Rituals 202
2.3.3 Raum und Ritual 204

3. Exemplarische Vertiefung: Die Feier der Initiation 207
3.1 Biblische Grundlagen 208
3.1.1 Die eschatologische Dimension: Umkehr und Vergebung der Sünden 208
3.1.2 Die pneumatische Dimension: Empfang des Heiligen Geistes . . 209
3.1.3 Die ekklesiologische Dimension: Aufnahme in die Kirche als Leib Christi 209
3.1.4 Die christologische Dimension: Einer in Christus 209
3.2 Alte Kirche 210
3.2.1 Anmeldung und Katechumenat 211
3.2.2 Die Feier der Initiation 215
3.2.3 Altkirchliche Taufbecken 222
3.3 Auflösung des Zusammenhangs und Verschiebung der Initiationssakramente 223
3.4 Die gegenwärtige Situation der katholischen Taufpraxis 225
3.4.1 Die Theologie des heutigen Taufritus 226
3.4.2 Die Krise der Kindertaufe 229
3.4.3 Ein umsichtiger Lösungsversuch: der zweistufige Kindertaufritus 2007 233

Literatur 234

V. Einführung in die Missionswissenschaft
(Eva Mundanjohl/Giancarlo Collet/Arnd Bünker) 237

1. Begriff und Begriffsgeschichte 237

2. Aktuelle Situation des Christentums ... 238
2.1 Historische Vergewisserung ... 238
2.2. Genese der heutigen Situation ... 245

3. Das Selbstverständnis der Missionswissenschaft ... 250
3.1 Die Institutionalisierung der Disziplin „Missionswissenschaft" ... 250
3.2 Paradigmenwechsel in der Missionswissenschaft nach dem II. Vatikanischen Konzil ... 256

4. Herausforderungen für Theologie und Kirche in Europa ... 261
4.1 Zentrale Themen und Herausforderungen für das missionarische Selbstverständnis in Europa ... 261
4.1.1 Inkulturation ... 264
4.1.2 Kontextualisierung ... 266
4.1.3 Ökumenisches Lernen ... 269
4.1.4 Neue Katholizität ... 271
4.2 Der Beitrag der Missionswissenschaft für Theologie und Kirche in Europa ... 272

5. Zur aktuellen Diskussion um die Entwicklung des Faches ... 275

Literatur ... 277

Übersicht über die gesamte Reihe ... 283

Personenregister ... 287

Sachregister ... 289

Die Autorinnen und Autoren ... 292

Für Bernd Trocholepczy,
meinen Lehrer in der Praktischen Theologie
in *„sympathy of mind with mind“* (J. H. Newman)

Zur Reihe

Mit der Reihe *THEOLOGIE STUDIEREN im modularisierten Studiengang* werden erstmals Lehrbücher vorgelegt, die – im Rahmen des „Bologna-Prozesses“ – den neuen Erfordernissen an den Katholisch-Theologischen Fakultäten und den Instituten für Katholische Theologie Rechnung tragen. In enger Anlehnung an die Vorgaben der Deutschen Bischofskonferenz und des Fakultätentages, die auch die Grundlage für die meisten Modulhandbücher der Fakultäten und Institute bilden, wurden 14 *Bände für Einführungs- und Basismodule* konzipiert.

Da die meisten Fakultäten polyvalente Veranstaltungen anbieten, lassen sich die in dieser Reihe vorgelegten Bände als Basisliteratur für das Theologiestudium sowohl *im Studiengang „Magister Theologiae“ (Vollstudium)* als auch *in den Lehramtsstudiengängen* verschiedener Schultypen und *in der Bachelorphase konsekutiver Studiengänge* verwenden/einsetzen. Darüber hinaus werden gewiss auch Mitarbeiterinnen und Mitarbeiter in der kirchlichen Pastoral sowie Interessierte an der Theologie darin reichlich Informationen und Anregungen finden.

Charakteristisch für die neue Konzeption des Theologiestudiums ist die *Modularisierung* der Inhalte. Die Themen der Theologie werden nicht mehr fach- sondern *sachbezogen* entfaltet. Das bedeutet, dass an den einzelnen Bänden FachvertreterInnen unterschiedlicher theologischer Disziplinen mitgearbeitet haben und ein Thema so *aus verschiedenen Perspektiven* beleuchtet wird. Je nach Modul sind vier bis sieben Fächer in einem Band vertreten. Die ersten fünf Module sind der Einführung in die verschiedenen theologischen Fächergruppen vorbehalten. Biblische, Historische, Systematische und Praktische Theologie sowie Philosophie werden prägnant und knapp vorgestellt. Die weiteren Module entfalten die Inhalte des Glaubens – ausgehend von der Schöpfungslehre über die Gottesfrage – bis hin zu Wegen des Glaubens und dem Verhältnis zu den nichtchristlichen Religionen.

Einen Überblick über die verschiedenen Module und Teilmodule bietet das am Ende jedes Bandes abgedruckte Tableau der gesamten Lehrbuchreihe. Dies ist insofern wichtig, als die inhaltliche Ausgestaltung der Module nicht an allen theologischen Einrichtungen exakt dieselbe ist. Mit Hilfe der Übersicht ist es aber einfach, einen Modulteil, der in einem Band nicht enthalten ist, in einem anderen zu finden.

Die Bände präsentieren ihre Inhalte in ansprechender didaktischer Aufbereitung. Die Marginalien am Seitenrand erleichtern eine rasche Orientierung und diverse Bausteine (Definitionen, Tabellen, Zusammenfassungen etc.) ermöglichen eine konzentrierte Auseinandersetzung mit den Inhalten.

Unser gemeinsamer Dank gilt dem Lektor des Verlags Schöningh Dr. Diethard Sawicki, von dem die Anregung zu dieser Reihe ausging und der sie geduldig und kompetent begleitet hat.

Im Mai 2011

Dominik Burkard, Würzburg
Karlheinz Ruhstorfer, Landau
Clauß Peter Sajak, Münster

Vorwort

Der vorliegende Band aus der Reihe *THEOLOGIE STUDIEREN im modularisierten Studiengang* will eine Einführung in die verschiedenen Disziplinen der Praktischen Theologie bieten und mit den dort abgehandelten theologischen Grundfragen vertraut machen. Die Praktische Theologie als vierter wissenschaftlicher Bereich neben der Biblischen, der Historischen und der Systematischen Theologie versteht sich als Ort kritischer und konstruktiver Reflexion der verschiedenen Praxisfelder von Theologie und Kirche. Mit Hilfe benachbarter human- und kulturwissenschaftlicher Fächer und ihrer wissenschaftlichen Methoden – Altphilologie und Geschichtswissenschaft genauso wie Psychologie, Pädagogik und Soziologie – werden in den verschiedenen Disziplinen der praktischen Theologie die unterschiedlichen Handlungsfelder der Kirche einer kritischen Analyse und Prüfung unterzogen. Dabei konzentriert sich das Erkenntnisinteresse der Praktischen Theologie auf die klassischen Praxisfelder der Kirche wie das Miteinander der kirchlichen Gemeinschaft (Pastoraltheologie), die Geschichte und die Praxis des christlichen Gottesdienstes (Liturgiewissenschaft) und das kirchliche Rechtssystem (Kirchenrecht), aber auch auf jüngere Disziplinen wie die Reflexion religiöser Tradierungs- und Bildungsprozesse (Religionspädagogik) und die Diskussion über die Frage, wie die Kirche ihrer eigenen Sendung zu den Menschen heute in einer globalisierten und religiös pluralen Welt gerecht werden kann (Missionswissenschaft).

Der vorliegende Band enthält diesem Schema folgend fünf Beiträge zu diesen klassischen Disziplinen der Praktischen Theologie: Den Anfang macht der Pastoraltheologe Reinhard Feiter (Münster), der im ersten Kapitel dieses Bandes in die Disziplin der Pastoraltheologie einführt. Ihm folgt mein eigener Beitrag, in dem ich die verschiedenen Gegenstandsbereiche, Grundfragen und Methoden der Religionspädagogik vorgestellt habe. Diese beiden Beiträge sind bewusst an den Anfang des Bandes gestellt worden, weil sie sich im Rahmen unserer Münsteraner Studienstruktur als komplementäre Pflichtvorlesungen im sogenannten Basismodul Praktische Theologie bewährt haben. Es folgt eine Einführung in das Kirchenrecht, die Gregor Bier (Freiburg) vorgelegt hat. Ein Gemeinschaftswerk ist die sich anschließende Einführung in Geschichte, Methoden und Grundbegriffe der Liturgiewissenschaft: Ansgar Franz, Siri Fuhrmann und Alexander

Zerfaß (Mainz) haben diesen Beitrag gemeinsam konzipiert und erarbeitet. Der Band schließt mit einem Fach, das nicht an allen Fakultäten zum Fächerspektrum der Praktischen Theologie gehört, das aber gerade mit Blick auf die aktuellen Entwicklungen unserer Weltgesellschaft von höchster Notwendigkeit ist: die Missionswissenschaft. Mit Blick auf die große Tradition dieser Disziplin an der Münsteraner Katholisch-Theologischen Fakultät haben sich Arnd Bünker, Giancarlo Collet und Eva Mundanjohl bereit erklärt, dieses Fach im Rahmen eines Einführungsbandes in die Praktische Theologie vorzustellen.

Als Herausgeber sage ich einen herzlichen Dank an alle Kolleginnen und Kollegen, die zu diesem Band beigetragen haben. Es hat sich gezeigt, dass in der hochverdichteten und bürokratisch hyperkomplexen neuen Welt der Bologna-Universität es immer schwieriger wird, für ein so groß angelegtes Publikationsprojekt wie unserer Reihe *THEOLOGIE STUDIEREN im modularisierten Studiengang,* Freiräume zu schaffen, um gemeinsam Texte zu erarbeiten, zu reflektieren und aufeinander abzustimmen. Was lange währt, wird endlich gut: Die Einführung in die Praktische Theologie liegt nun vor und ich hoffe als Herausgeber, dass alle fünf Bausteine dieses Bandes Studierenden der katholischen Theologie eine Hilfe bei der Erarbeitung der verschiedenen Fächer in der Praktischen Theologie sein werden.

Ein besonderes Wort des Dankes gilt Friederike Frücht und Stefan Bork, meinen Mitarbeitern am Lehrstuhl für Religionspädagogik an der Katholisch-Theologischen Fakultät der Westfälischen Wilhelms-Universität Münster. Sie beide haben höchst eigenständig, akribisch und unter großem Zeitdruck die höchst unterschiedlichen Beiträge des Autorenteams redaktionell überarbeitet und in eine publikationsfähige Form gebracht. Ohne ihr tatkräftiges Zutun, vor allem in den Wochen vor Redaktionsschluss, hätte dieser Band nicht mehr in diesem Jahr erscheinen können. Auch Rabea Engbrink sei gedankt, die mich bei der Erstellung der verschiedenen Grafiken und Abbildungen tatkräftig unterstützt hat.

Münster, am Pfingstfest 2011 Clauß Peter Sajak

I. Einführung in die Pastoraltheologie

Reinhard Feiter

1. Pastoral und Pastoraltheologie

1.1 Die Pastoraltheologie – ein Krisendiskurs

„Pastoraltheologie" ist in der katholischen Theologie heute der Name einer Teildisziplin der Praktischen Theologie. In der Gruppe praktisch-theologischer Fächer, die an den Katholisch-Theologischen Fakultäten in Lehre und Forschung vertreten werden, ist neben der Liturgiewissenschaft, der Religionspädagogik, dem Kirchenrecht und gegebenenfalls weiteren Fächern wie Missionswissenschaft, Caritaswissenschaft und Homiletik (Predigtlehre) auch das Fach Pastoraltheologie zu finden. Das war nicht immer so; und das macht es auch nicht leicht zu verstehen, was denn die „Pastoral" sei, die diesem Fach seinen Namen gibt. Denn dass es *neben* Liturgie, Pädagogik und Recht, ja *neben* Mission und Caritas noch etwas Anderes und Eigenes namens „Pastoral" gäbe, das entspricht jedenfalls *nicht* dem Selbstverständnis heutiger Pastoraltheologie.

Eine weitere Erschwernis kommt hinzu: Die Pastoraltheologie ist nicht an allen Standorten theologischer Lehre und Forschung zu finden. An den meisten Einrichtungen der Religionslehrerinnen- und -lehrerausbildung wird die Pastoraltheologie nicht durch eine eigene Professur vertreten und finden in der Regel auch keine ausdrücklich „pastoraltheologischen" Lehrveranstaltungen statt. – Was bedeutet das? Behandelt die Pastoraltheologie also etwas, das nicht für alle Theologinnen und Theologen, sondern nur für bestimmte Berufsgruppen von Bedeutung ist?

Das ist in der Tat ein Verständnis von Pastoral, das weit verbreitet ist. Das Stichwort „Pastoral" lässt viele zunächst an bestimmte Berufe denken, nämlich an „Pastoren" – heute sicherlich auch an Pastoral- und Gemeindereferentinnen und -referenten, vielleicht auch an Diakone und Bischöfe, vor allem aber an Pfarrer. Weiterhin assoziieren viele damit eine „pastorale Versorgung" der Gläubigen in den Gemeinden und Pfarreien durch diese „Pastoren": Taufe und Begräbnis, Erstkommunion und kirchliche Trauung, die Feier der Messe, Predigt und seelsorgliche Begleitung von verunfallten, kranken, sterbenden oder trauernden Menschen – und gewiss noch vieles andere mehr. Doch was auch immer dieses Verständnis im Einzelnen noch enthalten mag, kennzeichnend sind zwei Momente: Es geht um die „inneren Angelegenheiten" der Kirche, und diese sind Aufgabe nur eines kleinen Teils von Gläubigen, die dafür eigens bestellt sind. Es mag andere, weitere Gläubige geben, die ehrenamtlich viel Unterstützungsarbeit leisten, aber es ist eben nur Unterstützung und Hilfe für diejenigen, die eigentlich zuständig sind.

Pastoral in der Krise

Hinzu kommt gegenwärtig allerdings noch ein drittes Moment: Die so charakterisierte Pastoral ist etwas, das in einer tiefen Krise steckt. Wie die Kehrseite der Medaille gehört das zu *diesem* Pastoral-Begriff hinzu. Pastoral lässt sich gar nicht als die von „Pastoren besorgten inneren Angelegenheiten" der Kirche betrachten, ohne zugleich zu sehen und hinzuzufügen, dass *diese* Pastoral in eine Krise geraten ist.

Es bedarf keiner weitläufigen Analysen, um zumindest zwei Elemente dieser Krise benennen zu können: *Erstens*, es fehlt an Pfarrern; und dass der Mangel noch erheblich größer werden wird, ist anhand der Alterspyramide der Pfarrer und der Nachwuchszahlen auszurechnen. In der katholischen Kirche werden nur zölibatär lebende Männer zum Priester- und damit zum Pfarramt zugelassen; und immer weniger wählen diesen Lebensweg. In den Pfarreien liegt jedoch die letzte Verantwortung – so regelt es das kirchliche Recht – bei den Pfarrern. Sie sind die Vorgesetzten, wenn es weitere hauptamtliche pastorale Mitarbeiterinnen und Mitarbeiter gibt, und an ihnen vorbei können die Gremien der Pfarrei, die über die pastoralen und finanziellen Belange beraten und befinden sollen, kaum etwas beschließen. Insofern ist das „landläufige" Verständnis von Pastoral auch nicht falsch. Es spiegelt die konkreten Verhältnisse. Wo aber Pastoral entscheidend an wenige Personen gebunden ist, diese jedoch zu wenige werden, als dass sie wirklich wahrnehmen könnten, was von ihnen erwartet wird, kollabiert die Praxis *dieser* Pastoral.

Zweitens hat sich auch das Verhältnis der Menschen zur Religion bzw. zu ihrer Religion tiefgreifend gewandelt. Sicherlich gibt es eine Gleichzeitigkeit des Ungleichzeitigen. Einerseits erwarten Christinnen und Christen von ihrer Kirche und ihren „Pastoren" durchaus eine Art religiöser Dienstleistung – einige regelmäßig, andere seltener. Doch wollen Menschen sich heute andererseits und zugleich nicht religiös fremdbestimmen lassen. Dass Eltern ihre Kinder taufen lassen, dass Menschen zu bestimmten Zeiten oder in bestimmten Situationen eine rituelle oder seelsorgliche Begleitung suchen, heißt noch lange nicht, dass sie deshalb auch schon für sich die Interpretationen und Ansprüche übernehmen, die die Kirche damit verbindet. Sie nehmen – zumindest mehrheitlich – den Glauben nicht mehr als ein „Erbe" an, das aus früherer Zeit an sie weitergegeben und von ihnen unbefragt angenommen wird. Genauer gesagt, sie *können* den Glauben gar nicht mehr so annehmen, weil er sich so nämlich nicht verbinden kann mit dem, was ihr Leben ansonsten bestimmt: auf eigene Verantwortung leben zu müssen.

Andererseits ist es jedoch vielfältige Erfahrung von Mitgliedern der Kirche, *nicht* als religiös selbstverantwortliche Menschen behandelt zu werden. Sie machen die Erfahrung (oder haben sie gemacht), für Aufgaben herangezogen zu werden, die andere für sie vorsehen und vordenken; sie erleben (oder haben erlebt), dass der Glaube als eine Art religiöser Spezialität vorgetragen und gefeiert wird, die zu ihren Lebensbedingungen und zu dem, was sie brauchen, keine Beziehung unterhält. Wo Pastoral aber einer Anrede gleicht, die kein Gespräch eröffnen will, da verliert die Praxis *dieser* Pastoral ihre Relevanz. Sie wird schlicht nicht mehr nachgefragt, geschweige unterstützt.

Das bedeutet aber: Was auch immer die Pastoraltheologie heute unter „Pastoral" verstehen mag, sie ist zunächst einmal mit einer Krise pastoraler Praxis konfrontiert und verfasst sich als ein Krisendiskurs. Doch das ist die Pastoraltheologie nicht erst heute, sondern seit ihren Anfängen.

1.2 Kleine Geschichte der Pastoraltheologie

Die Pastoraltheologie gehört zu den jüngeren theologischen Disziplinen. Ihre Geburtsstunde als eigenständige Universitätsdisziplin schlug im deutschsprachigen Raum im Jahr 1774. Am 1. August 1774 erließ die österreichische Kaiserin Maria Theresia (1717–1780) für die theologischen Studien in den „k. k. Erblanden" eine neue Studienordnung, und nach den Vorschlägen des böhmischen Theologen Franz Stephan Rautenstrauch (1734–1785) sah diese Studienordnung erstmals auch die Pastoraltheologie als selbstständiges Fach mit eigenem Curriculum vor.

Nicht dass es zuvor in der Geschichte der Kirche keine pastorale Reflexion gegeben hätte. Eine solche ist schon im Neuen Testament zu finden, und dort nicht nur in den sogenannten Pastoralbriefen (1 Tim, 2 Tim, Tit). Auch die Evangelien beinhalten in der Weise, wie sie die Jesus-Tradition auf die Situation und Umstände ihrer Zeit beziehen, eine solche Reflexion. Weiterhin gibt es durch die gesamte Kirchengeschichte hindurch wirkmächtige pastorale Texte wie die *Regula pastoralis* (Die Pastoral-Regel) Gregors des Großen (540–604). Zusammen mit der *Oratio de fuga sua* (Die Rede über die Flucht vor dem Priestertum) Gregors von Nazianz (ca. 329–390) und Johannes Chrysostomos' (344/354–407) *De sacerdotio* (Über das Priestertum) bildet sie eine „pastoraltheologische Trilogie" der alten Kirche. Johannes Obstraets (1651–1720) *Pastor bonus* (Der gute Hirt) von 1689 hat Rautenstrauchs Konzept der Pastoraltheologie maßgeblich beeinflusst, und mit Peter Binsfelds (1545/1546–1598) *Enchiridion theologiae pastoralis* (Kurz gefasstes Handbuch der Pastoraltheologie) von 1591 war auch bereits der Name des Fachs in der Welt.

Dennoch führten erst an der Wende vom 18. zum 19. Jahrhundert zwei Faktoren eine Pastoraltheologie im eigentlichen und heutigen Sinn herauf:

Verwissenschaftlichung

(1) Der eine Faktor ist – als ein wesentliches Merkmal der Moderne – der Prozess der *Verwissenschaftlichung* von Weltverstehen und menschlicher Praxis. Diesem Vorgang verdankt z.B. auch die Erziehungswissenschaft ihre Entstehung. Denn erzogen wurde schon immer, und auch ein Wissen darum, wie es geht, gab es bereits vor der Erziehungswissenschaft. Vormodern wurde aber die „Kunst" zu erziehen im Großen und Ganzen nur der älteren Generation abgeschaut und bestand die erzieherische „Weisheit" in tradierten Erfahrungen; und vergleichbar war es in der pastoralen Praxis gewesen. Nun aber sollte die hier wie dort erforderliche Weisheit, nämlich das Wissen, wie „die Sache anzupacken ist", was zu tun oder zu unterlassen ist, „auf dem Weg der Wissenschaft" (Kant, Kritik der reinen Vernunft A 850) gewonnen werden. So hat es Immanuel Kant (1724-1804) programmatisch formuliert.

Jetzt geht es nicht mehr länger nur darum, ein Wissen über Erziehung zu gewinnen und zu erweitern, sondern zugleich zu wissen und kritisch zu überprüfen, wie solche Wissensbestände erworben werden. Kurz gesagt: Wissenschaft hat nicht nur ein Gegenstands-, sondern auch ein Wissens-Wissen und ist deshalb der einzige Weg, „der, wenn er einmal gebahnt ist, niemals verwächst, und keine Verirrungen verstattet" (ebd.). Das ist jedenfalls die Vorstellung und das Pathos des wissenschaftlichen Zugangs zu Mensch und Welt:

Zitat

Wissenschaft (kritisch gesucht und methodisch eingeleitet) ist die enge Pforte, die zur *Weisheitslehre* führt, wenn unter dieser nicht bloß verstanden wird, was man *tun*, sondern was *Lehrern* zur Richtschnur dienen soll, um den Weg zur Weisheit, den jedermann gehen soll, gut und kenntlich zu bahnen, und andere vor Irrwegen zu sichern ... (Kant, Kritik der praktischen Vernunft A 292)

Ganz im Sinne dieses Antriebs der Aufklärung hieß es denn auch in Rautenstrauchs *Entwurf zur Einrichtung der theologischen Schulen in den k.k. Erblanden* mit Blick auf die Ziele des pastoraltheologischen Studiums:

Zitat

Der Diener der Religion hat ... die Religions- und Sittenlehre verschiedenen Klassen von Menschen beizubringen. Er hat sie beizubringen den unmündigen und aufkeimenden Christen, deren ungeübte Denkensart und schwaches Begreifungsvermögen eine besondere Kunst des Lehrers erfordern, wenn sein Unterricht bei ihnen Wurzel fassen, sich befestigen und Frucht tragen soll. Die Religions- und Sittenlehren sind auch dem Volke durch Kanzelreden vorzutragen: dies erheischt gleichfalls eine kluge, für die Gattung der Zuhörer wohl anpassende Beredsamkeit. ... Einem Diener des Evangeliums obliegt auch die Ausspendung der hl. Sakramente und die Verwaltung der übrigen kirchlichen Liturgie. Will er dies nicht maschinenmäßig, sondern mit wahrer Andacht und Einsicht verrichten, so muß er sich die Entstehung, den Fortgang und die Bedeutung der Sakramente, ihrer Zeremonien, ihrer Gebräuche und der übrigen Liturgie bekanntmachen ... (Rautenstrauch, Entwurf zur Einrichtung der theologischen Schulen 7 f.)

Zeitgenössische pastoraltheologische Literatur klingt anders. Die Idee jedoch, die Orientierung im Handeln, auf dem Weg der Wissenschaft zu suchen und zu erlangen, verbindet über die zwei Jahrhunderte hinweg die Anfänge mit heutigem Bemühen. „Mit der Geburt der ‚Pastoraltheologie' aus dem Geist der katholischen Aufklärung wird die kirchliche Praxis endgültig reflexiv, also modern. Und d.h. dann: Sie wird traditioneller Selbstverständlichkeit entzogen, diskutabel und Thema einer Wissenschaft" (Bucher, Theologie im Risiko der Gegenwart 152).

Krise des gesellschaftlichen Bezugs des Christentums

(2) Dass es dazu kam, verdankt sich allerdings äußeren Einflüssen. Der zweite Faktor, der entscheidend zur Entstehung der Pastoraltheologie beitrug, ist die *Krise des gesellschaftlichen Bezugs des Christentums*, konkret: des Verlustes seiner weltlichen Macht. Nicht von ungefähr entstand die Pastoraltheologie just in jener Zeit, in der – beginnend mit der Französischen Revolution und mit dem Export dieser Revolution durch die Eroberungen der französischen Revolutionsarmee in die Nachbarländer – die alte Machtstellung der Kirche unterging. Der Reichsdeputationshauptschluss von 1803 sollte nicht nur das Ende des alten Reichs in Deutschland, sondern auch den Untergang der geistlichen Fürstentümer bedeuten. Die Kirche verlor im wahrsten Sinne des Wortes den Boden unter den Füßen und stürzte in eine Krise ihres Bezuges zur Gesellschaft, in der sie existierte und deren Teil sie war.

Den Zusammenhang beleuchtet ein kleiner Dialog, den der erste bedeutende Vertreter der katholischen Pastoraltheologie, Johann Michael Sailer (1751–1832), im Jahr 1800 verfasst hat. Darin antwortet das Evangelium der Klage der Fürstbischöfe, die sie angesichts des siegreichen Vormarsches der französischen Truppen anstimmen:

Zitat

Ein Dialog zwischen dem hohen Klerus Deutschlands und dem niedern Evangelium Palästinens

Klerus: Der große Sieger kam,
Und sah und siegt und nahm
Uns Geistlichen der Erde Glanz und Gut,
Und Macht und Ehr und Schwert und Fürstenhut
Und alles Hoch- und Weltlichsein.

Evangelium: Noch steht der größre Mann,
Der schadlos halten kann,
Und schenket zum Ersatz von Erdengut
Und Macht und Ehr und Schwert und Fürstenhut –
Euch Geistlichen das Geistlichsein.

(Sailer, Brief an Eleonore Auguste Gräfin Stolberg-Wernigerode vom 28.2.1801)

Sogar noch nach über 200 Jahren hat diese Konfrontation der kirchlichen Situation mit dem Evangelium nichts an seiner Brisanz verloren. Es darf wohl als die Schicksalsfrage der Kirche in der Moderne angesehen werden, ob sie verlorenen Machtpositionen nachtrauert und solche wieder zu erringen sucht oder sich – mit Sailer gesprochen – auf eine Praxis besinnt, die dem „niedern Evangelium“ und des von ihm verkündeten Jesus Christus entspricht.

Was darüber hinaus Sailers Rede von den „Geistlichen“ gleichermaßen wie Rautenstrauchs Begriff des „Religionsdieners“ belegt, ist die grundlegende Perspektive, die die Pastoraltheologie seinerzeit einnahm und sie in Abwandlungen und Ausläufern bis weit hinein ins 20. Jahrhundert bestimmen sollte: die Fokussierung der pastoralen Reflexion auf die Pfarrer. Bei allem Auf und Ab, das die Geschichte der jungen Disziplin im 19. Jahrhundert kennzeichnete, es blieb am Ende bei einer Anleitung zur rechten Ausübung des Pfarramtes. Aus heutiger Sicht ist dies ungenügend. Dennoch darf die damalige Leistung dieses Ansatzes nicht übersehen werden – in Anbetracht dessen nämlich, was das junge Fach alles zu traktieren hatte:

Fokussierung der pastoralen Reflexion auf die Pfarrer

Diakonik Lehre vom caritativen Handeln	Homiletik Lehre vom Predigen	Katechetik Lehre vom Unterrichten
Kybernetik Lehre von der Leitung	Liturgik Lehre vom liturgischen Handeln	Poimenik Lehre von der Seelsorge

In der Gestalt des Pfarrers fand die Pastoraltheologie einen Konstruktionspunkt, der ihr trotz dieser Mannigfaltigkeit sowohl eine systematische Einheit als auch eine praktische Zielsetzung verlieh. Der zerbrochene Zusammenhang von religiöser Tradition, gesellschaftlicher Ordnung und kirchlicher Macht wurde über die *Person* des Pfarrers neu organisiert. Nicht von ungefähr enden denn auch Johann Michael Sailers *Vorlesungen aus der Pastoraltheologie* mit einem Kapitel über den Pfarrer als Menschen „in mancherley Verknüpfungen“: mit seiner Gemeinde, mit seinen Kollegen, mit seinem Heimatland, mit Ausländern, mit Angehörigen anderer Religionen und mit anderen Menschen überhaupt (vgl. Sailer, Vorlesungen aus der Pastoraltheologie, Bd. 3).

Die Fokussierung auf den Pfarrer und eine hohe Differenzierung seiner Tätigkeiten: das sind die Merkmale der Anfangszeiten. Die Modernität bereits des Rautenstrauchschen Konzepts macht ein Vergleich mit der *Regula pastoralis* Gregors des Großen deutlich. Rautenstrauch legte seinem Programm die auf Johannes Calvin (1509–1564) zurückgehende Lehre von den drei Ämtern Jesu Christi (Lehrer, Priester, Hirt) zugrunde und gliederte die Pastoraltheologie in die Pflichten der Unterweisung (Lehramt), der Ausspendung der Sakramente (Priesteramt) und der Erbauung (Hirtenamt). Gregors Regel, ein Werk, das bis weit ins Mittelalter prägend war, kennt dagegen nur ein einziges Amt: das Hirten- bzw. Leitungsamt. Pastoral ist hier die „Kunst der Künste, die Seelen zu lenken“ (Gregor der Große, Buch der Pastoralregel 64) – die quasi ärztliche Kunst, die Schwächen und Mängel der Seelen zu diagnostizieren und aus den verschiedenen Heilmitteln der Ermahnung das richtige auszuwählen und zu dosieren.

Vor dem Hintergrund solcher Geschlossenheit *und* Differenzierung der Pastoraltheologie in ihrem ersten Jahrhundert wird freilich deutlich, wie verschieden davon sie sich im 20. Jahrhundert entwickelt hat. Denn die Geschichte ihres zweiten Jahrhunderts ist eine Geschichte von Sezessionen, von Abspaltungen und Verselbstständigungen ihrer Teilgebiete.

Aufgrund der Entwicklung, die der Religionsunterricht als Schulfach an öffentlichen Schulen nahm, wurde aus der *Katechetik* die Religionspädagogik. Ebenso verschwand die *Liturgik* aus dem Kanon der Pastoraltheologie. Während diese Bereiche aber an den Fakultäten durch die Errichtung eigener Professuren nahezu flächendeckend auch institutionell aus der Pastoraltheologie ausgegliedert wurden, blieb bei weiteren Teilbereichen dieser Zusammenhang zumeist bestehen. Doch bildeten auch sie methodische und ausbildungsmäßige Standards aus, die sie zu umfänglichen Disziplinen werden ließen: In bedeutenden Durchführungen wurde aus der *Poimenik* eine Pastoralpsychologie, und die *Diakonik* entwickelte sich zur Caritaswissenschaft, die sich auch an einigen Standorten als selbstständiges Fach etablieren konnte.

Völlig überraschend ist diese Entwicklung allerdings nicht. Denn sie folgt jener Dynamik, die bereits am Ursprung der Pastoraltheologie steht: die Differenzierung der Gesellschaft als Herausforderung christlicher Praxis und kirchlichen Handelns in ihr. Im Zuge weiterer gesellschaftlicher Modernisierung im 20. Jahrhundert kommt es nur zu einer erneuten und forcierteren Diversifizierung. Drei parallel verlaufende und sich wechselseitig bestimmende Prozesse befördern dies:

Differenzierung der Gesellschaft als Herausforderung

- die Segmentierung pastoraler Praxis, die der Logik der gesellschaftlichen Funktionssysteme (Bildungswesen, Gesundheitswesen, Sozialwesen etc.) folgt;

- ihre Reflexion unter Einbeziehung nicht-theologischer Wissensbestände aus den Sozialwissenschaften, aus Pädagogik und Psychologie und zunehmend vielen anderen „Referenzwissenschaften";
- die Entstehung neuer Berufe mit eigenen methodischen Standards und Ausbildungsgängen.

Letzteres ist am deutlichsten beim Beruf der Religionslehrerin/des Religionslehrers gegeben. Tendenzen der Professionalisierung gibt es aber z.B. auch in den Bereichen von Seelsorge und Beratung. Jedenfalls kann heute niemand mehr in eigener Person sämtliche früheren pastoraltheologischen Arbeitsbereiche auf einem wissenschaftlich-methodisch elaborierten Niveau wahrnehmen.

Verglichen mit den Anfangszeiten der Pastoraltheologie mag diese Entwicklung als ein Prozess fortschreitender Auszehrung erscheinen. Andererseits besteht die Identität des Faches schon von Beginn an nicht in einem fixierten Kanon von Gegenständen, sondern in der Reflexion auf die *Gegenwart des „niedern" Evangeliums* in Kirche und Gesellschaft. Insofern ist die Pastoraltheologie aber nicht nur ein Krisendiskurs, sondern auch selbst gehalten, sich immer wieder neu zu (er-)finden.

1.3 Unterscheidung der Pastoral

Krise bleibt das Stichwort. Allerdings verweist das Wort Krise von seiner griechischen Wurzel κρίσις (krísis) her auf zwei Bedeutungsfelder: Zum einen sind da Zerfall oder übergroße Spannung, der Konflikt oder die Zuspitzung; sie zeigen ein Zugrundegehen bzw. einen Umschwung an, verursachen einen Handlungs- und Entscheidungsdruck. Zum anderen ist da jedoch die Kritik, die untersucht und erprobt, um urteils- und handlungsfähig zu werden. Das Wort krísis meint ebenfalls Unterscheidung. So taucht denn auch die Pastoral stets in doppelter Weise auf: als in die Krise geratene Praxis und als zu unterscheidende und neu zu realisierende Praxis. Karl Rahner (1904–1984), der, wenngleich systematischer Theologe, im 20. Jahrhundert erheblichen Einfluss auf die Pastoraltheologie hatte, hat dies als den Unterschied markiert zwischen dem faktischen und dem „seinsollenden" Selbstvollzug der Kirche (Rahner, Die Praktische Theologie 134). Doch die strikte Einteilung der Wirklichkeit in „Sein" und „Sollen" ist in praktischen Zusammenhängen nicht immer hilfreich.

1.3.1 Die Pastoral-Metapher

Eine Unterscheidung der Pastoral hat zudem in diesem Wort selbst einen möglichen Anhaltspunkt. Dieser liegt in seinem metaphorischen Gehalt, in „der dem Begriff ‚Pastoral' eignenden, dezidiert *theologischen* Metaphorik" (Fürst, Art. Pastoraltheologie 70).

Im heutigen Gebrauch von „Pastoral" und in den gebräuchlichen Wortbildungen – von der Pastoraltheologie über den Pastoralrat bis zur Pastoralreferentin – ist die Metapher verblasst. „Pastoral" funktioniert gemeinhin wie ein Name, der auf etwas hinweist, ohne über das, worauf er zeigt, selbst etwas auszusagen. Wird der gleichwohl vorhandene Wortsinn hervorgeholt, taucht jedoch etwas auf, was nicht gerade sympathisch erscheint. Der Weg zurück von der „Pastoral" zum alten Titel „Pastor", von da aus zum lateinischen *pastor* und griechischen ποιμήν (poimēn) und damit zum „Hirten": er scheint ja wieder zurück ins 19. Jahrhundert und mitten hinein in gegenwärtige Krisenerscheinungen zu führen. Das auftauchende Bild vom Hirten hat vorderhand zu viele negative Konnotationen, als dass es weiterzuführen vermöchte. Gerade auch das alte Idealbild des Priesters als des „guten Hirten" erinnert nur allzu oft an gegenteilige Erfahrungen und berührt angesichts weltweiter Enthüllungen sexueller Gewalt von Priestern peinlich.

So gilt es weit zurückzugehen – bis hinein in den Sprach- und Bildraum der Bibel, ja bis hinein in die kulturellen Voraussetzungen der biblischen Hirtenmetapher. Dann sind jedoch neue und auch überraschende Entdeckungen möglich (vgl. Stenger, Im Zeichen des Hirten und des Lammes).

Zitat

Der Herr ist mein Hirte,
nichts wird mir fehlen.
Er lässt mich lagern auf grünen Auen
und führt mich zum Ruheplatz am Wasser.
Er stillt mein Verlangen;
er leitet mich auf rechten Pfaden, treu seinem Namen.
(Ps 23, 1–3)

„Nichts wird mir fehlen", weil Gott mir Hirte ist. Das Bekenntnis, das den 23. Psalm eröffnet, knüpft an die Lebenswelt von Vieh züchtenden Nomaden an; und so sehr der Psalm auch getragen ist von der Erinnerung Israels an den ersten Exodus – den Auszug aus der Knechtschaft in Ägypten, als Gott sein Volk durch die Wüste führte – und von der Hoffnung auf einen zweiten Exodus aus dem Babylonischen Exil (vgl. Zenger, Psalm 23), tief darunter liegt noch eine andere Erfahrung. Das Hirten-Bild wurzelt in der Erfahrung des Übergangs von einer Kultur aus Jägern und Sammlern zu einer Hirtenkultur. Einen Hirten, eine Hirtin zu haben, also jemanden zu haben, die oder der Tiere zu zähmen versteht, das bezeichnet eine der tiefgreifendsten kulturellen Veränderungen in der Menschheitsgeschichte.

Denn wo Tiere einer Hirtin folgen, da muss die Nahrung nicht anderswo gesammelt und erjagt werden, sondern ist und bleibt in greifbarer Nähe. Mehr noch, in den Tieren, die sich in der Obhut eines Hirten vermehren, gibt es einen sich selbst vermehrenden Reichtum an Nahrung. Nichts von der Mühsal und Gefahr des Hütens der Tiere und von den Hungersnöten, die Hirtenkulturen kennen, verschwindet damit. Doch wo Menschen Tiere weiden, da weiden sie Menschen, spenden ihnen Nahrung und Leben. Der Hirtenmetapher ist bis in ihre kulturellen Ursprünge hinein zu folgen, um ihr ganzes Gewicht ermessen zu können: Es geht um elementares Leben, und es geht um einen Reichtum an Leben. Ich habe einen Hirten, nichts wird mir fehlen. Von daher ist wohl nicht verwunderlich, dass „Hirt" in der Welt und Umwelt Israels ein Würdetitel war, der Königen und Göttern beigelegt wurde (vgl. Beyreuther, Art. Hirt). Niemand kann größer sein, als wer Leben sichern kann.

Nahrung und Leben

Der Hirtenmetapher ist auch bis in sämtliche Konkretionen hinein zu folgen, um ihre ganze Zwiespältigkeit zu entdecken. Denn Geschöpfe müssen sterben, werden geschlachtet, auf dass andere leben (vgl. Ps 44,23 und Gen 9,2 f.). Leben nehmen und Leben geben sind am Ursprung der Pastoral-Metapher ineinander verwickelt. Auf eben diese Weise schließt sie auch die ganze Breite menschlicher und geschichtlicher Erfahrungen ein. Israel erfährt es ja. Da sind die Könige, die „Hirten", die nicht Leben geben, sondern es rauben: David, der Batseba missbraucht und ihren Mann Urija in den Tod schickt, um es zu vertuschen (vgl. 2 Sam 11,1–27), und Ahab, der zusammen mit seiner Frau Isebel einen Justizmord an Nabot herbeiführt, um dessen Weinberg zu erlangen (vgl. 1 Kön 21,1–16). Da sind die Könige, die „Hirten", die das Volk politisch in die Irre führen (vgl. Jer 2,8; 10,21; 12,10; 23,1 f.; 50,6), und am Ende ist Jerusalem zerstört und das Volk in die Gefangenschaft geführt (vgl. Klgl); und deshalb liegt auch die ganze Brisanz der „Pastoral" darin, dass Gott diese Hirten ablöst, er selbst der Hirt seines Volkes sein will:

Leben nehmen und Leben geben

Zwar ist von ihr sofort im Anschluss die Rede, aber es bleibt dabei: Wo das Konzil beginnt, über die Kirche zu sprechen, nimmt sie zunächst zwei andere Größen in den Blick: Jesus Christus und „die Völker" (die ganze Menschheit). Darin kommt eine grundlegende Perspektive zum Ausdruck: Die Kirche hat einen Sinn nur im Verhältnis zu diesen beiden anderen Größen. Sie ist nichts aus sich selbst, sondern empfängt sich ganz von Jesus Christus her; und sie ist nichts für sich selbst, sondern nur das, was sie für die Menschheit ist. Was die Kirche dann gleichwohl selbst darstellt, was sie als unterscheidbare Religionsgemeinschaft ausmacht, als die sie ja konkret in Welt und Geschichte existiert: das steht im Dienste der Beziehung von Christus zu den Völkern, die von *Lumen gentium* in der Metapher der Erleuchtung ausgesagt wird.

Die Folge ist: Was auch immer das Konzil weiterhin über die *Kirche* sagen wird, es muss sich daran messen, dass *Christus* das Licht der Völker ist. So geschieht es auch: Die Kirche wird – im Bild bleibend – quasi als Spiegel dieses Lichtes vorgestellt und – das Bild verlassend – durch zwei Funktionen charakterisiert: Sie verkündet das Evangelium; und sie ist „in Christus gleichsam das Sakrament, das heißt Zeichen und Werkzeug für die innigste Vereinigung mit Gott wie für die Einheit der ganzen Menschheit" (LG 1).

Am Ende dieses ersten Abschnittes ist jedoch weiterhin – und das ist nun zunächst zu betrachten – von den „gegenwärtigen Zeitverhältnissen" die Rede. Diese werden nur ganz kurz dadurch charakterisiert, dass die Menschen heute „durch vielfältige soziale, technische und kulturelle Bande enger miteinander verbunden" seien (LG 1). Mit diesem Hinweis geschieht aber ebenfalls etwas sehr Bemerkenswertes: Es wird nämlich eine Verbindung hergestellt zwischen dem Selbstverständnis der Kirche *und* der Gegenwart, und zwar derart, dass sich von diesem Zusammenhang her bestimmt, *wie* das Konzil von der Kirche spricht und ihre Aufgabe charakterisiert.

Von den vielen möglichen Weisen zu bestimmen, was die Kirche ist – und davon kommen noch viele in diesem Dokument vor –, wird jene an den Anfang gestellt, die die Tradition in ausdrücklichem Bezug zur Gegenwart aussagt, näherhin mit Bezug auf das Zusammenrücken der Menschheit in den Prozessen der Globalisierung, wie man heute sagen würde. Die Globalisierung ist ein janusköpfiges Phänomen. Dennoch ist sie die Stunde der Evangelisierung. Die Globalisierung lässt die Kirche aber nicht nur, wie *Lumen gentium* sagt, die „besondere Dringlichkeit" ihres Auftrags erkennen, sie bestimmt auch mit, *wie* die Kirche den Auftrag, der ihr von Gott übertragen ist und den sie schon immer hatte, jetzt versteht, nämlich: „Zeichen und Werkzeug" zu sein „für die *innigste Vereinigung mit Gott* wie für die *Einheit der ganzen Menschheit*". So gewinnt aber, was *nicht* Kirche ist, eine Bedeutung für ihr eigenes Selbstverständnis und für ihre Praxis.

Damit ist ein *erstes* Moment für einen Begriff des Pastoralen gewonnen: Eine kirchliche Praxis, die sich von dem her bestimmt, was nicht Kirche ist, ist „pastoral", und zwar „pastoral" kleingeschrieben. Denn nun ist das Substantiv „Pastoral", insofern es einen mehr oder weniger fest definierten Komplex bestimmter Handlungsfelder und Rollen bezeichnet, zunächst einmal einzuklammern. Natürlich kann weiterhin sinnvoll von „der" Pastoral die Rede sein (vgl. 4.1 und 4.2). Doch die an diese „Pastoral" zu richtende Frage lautet nun jeweils, ob sie „pastoral" sei: ob in der Praxis die Aufgaben *so* angegangen und in der Theorie die Fragen *so* durchdacht werden, *wie* sie sich aus der Situation der „Kirche in der Welt von heute" heraus stellen.

Aus der Situation der „Kirche in der Welt von heute" heraus

(2) Eben so ist nämlich das zweite Dokument des Konzils über die Kirche, *Gaudium et spes* (Freude und Hoffnung), betitelt: „Pastorale Konstitution über die Kirche in der Welt von heute", und der Beginn dieses Dokuments führt zu einer weiteren Bestimmung des Pastoralen:

Zitat

Freude und Hoffnung, Trauer und Angst der Menschen von heute, besonders der Armen und Bedrängten aller Art, sind auch Freude und Hoffnung, Trauer und Angst der Jünger Christi. Und es gibt nichts wahrhaft Menschliches, das nicht in ihren Herzen seinen Widerhall fände. Ist doch ihre eigene Gemeinschaft aus Menschen gebildet, die, in Christus geeint, vom Heiligen Geist auf ihrer Pilgerschaft zum Reich des Vaters geleitet werden und eine Heilsbotschaft empfangen haben, die allen auszurichten ist. Darum erfährt diese Gemeinschaft sich mit der Menschheit und ihrer Geschichte wirklich engstens verbunden. (GS 1)

Der kleine Text trägt die Überschrift „Die engste Verbundenheit der Kirche mit der ganzen Menschheitsfamilie"; und mit dem, was der Titel sagt, beginnt und endet er. Am Anfang steht schlichte, verbindende Menschlichkeit; und vor diesem Hintergrund erst wird die Kirche zur Sprache gebracht. Eine „Gemeinschaft aus Menschen" – so wird nochmals die Verbindung betont – ist sie, aber eben doch eine „eigene" und damit eingegrenzte Gemeinschaft; und klarer könnte der Unterschied der Kirche zur übrigen Menschheit kaum beschrieben werden, als durch das Bekenntnis zum dreifaltigen Gott, das die zweite Aussage strukturiert: Vater – Sohn – Heiliger Geist. Doch genau da, wo das Innerste der Kirche erreicht ist, werden die Grenzen auch wieder niedergelegt.

Denn die Kirche ist als das in der Gemeinschaft mit dem dreifaltigen Gott geeinte Volk (vgl. LG 4) nicht beschränkt auf die Grenzen der römisch-katholischen Kirche. Erst recht ist sie nicht nur jene sichtbare Größe, die durch Glockentürme, Krankenhäuser und Kindertagesstätten, durch Mitglieder, Personal und Steuererhebung identifizierbar ist, sondern besteht aus sämtlichen früheren und kommenden Generationen von Gläubigen: aus allen, die zum Reich des Vaters pilgern. Schließlich aber hat sie einen Auftrag: die Heilsbotschaft, die sie empfangen hat, das Evangelium, allen Menschen auszurichten. So ist am Ende aber das, was diese Gemeinschaft von den übrigen Menschen unterscheidet, auch dasjenige, was sie mit ihnen verbindet. Die Kirche erfährt sich mit der Menschheit und ihrer Geschichte wirklich engstens verbunden.

Das ist natürlich aus einer Innenperspektive heraus gesprochen, es ist Selbstaussage. Aber liegt darin nicht die Gefahr, dass sich die Kirche im Grunde doch über alle erhebt und – göttliche Offenbarungen für sich reklamierend – als Lehrmeisterin auftritt? Dem wäre auch so, gäbe es nicht diesen Einschub im ersten Satz: dass Freude und Hoffnung, Trauer und Angst der Menschen von heute, *besonders der Armen und Bedrängten aller Art*, auch Freude und Hoffnung, Trauer und Angst der Jünger Christi sind. Es entscheidet sich alles „unten“ – jedenfalls in der geschichtlich real existierenden Welt, die durchfurcht ist von Oben und Unten, Reichtum und Armut, Macht und Ohnmacht, Stärke und Wehrlosigkeit. Es entscheidet sich alles „unten“ – denn in *dieser* Welt freut sich oder trauert, wer stark ist, längst nicht mit jedem und kann, wer stark sein will, sich keine sogenannten „Betroffenheiten“ leisten. Die Verbundenheit der Kirche mit *allen* Menschen geschieht, indem sie mit *jenen* solidarisch ist, die in der Welt – so wie sie ist – nicht dazugehören (vgl. Jak 2,5).

Dagegen muss sich freilich der Einwand erheben, dass dem in den Kirchen des Nordens kaum oder nur geringe empirische kirchliche Wirklichkeit entspricht, dass es nur ein Ideal sei, dass es nur wahr wäre, wenn es als Imperativ ausgesagt würde. Trotzdem: Dass *Gaudium et spes* im Indikativ spricht, wo ein Imperativ zu erwarten wäre, hat seinen Grund. Die Wahrheit des ersten Satzes von *Gaudium et spes* liegt nämlich darin, dass die Kirche

– wie es im Text heißt – die Verbindung mit der ganzen Menschheit und besonders den Armen und Bedrängten „erfährt"; und die Bewährung dieser Wahrheit geschieht dann, wenn es der Kirche – wie in vielen Ortskirchen des Südens – widerfährt, selbst arm zu sein, wenn sie erfährt, ohne die Armen nicht „ganz" zu sein, und entdeckt, an der Seite der Armen und der Verlierer der Geschichte zu sich zu kommen (vgl. Müller, Option für die Armen).

Damit gesellt sich für einen Begriff des Pastoralen zum bereits genannten ein *zweites* Moment hinzu: „Pastoral" ist eine Praxis dann, wenn sie ihre Aufgaben so angeht, und eine Theorie, wenn sie ihre Fragen so durchdenkt, wie sie sich aus der Situation der Kirche in der Welt von heute heraus stellen – *und* dabei von den Armuts-, Schwachheits- und Ohnmachtserfahrungen des Volkes Gottes ausgeht *und* deshalb von seiner Praxis *und* seiner immer schon geschehenden Reflexion dieser Praxis (vgl. 2.1.2). – Natürlich heißt dies nicht, dass das Pastorale in Erfahrung und Wahrnehmung aufgeht. Denn die Erfahrungen enthalten ja immer schon Herausforderungen zu einer Umkehr und die Wahrnehmungen stellen Ansprüche auf ein Handeln. Doch mehr noch sind es Zumutungen. Die Pastoral bleibt bodenlos, wo sie nicht in Erfahrungen wurzelt – und diese kommen nicht, wann und wie sie gerufen werden. Sie kommen auf die Kirche – mit der Formulierung von *Gaudium et spes* 4 gesagt – als „Zeichen der Zeit" zu (vgl. 3).

Armuts-, Schwachheits- und Ohnmachtserfahrungen

Zusammenfassung

Die Pastoraltheologie ist von ihren Ursprüngen her der kirchliche Krisendiskurs. Sie ist in den deutschsprachigen Ländern in der Umbruchszeit um 1800 entstanden und bearbeitet Krisen reflexiv. Während sie vom 19. bis hinein ins 20. Jahrhundert in den Aufgaben des Pfarrers ihr festes Gegenstandgebiet und ihre praktische Zielsetzung hatte, findet sie heute ihre Orientierung zum einen im metaphorischen Gehalt von „Pastoral": Dieser verweist sowohl auf die lebensstiftende und -erhaltende Zuwendung Gottes in Israel und in Jesus Christus als auch auf die Ambivalenzen, die mit jeglicher menschlicher Für-Sorge verbunden sind. Zum anderen versteht sie, anknüpfend an das Kirchenverständnis des II. Vatikanischen Konzils, als „pastoral" eine Bearbeitung und Reflexion der Aufgaben der Kirche, wie sie sich aus ihrer Situation „in der Welt von heute" heraus stellen. Eine derartige Praxis und Reflexion geht aus von den Erfahrungen und der Praxis des Volkes Gottes und ist deshalb gerade nicht auf die Kirche selbst zentriert.

2. Theorie der Praxis

Eine Pastoraltheologie, die sich im oben ausgeführten Sinne als pastorale Reflexion versteht, ist etwas anderes als ein Rezeptbuch mit fertigen Antworten. Insofern tritt sie auch in ein kritisches Verhältnis zu den Interessen von Bistümern oder den Wünschen anderer pastoraler Instanzen. Forderungen nach Konzepten und Praxisanleitungen für dieses oder jenes beugt sie sich nicht einfach. Eine gewisse Distanz zur sofortigen Verwertbarkeit ist der universitären Pastoraltheologie Voraussetzung, um zusammen mit anderen und zu deren Gunsten ihren eigenen Part spielen zu können. Friedrich Schleiermacher (1768–1834), der Begründer der evangelischen Praktischen Theologie, hat dies auf die Formel von der „Theorie der Praxis" (Schleiermacher, Die praktische Theologie 12) gebracht: Die Pastoraltheologie ist nicht die pastorale Praxis, sondern deren Theorie.

Daraus erwächst der Pastoraltheologie – und das teilt sie mit anderen praktischen Diskursen – jedoch auch eine Versuchung, nämlich an die Praxis „von außen" Maßstäbe, Interpretationen und Appelle heranzutragen. Was praktisch aussieht, ist dann aber keineswegs praktisch. Das seit Jahrzehnten in der Pastoraltheologie kursierende und ebenfalls auf Schleiermacher zurückgehende Motto, sie sei „eine Theorie aus der Praxis für die Praxis", ist insofern immer noch ein hilfreiches Wort. Denn es macht auf die doppelte Relation aufmerksam, die in einer praktischen Theorie zwischen Praxis und Kritik besteht.

2.1 Praxis als Gegenstand und als Instanz der Kritik

Praxis ist Gegenstand der Kritik; und in gewisser Weise ist dies immer auch die erste Relation, die in den Blick gerät. Denn es fällt immer mehr auf, was nicht gelingt und stört und so nach Abhilfe ruft, als was alltäglich hinreichend gut gelingt. Es ist wie bei der Gesundheit, die einem „Schweigen der Organe" gleichkommt. Erst der Schmerz aktiviert und lässt nach einer Therapie oder der Veränderung der Lebensweise Ausschau halten.

Diese Relation, worin die Praxis Gegenstand der Kritik ist, wird besonders anschaulich in einem regelkreisförmigen Modell der Pastoraltheologie, das Rolf Zerfaß (*1934) in den 1970er Jahren vorgelegt hat und das breit rezipiert worden ist. Es kann auch heute noch bei der Entwicklung von Praxistheorien hilfreich sein, ist aber auch geeignet, um zu analysieren, wie in einer Theorie gedacht oder in praktischen Zusammenhängen vorgegangen wird (vgl. Zerfaß, Praktische Theologie als Handlungswissenschaft).

Zweimal zwei Momente bilden die Koordinaten des Modells: Der Ausgangspunkt ist eine gegenwärtig vorfindliche Praxis, der Zielpunkt ist zukünftige Praxis. Regulative aber sind der Istbefund: die erhobene Situation, und der Sollbestand; die für die Praxis der Kirche bzw. des Christentums maßgebliche Tradition. Näherhin ist jedoch der Ausgangs- bzw. Anknüpfungspunkt nicht Praxis schlechthin, sondern die *krisenhafte Störung* bestimmter Praxen und der dadurch hervorgerufene Handlungsdruck. Ein einfaches Beispiel: „Immer weniger Menschen besuchen unseren Sonntagsgottesdienst. Es muss sich etwas ändern! Aber was?" Zielpunkt ist nun zwar mittelbar eine zukünftige „bessere" Praxis, unmittelbar aber die *Beeinflussung* der betreffenden Praxis im Hinblick auf das Veränderungsziel: „Würden mehr Gemeindemitglieder kommen, wenn der Gottesdienst zu einer anderen Uhrzeit stattfände?" Der Blick ist insofern auf ein Korrekturgeschehen gerichtet, das auch einer Erfolgskontrolle unterzogen werden kann. Beim gewählten Beispiel ließe sich Erfolg oder Nichterfolg sogar abzählen.

Intervenierende Praxis von Pastoraltheologie

Der Horizont des Modells ist insofern eine intervenierende Praxis von Pastoraltheologie. Das möchte das unten abgebildete Schema illustrieren, indem es auf die zwei unterschiedlichen Kreise hinweist, die die Pointe des Modells ausmachen: Auf der linken Seite ist der Regelkreis, eigentlich der Teufelskreis eines bloß reagierenden Handelns und auf der rechten Seite der Regelkreis einer reflektierten Intervention dargestellt. Ausgangspunkt sind jeweils die Störungen im Handlungsfeld und der Entscheidungsdruck einer konkreten Situation. Während aber im rechten Kreis effektiv „reguliert" wird – und er von daher ein Regelkreis im eigentlichen Sinne ist –, funktioniert der linke Kreis „nach der Regel", dass Krisen in einem Handlungsfeld spontan Reaktionen hervorrufen. Dabei ist es relativ gleichgültig, wer wie reagiert. Gemeinsam ist solchen spontanen Reaktionen, dass sie „im Prinzip intuitiv" sind und bei ihnen ungewiss bleibt, ob „sie die Praxis tatsächlich in ihrem Sinne beeinflussen" (Zerfaß, Gottesdienstliches Handeln 112). Im Beispiel ist dies die Veränderung einer Gottesdienstzeit.

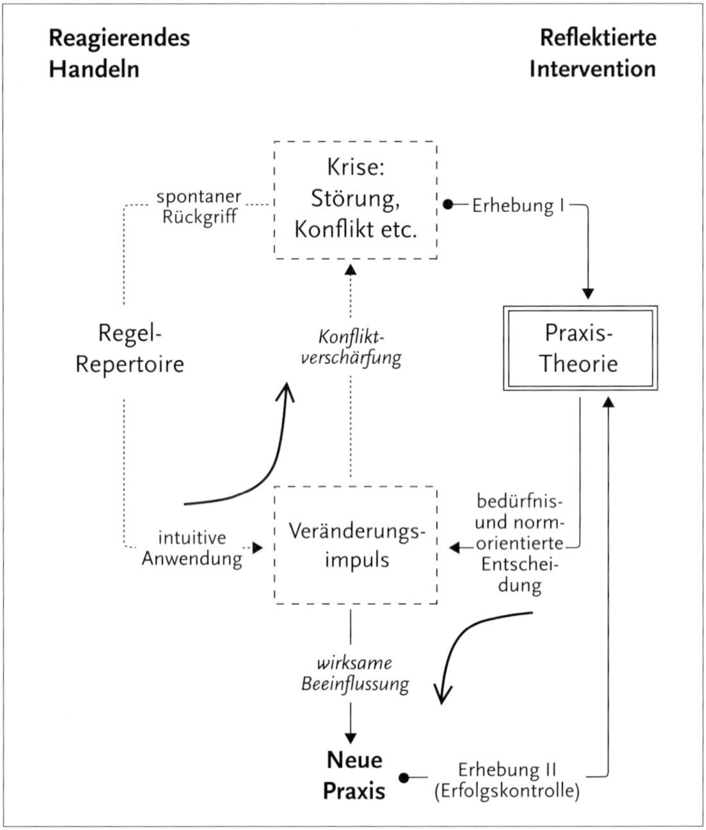

Abb. 1: Das Regelkreismodell von Rolf Zerfaß (modifiziert nach: Feiter, Antwortendes Handeln 84)

Das Modell hat also ein bestimmtes Gegenüber: Pastoraltheologie kommt dort ins Spiel, wo verfestigte, auch unthematisch bleibende, aber nicht minder wirksame Konzeptualisierungen einer Praxis sich als ungenügend erweisen, wo sie versagen und sich letztlich krisenverstärkend auswirken. An diesem Punkt setzt die kritische Reflexion der Pastoraltheologie ein. Denn beim herangezogenen Beispiel ist ja nicht nur die Frage, ob eine andere Gottesdienstzeit das Problem wirklich löst, sondern was überhaupt das zu bearbeitende Problem ist. Wird nicht vielleicht durch die Suche nach schneller Abhilfe, die dann ergebnislos bleibt, sogar die Frustration erhöht?

Insofern ist bei diesem Regelkreismodell auch zweierlei zu beachten: Die Regulative für das Finden einer Entscheidung über konkrete Veränderungsimpulse sind weder abstrakte Normen noch bloß faktische Situationen. „Sollbestand" ist vielmehr die zu *suchende* Normierung, die die Tradition im Lichte der Situation für ein situationsgerechtes und zielorientiertes Handeln bietet. „Istbefund" aber sind Bedürfnisse, Interessen und anderes, die sich in der Störung des Handlungsfeldes *melden* und die im Lichte der Tradition einer kritischen Scheidung unterliegen, zugleich aber zu einer erneuerten Aneignung der Überlieferung herausfordern und sie anstoßen. Nur so sind Sollbestand und Istbefund handlungsorientierend und zielführend.

Damit weist das Zerfaßsche Modell jedoch darüber hinaus, die Praxis *nur als Gegenstand* der Kritik zu nehmen. Denn die sich in der Störung des Handlungsfeldes meldenden Bedürfnisse und Interessen gehen ja in die Überlegung, was zu tun und zu verändern ist, ein. Sie unterliegen zwar im Lichte der Tradition einer kritischen Scheidung. So könnte es im konkreten Fall heißen: „Christinnen und Christen versammeln sich seit frühesten Zeiten am ‚ersten Tag der Woche', am Tag der Auferstehung Jesu; und im Gedenken seines Leidens und seiner Auferstehung finden sie ihre Identität. Unsere Sorge um den Gottesdienstbesuch ist berechtigt und nötig." Andererseits wäre jedoch ernst zu nehmen, ja allererst zu fragen, welche Schwierigkeiten und Anliegen sich im Fernbleiben bestimmter Gruppen äußern. Lassen sich diese aber durch Veränderungen von Gottesdienstzeiten überhaupt bearbeiten – oder sind es Gestalt, Atmosphäre und Kommunikationsmuster des Sonntagsgottesdienstes, die ganze Gruppen möglicher Mitfeiernder von vorneherein ausschließen? Auch die eigenen Wünsche wären zu befragen: Was wollen wir eigentlich mit unserem Wunsch nach „mehr Besuch"? Und wie verhält sich das zur Praxis und Verkündigung Jesu, was war sein Verlangen? – So löst das Tun und Lassen von Menschen eine Kaskade von kritischen Fragen an bestehende Plausibilitäten oder spontan generierte Konzepte aus.

Praxis ist keineswegs weniger kritische Instanz als Gegenstand der Kritik. Es bezeichnet gerade den spezifischen kritischen Anspruch der Pastoraltheologie, nicht nur Konzepte, Visionen und Ansprüche an eine Praxis heranzutragen, sondern die kritische Potenz und die Ansprüche gelebter Religion und gelebten Lebens ins Spiel zu bringen.

2.2 Praxis und Empirie

Aus diesem Grund ist eine der zentralen methodischen Fragen der Pastoraltheologie, wie sie einen Zugang findet zur Glaubens-

oder auch religiösen Praxis und zur Lebensrealität von Menschen. Eine Antwort auf diese Frage ist nicht zuletzt die empirische Forschung. Ausgelöst durch die Öffnung der Pastoraltheologie zu den Sozialwissenschaften und der Rezeption ihres Methodenarsenals in den 1960er Jahren, hat eine empirische Forschung seit Mitte der 1970er Jahre Eingang in die Pastoraltheologie gefunden.

Zitat

Empirische Forschung zeichnet sich dadurch aus, dass sie über Hypothesen und Theorien nicht nur aufgrund gründlicher Überlegung und Diskussion entscheidet, sondern diese auch möglichst präzise formalisiert und operationalisiert sowie an gezielt ausgewählten Erfahrungsdaten überprüft. Diese Antworten, Messungen oder Testergebnisse werden aus systematischen Untersuchungen und mit Hilfe von Beobachtungen, Befragungen oder Experimenten gewonnen. Wenn wir also von „empirischer" Forschung in der praktischen Theologie sprechen, ist damit nicht jede Art von Rückkoppelung theoretischer Reflexion an die subjektiv erfahrene oder intuitiv verallgemeinerte „Wirklichkeit" gemeint, sondern die *systematische und wissenschaftlichen Standards genügende Erfassung und Analyse von Erfahrungen*. (Feeser-Lichterfeld/Kläden, Empirisch-theologische Forschung 311)

Sie steht insofern in einem Wechselverhältnis mit theoretischer Anstrengung: Auf der einen Seite hat sie die Funktion, bestehende Theorien zu überprüfen und gegebenenfalls Modifikationen herbeizuführen. Auf der anderen Seite hilft sie, „neuen, noch nicht erkannten und durch Theorie nicht zu erfassenden Entwicklungen und Zusammenhängen auf die Spur zu kommen" (Könemann, „Ich wünschte, ich wäre gläubig, glaub' ich." 140) und dadurch die Bildung neuer Theorien anzustoßen. Insofern beugt sich eine empirisch arbeitende Pastoraltheologie auch nicht einer Normativität des Faktischen, sondern generiert auch Veränderungsprozesse.

Welche konkreten Methoden und Ansätze eine derartige Forschung aber auch wählen mag und in welcher Weise sie sich im Einzelnen ausgestaltet (vgl. van der Ven, Entwurf einer empirischen Theologie; Klein, Erkenntnis und Methode in der Praktischen Theologie; Dinter/Heimbrock/Söderblom, Einführung in die Empirische Theologie), ihre Begründung liegt in einem letztlich sehr einfachen Umstand: Die Pastoraltheologie muss sich die Lebenswirklichkeit und -praxis von Menschen *sagen lassen*.

Lebenswirklichkeit und -praxis von Menschen

Armut macht arm

Wie oft stelle ich mir die Frage: „Bin ich arm?“ Wenn ich nicht arm bin, was bin ich dann? Ist es Verbitterung, wenn ich mich als arm bezeichne? Nein, ich empfinde mich in meinem Land, in meiner Stadt als arm.

Wann immer ich den Fehler begangen habe, mit anderen Menschen darüber zu diskutieren, ob ich nun arm sei, musste ich feststellen, wie schwierig es ist, über Armut zu sprechen. Viel zu schnell erhielt ich Antworten wie „Geld allein macht nicht glücklich“ oder „in der Bibel steht geschrieben ...“. Darauf folgten die eintönigen Ratschläge, wie Arme sich zu verhalten haben, und der Trostspruch, dass Glück und Zufriedenheit nicht von äußeren Umständen, Geld oder materiellen Gütern abhängen würden. Wahrscheinlich haben diese Leute recht, es sind ja vielfach theologisch gebildete und auch sonst viel „besser gestellte“ Leute, die mir einige Nasenlängen voraus sind.

Gerade nach solchen Gesprächen fühle ich mich oft minderwertig. Nichts scheint mir zu gelingen. Das Geld reicht nirgends hin. Ich kann es einteilen wie ich will. Warum bringe ich es nie auf einen grünen Zweig? Weshalb sind die Kinder so häufig krank? ... Auch wenn ich den Ausweg bis heute nicht klar aufzuzeichnen vermag, will ich die Hoffnung doch nicht aufgeben. Ist nicht mein Kampf ums Überleben ein Kampf für die Hoffnung? Ein Kampf, den zu führen es sich lohnt, solange man noch atmen kann? Wie jeder Kampf ist auch dieser ermüdend. Manchmal, wenn ich mich wie ein geschlagener Hund in meiner Wohnung verkrieche, zweifle ich an allem, auch an mir selbst. Dann frage ich mich, ob es nicht einfacher wäre, mein Schicksal zu akzeptieren. Zu akzeptieren, dass ich als nicht mehr ganz junge Mutter mit drei kleinen Kindern, alleinerziehend und auf Sozialhilfe angewiesen, keine rosigen Aussichten habe, mich beruflich zu mausern. Besonders bei der heutigen Wirtschaftslage.

Eines meiner Kinder leidet unter Asthma und chronischen Erkältungen. Die beiden Geschwister leiden häufig unter Husten, Angina, Heiserkeit und diversen Hautausschlägen. Meine eigene Krankheitspalette reicht von dauerhaften arthritischen Knieschmerzen über Magenkrämpfe, vermutlich wegen Stress und zu vielen und zu starken Schmerzmitteln, bis hin zu Bandscheibenschmerzen. An ganz schlimmen Tagen, wenn sich meine Wohnung wieder einmal in ein Lazarett verwandelt und ich als humpelnde, übernächtigte Krankenschwester versuche, Not zu lindern, gibt es jene Momente, in denen ich zutiefst bezweifle, dass ich dies alles über längere Zeit aushalten kann. Dann überfallen mich Angstdepressionen, in denen ich zwanghaften Vorstellungen erliege. Dem Gedanken, dass ich nicht mehr gehen kann. Oder dass ich an Krebs erkranke. Oder dass ich eines Nachts einem Herzinfarkt erliege und mich die Kinder am Morgen tot im Bett finden. Und dann, dann kommt der Abgrund! ... Heute brauche ich keinerlei Ermutigungen mehr von Menschen, die es eigentlich nicht besser wissen. Ich brauche mir keine Predigten mehr über das Teilen, die Nächstenliebe oder das Geld anzuhören. Wenn man jahrelang auf jeden Rappen achtet, übervorsichtig mit allem umgehen muss, damit es bloss nicht kaputt oder verloren geht, wenn man nicht weiss, womit die dringend benötigte Bettdecke, das Kinderbett oder der Küchentisch bezahlt werden sollen, dann scheint es einem unverschämt, wenn andere von Geld einteilen sprechen. Seit ich Sozialhilfe beziehe, spüre ich, dass ich auf Wünsche oder Bedürfnisse kein Recht mehr habe. Neue Bettwäsche, ein Sommerkleid oder moderne Schuhe sind unangebracht. Ich muss nehmen, was man mir gibt, und froh und gefälligst dankbar sein. Anpassung ist gefragt. Was bleibt mir anderes übrig? Seit ich das realisiere, empfinde ich mich als arm. ... (Orlando, Armut macht arm)

Dieses Zeugnis einer alleinerziehenden Mutter und ihr Nachdenken über die Frage, ob sie arm sei, führt besonders eindrücklich vor, wie die Pastoraltheologie darauf angewiesen ist, sich die Lebenswirklichkeit und Lebenspraxis von Menschen sagen zu lassen, und welche Aspekte dabei eine Rolle spielen.

Da ist zunächst *das Wechselspiel von Begriff und Anschauung*. Was nämlich zitierbare Armutsdefinitionen gemäß dem sogenannten „capability approach" von Amartya Sen (*1933) herausstellen – dass Armut ein multidimensionales Phänomen ist, das sich nicht auf die Frage des Einkommens und damit der wirtschaftlichen Fähigkeit beschränkt, sondern auch menschliche, politische und soziokulturelle Fähigkeiten betrifft –, das wird in der Schilderung der Verfasserin allererst deutlich. Was es heißt, auf öffentliche finanzielle Alimentierung angewiesen, zugleich gesundheitlich erheblich beeinträchtigt zu sein und schließlich immer wieder in seiner Würde infrage gestellt zu werden, das kann nichts so sehr veranschaulichen wie diese wenigen Zeilen. Frei nach Kant sind aber Begriffe ohne Anschauungen leer. Wirkliche Erkenntnis steht und fällt damit, „Begriffe sinnlich zu machen (d.i. ihnen den

Gegenstand in der Anschauung beizufügen)“ (Kant, Kritik der reinen Vernunft A 51).

Ein zweiter Aspekt wird im Text selbst ausdrücklich angesprochen, wenn die Verfasserin, vielleicht mit bitterer Ironie, zunächst schreibt: „Wahrscheinlich haben diese Leute recht, es sind ja vielfach theologisch gebildete und auch sonst viel ‚besser gestellte‘ Leute, die mir einige Nasenlängen voraus sind“ – später aber entschieden feststellt: „Heute brauche ich keinerlei Ermutigungen mehr von Menschen, die es eigentlich nicht besser wissen.“ Der zweite Aspekt ist *die Fremdheit der Erfahrungen anderer*. Zu den originären Erfahrungen dieser Frau haben die materiell „besser Gestellten“ und formal vielleicht „besser Gebildeten“ gar keinen originären Zugang. Für diese ist, was die Frau erfährt, unzugänglich, also fremd – und zugänglich nur, indem sie sich der Asymmetrie dieses Verhältnisses nicht entwinden, sondern unterwerfen: sich die Erfahrungen sagen lassen.

Das berührt bereits einen dritten Aspekt: Nur durch das Selbstzeugnis gibt es auch einen Zugang zur Reflexion dieser Frau über ihre Situation. Ihre Situation in bloßen Daten dargestellt (Alter, Familienstand, Kinderzahl, Einkommen, Krankheiten in der Familie und anderes mehr) würde die Situation gerade nicht hinlänglich erfassen. Die Gefühle und Gedanken dieser Frau, ihre Hoffnung und ihre Zweifel, ihr Kampf und ihre Ermattung; ihre Auflehnung gegen das Fremdbild der anderen, die vielleicht doch resignierte Anerkenntnis dieses Bildes und schließlich die Feststellung, dass die anderen sie aber durch das Bild, das sie sich von ihr machen, gerade arm *machen* – alles das ist integraler Bestandteil ihrer Armut. Auf eine Formel gebracht, heißt das: Die Erfahrungen, auf die sich pastoraltheologische Reflexionen zu beziehen haben, bestehen stets aus der Situation von Menschen *und* dem Verhältnis dieser Menschen zu ihrer Situation *und* ihrem Verhältnis zu sich selbst in der Situation; und das Zusammenspiel dieser Momente ist äußerlicher Beobachtung nicht zugänglich. Nur eines ist es und das ist es allerdings: kommunikabel.

Die Kommunikabilität ist trotz aller Grenzen, die sie hat, eine Schnittstelle. Sie macht möglich, was – wiederum mit Kant gesprochen – ja nicht minder nötig ist als die Veranschaulichung: die Anschauungen, die für sich allein blind sind, „verständlich zu machen (d.i. sie unter Begriffe zu bringen)“ (ebd.). Hier liegt auch der Übergang von vereinzelter Wahrnehmung und einer sich auf sie stützenden Verallgemeinerung zu einer empirischen Forschung. Denn die Kommunikabilität von Erfahrungen ist auch die Möglichkeitsbedingung einer der Pastoraltheologie angemessenen empirischen Forschung. Die Anwendung empirischer Methoden und Standards wird immer wieder auch kritisch diskutiert. Dennoch kann eine in ihrer Schrittfolge konsequent und penibel durchgeführte empirische Forschung dazu beitragen, dem vorschnellen theoretischen Zugriff zu wehren und so der „Bewegungsunschärfe des Lebendigen" (Hochschild, Lebendige Vielfalt? 171) ansichtig zu werden.

2.3 Praxis und Subjektivität

Als Strukturierung eines Weges, der aus der Praxis entspringt und zur Praxis hinführt, wird in der Pastoraltheologie immer wieder auch der sogenannte Dreischritt „Sehen – Urteilen – Handeln" angeführt. Zurückgehend auf Joseph Cardijn (1882–1967), den Gründer der Christlichen Arbeiterjugend (CAJ), hat er eine erstaunliche Wirkung entfaltet: Konziliare, päpstliche und bischöfliche Dokumente haben ihn angewendet und empfohlen. Durch Gruppen der Christlichen Arbeiterjugend gelangte er nach Lateinamerika und nahm dort in der Theologie der Befreiung einen eigenen und prominenten Weg. Diözesanen synodalen Prozessen verlieh er eine grundlegende Struktur der Beratung und Entscheidungsfindung; und nicht zuletzt hielt er Einzug in die Pastoraltheologie (vgl. Mette, Sehen – Urteilen – Handeln).

Strukturierung der Reflexion einer Situationsanalyse

In der pastoraltheologischen Rezeption meint der Dreischritt „Sehen – Urteilen – Handeln" vornehmlich die Strukturierung der Reflexion durch die Momente einer *Situationsanalyse*, einer *Auftrags- oder Zielorientierung* und einer *Konzeptualisierung pastoraler Praxis*. „Sehen – Urteilen – Handeln" benennt Fragegänge, von denen keiner entfallen darf, weil sie sich gegenseitig bestimmen:

- „Handeln" heißt: Ohne dass Handlungskonsequenzen und Handlungsschritte bedacht werden, bleibt in pastoralen Zusammenhängen alle Situationsvergewisserung ein bloß ästhetisches Spiel und verkommt die Auftragsorientierung, die immer neue Ausrichtung am Evangelium, zur Erbaulichkeit.
- „Urteilen" heißt: Ohne dass eine Besinnung auf Auftrag und Ziel des Handelns stattfindet, kommt es jedoch leicht zu kurzschlüssigen Reaktionen oder zu bloß pragmatischen Lösungen oder auch dazu, dass erforderliche Einsprüche und Korrekturen überhaupt ausbleiben.
- „Sehen" heißt: Ohne dass aber eine Situationsvergewisserung vorgenommen wird, bleibt schließlich unentscheidbar, zumindest unausgewiesen, ob diese oder jene Bemühung über-

haupt angezeigt ist; und es bleibt ebenso sehr fraglich, ob eine bestimmte Regel oder Norm in diesem oder jenem Fall, in dieser oder jener Situation überhaupt Anwendung finden muss und kann.

So verstanden ist der Dreischritt eigentlich nicht eine bestimmte Schrittfolge, sondern ein Modell, das die Rationalität von Entscheidungen *auf Handlung hin* und die Rationalität des Entscheidungs*diskurses* daran bindet, dass bestimmte Fragenkomplexe durchlaufen werden. Von daher ist auch nicht verwunderlich, dass in den Disziplinen der Praktischen Theologie vergleichbare andere Strukturierungen mit derselben Funktion, aber mit einer anderen Reihenfolge oder einer anderen Anzahl von Schritten auftauchen (vgl. Zulehner/Polak, Art. Praktische Theologie 410–414; Boschki, Einführung in die Religionspädagogik).

Was die methodische Tragfähigkeit und Reichweite des Dreischritts betrifft, fallen die Beurteilungen jedoch denkbar unterschiedlich aus. Die einen attestieren ihm, ein für die wissenschaftliche Pastoraltheologie wie für die Verständigung in pastoralen Kontexten gleichermaßen nützliches Instrumentarium abzugeben – weshalb er auch eine Chance biete, die Kluft zwischen Wissenschaft und Praxis zu überbrücken (Hochstaffel, Die Konzeption von Praxis 325). Andere stellen ebendies infrage: Zum einen entspreche der Dreischritt nicht den Anforderungen einer wissenschaftlichen Methode; und durch seine Übernahme in den wissenschaftlichen Diskurs gewinne dieser keineswegs an Praxisnähe. Ganz im Gegenteil werde dadurch der hypothetische Charakter der Erkenntnisse und Aussagen der Pastoraltheologie verunklärt; und dann gerate der Dreischritt zum Instrument einer theologischen Expertokratie, die mit ihren „Urteilen" und „Handlungsanweisungen" den Praktikerinnen und Praktikern beurteilend und (über-)fordernd gegenübertrete (vgl. Klein, Methodische Zugänge zur sozialen Wirklichkeit 248 f.).

Ein anderes Bild bzw. eine ganz andere Fragestellung ergibt sich jedoch, wenn der Dreischritt „Sehen – Urteilen – Handeln" auf seinen Entstehungskontext in den sogenannten „Studienkreisen", „Aktivistenrunden" oder „Arbeitsgemeinschaften" der CAJ zurückbezogen wird. Schon vor der offiziellen Gründung der CAJ im Jahr 1925 hatte Cardijn die Entstehung solcher Gruppen, zunächst von jungen Frauen, gefördert. Diese standen von Anfang an im Dienste einer Erziehung zur Selbsttätigkeit junger Arbeiterinnen und Arbeiter, und im Dienste dieses Erziehungs- bzw. Bildungsvorgangs entstand die Methode. Später sagte Cardijn dazu:

Zitat

Die Methode der CAJ-Bewegung ist eine aktive Methode: a) In der CAJ werden die jungen Arbeiter dazu gebracht, gemeinsam alle Probleme zu untersuchen, die sich aufgrund ihres Alters, ihrer Arbeit, Zukunft und ihres Milieus stellen; b) sie suchen gemeinsam nach Lösungen dieser Probleme; c) sie verpflichten, ermutigen und unterstützen sich, die gewählten Lösungen durchzuführen; d) die Funktionen, die sie in ihrer Organisation übernehmen, die Dienstleistungen, für die sie verantwortlich zeichnen, sind eine fortwährende Übung und ein ständiges Erlernen all ihrer Fähigkeiten; e) die Werbeaktionen, an denen sie sich beteiligen, bringen ihre Energie zur Geltung. Die CAJ-Mitglieder waren nie einfache Zuhörer oder Zuschauer in der CAJ-Bewegung. (Cardijn, Führe mein Volk in die Freiheit 38)

Der Cardijnsche Dreischritt von „Sehen – Urteilen – Handeln" ist in der Tat keine wissenschaftliche Methode und hat nicht die Funktion zwischen, Wissenschaft und Praxis zu „vermitteln":

- Er ist eine Methode, mit deren Hilfe Menschen die sie *selbst* betreffenden Angelegenheiten *selbst* bearbeiten.
- Er ist eine Methode, mit deren Hilfe diese Menschen ihre Situation *gemeinsam* analysieren und beurteilen und dann auch ihre Pläne zu *gemeinsamem* Handeln *gemeinsam* formulieren.
- Er ist eine Methode, mit deren Hilfe *marginalisierte Menschen*, deren Situation nicht ihrer menschlichen Würde entspricht, diese Situation selbst in den Blick nehmen, beurteilen und zu ändern suchen.

Wir selbst als Subjekte der Praxis

In diesem Sinne ist der Impuls des Cardijnschen Dreischritts für die Pastoraltheologie jedoch von sogar wissenschaftstheoretischer, weil wissenschaftskritischer Relevanz. Er erinnert nämlich daran, dass nur dort eine Praxis und ihr Begreifen *als* Praxis wahrgenommen wird, „wo wir nicht vergessen, daß es hierbei um *unsere* Praxis und *unser* Selbstbegreifen geht, wo wir uns also bewußt halten, daß wir selber die Subjekte der Praxis und ihres Begreifens sind" (Schmied-Kowarzik, Die Praxis und das Begreifen der Praxis 2). Das heißt z.B., wo die Praxis von Menschen in Milieu-Studien analysiert wird und wo deren Lebenspraxen mit ihren ästhetischen Stilen, ihren Werthaltungen und anderem sodann typisiert und in eine bestimmte Anzahl von Milieus zusammengefasst und vielleicht sogar mit Bildern illustriert werden, da steht am Ende *keine Praxis* von Menschen, sondern ein durch wissenschaftliche Methoden des Begreifens überhaupt erst als Erkenntnisgegenstand konstituiertes Etwas namens Milieu.

Insofern reicht auch der oben angesprochene Zusammenhang von Begriff und Anschauung für eine praktische Theorie nicht aus. Praxis gelangt erst da in den Blick, wo sie als das wahrgenommen wird, wozu Menschen sich zwar nicht allein, aber immer nur *selbst bestimmen* und worin sie sich zwar nicht allein, aber immer nur *selbst begreifen* können und worin sie sich zwar nicht allein, aber immer nur *selbst bestimmen, indem sie sich darin selbst begreifen*. Kurz gesagt: Alle Praxis ist subjektiv. Die angeführten Milieu-Studien haben durchaus ihren Wert, jedoch nur im Kontext der je eigenen (ob individuellen oder gemeinsamen) Auseinandersetzung mit ihnen; und wo das vergessen wird, da wird die Lebenspraxis von Menschen zum Gegenstand von Erkenntnis auf der einen und von Manipulation auf der anderen Seite.

Das hat für die Pastoraltheologie als „Theorie der Praxis" zwei Konsequenzen: Sie bezieht sich auf Praxis nicht als etwas, woraus sich „Gegenstände" der Erfahrung bilden lassen und als solche allererst durch die Pastoraltheologie – mithilfe ihrer Methoden – in der Weise der Wissenschaft gebildet werden. Vielmehr bezieht sie sich auf eine Praxis, die bereits ihre eigene Einsicht und Erkenntnis hat. Deshalb wird die Pastoraltheologie – bei aller gewiss unbestreitbaren Notwendigkeit, human- und sozialwissenschaftliche Perspektiven in den pastoraltheologischen Reflexionsgang einzubeziehen – sie als das integrieren, was sie sind: (wissenschaftliche) Teilrationalitäten. Ein rein szientifisches Verhältnis zur „Pastoral" würde dem Verständnis des „Pastoralen" widersprechen (vgl. 1.3.2).

Dass sich die Pastoraltheologie auf Praxis als eine solche bezieht, die bereits ihre eigene Einsicht und Erkenntnis hat, bringt sie aber in eine konstitutionelle Verlegenheit. Wie soll sie sich auf diese Praxis beziehen? In der Weise der „Abbildung" oder in der einer „Avantgarde"? Wollte sie Praxis nur abbilden und damit deskriptiv bleiben, kämen in ihr Menschen als Subjekte ihrer eigenen Praxis nur dann vor, *insofern diese – in Kirche und Gesellschaft – bereits Stimme haben*. Wollte sie Avantgarde der eigenen Praxis von Menschen sein, kämen diese jedoch nur vor, *indem sie vertreten werden*, also gerade nicht als Subjekte ihrer eigenen Praxis. Es ist – wie gesagt – eine konstitutionelle Verlegenheit, also keine Schwierigkeit, die überwunden, oder eine Frage, die beantwortet werden könnte, sondern ein Problem, zu dem Pastoraltheologinnen und -theologen stehen müssen.

Zusammenfassung

Praxis ist der Pastoraltheologie als einer praktischen Theorie auf der einen Seite Gegenstand der Kritik, wie dies beispielhaft in Rolf Zerfaß' Modell einer regelkreisförmigen Beeinflussung von Praxen durchgeführt ist. Auf der anderen Seite ist Praxis aber auch eine Instanz der Kritik, und nicht zuletzt sucht auch eine empirische Forschung die kritischen und generativen Momente von Praxis zu erheben, um so vorhandene Theorien korrigieren oder neue entwickeln zu können. Insgesamt ist die Pastoraltheologie aber nicht nur auf die Wahrnehmung von menschlicher Lebensrealität und gelebter Religion angewiesen, sondern findet auch ihre Grenzen darin, dass menschliche Praxis und ihr Begreifen daran rückgebunden bleibt, dass Menschen immer nur selbst die Subjekte ihrer Praxis und des Begreifens ihrer Praxis sein können.

3. Thema: Freiheit

Die inhaltlichen und methodischen Optionen der Pastoraltheologie wie auch die eingangs angesprochene Krise kirchlicher Praxis verweisen auf ein Thema: das Thema der Freiheit. Ob etwa alles Handeln und sein Begreifen an die Subjekte dieses Handelns gebunden ist oder es um Glanz und Elend der Hirtensorge geht, stets geht es um gesuchte oder gefährdete Freiheit und um die Frage nach dem Evangelium als Botschaft der Freiheit – in einer Zeit riskanter Freiheit.

3.1 Riskante Freiheit

Wenn es ein Versprechen der Moderne gibt, dann dasjenige, das eigene Leben selbst gestalten zu können. Doch es ist nicht nur das Versprechen, es ist zugleich die Aufforderung und der Imperativ der „entfalteten" oder „radikalisierten" Moderne. Denn diese ist bestimmt durch den Verlust einer „Gesamtordnung" (vgl. Feiter, Antwortendes Handeln 230–237).

Was vormals die Lebensläufe bzw. die sogenannte „Normalbiographie" bestimmte, waren relativ wenige, relativ homogene und relativ abgeschlossene Lebenswelten. Sie legten Religion bzw. Konfession ihrer Mitglieder fest, sie wiesen klare Geschlechterrollen zu, sie entschieden über Paarbildung und Fortpflanzung, sie prägten die Fest- und Feierkultur. Damit war den Einzelnen ihr Leben nicht schon abgenommen, allerdings in beträchtlichem Umfang vorgezeichnet. Was z.B. angesichts von Schuld, Krankheit und Tod zu tun war, musste in der krisenhaften Situation nicht erst gesucht oder mühsam erarbeitet werden. Allerdings fiel es damit auch nicht in den Entscheidungs- und Gestaltungsraum der Menschen.

Pluralisierung und Individualisierung

Das verändert sich unter den Bedingungen von Pluralisierung und Individualisierung gewaltig: Wo nicht von vornherein feststeht, wie Menschen in zentralen, weil unumgänglichen Fragen ihrer Lebensführung agieren, wo die Einzelnen sich vielmehr einer Vielzahl von möglichen Lebensentwürfen, Sinnangeboten und Handlungsalternativen konfrontiert sehen, da müssen sie mindestens eines: wählen. Die „Normalbiographie" wird von einer „Wahlbiographie" abgelöst. Denn das *Dass* der Wahl steht nicht zur Wahl. Von einem paradoxen Zwang zur Wahl ist deshalb die Rede. Pluralisierung und Individualisierung sind Prozesse einer Freisetzung des Individuums – gerade auch aus Vorgaben religiöser Art und aus der Sanktionsgewalt religiöser Institutionen. Nicht geringer aber sind sie Prozesse neuer bzw. fortschreitender Disziplinierung. Im Maße der Lockerung kollektiver Zwänge wächst das Maß nötiger *Selbst*disziplinierung. Denn auf der einen Seite droht nun Vereinsamung und auf der anderen Zerstreuung.

Mehr-Generationen-Haushalte schwinden, und die Zahl der Single-Haushalte wächst. Die Folge: Für immer mehr Menschen nimmt das Maß alltäglicher Kommunikation von Person zu Person ab, und die Kommunikationssituationen wachsen, in denen sie Organisationen gegenüber stehen, die sie nur auf eine bestimmte Rolle hin angehen, z.B. die von Konsumenten. Mit dem Bedeutungsverlust der Territorialgemeinde verliert auch religiöse Kommunikation ihren selbstverständlichen sozialen Ort. Wer da nicht vereinsamen will, muss Beziehungen und Kontakte gezielt anbahnen und ebenso kontinuierlich wie bewusst pflegen. Restlos neu ist das nicht, aber die Aufgabe tritt nun als solche zutage und wird größer und anspruchsvoller – schon für Kinder und Jugendliche.

Die „Wahlbiographie" bedeutet auch nicht einfach Beliebigkeit, sondern zunächst einmal nur die *Unmöglichkeit*, angesichts der Vielzahl *möglicher* Lebensentwürfe *keine* Wahl zu treffen. Insofern sind auch religiöse Traditionalismen und Fundamentalismen moderne Erscheinungen. Sie sind gerade nicht mehr Ausdruck einer selbstverständlichen Einbindung in unbefragt geltende Traditionen; und als Gegenreaktionen gegen eine pluralisierte und globalisierte Welt bleiben sie an entscheidenden Punkten dem verhaftet, wogegen sie sich wenden. Jedenfalls hat, wer nicht wählt, schon gewählt – gewählt: gelebt zu werden. Wiederum kein radikal neues Phänomen! Doch die Form drohender Fremdbestimmung scheint heute mehr als früher die der Zerstreuung zu sein: Offen für *alles* Mögliche, ergreife ich das *nächstbeste* Mögliche und schlage mir alles *andere* Mögliche aus dem Kopf. Wer solcher Zerstreuung nicht anheimfallen will, muss sich selbst und seine Wahl zum Thema machen, und zwar immer wieder von Neuem.

Leicht ist dies nicht. Ulrich Beck und Elisabeth Beck-Gernsheim sprechen deshalb von „Risikobiographien" und „riskanter Freiheit" (Beck/Beck-Gernsheim, Individualisierung in modernen Gesellschaften). Denn nun wird in einem ungleich höheren Maß als früher dem Einzelnen auch die Verantwortung für das „Gelingen" seines Lebens selbst auferlegt und er muss sich selbst in gleichwohl vorgegebene gesellschaftliche Zusammenhänge integrieren. Deshalb steht durchaus infrage, ob das Individuum wirklich so freigesetzt wird, wie die Versprechungen der Moderne lauten. Arbeitslose Jugendliche werden ihre Zweifel daran hegen, da deren fehlende Chancen ebenfalls „individualisiert", nämlich ihnen selbst zugeschrieben werden. Und wer wollte behaupten, dass die moderne Individualisierung lauter Originale hervorbringt? So wenig die Individualisierung von vornherein Beliebigkeit bedeuten muss, so wenig bewahrt der Zwang zur Wahl davor, dass die konkrete Individualität die Kopie eines Musters darstellt.

Das gilt auch für die viel beschworene Patchwork-Religiosität der Gegenwart. Sie ist wohl weniger originell und individuell als gewählt. Doch es bleibt bei dem, was eingangs festgestellt wurde: Niemand mehr kann heute den Glauben als ein „Erbe" aus früherer Zeit unbefragt annehmen, weil er sich so nämlich nicht verbinden kann mit dem, was ihr oder sein Leben ansonsten bestimmt: auf eigene Verantwortung leben zu müssen.

3.2 Zur Freiheit berufen

Das ist – nach Auskunft der Sozialwissenschaften – die Situation, der sich die pastorale Praxis und Theorie stellen muss – ohne Lamento und ohne Larmoyanz. Was das bedeuten kann, haben 1996 die französischen Bischöfe demonstriert. In einem Brief an die Katholikinnen und Katholiken Frankreichs schrieben sie: „Wir lehnen jede Nostalgie nach vergangenen Epochen ab, in denen angeblich das Prinzip der Autorität unangefochten galt. Wir träumen nicht von einer unmöglichen Rückkehr zur sogenannten ‚Christenheit'" (Les évêques de France, Proposer la foi dans la société actuelle III/dt.: Den Glauben anbieten in der heutigen Gesellschaft 20/16).

Insofern liegen aber mit der nüchternen Wahrnehmung der Situation und mit der Kenntnis der heutigen Rahmenbedingungen nicht schon die Blaupausen für eine pastorale Praxis vor. Die französischen Bischöfe haben seinerzeit die in dieser Situation erforderliche Weise einer Glaubenskommunikation als ein „Vorschlagen des Glaubens" (*proposer la foi*) bezeichnet (vgl. Müller/Schwaab/Tscheetzsch, Sprechende Hoffnung). Was daran beeindruckt, ist die – in kirchlichen Kontexten unselbstverständliche – Anerkennung der Pluralität, der Freiheit und der Verwiesenheit auf die Kommunikation. Den Glauben vorzuschlagen, ist ohne Achtung der Freiheit der anderen nicht möglich. Den Glauben vorzuschlagen heißt, sich auf eine Antwort der anderen gefasst machen. Doch was in der Idee eines Vorschlagens des Glaubens noch unterbestimmt bleibt, sind die „Adressaten" des Vorschlagens. Denn diese sind jetzt zwar nicht mehr bloße Empfängerinnen oder Empfänger des Glaubens, aber auch nicht jene Wesen, die das sozialwissenschaftliche Individualisierungstheorem entwirft.

Der Ertrag sozialwissenschaftlicher Forschung bleibt so lange *pastoral* unfruchtbar, so lange er nicht als *Zeichen* (der Zeit) genommen und *als* Zeichen „im Licht des Evangeliums" gelesen und gedeutet wird (GS 4). Es gilt, „in den Ereignissen, Bedürfnissen und Wünschen", die das Volk Gottes „zusammen mit den übrigen Menschen unserer Zeit teilt, zu unterscheiden, was darin wahre Zeichen der Gegenwart oder der Absicht Gottes sind" (GS 11). So erst wird die Gegenwart erhellend und maßgeblich *für* den Auftrag der Kirche. Insofern bedarf es aber einer eigenen und wirklich theologischen Interpretation der Individualisierung. Einen Vorschlag solcher Interpretation hat das II. Vatikanische Konzil in seiner Lehre von der *„Berufung" aller Gläubigen, ja aller Menschen* gegeben, worin es die von der Kirche „auszurichtende Heilsbotschaft" (vgl. 1.3.2) auf das moderne Freiheitsbewusstsein bezogen hat (differenziert und unter Einbezug auch einer empirischen Studie durchgeführt findet sich das im Folgenden nur Skizzierte in: Feeser-Lichterfeld, Berufung).

„Berufung" aller Gläubigen, ja aller Menschen

Bereits in *Lumen gentium* ist „Berufung" ein Schlüssel zum Verständnis der Kirche: Diese wird rückgebunden an das „Volk Gottes", zu dem *alle* Menschen *gerufen* sind (vgl. LG 13). In der Kirche ist die Berufung zur „Heiligkeit" (LG 32), d.h. zur Gemeinschaft mit dem heiligen Gott, dasjenige, was bei allen Unterschieden in der Funktion *alle* in der Kirche verbindet. Nicht nur die

Bischöfe, Priester und Diakone, sondern auch die übrigen Gläubigen sind berufen, die Kirche aufzubauen (vgl. LG 33). Und *Gaudium et spes* führt dies in entscheidender Weise weiter: Das Konzil wendet sich darin ausdrücklich nicht allein an Katholikinnen und Katholiken und auch nicht nur „an alle, die Christi Namen anrufen, sondern an alle Menschen schlechthin" (GS 2). Diesen wendet sich das Konzil aber so zu, dass es sofort zu Beginn von *Gaudium et spes* ein Bekenntnis ablegt und eine Selbstverpflichtung eingeht. Es bekennt „die hohe Berufung des Menschen", dass nämlich „etwas wie ein göttlicher Same in ihn eingesenkt ist"; und es „bietet der Menschheit die aufrichtige Mitarbeit der Kirche an zur Errichtung jener brüderlichen Gemeinschaft aller, die dieser Berufung entspricht" (GS 3).

Es wird – in der Diktion der französischen Bischöfe – ein „Vorschlag des Glaubens" gemacht, es wird eine dem Glauben entspringende Sicht menschlichen Lebens ins Gespräch gebracht, und zwar des Inhalts:

- dass ein jeder Mensch berufen sei, gemäß seiner personalen Würde frei in gerechten gesellschaftlichen Verhältnissen zu leben und an der Gestaltung der Welt Anteil zu haben (vgl. GS 12–39);
- dass des Menschen Würde zuhöchst „in seiner Berufung zur Gemeinschaft mit Gott" liegt (GS 19) und dass „Christus, der für *alle* starb und auferstand", auch „*dem* Menschen" schenkt, dieser seiner höchsten Berufung nachzukommen (GS 10, Hervorh. R. F.);
- dass es gleichwohl „Lebensbedingungen" gibt, die verhindern können, dass Menschen zur *Erfahrung* ihrer Würde und zur *Erfüllung* ihrer Berufung in Gottes- und Nächstenliebe kommen (vgl. GS 31).

Insofern ist sich das Konzil aber *erstens* bewusst, dass seine „Botschaft dann dem tiefsten Verlangen des menschlichen Herzens entspricht", wenn die Kirche „die Würde der menschlichen Berufung verteidigt und denen, die schon an ihrer höheren Bestimmung verzweifeln, die Hoffnung wiedergibt" (GS 21); und deshalb will es *zweitens* mit dem, was es „aus dem Schatz der kirchlichen Lehre vorlegt", „allen Menschen unserer Zeit helfen, *ob sie an Gott glauben oder ihn nicht ausdrücklich anerkennen*" (GS 91, Hervorh. R. F.).

Wie radikal die hier vorgenommene Neuausrichtung ist, wird deutlich, wenn wenigstens einige Stationen jener (Auslegungs- und Macht-)Geschichte erinnert werden, die der biblischen Metapher der „Berufung“ widerfahren ist (vgl. Hjelde u.a., Art. Berufung): Wie *Lumen gentium* wieder erinnert, so stand in der frühen Kirche die Bezeichnung „Berufene“ für die Gläubigen schlechthin (vgl. Röm 1,6–7; 8,30; 9,24; 1 Kor 1,2.9.24.26; Gal 1,6; Phil 3,14). Denn berufen zu sein hieß, aus der *bisherigen* Lebenspraxis herausgerufen und zu einem *neuen* Leben in Christus Jesus (vgl. Phil 2,5) gerufen zu sein. In der frühen Kirche konnte sich damit verbinden, dass diesen bestimmte „Berufe“, Soldat, Schauspieler etc., verwehrt waren. Gleichwohl war der Radius der Berufung identisch mit dem Radius der Gemeinde. Darin waren *alle* berufen.

Das änderte sich jedoch mit der sogenannten „Konstantinischen Wende“, mit dem Beginn des Aufstiegs des Christentums zur vorherrschenden Religion und mit der Entstehung des Mönchtums im 3. Jahrhundert. Indem dieses ältere asketische Traditionen mit einem Rückzug aus der etablierten Kirche verband und eine „radikalere“ und „vollkommenere“ Nachfolge Jesu suchte, kam nun die „Grenze“ der Berufung *im Inneren* der Gemeinde zu liegen. Berufen zu sein bedeutete nun das Herausgerufenwerden *einiger weniger* aus der Masse der Christinnen und Christen zu einem sich von deren Leben unterscheidenden Leben. In dem Maße wie sich aber in der Spätantike die kirchlichen Amtsträger – in Anlehnung an die staatlichen Amtsträger – als Klerus immer mehr von den übrigen Gläubigen abhoben, begann „Berufung“ jenen Sinn anzunehmen, den sie bis zum II. Vatikanischen Konzil haben sollte. Sie war in einer ständisch geordneten Kirche das Unterscheidungsmerkmal zwischen dem Klerus als höchstem und den Laien als unterstem Stand. Berufen zu sein bezog sich auf ein Ordensleben, vor allem aber auf die Berufung von Männern zum Priestertum und galt als deren persönliche Auszeichnung. Die Erziehung in den Priesterseminaren betonte gewiss die Ausrichtung auf die priesterlichen Aufgaben, pflegte zugleich aber auch ein Auserwählungsbewusstsein.

3.3 Gewagte Freiheit

Diese Geschichte ist freilich nicht nur als dunkle Folie zu nehmen, vor der die Berufungstheologie des II. Vatikanischen Konzils nur umso heller erstrahlt. Sie ist zu erinnern, um bewusst zu halten, dass „Berufung“ aus der Pastoralgeschichte heraus etwas Schillerndes hat. „Berufung“ kann Anerkennung transportieren, aber ebenso einen Ausschluss signalisieren. „Berufung“ verwickelt in die Fragen, wer über Berufungen entscheidet und ob Berufensein nur individuelles Gefühl oder auch soziale Realität ist. Die Lehre von der Berufung der Gläubigen, ja aller Menschen, die das II. Vatikanische Konzil vorgelegt hat, wird deshalb auch nur dann in rechter Weise als Interpretament riskanter Freiheit angewendet, wenn sie hilft, darin die Ohnmacht der Kirche und die Macht Gottes zu erkennen (vgl. Sander, Nicht ausweichen) *und* Freiheit zu wagen.

Denn die Folgen der Individualisierung für die Glaubenskommunikation liegen zunächst einmal darin, dass alle Bemühungen immer wieder an jenen Punkt gelangen, wo allen vorgetragenen Ansprüchen zum Trotz der Glaube einer *Wahl* unterliegt. Befreiend wird diese Erfahrung jedoch erst dann und dann allerdings, wenn wahrgenommen wird, dass Gott den Menschen „der Macht der eigenen Entscheidung überlassen" hat (Sir 15,14, zit. in GS 17). Menschen mögen ihre Freiheit verkennen, „als Berechtigung, alles zu tun, wenn es nur gefällt", nichtsdestoweniger ist sie „Kennzeichen des Bildes Gottes im Menschen" (GS 17). Das bedeutet aber am Ende nicht weniger, als Gott auch darin zu erkennen und anzuerkennen, dass Menschen den Glauben der Kirche in Freiheit ablehnen.

Zitat

Daß für die Vermittlung von Religion dermaßen entscheidend geworden ist, daß sie mit individueller Freiheit durchbuchstabiert werden kann, kann auch von ihr selbst her als positive Folge des Individualisierungsprozesses begriffen werden. Denn wo die überkommenen Traditionen nicht mehr selbstverständlich anerkannt sind und wo sie erst recht nicht mehr als verpflichtend vorgegeben werden können, kann die spezifische Eigenart des Glaubens unmittelbarer zur Geltung kommen, nämlich selbst eine Wahl zu sein, die von niemandem abgenommen werden kann, sondern die persönlich getroffen werden muß. (Mette, Sehen – Urteilen – Handeln 129)

Allerdings gerät solche Emphase der Freiheit unter den Bedingungen riskanter Freiheit ebenfalls in die Krise, wie auch die Rede von „Berufung", da heikel wird, wo Menschen ihr Leben als u.U. selbstverschuldetes Verhängnis erleben. Zudem führt „Berufung" auch die Konnotation mit sich, ich könnte das, „was ich sein sollte", „das Richtige für mich", meine Berufung, verfehlen.

Die Bedeutung des Berufungstopos liegt insofern aber zunächst darin, dass er menschliches Leben in einem bestimmten Licht sehen lässt und eine bestimmte Sicht vorschlägt. Es geht zuerst gar nicht um innerkirchliche Konsequenzen, sondern um eine mögliche „Inspiration", um den Geist, *in* dem etwas geschieht und *aus* dem gelebt wird. Von Berufung zu sprechen heißt, den Vorschlag zu unterbreiten, das Leben als ein Geschehen des *Antwortens* zu sehen und zu leben: als Antworten auf einen Ruf. Es wäre die Inspiration, den *kleinen, aber wirklichen Spielraum* zu entdecken zwischen dem, was alltäglich an Anforderungen und Ansprüchen auf mich einprasselt, und dem, was ich darauf zur Antwort gebe. Ich kann zwar nicht *nicht* antworten, aber das, was ich antworte, ist immer auch ein Stück weit meine (Er-)Findung. Es wäre auch der Hinweis, dass jeder Ruf zu seiner Gegebenheit erst in der Antwort kommt, die ich darauf gebe – und Berufung deshalb nichts mit jener *einen* Tür in Kafkas Erzählung „Vor dem Gesetz" zu tun hat, die für mich bestimmt war, durch die ich aber nicht gegangen bin.

Antworten auf einen Ruf

Hermann M. Stenger (*1920) hat in diese Richtung gewiesen, indem er Berufung dreidimensional versteht. Die erste Dimension nennt er die „Ermächtigung zum Leben": Eine jede und ein jeder ist von Gott ins Leben gerufen und zum eigenen Leben ermächtigt (Stenger, Dimensionen der Berufung durch Gott 7). Hier ist der entscheidende Durchbruch von *Gaudium et spes* bewahrheitet, dass der „Schatz der kirchlichen Lehre", dass das Evangelium nicht nur etwas für Christinnen und Christen ist, sondern allen offen steht, daraus Inspirationen für ihr Leben zu schöpfen, auch ohne sich der Gemeinschaft der Gläubigen anzuschließen.

Dann erst, an zweiter Stelle heißt Berufung bei Stenger: „Erwählung zum Glauben", und an dritter: „Beauftragung zum Dienst", und zwar jeweils von allen (ebd.). Als Ganze zielt Stengers Entfaltung von Berufung in diesen drei Dimensionen denn auch im Sinne von *Lumen gentium* auf die Überwindung einer klerikalisierten Kirche. Doch ist zuvor zu beachten, dass „Beauftragung zum Dienst" dennoch nicht auf die Kirche enggeführt wird, sondern meint, die je eigene Begabung, das, was ich bin und kann, anderen Menschen zugutekommen zu lassen. Das II. Vatikanische Konzil hat den ambivalenten Ausdruck vom „Weltcharakter" der Laien geprägt (vgl. LG 31). Wo dieser dazu führt, die Verantwortung für die Kirche Klerikern, jene für die Welt Laien zuzuschreiben, ist er höchst problematisch. Er kann jedoch der anderen Versuchung wehren, das Christ- bzw. Katholischsein an einem „kirchlichen" Engagement zu messen. *Gaudium et spes* stellt ja genau umgekehrt die ganze Kirche in den Dienst an der

Berufung aller Menschen. Insofern meint Berufung angesichts riskanter Freiheit nicht nur einen „Ruf ins Eigene“, sondern immer auch „Ruf zu den Anderen“. Biblisch gibt es keinen Ruf, der nicht zum Dienen rufen würde. Aber solcher Dienst ist in seiner ganzen Weite zu erkennen.

Dann stellt sich schließlich auch die Frage, inwiefern die eingangs angesprochene Krise der Pastoral nicht auch eine „segensvolle Ohnmachtserfahrung“ (Sander, Nicht ausweichen 129) sein könnte. Denn in dieser Krise geht eine Gestalt von Pastoral unter, die die französische Pastoraltheologie als „pastorale d'encadrement“ bezeichnet – als das „Einrahmen“ der Bevölkerung eines Territoriums und das „Einfassen“ des Lebens jedes Einzelnen auf diesem Territorium, und zwar durch die Bindung ihres religiösen Lebens an den zuständigen Pfarrer (vgl. Bacq, Vers une pastorale d'engendrement). Längst wünschen Gemeinden nicht mehr einen Pfarrer „um jeden Preis“. Dass die alten machtförmigen Strukturen der Territorialpfarrei heute zerfallen, und zwar von innen her zerfallen: das bestimmt die pastorale Gegenwartssituation. Die Strategien deutscher Bistümer: der Einsatz ausländischer Priester und/oder die Bildung von Großpfarreien bzw. großen „pastoralen Räumen“, werden diesen Prozess nicht aufhalten. Ja selbst verheiratete Pfarrer oder Pfarrerinnen würden daran nichts ändern, wenn es *ansonsten* bei dem bliebe, was nach dem Bischof von Poitiers, Albert Rouet, die alten Strukturen charakterisiert hat:

Zitat

Lange Jahre haben Menschen ihre Kräfte verbraucht, um Priestern zu helfen und zu Diensten zu sein. Ihre ausdauernde und treue Beharrlichkeit hat niemandem Mut gemacht, ihre Aufgabe zu übernehmen. Einen solchen Dienst mag man bewundern, aber er bringt keine Freiheit in der Kirche hervor. (Rouet, Auf dem Weg zu einer erneuerten Kirche 34)

Dagegen ist z.B. im französischen Bistum Poitiers eine Gestalt von sogenannten „örtlichen Gemeinden“ entstanden, die die Berufung aller Gläubigen aus Taufe und Firmung, die Kirche zu bauen, ernst nimmt. Es ist eine Gestalt von Gemeinden, die ausgeht vom Willen und von den Möglichkeiten der Gläubigen, Gottesdienst, Verkündigung und Diakonie zu gewährleisten, und die von da aus den Radius der Gemeinde umschreibt. Es sind kleine und bescheidene Gemeinden, die so entstehen, aber sie sind getragen von einer Überzeugung: Für die Aufgaben, die für das Entstehen und Existieren einer solchen Gemeinde nötig sind, sind an jedem Ort genügend Katholikinnen und Katholiken zu finden – wenn ihnen nur von amtlicher Seite und von ihren Mitchristinnen und -christen vor Ort das nötige Vertrauen entgegengebracht wird. Es sind nicht die Gläubigen, die fehlen. Woran es mangelt, ist das Vertrauen, das ihnen in der Kirche entgegengebracht wird (vgl. ebd. 36).

Zitat

Der einzige heute im praktischen Leben der Kirche erlaubte Tutiorismus [d.h. die Einstellung, zwischen zwei Möglichkeiten immer die sicherere zu wählen] ist der Tutiorismus des Wagnisses. (Rahner, Löscht den Geist nicht aus! 85)

Zusammenfassung

Bei der Frage, was „pastoral" sei, also bei der Frage, wie sich aus der Gegenwartssituation der „Kirche in der Welt von heute" heraus ihre Aufgaben stellen, bezieht sich die Pastoraltheologie weder auf nur faktisch Gegebenes noch allein auf sozialwissenschaftliche Gegenwartsanalysen. Vielmehr hat sie diese einer theologischen Deutung zu unterziehen. Exemplarisch für eine solche Deutung, weil in viele einzelne Fragestellungen hineinreichend, ist die Deutung der Freisetzung der Menschen aus vielfältigen alten Bindungen (samt ihrer Aporien) in der Moderne durch die biblische Metapher der „Berufung": dass Leben Antworten heißt auf einen Ruf. Darin werden drei Dimensionen erschlossen: Glaube ist ein Freiheitsgeschehen der Einzelnen; Freiheit verpflichtet auf die Freiheit der anderen; Freiheit ist kirchenbildend.

4. Zur weiteren Orientierung

Jede nicht nur ideell konzipierte, sondern tatsächlich durchgeführte Pastoraltheologie steht immer auch im Kontext je eines Hochschulortes. Wie pastoraltheologische Lehre konkret aussieht, wird jeweils auch davon abhängen, für welche Studiengänge sie mit verantwortlich ist, welche anderen praktisch-theologischen Fächer mit welchen Profilen am konkreten Standort vorhanden sind und welche Schwerpunkte je von den betreffenden Fachvertreterinnen und Fachvertretern gesetzt werden.

4.1 Typen der Pastoraltheologie

Ohne die Lage des Faches damit randscharf erfassen zu können, lassen sich jedoch drei verschiedene Typen von Pastoraltheologie unterscheiden:

Der erste Typ reflektiert eine *amtliche bzw. berufliche Praxis*, ursprünglich nur die Praxis des Pfarrers/Priesters, heute auch die der anderen pastoralen Berufe: Pastoral- und Gemeindereferentin bzw. -referent und Diakon, sowie die Praxis bestimmter spezialisierter beruflicher Praxen wie etwa von Krankenhausseelsorgerinnen und -seelsorgern. Auch das Amt des Bischofs ist prinzipiell Gegenstand dieser Reflexion, faktisch ist dies jedoch selten der Fall.

Dieser Typ hat die längste Tradition (vgl. 1.2). Die beiden anderen sind trotz erster Ansätze bei Anton Graf (1811–1867) erst seit der Mitte des 20. Jahrhunderts aus der Kritik des ersten Typs entstanden und beinhalten eine fortschreitende Ausweitung des Reflexionsgegenstandes.

Ausweitung des Reflexionsgegenstandes

So reflektiert ein zweiter Typ die *Praxis der Kirche*, also aller Getauften, insofern auf diese Praxis auch alle berufliche pastorale Tätigkeit bezogen ist; und – angestoßen durch eine verstärkte Rezeption der *Pastoralen Konstitution über die Kirche in der Welt von heute* des II. Vatikanischen Konzils – nimmt der dritte Typ die *Praxis der Menschen* zum Gegenstand, insofern der Mensch als solcher und ganzer im Raum des Beziehungswillens Gottes steht: er ins Volk Gottes gerufen ist (vgl. 3.2).

Aufgrund seines prinzipiell kaum mehr einzugrenzenden Gegenstandsbereiches tendiert der dritte Typ dahin, den Namen „Pastoraltheologie“ durch den der „Praktischen Theologie“ zu ersetzen (vgl. Haslinger u.a., Handbuch Praktische Theologie). So entsteht allerdings die Schwierigkeit, dass nun der Titel der „Praktischen Theologie“ sowohl eine Fächergruppe als auch eines ihrer Fächer bezeichnet. Weiterhin kennt der dritte Typ kaum noch einen Kanon von zu behandelnden Gegenständen. Letztlich verlangt er, Netzwerke von Theologinnen und Theologen auszubilden und innerhalb des offenen Feldes möglicher Fragestellungen nach Schlüsselfragen Ausschau zu halten.

Dagegen scheint der erste Typ, der lange Zeit unberechtigt mit der Pastoraltheologie des 19. Jahrhunderts gleichgesetzt wurde, mittlerweile aber wieder verstärkten Zuspruch findet (vgl. Köhl, Seelsorge lernen in Studium und Beruf; Gärtner, Zeit, Macht und Sprache), das am klarsten umrissene Gegenstandsfeld zu besitzen. Zudem kann darauf verwiesen werden, dass unter modernen Bedingungen auch das religiöse Feld einer Professionalisierung unterliegt: In einer funktional differenzierten Gesellschaft müssen diejenigen, die an einem gesellschaftlichen Funktionssystem Anteil haben sollen, in dieses professionell inkludiert (eingeführt und integriert) werden. Braucht es also nicht analog zum Hausarzt, der mich im Gesundheitswesen an die Hand nimmt, die Fachfrau und den Fachmann für den Glauben? Und erwarten nicht Katholikinnen und Katholiken, und zwar zu Recht, dass die Mitglieder der pastoralen Berufe eine Ausbildung erhalten, die eine Qualität dessen sichert, dem in Predigt oder Seelsorge zu begegnen ist?

Nun ist zwar die moderne Tendenz zur Professionalisierung menschlicher Praxis unhintergehbar. Aber es gibt fundamentale menschliche Praxen, um die es nicht schon dadurch gut bestellt ist, dass sie professionell wahrgenommen und bearbeitet werden. Nach dem Pädagogen Dietrich Benner (*1941) gehören dazu z.B. die Politik, das Recht, Erziehung und Bildung – und eben die Religion. In diesen Praxen behält alle Professionalisierung etwas Zwiespältiges. Rechtschaffenheit wird nämlich nicht schon durch eine Vielzahl von Anwälten und Richtern gesichert; und Religion kann zwar repräsentiert werden, aber Religiosität ist unvertretbar. Die Professionalisierung birgt sogar die Gefahr, immer mehr Beteiligte in die Rolle von Zuschauern und Konsumenten zu drängen. Insofern hat die Pastoraltheologie als Professionstheorie aber im Hinblick auf pastorale Berufe jene Aufgabe, die Benner der Erziehungswissenschaft für die pädagogischen Berufe zuweist:

Zitat

Für diese Berufe muß es eine besondere Berufsausbildung geben, deren leitender Zweck jedoch nicht die Verfestigung eines besonderen Berufsstandes und die Fortschreibung der Reduktion der Praxis zur Berufstätigkeit sein darf, sondern darauf zielt, die Profession, auf welche die Ausbildung vorbereitet, zu entprofessionalisieren und die in ihr verkümmernde Praxis in eine allgemeinmenschliche, in eine solche der Gesellschaft, zu überführen. (Benner, Allgemeine Pädagogik 44 f.)

Und in diesem Sinne hat der professionstheoretische Typ der Pastoraltheologie nicht nur seine Berechtigung, sondern ist von besonderer Bedeutung, um die pastorale Praxis vor alter oder neuer „Klerikalisierung“ zu bewahren (vgl. Gärtner, Zeit, Macht und Sprache 21–23).

Ebenso kann sich die Pastoraltheologie zunächst auf die kirchliche Praxis in einem engeren Sinn beziehen (zweiter Typ), doch auch dann konstituierte sie sich nur unter Berücksichtigung zweier Bezugsgrößen, als da sind:

Zitat

(1) der Bezug zum Kontext der Gegenwartskultur, wobei „Kultur" nicht auf die des Feuilletons beschränkt wird, sondern das Gesamt menschlicher Schöpfungen umfasst, die sich in einen Plural von Kulturen entfalten; (2) der Bezug zum christlichen Traditionszusammenhang, wobei „Tradition" nicht auf die lehrhaften Überlieferungen beschränkt wird, sondern das gesamte „kulturelle Gedächtnis" des Christentums umfasst, aber auch ambivalente und negative Momente seiner Geschichte. (Sievernich, Pastoraltheologie, die an der Zeit ist 235)

Insofern führt kein Weg zurück ins 19. Jahrhundert. Wie auch immer sich die Pastoraltheologie konkret verfassen mag, die im dritten Typ zum Ausdruck kommende Ausweitung und Anspitzung der Pastoraltheologie behält ihr Recht, und zwar auch insofern als sie das von Gottfried Griesl (1918–2010) bereits in den 1970er Jahren benannte Desiderat einer „pastoralen Anthropologie" (vgl. Griesl, Vorwort) erst wirklich effektiv aus einer pastoralmedizinischen bzw. -psychologischen Engführung herausführt. Pastoralanthropologie ist hier nicht mehr nur ein interdisziplinäres Projekt zwischen Pastoraltheologie und Humanwissenschaften, sondern steht im Horizont des von *Gaudium et spes* geforderten Beitrags der Kirche zur „Rettung der menschlichen Person" (GS 3).

4.2 Pastoraltheologische Cluster

Nichtsdestoweniger stand und steht das Fach immer wieder vor der Frage, wie es seinen Reflexionsgegenstand erfassen, einteilen und systematisieren solle.

Als die Pastoraltheologie die Fokussierung auf den Pfarrer verabschiedete und die Praxis der Kirche in den Blick nahm, löste sie sich zugleich von der Drei-Ämter-Lehre, die seit Rautenstrauch ein maßgebliches Gliederungsprinzip gewesen war und auch noch in den Argumentationen des II. Vatikanischen Konzils eine tragende Rolle gespielt hat. Es kam zu einer Organisation des Wissensbestandes und der praktischen Zielsetzung, die sich an grundlegenden „Funktionen“, „Vollzügen“ oder „Diensten“ der Kirche orientierte (vgl. Rahner, Die Grundfunktionen der Kirche 216–219). Das „Handbuch der Pastoraltheologie“ (erschienen 1964-1972) unterschied sechs „Grundfunktionen“: die Verkündigung des Wortes, die Feier des Mysteriums, die Sakramente, die Disziplin der Kirche, den christlichen Lebensvollzug und die Caritas (vgl. Arnold u.a., Handbuch der Pastoraltheologie I, 216–412).

Daraus entwickelte sich aber schon bald die Trias von Martyria (Zeugnis bzw. Verkündigung), Leiturgia (Liturgie, Gottesdienst) und Diakonia (Dienst bzw. Caritas), immer wieder auch durch die Koinonia (Gemeinschaft) zu einem Quaternar erweitert (vgl. Wiederkehr, Grundvollzüge christlicher Gemeinde):

Zitat

„Martyria“ ist nicht einfachhin Kommunikation und Propaganda, sondern inhaltlich bestimmt durch die großen Heilstaten Gottes, von denen sie erzählt und die sie feiert und zwar in dem Bewußtsein, dass sich in der gegenwärtigen Verkündigung die sinnstiftende Macht des Reiches Gottes konkret anbietet und durchsetzt.
„Koinonia“ ist nicht einfachhin Gemeinschaftsbewußtsein und Sozialkontakt, sondern meint das Milieu, das entsteht, wenn Gott die Menschen herausruft ‚zur Gemeinschaft mit seinem Sohn‘ (vgl. Kor 1,9); sie impliziert das Geheimnis der eucharistischen Tischgemeinschaft ebenso wie ein kritisches Verhältnis zur Gesamtgesellschaft oder auch zu unreflektiert in die Kirche eingeschleppten weltlichen Organisationsformen.
„Diakonia“ ist nicht einfachhin soziales Engagement gegenüber den Mitmenschen, sondern lebt von der Haltung, vom Testament Jesu, das er in der Geste der Fußwaschung als Zusammenfassung seines gesamten Wirkens hinterlassen hat.
„Leiturgia“ ist nicht einfach Religionsausübung oder Kultbetrieb, sondern jener freimütige Umgang mit Gott (vgl. Hiob 22,23 f.; 2 Kor 3,12 f.), zu dem uns Jesus befreit (vgl. Hiob 10,19) und angeleitet hat (vgl. Mt 6,9), den er freilich auch unerbittlich an unsere Barmherzigkeit und Versöhnungsbereitschaft bindet (vgl. Mt 5,23; 9,13). (Zerfaß, Die kirchlichen Grundvollzüge 35)

Keine sektorale Gliederung des pastoralen Diskurses

Die Kennzeichnung der „Grundvollzüge“ durch Rolf Zerfaß zeigt aber den zunehmend sich vollziehenden Abschied von einer *sektoralen* Gliederung des pastoralen Diskurses an. Ausgehend von der wissenschaftstheoretischen Einsicht, dass einer Wissenschaft ihre Gegenstände nicht einfach vorgegeben sind, sondern immer auch von dieser – in einem bestimmten Interesse – konstituiert werden, hatte der evangelische Theologe Gert Otto (1927–2005) bereits 1986 eine *perspektivische* Gliederung der Praktischen Theologie vorgeschlagen (vgl. Otto, Grundlegung der Praktischen Theologie 69–74). Diese besteht in der Kombination einer – nicht mehr festgelegten – Anzahl von *Handlungsfeldern* (Jugendarbeit, Predigt, Gottesdienst, Unterricht, Ausländerarbeit usw.) mit einer – prinzipiell ebenso unbegrenzten – Reihe von *Reflexionsperspektiven* (Hermeneutik, Rhetorik, Didaktik, Ideologiekritik, Symbolik usw.). Das jüngste Kompendium der Pastoraltheologie, und zwar ihres dritten Typs, das „Handbuch Praktische Theologie" von 1999/2000, knüpft daran an. Dieses kennt *drei* gegenstandskonstituierende Kategorien, denen in seiner exemplarischen Durchführung 19 unterschiedliche Perspektiven zugeordnet sind (vgl. Haslinger, Handbuch Praktische Theologie):

- *Subjekte/Lebenssituationen*: Kinder, alte Menschen, Menschen in der Lebensmitte, Lebensgemeinschaften, Arbeitende und Arbeitslose, Frauen, arme Menschen, Ausländer und Ausländerinnen, Menschen mit Behinderungen;
- *Handlungsebenen*: Person, Beziehung, Gruppe, Gemeinde, Gesellschaft, Welt;
- und *Handlungsvollzüge*: Diakonie, Verkündigung, Liturgie, Koinonia.

Übersichtlich ist das nicht. Doch wenn „pastoral" eine Praxis dann ist, wenn sie ihre Aufgaben so angeht, und eine Theorie dann, wenn sie ihre Fragen so durchdenkt, wie sie sich aus der Situation der Kirche in der Welt von heute herausstellen, dann sind solche oder ähnliche multiperspektivischen Zugänge oder „Cluster" ein unverzichtbares Instrument.

4.3 Nachbarinnen der Pastoraltheologie

Heutige Pastoraltheologie ist kein binnenkirchlicher Diskurs mehr, sie ist in einer globalisierten Welt auch über nationale Grenzen bzw. die Grenzen eines Sprachraums hinaus verwiesen, und sie kann ihre Aufgabe nur in Kooperation mit den anderen praktisch-theologischen Fächern erfüllen. Sie hat also eine weitläufige und anregende Nachbarschaft.

Das beinhaltet freilich, dass die jetzige Situation auch viele Wünsche offen lässt (vgl. Mette, Wünsche an die Praktische Theologie) – so in der Zusammenarbeit von katholischer Pastoraltheologie und evangelischer Praktischer Theologie.

> In der evangelischen Theologie bezeichnet der Titel „Pastoraltheologie", so er benutzt wird, explizit das Teilgebiet einer Theorie des Amtes bzw. einer theologischen Professionstheorie innerhalb der „Praktischen Theologie", die in inhaltlicher, personeller und institutioneller Hinsicht die Einheit des praktisch-theologischen Diskurs sehr viel stärker erhalten hat.

Denn trotz gemeinsamer Projekte, Tagungen und einer gemeinsamen Zeitschrift (vgl. www.pthi.de) und obwohl beide Fächer über weite Strecken dasselbe Methodenensemble benutzen und vor denselben Herausforderungen stehen, ist die gegenseitige Wahrnehmung in inhaltlicher Hinsicht nicht gerade stark ausgebildet. Ob bestimmte ekklesiologische Grundaufstellungen denn doch mehr Stilunterschiede und -unverträglichkeiten zur Folge haben, als dies noch vor Kurzem gedacht wurde? Jedenfalls scheint es um die ökumenischen Kontakte schon einmal besser bestellt gewesen zu sein.

Ähnliches gilt für die internationale Vernetzung. Die Zusammenarbeit mit der niederländischen Pastoraltheologie im Rahmen der „Konferenz der deutschsprachigen Pastoraltheologen und Pastoraltheologinnen" hat Tradition; das „PosT – Netzwerk der mittel- und osteuropäischen Pastoraltheologinnen und Pastoraltheologen" vernetzt Kolleginnen und Kollegen in Mittel- und Osteuropa; und die „International Academy of Practical Theology" fördert durch Konferenzen und das „International Journal of Practical Theology" einen weiträumigen überkonfessionellen und internationalen Austausch. Nichtsdestoweniger wären eine Vertiefung und Ausweitung solcher Kontakte nötig.

Selbst bei den allernächsten Nachbarinnen im eigenen Haus, den praktisch-theologischen Nachbardisziplinen, mag sich die Frage stellen, ob es nicht bei einem freundlichen, aber pragmatischen Miteinander im Studienbetrieb bleibt. Die schon von Karl Rahner aufgeworfene Frage, wie sich diese Disziplinen denn eigentlich zueinander bzw. zur „Praktischen Theologie" als solcher verhalten oder verhalten sollten (vgl. Rahner, Art. Pastoraltheologie 394), scheint jedenfalls nach wie vor ungelöst.

So stellen sich viele Aufgaben, und dabei ist die Frage nach dem Verhältnis der praktisch-theologischen Disziplinen zur biblischen, historischen und systematischen Theologie noch gar nicht benannt.

Zusammenfassung

Gegenwärtige Pastoraltheologie kommt vor in den drei Typen einer pastoralen Professionstheorie, einer pastoralen Kirchentheorie und einer Pastoralanthropologie. Bei allen Unterschieden sind sie aber gleichermaßen auf den Pastoral-Begriff des II. Vatikanischen Konzils verwiesen. Zur Organisation der Wissensbestände und der praktischen Zielsetzung bedient sich das Fach gewisser Cluster, wie etwa der kirchlichen Grundvollzüge bzw. -dienste: Martyria, Leiturgia, Diakonia und Koinonia. An die Seite bzw. Stelle sektoraler Gliederungen nach bestimmten Praxisfeldern treten jedoch zunehmend auch (multi-)perspektivische Zugänge. Bleibende Desiderate sind die stärkere ökumenische und internationale Vernetzung der Pastoraltheologie sowie die Kooperation mit den anderen praktisch-theologischen Disziplinen.

Literatur

ARNOLD, Franz Xaver u.a. (Hg.): Handbuch der Pastoraltheologie. Praktische Theologie der Kirche in ihrer Gegenwart, 5 Bde., Freiburg i. Br. 1964–1972.

BACQ, Philippe: Vers une pastorale d'engendrement, in: DERS./THEOBALD, Christoph (Hg.): Une nouvelle chance pour l'Evangile. Vers une pastorale d'engendrement, Brüssel 2004, 7–28.

BECK, Ulrich/BECK-GERNSHEIM, Elisabeth: Individualisierung in modernen Gesellschaften. Perspektiven und Kontroversen einer subjektorientierten Soziologie, in: DIES. (Hg.): Riskante Freiheiten. Individualisierung in modernen Gesellschaften (edition suhrkamp 1816), Frankfurt a. M. 1994, 10–39.

BENNER, Dietrich: Allgemeine Pädagogik. Eine systematisch-problemgeschichtliche Einführung in die Grundstrukturen pädagogischen Denkens und Handelns, Weinheim [3]1996.

BEYREUTHER, Erich: Art. Hirt, in: THBLNT I (1997), 975–978.

BOSCHKI, Reinhold: Einführung in die Religionspädagogik (Einführung Theologie), Darmstadt 2008.

BUCHER, Rainer: Theologie im Risiko der Gegenwart. Studien zur kenotischen Existenz der Pastoraltheologie zwischen Universität, Kirche und Gesellschaft (Praktische Theologie heute 105), Stuttgart 2010.

CARDIJN, Joseph: Führe mein Volk in die Freiheit, hg. v. ASCHERL, Johann/JUGENDBILDUNGSSTÄTTE DER KAB & CAJ WALDMÜNCHEN/CAJ-BUNDESLEITUNG, Waldmünchen 1999.

Das Neue Testament, übers. v. STIER, Friedolin, hg. v. BECK, Eleonore/MILLER, Gabriele/SITARZ Eugen, München 1989.

DINTER, Astrid/HEIMBROCK, Hans-Günter/SÖDERBLOM, Kerstin (Hg.): Einführung in die Empirische Theologie. Gelebte Religion erforschen (UTB: Praktische Theologie, Empirie 2888), Göttingen 2007.
FEESER-LICHTERFELD, Ulrich: Berufung. Eine praktisch-theologische Studie zur Revitalisierung einer pastoralen Grunddimension (Theologie und Praxis 26), Münster 2005.
FEESER-LICHTERFELD, Ulrich/KLÄDEN, Tobias: Empirisch-theologische Forschung. Stolperstein oder Baustein der Pastoralästhetik?, in: FÜRST, Walter (Hg.): Pastoralästhetik. Die Kunst der Wahrnehmung und Gestaltung in Glaube und Kirche (Quaestiones disputatae 199), Freiburg i. Br. 2002, 311–319.
FEITER, Reinhard: Antwortendes Handeln. Praktische Theologie als kontextuelle Theologie – ein Vorschlag zu ihrer Bestimmung in Anknüpfung an Bernhard Waldenfels' Theorie der Responsivität, Münster 2010 = http://miami.uni-muenster.de/servlets/DerivateServlet/Derivate-5311/habil_feiter.pdf (18.09.2010).
FÜRST, Walter: Art. Pastoraltheologie, I. Katholisch, in: TRE XXVI (1996), 70–76.
GÄRTNER, Stefan: Zeit, Macht und Sprache. Pastoraltheologische Studien zu Grunddimensionen der Seelsorge, Freiburg i. Br. 2009.
GREGOR DER GROSSE: Buch der Pastoralregel, übers. u. hg. v. FUNK, Joseph (Bibliothek der Kirchenväter II,4), München 1933.
GRIESL, Gottfried: Vorwort, in: GASTAGER, Heimo u.a. (Hg.): Praktisches Wörterbuch der Pastoralanthropologie. Sorge um den Menschen, Wien 1974, V–VII.
HASLINGER, Herbert u.a. (Hg.): Handbuch Praktische Theologie, 2 Bde., Mainz 1999/2000.
HJELDE, Sigurd u.a.: Art. Berufung, in: RGG I (^{4}1998), 1347–1353.
HOCHSCHILD, Michael: Lebendige Vielfalt? Pastoraltheologie zwischen Wirklichkeitsdiät und Vollwertkost, in: Lebendige Seelsorge 55 (2004), 168–173.
HOCHSTAFFL, Josef: Die Konzeption von Praxis, in: HASLINGER, Herbert u.a. (Hg.): Handbuch Praktische Theologie, Bd. 1, Mainz 1999, 318–332.
KANT, Immanuel: Kritik der praktischen Vernunft, 1788, in: DERS.: Werke, Bd. 6, hg. v. WEISCHEDEL, Wilhelm, Darmstadt ^{5}1983, 103–302.
KANT, Immanuel: Kritik der reinen Vernunft, 1781, in: DERS.: Werke, Bd. 3–4, hg. v. WEISCHEDEL, Wilhelm, Darmstadt ^{5}1983.
KLEIN, Stephanie: Erkenntnis und Methode in der Praktischen Theologie, Stuttgart 2005.
KLEIN, Stephanie: Methodische Zugänge zur sozialen Wirklichkeit, in: HASLINGER, Herbert u.a. (Hg.): Handbuch Praktische Theologie, Bd. 1, Mainz 1999, 248–259.
Kleines Konzilskompendium. Sämtliche Texte des Zweiten Vatikanums, hg. v. RAHNER, Karl/VORGRIMLER, Herbert, Freiburg i. Br. ^{28}2000.
KÖHL, Georg (Hg.): Seelsorge lernen in Studium und Beruf, Trier 2006.
KÖNEMANN, Judith: „Ich wünschte, ich wäre gläubig, glaub' ich." Zugänge zu Religion und Religiosität in der Lebensführung der späten Moderne (Veröffentlichungen der Sektion „Religionssoziologie" der Deutschen Gesellschaft für Soziologie 8), Opladen 2002.

Les Évêques de France: Proposer la foi dans la société actuelle III. Lettre aux catholiques de France (Documents des Églises), Paris 1996. Dt.: Den Glauben anbieten in der heutigen Gesellschaft. Brief an die Katholiken Frankreichs, hg. v. Sekretariat der deutschen Bischofskonferenz (Stimmen der Weltkirche 37), Bonn 2000.

Mette, Norbert: Individualisierung und Enttraditionalisierung als (religions-)pädagogische Herausforderung, in: Ders.: Praktisch-theologische Erkundungen (Theologie und Praxis), Münster 1998, 117–131.

Mette, Norbert: Sehen – Urteilen – Handeln. Zur Methodik pastoraler Praxis, in: Diakonia 20 (1989), 23–29.

Mette, Norbert: Wünsche an die Praktische Theologie, in: Nauer, Doris/Bucher, Rainer/Weber, Franz (Hg.): Praktische Theologie. Bestandsaufnahme und Zukunftsperspektiven (Praktische Theologie heute 74), Stuttgart 2005, 157–161.

Müller, Hadwig: Option für die Armen. „Das Schwache der Welt hat Gott erwählt, um das Starke zuschanden zu machen", in: Jahrbuch für Kontextuelle Theologien, Frankfurt a. M. 2001, 173–192.

Müller, Hadwig/Schwab, Norbert/Tzscheetzsch, Werner (Hg.): Sprechende Hoffnung – werdende Kirche. Proposer la foi dans la societé actuelle. Den Glauben vorschlagen in der heutigen Gesellschaft, Ostfildern 2001.

Nietzsche, Friedrich: Jenseits von Gut und Böse, 1886, in: Ders.: Werke, Bd. 2, hg. v. Schlechta, Karl, Darmstadt 91982, 563–759.

Orlando, Ingrid: Armut macht arm, in: Dossier Familienarmut, hg. v. Caritas Zürich, Zürich 2004, 4 f.

Otto, Gert: Grundlegung der Praktischen Theologie (Gert Otto: Praktische Theologie 1), München 1986.

Pesch, Otto Hermann: Das Zweite Vatikanische Konzil. Vorgeschichte – Verlauf – Ereignisse – Nachgeschichte (Topos-plus-Taschenbücher 393), Neuausgabe, Würzburg 2001.

Rahner, Karl: Art. Pastoraltheologie, I. Wissenschaftstheoretisch, in: Arnold, Franz Xaver u.a. (Hg.): Handbuch der Pastoraltheologie, Bd. 5, Freiburg i. Br. 1972, 393–395.

Rahner, Karl: Die Grundfunktionen der Kirche. § 1. Theologische und pastoraltheologische Vorüberlegung, in: Arnold, Franz Xaver u.a. (Hg.): Handbuch der Pastoraltheologie, Bd. 1, Freiburg i. Br. 1964, 216–219.

Rahner, Karl: Die Praktische Theologie im Ganzen der theologischen Disziplinen, in: Ders.: Schriften zur Theologie, Bd. 8, Einsiedeln 1967, 133–149.

Rahner, Karl: Löscht den Geist nicht aus!, in: Ders.: Schriften zur Theologie, Bd. 7, Einsiedeln 1966, 77–90.

Rautenstrauch, Franz Stephan: Entwurf zur Einrichtung der theologischen Schulen in den k. k. Erblanden, Wien 1782, 21784.

Rouet, Albert: Auf dem Weg zu einer erneuerten Kirche, in: Feiter, Reinhard/Müller, Hadwig (Hg.): Was wird jetzt aus uns, Herr Bischof? Ermutigende Erfahrungen der Gemeindebildung in Poitiers, Ostfildern 2009, 17–42.

Sailer, Johann Michael: Brief an Eleonore Auguste Gräfin Stolberg-Wernigerode vom 28.2.1801, in: Ders.: Briefe, hg. v. Schiel, Hubert, Regensburg 1952, 222 f.

SAILER, Johann Michael: Vorlesungen aus der Pastoraltheologie, 3 Bde., München [3]1812.

SANDER, Hans-Joachim: Nicht ausweichen. Die prekäre Lage der Kirche (GlaubensWorte), Würzburg 2002.

SCHLEIERMACHER, Friedrich: Die praktische Theologie nach den Grundsätzen der evangelischen Kirche im Zusammenhange dargestellt, hg. v. FRERICHS, Jacob (Friedrich Schleiermacher: Sämmtliche Werke I,13), Berlin 1850, Reprint: Berlin 1983.

SCHMIED-KOWARZIK, Wolfdietrich: Die Praxis und das Begreifen der Praxis. Thesen zu den Thesen ad Feuerbach von Karl Marx = http://www.praxisphilosophie.de/schmkfeu.pdf (18.9.2010).

SIEVERNICH, Michael: Pastoraltheologie, die an der Zeit ist, in: SEDMAK, Clemens (Hg.): Was ist gute Theologie? (Salzburger Theologische Studien 20), Innsbruck 2003, 225–239.

STENGER, Hermann: Dimensionen der Berufung durch Gott, in: Freiburger Materialdienst für die Gemeindepastoral 3/2005, 7–12.

STENGER, Hermann: Im Zeichen des Hirten und des Lammes. Mitgift und Gift biblischer Bilder, Innsbruck [2]2002.

VAN DER VEN, Johannes A.: Entwurf einer empirischen Theologie (Serie theologie en empirie 10), Kampen 1990.

WENZEL, Knut: Kleine Geschichte des Zweiten Vatikanischen Konzils, Freiburg i. Br. 2005.

WIEDERKEHR, Dietrich: Grundvollzüge christlicher Gemeinde, in: KARRER, Leo (Hg.): Handbuch der praktischen Gemeindearbeit, Freiburg i. Br. 1990, 15–38.

ZENGER, Erich: Psalm 23, in: DERS./HOSSFELD, Frank-Lothar: Die Psalmen I (Die Neue Echter Bibel. Altes Testament 29), Würzburg 1993, 152–156.

ZERFASS, Rolf: Die kirchlichen Grundvollzüge im Horizont der Gottesherrschaft, in: KONFERENZ DER BAYERISCHEN PASTORALTHEOLOGEN (Hg.): Das Handeln der Kirche in der Welt von heute. Ein pastoraltheologischer Grundriß, München 1994, 32–50.

ZERFASS, Rolf: Gottesdienstliches Handeln, in: ARENS, Edmund (Hg.): Gottesrede – Glaubenspraxis. Perspektiven theologischer Handlungstheorie, Darmstadt 1994, 110–130.

ZERFASS, Rolf: Praktische Theologie als Handlungswissenschaft, in: DERS./KLOSTERMANN, Ferdinand (Hg.): Praktische Theologie heute, München/Mainz 1974, 164–177.

ZULEHNER, Paul Michael/POLAK, Regina: Art. Praktische Theologie, in: EICHER, Peter (Hg.): Neues Handbuch theologischer Grundbegriffe. Neuausgabe, Bd. 3, München 2005, 407–415.

II. Einführung in die Religionspädagogik

Clauß Peter Sajak

1. Religionspädagogik als Theorie der Praxis religiöser Bildung

Religionspädagogik ist eine theologische Disziplin der Praktischen Theologie, in deren Rahmen religiöse Bildungsprozesse beschrieben, analysiert und reflektiert werden. Religiöse Bildung wiederum ist ein Prozess, der sowohl Elemente von Erziehung und Sozialisation wie auch von Lehren und Lernen integriert und der auf das Vermögen zielt, sich zum Ganzen der Wirklichkeit – also zu Gott, zum Mitmenschen und zur Schöpfung – in ein reflektiertes Verhältnis zu setzen (vgl. Sajak, Abstieg ins Tal von Elah). Religionspädagogik wird deshalb häufig als „Theorie der Praxis des religiösen Lernens und Lehrens von Religion und christlich[em] Glauben" (einschlägig bei Bitter/Miller, Handbuch religionspädagogischer Grundbegriffe 423) definiert.

Theorie der Praxis des religiösen Lernens und Lehrens

1.1 Der Begriff „Religionspädagogik"

Religionspädagogik ist ein junger Begriff, auch wenn das akademische Fach, das er bezeichnet, eine Jahrtausend alte Tradition hat. Religionspädagogik als Disziplinbezeichnung taucht zum ersten Mal an der Wende vom 19. zum 20. Jahrhundert auf und wird im katholischen Bereich in der Regel mit dem Namen von Joseph Göttler (1874–1935) verbunden, der diesen Begriff erstmals im Jahre 1913 verwendet hat (Mette, Religionspädagogik 81). Im evangelischen Bereich wird dagegen auf Richard Kabisch (1868–1914) verwiesen, der 1904 in der Rückschau Pädagogen wie Basedow, Salzmann, Herder und Pestalozzi als „Vertreter einer Religionspädagogik" bezeichnet hat (Grethlein, Religionspädagogik 42). Als Disziplinbezeichnung ist der Begriff aber bereits 1889 im Werk des protestantischen Theologen Max Reischle (1858–1905) dokumentiert (vgl. Hemel, Religionspädagogik im Kontext von Theologie und Kirche 14). Unstrittig ist, dass der Begriff seit dem ersten Jahrzehnt des 20. Jahrhunderts sowohl in der evangelischen als auch in der katholischen Theologie verwendet wird, um zu markieren, dass die bisherige wissenschaftliche

Joseph Göttler (1874–1935)

Richard Kabisch (1868–1914)

Max Reischle (1858–1905)

Katechetik

Analyse und Reflexion religiösen Lernens und Lehrens, die traditionell als Katechetik bezeichnet wurde, jetzt wichtige neue Impulse durch das Zusammenspiel von Human- und Sozialwissenschaften auf der einen und den theologischen Bezugsdisziplinen auf der anderen Seite erhält. Historisch betrachtet ist also die Religionspädagogik die Fortführung der traditionellen Katechetik unter den historischen und gesellschaftlichen Rahmenbedingungen des 20. Jahrhunderts, die eine stärkere Vernetzung des theologischen Fachs mit humanwissenschaftlichen Nachbardisziplinen notwendig gemacht hat. Da in dieser Zeit auch in der Philosophie, der Pädagogik und der Psychologie epochenprägende Neuaufbrüche geschehen – es seien hier nur als Stichworte die Existenzphilosophie, die philosophische Anthropologie, die Reformpädagogik, die Psychoanalyse und die Entwicklungspsychologie genannt –, kommt es in den folgenden Jahrzehnten zu einer grundsätzlichen Neuorientierung im Bereich der Religionspädagogik, die sich in unterschiedlichen Diskursen der Erkenntnisse aus den humanwissenschaftlichen Nachbarfächern bedient. So ist die religionspädagogische Diskussion zur Zeit der Weimarer Republik stark geprägt von verschiedenen Impulsen, die aus der Reformpädagogik ausgehen, während die religionspädagogischen Debatten der 1960er und 1970er Jahre vom Einfluss der Bildungsreform und Curriculumstheorie dominiert werden. Zurzeit steht die Religionspädagogik ganz im Einfluss der empirischen Bildungsforschung, die seit dem PISA-Schock 2002 nicht nur die Erziehungswissenschaften als solche, sondern auch ihre Nachbardisziplinen, vor allem die verschiedenen Fachdidaktiken durch das Paradigma sozialwissenschaftlicher Forschungsmethodik prägt. Entsprechend entstehen nun Entwürfe zu einer sogenannten empirischen Religionspädagogik, im katholischen Bereich durch Ziebertz (Religionspädagogik als empirische Wissenschaft), Porzelt/Güth (Empirische Religionspädagogik), im evangelischen Bereich von Dinter/Heimbrock/Söderblom (Einführung in die empirische Theologie).

Religionspädagogik

1.2 Religionspädagogik als Wissenschaft

Mit der kurzen Geschichte des Begriffs der Religionspädagogik sind bereits wichtige Stationen der Fachgeschichte benannt worden. Im Folgenden soll ausführlicher die Entwicklung der Religionspädagogik als ein Kernfach der Praktischen Theologie von seinen Ursprüngen in der Katechese über eine erste wissenschaftliche Katechetik bis hin zur heutigen Religionspädagogik skizziert werden. Dabei wird auch deutlich werden, auf welche Gegenstandsbereiche die Religionspädagogik ihr Augenmerk richtet und welche wissenschaftlichen Fragestellungen und Bearbeitungsmodi dafür entwickelt worden sind. Entsprechend schließt dieser Abschnitt mit einer kurzen Darstellung der wichtigsten Methoden des Faches.

1.2.1 Zur Geschichte der Disziplin

Auf die Entwicklung der Religionspädagogik aus der Katechetik ist bereits im ersten Abschnitt dieses Beitrags hingewiesen worden. Die Entstehung einer wissenschaftlichen Religionspädagogik unter Einfluss der reformpädagogischen und anthropologisch-philosophischen Aufbrüche zu Beginn des 20. Jahrhunderts ist durch zwei wesentliche Impulse vorangetrieben worden. Da ist zum einen der Versuch, den pädagogischen Rückstand innerhalb der Katechetik durch die Befragung der humanwissenschaftlichen Nachbardisziplinen zu überwinden (Hemel, Religionspädagogik im Kontext von Theologie und Kirche 14). Zum anderen ist die zunehmende Bedeutung des schulischen Religionsunterrichts im öffentlichen Schulwesen des 20. Jahrhunderts von nicht zu unterschätzender Bedeutung: Religionspädagogik konzentriert sich nun immer mehr auf die Reflexion von religiösen Bildungsprozessen im Raum der öffentlichen Schule und zunehmend weniger auf die Einführung in den Glauben im Rahmen der traditionellen Katechese in Familie und Pfarrgemeinde. Zwar war die gemeindliche Glaubensunterweisung im Sinne der klassischen Katechese bereits durch die Einführung der Schulpflicht – in Preußen 1763, in Bayern schließlich 1802 – aus dem Pfarrhaus in die öffentliche Schule umgezogen und hatte dort als Religionsunterricht einen neuen Ort gefunden, doch erst mit der Verankerung des konfessionellen Religionsunterrichts in der öffentlichen Schule in der Weimarer Reichsverfassung von 1919 war eine landesweite Etablierung des evangelischen bzw. katholischen Religionsunterrichts im Raum der Schule erfolgt. Damit stand der Religionsunterricht nun im Vergleich und in der Konkurrenz mit allen anderen Fächern des schulischen Kanons, und rasch entstand das Bedürfnis, die Lehrerausbildung und Unterrichtsentwicklung auch dieses Faches an den Standards der schulischen Pädagogik und Didaktik auszurichten. Die Verankerung des Religionsunterrichts als ordentliches Schulfach in der Weimarer

Einführung der Schulpflicht

Reichsverfassung kann deshalb als Beginn der modernen Religionspädagogik gesehen werden. Zugleich erfährt auch die Theorie der Katechese durch die Reformpädagogik wichtige Impulse, die in der Einrichtung der sogenannten „Münchener Katechetischen Kurse" durch Heinrich Stieglitz (1868–1920) und der Gründung des Deutschen Katecheten-Vereins (dkv) Wirkung zeigen.

Gründung des Deutschen Katecheten-Vereins (dkv)

Die so entstandene Disziplin Religionspädagogik führt Anliegen und Bemühungen der klassischen Katechetik fort. Mit dem Begriff der Katechese, der vom griechischen Verbum „katechein" (= wörtlich „hineinschallen", im weiteren Sinne „mitteilen", „unterweisen") stammt, wurde in der frühen Kirche der ersten Christen die Vorbereitung von Taufbewerbern auf das Sakrament der Taufe und damit auf die Initiation in die christliche Gemeinschaft bezeichnet. Dies geschah in den ersten beiden Jahrhunderten, in denen sich die Christen versteckt im Untergrund treffen mussten, vor allem durch das Mitfeiern der christlichen Liturgie und durch die Unterweisung in der Praxis christlicher Lebensführung. Diese Form religiöser Bildung prägte die christliche Kirche von der Väterzeit über das Mittelalter und durch das Zeitalter der Konfessionalisierung bis in das 18. Jahrhundert hinein. Eine erste Phase der Verwissenschaftlichung dieser katechetischen Bemühungen lässt sich bereits kurz nach der Konstantinischen Wende erkennen, zu der vor allem Aurelius Augustinus (354–430) einen grundlegenden Beitrag leistet. Sein umfangreiches Opus „De Catechizandis Rudibus" (wohl um 400) gilt als die erste wissenschaftliche Katechetik im Sinne einer theologischen und anthropologischen Reflexion auf die Bedingungen, Möglichkeiten, Verfahren und Ziele einer religiösen Unterweisung von Taufbewerbern. Einen zweiten wichtigen Impuls erhielt die Katechetik als wissenschaftliche Reflexion der Praxis von Katechese durch das Werk der Reformatoren. Vor allem das Bemühen Martin Luthers (1483–1546), durch die Übersetzung der Bibel in die neuhochdeutsche Volkssprache und die Entwicklung von sogenannten Katechismen im Frage-Antwort-Schema jedem Gläubigen die eigene Glaubenslehre zu eröffnen und zu erschließen, hatte nachhaltige Wirkung auf die Katechetik im katholischen Bereich. Hier ist Petrus Canisius (1521–1597) zu nennen, der im Jahre 1554 den ersten bedeutenden katholischen Katechismus unter dem Titel „Summa Doctrinae Christianae" vorlegte. Zwölf Jahre später genehmigte Papst Pius V. den „Catechismus Romanus" und empfahl ihn für die gesamte Kirche als Instrument der Gemeindekatechese. Dieser Musterkatechismus, an dem ein ganze Reihe bedeutender Theologen, u.a.

Katechese

Aurelius Augustinus (354–430)

Martin Luther (1483–1546)

Petrus Canisius (1521–1597)

Karl Borromäus (1538–1584) mitgearbeitet hatten, weist jene vierfache Struktur von Credo, Sakramenten, Dekalog und Vaterunser auf, die bis heute Gültigkeit hat.

Karl Borromäus (1538–1584)

Die Katechetik als eine Universitätsdisziplin hat ihre Geburtsstunde schließlich im Jahre 1774: In diesem Jahr errichtete nämlich Kaiserin Maria Theresia in Wien gemäß dem „Entwurf einer besseren Einrichtung theologischer Schulen" von Franz Stephan Rautenstrauch (1734–1785) eine ganze Reihe theologischer Lehrstühle an ihrer Universität, zu denen auch ein Lehrstuhl für Pastoraltheologie gehörte. Innerhalb der Pastoraltheologie wurde hier ausdrücklich im Rahmen der sogenannten Unterweisungspflicht auch die Katechetik als Disziplin genannt. Entsprechend gilt die Katechetik seit Ende des 18. Jahrhunderts als eine theologische Disziplin, die allerdings oft im Rahmen der sogenannten Pastoraltheologie (vgl. den Beitrag von Reinhard Feiter in diesem Band) abgehandelt worden ist. An der Westfälischen Wilhelms-Universität Münster war es z.B. bis zum Jahre 2008 üblich, die Ausbildung der Gymnasiallehrer in Religionspädagogik im Bereich der Pastoraltheologie anzusiedeln. Heute ist die Religionspädagogik ein an allen theologischen Fakultäten und auch an allen Instituten der Lehrerausbildung etabliertes Kernfach der Praktischen Theologie, in der mit spezifischen Methoden folgende Gegenstandsbereiche der Glaubenspraxis reflektiert werden.

Katechetik als Universitätsdisziplin

Franz Stephan Rautenstrauch (1734–1785)

1.2.2 Die Gegenstandsbereiche der Religionspädagogik

Wenn Religionspädagogik die theologische Disziplin ist, in deren Rahmen religiöse Bildungsprozesse beschrieben, analysiert und reflektiert werden sollen, dann ist der zentrale Gegenstand des Fachs genannt: Es geht um religiöse Bildung. Was aber macht das spezifisch Religiöse von Bildung aus? Der Bildungswissenschaftler Jürgen Baumert hat im Kontext der PISA-Studie vier „Modi der Weltbegegnung" identifiziert, welche als grundlegende Wirklichkeitszugänge die Voraussetzung individueller Bildung darstellen und die jeweils eigenständig wie unersetzbar sind: die kognitiv-instrumentelle (Mathematik, Naturwissenschaften), die moralisch-evaluative (Geschichte, Wirtschaft, Sozialkunde/Politik, Recht), die ästhetisch-expressive (Sprache, Literatur, Kunst, Musik) und die konstitutive Rationalität (Religion, Philosophie). Konstitutiv ist diese Rationalität, weil sie Grundkategorien (z.B. Gott) sowie Erklärungs- bzw. Deutungsmuster (z.B. Schöpfung) liefert, mit denen der Mensch über die Totalität von Wirklichkeit

Religiöse Bildung

reflektieren und sich selbst mit dieser produktiv auseinandersetzen kann (vgl. Baumert, Deutschland im internationalen Bildungsvergleich 106 f.). In diesem Referenzrahmen formuliert, zielt religiöse Bildung auf das Vermögen, das Ganze von Wirklichkeit in den Blick zu nehmen und sich dann zu diesem Ganzen in ein Verhältnis zu setzen. Zu diesem Prozess gehören Menschen, die Bildung dadurch ermöglichen, dass sie Arrangements für Bildung schaffen und selber als Arrangeure (i.e. Lehrende, Moderatoren, Vorbilder, Zeugen) den Vorgang begleiten. Den Prozess selbst durchläuft ein Mensch, der durch diesen eine Entwicklung erfährt, die ihn mehr Person sein und mehr zum Subjekt werden lässt, als vor diesem Geschehen. Zum Prozess selbst gehört schließlich ein Inhalt von Bildung, ein Medium, das zur Auseinandersetzung einlädt und damit zur Entwicklung des Subjekts beiträgt. Eine wissenschaftliche Reflexion des religiösen Bildungsprozess als Gegenstand zielt entsprechend auf drei Gegenstandsbereiche, die in Anlehnung an das klassische Modell des didaktischen Dreiecks von August Hermann Niemeyer (1754–1828) wie folgt angeordnet werden können:

Drei Gegenstandsbereiche

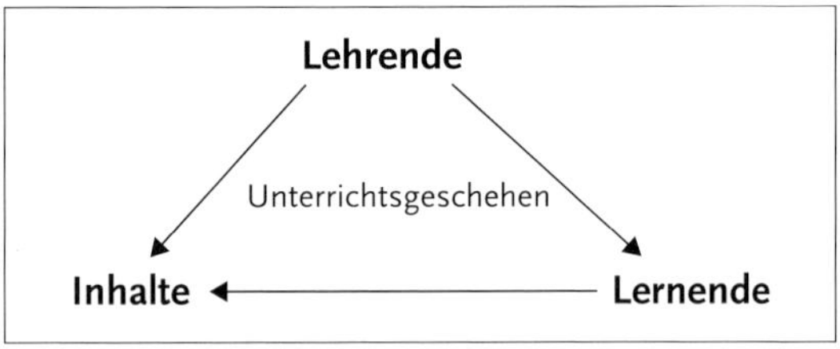

Abb. 1: Das didaktische Dreieck von August Hermann Niemeyer (1754–1828)

Folglich untersucht die religionspädagogische Forschung den Menschen als Subjekt religiöser Lernprozesse, die für den Bildungsprozess ausgewählten Inhalte aus dem Bereich von Religion und Glaube sowie die Rolle des Menschen als Initiator und Moderator des Bildungsprozesses. Diese drei Gegenstandsbereiche stehen im Zentrum der wissenschaftlichen Arbeit in der Religionspädagogik und erklären damit auch die Interdependenz verschiedenster Wissenschaftsperspektiven in der religionspädagogischen Forschung: Während die Lernenden vornehmlich mit den Instrumenten von Psychologie und Physiologie untersucht werden (z.B. durch die Entwicklungspsychologie oder die Neurobiologie), stehen die Lehrenden im Fokus von Pädagogik und Sozialwissenschaften (z.B. durch die Professions- und Bildungsforschung); die Inhalte werden wiederum maßgeblich mit Hilfe von Theologie, Religions- und Kulturwissenschaften reflektiert (z.B. durch Fundamentaltheologie und Kunstgeschichte).

1.2.3 Die Frage der Methoden

Die Frage der Methodenwahl hängt nach Friedrich Schweitzer maßgeblich mit den theologischen und pädagogischen Grundoptionen zusammen, von denen her Religionspädagogik als Theorie der Praxis religiöser Bildung verstanden werden kann. Vor allem in der zweiten Hälfte des 20. Jahrhunderts ist durch die Erziehungswissenschaft die Trias von Hermeneutik – Empirie – Ideologiekritik in die Religionspädagogik eingezogen und hat diese maßgeblich bestimmt (vgl. Schweitzer, Religionspädagogik – Begriff und wissenschaftstheoretische Grundlagen). Dabei sind die einzelnen Konstituenten dieser Trias in unterschiedlichen Ansätzen akzentuiert, profiliert und weiterentwickelt worden, so z.B. die Hermeneutik in einem Verständnis der Religionspädagogik als Wahrnehmungswissenschaft (vgl. Heimbrock, Religionspädagogik und Phänomenologie), die Ausrichtung auf sozialwissenschaftliche Ansätze im Bereich der empirischen Religionspädagogik (vgl. Ziebertz, Religionspädagogik als empirische Wissenschaft; Porzelt/Güth, Empirische Religionspädagogik; Dinter/Heimbrock/Söderblom, Einführung in die empirische Theologie) und vor allem im katholischen Bereich die Religionspädagogik als Handlungstheorie im Sinne einer Reflexion von Erziehung als kommunikativer Praxis im Dienste der Subjektwerdung (vgl. Peukert, Wissenschaftstheorie – Handlungstheorie – fundamentale Theologie; Mette, Religionspädagogik). Nach Friedrich Schweitzer kann diese Trias durchaus im Kontext der heutigen Situation weitergeführt werden. Das bedeutet konkret, dass die Religionspädagogik als eine auf die Gegenwart bezogene Wissenschaft sich mit den Methoden der qualitativen und quantitativen Sozialforschung vor allem der Wahrnehmung der Situation von lernenden Subjekten zuwenden muss. Zum zweiten kann Religionspädagogik aber nie die Verbindung von Geschichte und Gegenwart, von „Tradition und Situation“ aufgeben. Deshalb ist es für dieses Fach unaufgebbar, auch auf die klassisch-hermeneutischen Methoden der Traditionserschließung zurückzugreifen, sei es im Bereich der Geschichtswissenschaft, der Ästhetik oder der Ethik. Schließlich kann eine Religionspädagogik, die sich am Proprium der christlichen Botschaft und damit am Ethos Jesu als Inhalt von

Hermeneutik – Empirie – Ideologiekritik

Klassisch-hermeneutische Methoden

Gesellschafts- und Ideologiekritik

Bildungsprozessen orientiert, die Option der Gesellschafts- und Ideologiekritik nie aufgeben. Die aktuelle Situation in der Religionspädagogik ist allerdings dadurch gekennzeichnet, dass die erdrückende Dominanz der empirischen Forschungsvorhaben hermeneutische und gesellschaftskritische Ansätze völlig hat verschwinden lassen. Gerade im Bereich der aktuellen Forschungsarbeiten ist zu beobachten, dass die Vielzahl der quantitativen und qualitativen Studien in einer zunehmend unkritischen Weise der Funktionalisierung von Bildung im Kontext einer totalen Ökonomisierung aller Lebensbereiche zuarbeitet, obwohl doch gerade hier eine kritische Analyse und Reflexion der Herrschafts- und Besitzverhältnisse in Kirche und Gesellschaft dringend notwendig wäre – Ausnahmen sind rar geworden (vgl. Grümme, Religionsunterricht und Politik).

Dominanz der empirischen Forschungsvorhaben

1.3 Religionspädagogik als Fachdidaktik Religion?

Analysiert man die Neuerscheinung auf dem Buchmarkt, so fällt rasch auf, dass vor allem im katholischen Bereich die Zahl der Einführungen in die Religionsdidaktik (vgl. exemplarisch Baumann u.a., Religionsdidaktik; Kalloch/Leimgruber/Schwab, Lehrbuch der Religionsdidaktik; Hilger/Leimgruber/Ziebertz, Religionsdidaktik; Mendl, Religionsdidaktik kompakt) die Darstellungen der Religionspädagogik selbst (vgl. vor allem Boschki, Einführung in die Religionspädagogik) um ein vielfaches übertreffen. Auch diese Beobachtung lässt sich mit der These erklären, dass die Ausrichtung auf den schulischen Religionsunterricht als inzwischen wichtigstes Arbeitsfeld religionspädagogischer Reflexion zu einer deutlichen Spezialisierung der Forschung in Richtung Bildungsforschung, Schulpädagogik und Fachdidaktik geführt hat. Auch sind die Adressaten religionspädagogischer Ausbildung und Lehre inzwischen vornehmlich Studierende der verschiedenen Lehramtsstudiengänge, an vielen Standorten wird Katholische Theologie ohnehin nur im Rahmen sogenannter Institute für die Lehrerbildung angeboten. Aber auch an den Theologischen Fakultäten, an denen in sogenannten Vollstudiengängen künftige Priester und Pastoralreferentinnen und -referenten ausgebildet werden, überwiegt in der Regel die Zahl der Lehramtsstudierenden: So sind an der größten deutschsprachigen Katholisch-Theologischen Fakultät in Münster ca. 1600 Lehramtsstudierende eingeschrieben gegenüber nur ca. 400 Studierenden des Vollstudiengangs (Stand: Wintersemester 2010/11). Dies alles führt offensichtlich dazu, dass die

Ausrichtung auf schulischen Religionsunterricht

Religionsdidaktik als religionspädagogische Realisierung, deren Aufgabe die Reflexion von Bildungsprozessen am Lernort *Religionsunterricht* ist, zum bevorzugten Arbeitsfeld der Religionspädagogik wird. Die Lernorte Familie, Gemeinde und tertiäre Institutionen (d. h. Bildungswerke, Volkshochschulen, Akademien, Universitäten) geraten dagegen nur wenig in den Fokus von Lehr- und Forschungsvorhaben. Vielleicht kann man diese Entwicklung aber auch damit erklären, dass religiöse Bildungsprozesse, wie sie weiter oben definiert worden sind, zurzeit nur noch in der Schule in geordneter und regelmäßiger Form ablaufen. Wer in Familien- und Gemeindekatechese oder auch der Erwachsenenbildung tätig ist, der weiß, wie schwierig sich in diesen außerschulischen Bereichen die Einrichtung ernsthafter Bildungsangebote in einer total ökonomisierten und verdichteten Lebenswelt gestaltet.

Religionsdidaktik als Fachdidaktik

Es stellt sich die Frage, ob dies eine problematische Entwicklung ist, die Anlass zur Sorge gibt, oder ob dieser Prozess nicht auch positiv gedeutet und gewürdigt werden kann. Nun, versteht man Religionsdidaktik als eine Fachdidaktik für das Schulfach Religion in seinen verschiedenen konfessionellen Ausprägungen (vgl. Hanisch, Unterrichtsplanung im Fach Religion; Baumann u.a., Religionsdidaktik; Kalloch/Leimgruber/Schwab, Lehrbuch der Religionsdidaktik), kann dieses Arbeitsfeld durchaus hilfreich für die anderen Realisierungsformen in der Religionspädagogik sein: Voraussetzung ist allerdings, dass Fachdidaktik nicht – wie häufig noch zu hören ist – als ‚Abbilddidaktik' verstanden werden darf, in der lediglich komplexe Bildungsinhalte mit Blick auf Kinder und Jugendliche konzentriert und verdichtet werden. Vielmehr ist zu beachten, dass die Fachdidaktik im Kontext heutiger Bildungsforschung als problembezogene Forschung und umfassende Reflexion aller Bildungsprozesse in einer bestimmten Domain (also z.B. Mathematik, Sprache, Musik, Religion; vgl. Baumert, Deutschland im internationalen Bildungsvergleich) schulischer Bildung definiert wird. So formuliert Hilbert Meyer in seiner diskursprägend Systematisierung des Didaktik-Begriffs und seiner verschiedenen Variationen: „Fachdidaktiken sind Spezialwissenschaften, die theoretisch umfassend und praktisch folgenreich die Voraussetzungen, Möglichkeiten, Folgen und Grenzen des Lernens und Lehrens in einem schulischen oder außerschulischen Lernfeld erforschen und strukturieren." (Meyer/Jank, Didaktische Modelle 31.). In der Fachdidaktischen Forschung, die sich auf den Religionsunterricht bezieht, geht es also um den *gesamten* Prozess religiöser Bildung in der Schule, der beschrieben, analysiert und reflektiert werden soll. Mit der weiter oben eingeführten Definition gesprochen: Religionsdidaktik untersucht mit wissenschaftlichen Methoden die Lehrerinnen und Lehrer als Initiatoren und Moderatoren von Lernprozessen sowie ihre Medien und Methoden, sie versucht Kinder und Jugendliche als Subjekte religiöser Bildung zu beschreiben und sie prüft, in welchem Maße Bildungsinhalte elementarisiert, erschlossen und vermittelt werden können. Ohne Frage sind dies Anliegen, Ziele und Perspektiven, die nicht nur für den Lernort Schule, sondern die auch für die familiäre Erziehung, die gemeindliche Katechese und die kirchliche Erwachsenenbildung gelten. In diesem Sinne können die vielen Erträge der aktuellen religionsdidaktischen Forschung durchaus auch den Diskurs der anderen religionspädagogischen Realisierungen bereichern. Das entlastet diese allerdings nicht von der Aufgabe, die spezifischen Bedingungen der außerschulischen Lernorte immer wieder im Kontext der aktuellen gesellschaftlichen Entwicklungen zu analysieren und daraus abgeleitete Handlungs- und Entscheidungsempfehlungen auszusprechen.

Zusammenfassung

Die Religionspädagogik ist eine theologische Disziplin der Praktischen Theologie, in deren Rahmen religiöse Bildungsprozesse beschrieben, analysiert und reflektiert werden. Religiöse Bildung wiederum zielt auf das Vermögen, sich zum Ganzen der Wirklichkeit in ein reflektiertes Verhältnis zu setzen. Deshalb wird die Religionspädagogik auch als Theorie der Praxis des religiösen Lernens und Lehrens definiert. Als solche beginnt die Geschichte der Religionspädagogik mit den Reflexionen des Augustinus über eine angemessene Taufkatechese. Bis ins frühe 20. Jahrhundert ist die Religionspädagogik vornehmlich Katechetik, dann entsteht durch die Schulpflicht ein zweites Arbeitsfeld, das es zu reflektieren gilt: der Religionsunterricht in der öffentlichen Schule.

2. Realisierungen, Lernorte und Anfragen

Damit ist Gelegenheit, eine genauere Bestimmungen der angesprochenen religionspädagogischen Realisierungen und den mit ihnen verbundenen Lernorten vorzunehmen: Bezeichnet man Aurelius Augustinus (354–430) mit seinem Grundlagenwerk „De Catechizandis Rudibus“ als den ersten bedeutenden Religionspädagogen in der Kirchengeschichte, so verweist man damit zugleich auf die *Gemeinde* als ersten Lernort und auf die ihr zugeordneten religionspädagogische Realisierung der *Katechese*

Aurelius Augustinus (354–430)

(2.2). Mit der katechetischen Unterweisung durch den Pfarrer in der öffentlichen Schule, wie sie sich durch die Einführung der Schulpflicht in der Wende zum 19. Jahrhundert in allen Staaten des deutschen Reiches ereignete, kam ein zweiter Lernort in den Blick, nämlich der von der *Religionsdidaktik* reflektierte schulische *Religionsunterricht* (2.3). Neben diesen beiden Realisierungen und ihren Lernorten ist im Zuge des 20. Jahrhunderts durch die bürgerliche Aufwertung der *Familie als erster Ort aller Bildung und Erziehung* das Augenmerk auf die christliche Familie als ‚Keimzelle' religiöser Entwicklung gelenkt worden (2.1). Durch die in den lehramtlichen Dokumenten des II. Vatikanischen Konzils (1962-1965) festgeschriebene Subsidiarität von Familie, Gemeinde und Schule, kommt erst einmal den Eltern die Aufgabe religiöser Bildung zu (vgl. Gravissimum educationis (GE) 3). – Ähnlich wie die Familie ist auch die *Erwachsenenbildung* (2.4) ein Lernort, der erst im Laufe der zweiten Hälfte des 20. Jahrhunderts ausgebaut und reflektiert worden ist. *Kirchliche Erwachsenenbildung* richtet ihre Angebote an erwachsene Menschen, die über liturgische Angebote und das ehrenamtliche Engagement in Pfarrgemeinden hinaus Bildungsangebote im religiösen bzw. theologischen Bereich wahrnehmen möchten. In verschiedenen Einführungswerken werden als weitere Lernorte der *Kindergarten* und die *kirchliche Jugendarbeit* aufgeführt. Auf diese soll aus folgenden Gründen hier nicht näher eingegangen werden: Der Bereich der vorschulischen Erziehung erfährt zurzeit einen massiven Professionalisierungsschub, auch im Bereich der religiösen Bildung. In diesem Sinne werden für konfessionelle Kindertagesstätten und Kindergärten in näherer Zukunft sicherlich die religionspädagogischen Standards aus dem Kontext des Lernorts Schule gelten. – Der Bereich der Jugendarbeit ist als religionspädagogischer Lernort nicht zu unterschätzen. Bis auf wenige Ausnahmen (Biemer, Der Dienst der Kirche an der Jugend; Lechner, Pastoraltheologie der Jugend) gibt es hier aber kaum wissenschaftliche Beiträge, die handlungsleitend und praxisprägend sind: Dies ist sicherlich der am stärksten vernachlässigte religionspädagogische Lernort.

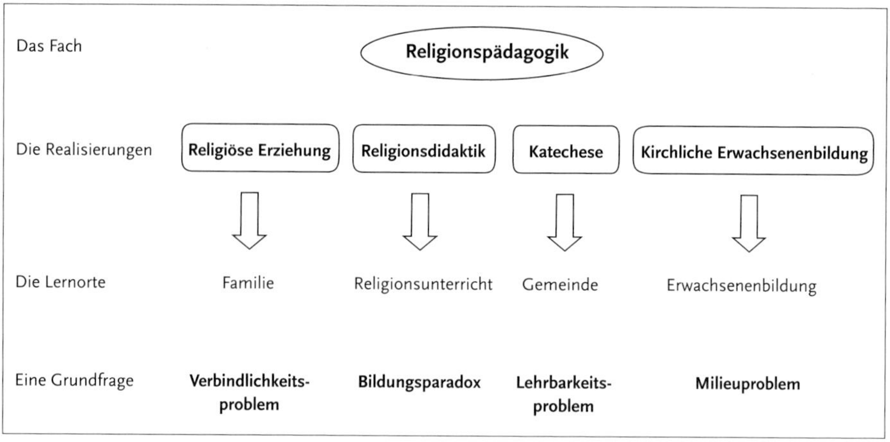

Abb. 2: Realisierungen – Lernorte – Anfragen

2.1 Der Lernort Familie und das Verbindlichkeitsproblem

II. Vatikanisches Konzil (1962–1965)

Die großen Ideologien des 20. Jahrhunderts – der Kommunismus, der Faschismus und auch jüngst der Kapitalismus – haben stets mit aller Macht versucht, die Entwicklung und Erziehung von Kindern und Jugendlichen durch staatliche oder parteiorganisatorische Institutionen zu übernehmen und in ihrem Sinne zu gestalten. Geprägt von den Erfahrungen der Totalitarismen in Europa hat das II. Vatikanischen Konzil (1962–1965) bewusst den Eltern und der Familie das erste Bildungs- und Erziehungsrecht eingeräumt – eine Entscheidung, die im Laufe des letzten Jahrhunderts auch in den meisten freiheitlichen Verfassungen der westlichen Welt festgeschrieben wurde (vgl. GG 7 I). Die Konzilsväter sprechen in der Erklärung der Kirche über die Erziehung „Gravissimum educationis" von der „überaus schwere[n] Verpflichtung zur Kindererziehung" (GE 3), die allen Eltern aufgetragen ist. Zugleich bestärkt das Konzil die Eltern in ihren Rechten als erste und bevorzugte Erzieher ihrer Kinder. Ihr Erziehungswirken wird als nahezu unersetzbar beschrieben, zugleich wird betont, dass die elterliche Erziehung jedoch die „Hilfe der gesamten Gesellschaft" (ebd.) benötigt. Kindergarten, Pfarrgemeinde und Schule – unabhängig davon, ob sie konfessionell oder staatlich organisiert sind – sollen lediglich subsidiär, also unterstützend und komplementär wirken. Zu den Grundaufgaben der familiären religiösen Erziehung gehören die Ermöglichung von Urvertrauen und Geborgenheit als emotionale Grundlage religiöser Entwicklung, die Vermittlung religiöser Narrationen (Geschichten aus der Bibel, dem Leben der Heiligen und der Geschichte des Christentums) und Traditionen (Erinnern und Feiern von Festtagen, Gestaltung des Kirchenjahrs, Einüben von Gebeten und Ritualen) sowie die kognitive Aktivierung im Sinne eines Theologisierens mit Kindern (Biesinger, Brauchen Kinder Religion?).

Was als Reaktion auf die Irrwege weltlicher Ideologien und den von ihnen generierten Totalitarismen nicht hoch genug zu würdigen ist, erweist sich heute in Zeiten von Säkularisierung, Individualisierung und Posttraditionalität als zunehmendes Problem. Nicht nur im Bereich der religiösen Erziehung fühlen sich viele Eltern heute wenig kompetent und überfordert. Viele Aufgaben im Bereich von Bildung und Erziehung, die bisher vor allem die Mütter bewältigt haben, werden inzwischen an Kindertagesstätten, Schulen und Horteinrichtungen delegiert. Dazu gehört definitiv auch die Dimension der religiösen Erziehung: Die Eltern, die sich für ihre Kinder noch eine konfessionell-christliche Erziehung wünschen, fühlen sich aufgrund ihrer großen Distanz zur Kirche und ihrer Glaubenslehre nicht mehr im Stande, selber religiöse Bildungsangebote zu generieren. Sie setzen in der Regel ihre Hoffnung auf kirchliche Kindergärten und konfessionelle Schulen, wenn diese nicht zur Verfügung stehen, soll zumindest der Religionsunterricht eine solche christliche Erziehung ermöglichen. Dabei ist zweifelhaft, ob diese Lernorte wirklich die Familie ersetzen können, zu unterschiedlich sind doch die Modi des religiösen Lernens in den verschiedenen Kontexten. Eine andere große Gruppe generiert die sogenannte Familienreligion, eine reduzierte Form kirchlicher Religiosität, die trotz Distanz zur Lehre der Kirche selektiv bestimmte Elemente der klassischen religiösen Erziehung aufnimmt und mitgestaltet: Dazu gehören die Teilnahme an Taufe und Erstkommunion, die besondere Gestaltung der Adventszeit und das Bedürfnis nach Ritualen (vgl. Domsgen, Familie und Religion). – Es wächst aber inzwischen auch die Zahl der Eltern, die ihre Kinder erst gar nicht religiös erziehen wollen, weil sie meinen, diese sollten später, also im jungen Erwachsenenalter selber über ihren Glauben entscheiden. Dieses Verhalten ist Ursache für ein Dilemma, das hier als Verbindlichkeitsproblem bezeichnet werden soll: Die maßgeblichen Erkenntnisse aus Identitätsforschung (vgl. Schweitzer, Postmoderner Lebenszyklus; Hämel, Textur-Bildung) und Entwicklungspsychologie (vgl. Schweitzer, Lebensgeschichte und Religion) zeigen deutlich, dass sich eine eigene religiöse Identität erst in der kritischen Auseinandersetzung mit einer familiär angebotenen und in der Kindheit

Verbindlichkeitsproblem

anverwandelten religiösen Perspektive auf die Wirklichkeit konturiert – und zwar in der Regel in der Phase der Pubertät. Es bedarf also in jedem Fall eines religiösen Erziehungsangebots, damit es überhaupt zu religiöser Entwicklung kommt: Unverbindlichkeit generiert niemals Verbindlichkeit! Diese Einschätzung wird auch von religionspsychologischen Langzeitstudien bestätigt: Kinder und Jugendliche, die in einem religiös praktizierenden Elternhaus groß wurden, blieben auch mit zunehmenden Alter religiös interessiert und praktizierend (vgl. De Hart, The Impact of Religious Socialization; McCullogh, The Varieties of Religious Development in Adulthood; Grom, Religionspsychologie), während Kinder mit geringer oder keiner religiösen Sozialisation als Erwachsene in der großen Mehrzahl religionsfern blieben und wenig religiös aktiv waren. Dies macht noch einmal die Bedeutung der elterlichen Erziehungsleistung deutlich, die sich wohl schwerlich durch Bildungsinstitutionen wie kirchliche Kindertagesstätten und Schulen ausgleichen lässt. In diesem Sinne ist der Lernort Familie ein höchst gefährdeter, und es ist noch gar nicht abzusehen, wie sich sein völliger Ausfall in der nächsten Generation auf die christlichen Konfessionen in diesem Land auswirken wird.

2.2 Der Lernort Gemeinde und das Lehrbarkeitsproblem

Gemeinsame Synode der Bistümer in Deutschland (1970–1975)

‚Würzburger Synode' ist ein im katholischen Sprachgebrauch geläufiger Terminus für die Gemeinsame Synode der Bistümer in Deutschland, die zwischen 1970 und 1975 regelmäßig in Würzburg tagte, um die Beschlüsse des II. Vatikanische Konzils, das zwischen 1962 bis 1965 in Rom stattfand, in den verschiedenen kirchlichen Handlungsfelder der deutschen Ortskirche konkret werden zu lassen. So hat die Entscheidung der Synode, Katechese und Religionsunterricht unterschiedliche Aufgabenstellungen zuzuweisen, einen über Jahrhunderte währenden Verständniswandel von Gemeindekatechese abgeschlossen: Diente die Katechese von ihrer Geschichte her ursprünglich als Vorbereitung auf Taufe und Christwerdung, so veränderte sich ihre Funktion zu

Konzil von Trient (1545–1563)

Beginn der Neuzeit im Kontext von Reformation und Tridentinum (1545–1563): Mit der Verlagerung der Katechese in Pfarr- und Schulhaus wurde diese nun zur Christentumskunde, in deren Rahmen die komplexe Glaubenslehre der Kirche den einfachen Gläubigen erschlossen und verständlich gemacht werden sollte. Mit der theoretisch-didaktischen wie praktisch-konzeptionellen Trennung von Katechese und Religionsunterricht, die dann Jahrhunderte später auf der Würzburger Synode im Beschluss über den Religionsunterricht in der Schule postuliert wurde, fand diese Entwicklung ihren Abschluss (vgl. Sekretariat der Deutschen Bischofskonferenz, Der Religionsunterricht in der Schule 1.4): Nun wurde dem Religionsunterricht die Aufgabe der Information über den christlichen Glauben und die Lehre der Kirche sowie die Hinführung der Schülerinnen und Schülern zur *Entscheidungsfähigkeit* in Sachen Religion zugewiesen, während der Gemeindekatechese die Möglichkeit der *Vertiefung* der Glaubensentscheidung ermöglichen sollte – was in der Regel als Neuvollzug der Glaubensentscheidung, nun im jungen Erwachsenenalter verstanden wird. Besonders gut ist dieses an der Gestaltung der Firmkatechese zu veranschaulichen: Diese wird in den seltensten Fällen als Hinführung zu einem Heilig-Geist-Sakrament gestaltet (der Katechumene als passiv „Empfangender"), sondern als Vorbereitung auf ein Entscheidungs- und Initiationssakrament, in dem die kindliche Taufempfängnis in der Adoleszenz noch einmal, nun aus freiem Willen, bestätigt werden soll (der Katechumene als aktiv „Entscheider").

Allerdings war für die Mitglieder der Synode noch klar, dass es immer eine Schnittstelle, besser: ein Verbindungsglied, geben musste, in dem beide Lernorte mit ihren unterschiedlichen Konzeptionen verbunden waren. Dieses Verbindungsglied sollten die Religionslehrerinnen und -lehrer sein. Und in der Tat lebt auch heute noch die Katechese in vielen Gemeinden vom Engagement und Einsatz der Religionslehrerinnen und -lehrer, die sich in Kommunion- und Firmvorbereitung ihrer Heimatgemeinden einbringen. Die modernen Erwerbsbiographien von Lehrerinnen und Lehrern im Kontext einer komplex-arbeitsteiligen Gesellschaft und die Ausdifferenzierung des Schulsystems seit der sogenannten „Bildungsrevolution" zu Beginn der 1970er Jahre sind allerdings Ursache dafür, dass Lehrerinnen und Lehrer kaum noch in der Schule ihres Wohnorts oder ihrer Pfarrgemeinde tätig sind. Außerdem weiß, wer ehrenamtlich in der Katechese engagiert ist, selten, was die Kolleginnen und Kollegen an den verschiedensten Schulen, welche die Firmlinge eines Jahrgangs einer Gemeinde besuchen, im Religionsunterricht behandeln. So kommt es häufig vor, dass in der Firmstunde über die Wiederholung von Themen aus dem Religionsunterricht geklagt wird oder dass das Compassion-Projekt gleich zweimal, nämlich beim Schulpraktikum wie beim Firmprojekt erlebt wird. Vielleicht liegt das Problem mangelnder Nachhaltigkeit von Religionsunterricht und Sakramentenvorbereitung auch darin, dass inzwischen zu viele Redundanzen inhaltlicher wie methodischer Art existieren. Auf Dauer – und im Kontext einer bedrohlichen Beschleunigung und Verdichtung von Schule – werden solche Überlappungen, Doppelungen oder Wiederholungen von Themen, Projekten, Exkursionen etc. nicht nur zu Verdruss und Langeweile bei den Kindern und Jugendlichen, sondern auch zu Legitimationsproblemen ad extra führen. Wer in der Firmkatechese engagiert ist, kennt die kritischen Anfragen von Jugendlichen und Eltern, warum neben zwei Stunden Religionsunterricht nun auch noch eine regelmäßige Firmstunde notwendig sein soll.

Eine zweite Schwierigkeit für die Gemeindekatechese ergibt sich aus der Problemstellung, dass sie etwas leisten soll, von dem strittig ist, ob dies überhaupt zu leisten ist. Während der Religionsunterricht mit der Funktionszuschreibung, „zu persönlicher Entscheidung in Auseinandersetzung mit Konfessionen und Religionen, mit Weltanschauungen und Ideologien“ (ebd. 2.5.1) zu befähigen logischerweise auch die Möglichkeit der Entscheidung gegen Religion und Glaube akzeptieren kann, steht die Katechese unter dem Erfolgsdruck, dass hier die Kinder und Jugendlichen eine Glaubensvertiefung erfahren sollen, die ihnen ihren Glauben im Nachhinein plausibel und sinnvoll erscheinen lässt. Nun gibt es aber die seit Friedrich Wilhelm Schleiermacher dokumentierte Beobachtung, dass Religion und Glaube nicht so einfach lehrbar sind wie andere Lerngegenstände:

Zitat

Und von dieser Art ist die Religion; in dem Gemüt welches sie bewohnt, ist sie ununterbrochen wirksam und lebendig, macht Alles zu einem Thema ihrer himmlischen Phantasie. Alles was, wie sie, ein Kontinuum sein soll im menschlichen Gemüt, liegt weit außer dem Gebiet des Lehrens und Anbildens. Darum ist jedem, der die Religion so ansieht, Unterricht in ihr ein abgeschmacktes und sinnleeres Wort. Unsere Meinungen und Lehrsätze können wir Andern wohl mitteilen, dazu bedürfen wir nur Worte, und sie nur der auffassenden und nachbildenden Kraft des Geistes: aber wir wissen sehr wohl, daß das nur die Schatten unserer Anschauungen und Gefühle sind. (Schleiermacher, Über die Religion 78)

Das Lehrbarkeitsproblem

Damit ist das sogenannte Lehrbarkeitsproblem beschrieben: Der Glaube als persönliche Anverwandlung und Zustimmung zu einer Religion bleibt immer unverfügbar, er ist ja auch – theologisch gesprochen – eine Frucht des Heiligen Geistes, also kein Menschenwerk. Lehrbar dagegen bleibt die Glaubenslehre einer Religion, also das theologische oder religionswissenschaftliche Sachwissen über eine Religion. Dies geschieht allerdings im Religionsunterricht. Unter diesem Gesichtspunkt hat der Religionsunterricht definitiv das bessere Los gezogen: Er vermittelt die allgemeinen Kenntnisse über die christliche Religion und die katholische Glaubenslehre mit dem Ziel der Mündigkeit und Fähigkeit zur autonomen Glaubensentscheidung. Die Katechese dagegen zeichnet für das verantwortlich, was eigentlich nicht lehr- und lernbar ist, nämlich für den Glaube an sich, seine Weitergabe und seine Vertiefung, also für seine Erfahrbarkeit in der Wirklichkeit dieser Welt und dieser Kirche. Da diese schwierige und anspruchsvolle Aufgabe nur selten erfolgreich gelöst werden kann, haftet der Katechese nun schon seit einigen Jahren das Etikett des Scheiterns an. Dies ist so sicher nicht zutreffend, doch bleibt auch in der jüngsten Debatte um eine zukunftsfähige Gemeindekatechese offen, ob die neuen Modelle im Bereich der Katechetik das beschriebene Dilemma wirklich aufheben können (vgl. Jakobs, Neue Wege der Katechese).

2.3 Der Lernort Religionsunterricht und das Bildungsparadox

Die Ziele und Aufgaben des Religionsunterrichts sind damit bereits beschrieben und anschaulich gemacht worden: Es geht im konfessionellen Religionsunterricht in der öffentlichen Schule darum, „mit der Wirklichkeit des Glaubens und der Botschaft, die ihm zugrunde liegt“ vertraut zu machen und „zu persönlicher Entscheidung in Auseinandersetzung mit Konfessionen und Religionen, mit Weltanschauungen und Ideologien“ (Sekretariat der Deutschen Bischofskonferenz, Der Religionsunterricht in der Schule 2.5.1) zu befähigen. Rudolf Englert spricht in diesem Zusammenhang von Indukation und Edukation: Religiöse Bildung im Rahmen des schulischen Religionsunterrichts ist zum Einen immer Indukation, also *Hineinführung*, weil sie mit dem Modus der konstitutiven Rationalität als Erschließungsperspektive von Wirklichkeit vertraut macht. Dies kann nur gelingen, wenn eine bestimmte, tradierte Sehweise auf das Ganze von Wirklichkeit eröffnet wird, die „sich wesentlich am Material der Vorgaben einer konkreten Religion – an bestimmten Glaubensüberzeugungen, bestimmten Institutionalisierungsformen, bestimmten rituellen Vollzügen, bestimmten Formen alltagsweltlich wirksamer Frömmigkeit usw." (Englert, Religionspädagogische Grundfragen 165) entfaltet. Edukation, *Herausführung*, bezeichnet dagegen jenes Element im Bildungsprozess, das ein Subjekt befähigen soll, einen eigenen Standpunkt einzunehmen, der dann auch in Differenz zu Erwartungen der Gesellschaft stehen kann. Für die religiöse Bildung bedeutet dies, dass sie nur gelingen kann, „wenn dem einzelnen Subjekt die Freiheit eröffnet wird, sich die in religiösen Traditionen ‚aufgehobene' Sinnsicht auf eine mit seiner jeweiligen biographischen Problemlage korrelierenden Weise anzueignen; dies gilt speziell auch für die Erschließung des christlichen Glaubens". Es bedeutet aber auch: „Auf diese Weise kommt es notwendig zu einer Pluralität von Realisationsformen" (ebd. 167). Für den Religionsunterricht, der ja immer auch im Rahmen seiner konfessionellen Verortung um Tradition bemüht ist, ergibt sich damit als grundsätzliche Problemstellung eine folgenreiche Dialektik: Sie schafft durch die Edukation die Fähigkeit zu Distanz und Differenz und damit Pluralität, welche stets neue Problem- und Aufgabenstellungen schafft, wenn es um die Indukation in einer spezifische Tradition und damit ja auch um deren Bewahrung geht. Versteht man aber religiöse Erziehung als Bildung im aufgezeigten Sinne, kann man eine ständige Pluralisierung im Bereich von Religion und Glaube ironischer Weise gar nicht verhindern! So entsteht ein Bildungsparadox. Die mancherorts artikulierten Klagen, der Religionsunterricht würde Kinder und Jugendliche der Kirche eher entfremden als zuführen, sind in gewisser Weise also berechtigt. Wohl aber verkennen jene, die solches bekunden, Sinn und Zweck des Religionsunterrichts als Lernort im Kontext des öffentlichen Schulsystems: Es kann und darf in der Schule eben nicht um Glaubensweitergabe und Glaubensvertiefung gehen, vielmehr muss der Religionsunterricht einführen und herausführen, also mit Religion und Kirche bekannt machen, um so eine Entscheidung von Schülerinnen und Schülern erst zu ermöglichen. Diesem Zweck dient eine komplexe und ausdifferenzierte Religionsdidaktik, die im folgenden 3. Kapitel ausführlich vorgestellt werden soll.

Ein Bildungsparadox

2.4 Die Erwachsenenbildung und das Milieuproblem

Anders als die Gemeindekatechese und der schulische Religionsunterricht konturiert sich die kirchliche Erwachsenenbildung in ganz unterschiedlichen Organisationsformen und in einer Vielzahl von Bildungsformaten. Religionspädagogisch verantwortete

Erwachsenenbildung findet in der Kolping-Familie und der Katholischen Arbeitnehmervereinigung genauso statt wie in regionalen Bildungswerken, kirchlichen Heim- und Landvolkshochschulen oder in den diözesanen Akademien. Allen diesen Angeboten ist gemeinsam, dass sie von kirchlichen Trägern angeboten werden und sich an Menschen richten, die sich im tertiären Bildungssektor bewegen, also vorschulische (primärer Sektor) und schulische (sekundärer Sektor) Ausbildung bereits hinter sich gelassen haben. Dabei ist das Engagement der konfessionellen Träger in dreifacher Weise motiviert: Erwachsenenbildung ist ein diakonisches Angebot der Kirche an erwachsene Menschen in Familiengründungs-, Beruf- und Altersphase, sie ist ein Beitrag der Kirche zum gesamtgesellschaftlichen Diskurs über Normen, Werte und Einstellungen und sie ist eine Artikulationsmöglichkeit der Kirche um über Fragen der Glaubens- und Sittenlehre mit den mündigen Gläubigen ins Gespräch einzutreten (vgl. Boschki, Einführung in die Religionspädagogik 133). Ähnlich wie für den Religionsunterricht gilt auch für die Erwachsenenbildung, dass sie ein Lernort des Glaubens sein kann, der in zweifacher Weise ausgerichtet ist: Es lernen Männer und Frauen, die sich an den Lernangeboten der Kirche bilden, es lernt aber auch die Kirche, wie sich der Glaubensinn der Christen kontextuell verändert und in jeder Zeit je neu artikuliert.

Erwachsenenbildung als diakonisches Angebot

Aus diesem Zusammenhang ergibt sich für Norbert Mette eine dreifache Struktur: „Eine solche kirchliche Erwachsenenbildung ist ‚diakonisch-solidarisch', ‚ökumenisch-konziliar' und ‚lebensbegleitend-transformatorisch' ausgerichtet" (Mette, Religionspädagogik 225). Damit ist gemeint, dass die Bildungsangebote der Erwachsenenbildung sich vor allem an die gesellschaftlich Schwachen und Marginalisierten richten müssen bzw. dass deren Situation erkannt und ihre Partizipation angebahnt wird. Zudem sollen Bildungsangebote in ökumenischer Verantwortung und im gemeinsamen Bemühen um die Bewahrung der Schöpfung wie auch um ein friedvolles und gerechtes Miteinander gestaltet sein. Schließlich sollen Angebote der Erwachsenenbildung den Menschen eine Hilfestellung in den schwierigen Lebensphasen geben und ihn dazu befähigen „mit der gesellschaftlich verordneten Individualisierung umgehen zu können, und zwar so, daß sie ihr Leben wirklich autonom ...gestalten lernen und sich nicht zu einer Regression in neue Formen der Abhängigkeit und Unmündigkeit verleiten lassen" (ebd. 229). Friedrich Schweitzer formuliert dies für die evangelische Religionspädagogik analog, wenn er die „Religiöse Bildung angesichts der Auflösung von Normalbiographien", „die Familienbildung und Stärkung von Elternkompetenz" sowie interreligiöses Lernen als „Orientierung in der Pluralität" (alle Zitate Schweitzer, Religionspädagogik 260) als zentrale Aufgaben und aktuelle Handlungsperspektiven für die religiöse Bildung von Erwachsenen bezeichnet. Zudem fordert Schweitzer eine stärkere Ausrichtung auf den Bereich der spirituellen Bildung und die Etablierung von Bildungsangeboten für die wachsende Zahl der Konfessionslosen (ebd.).

Ohne Frage ist eine in dieser Weise ausgerichtete Erwachsenenbildung ein wichtiger Lernort und eine unverzichtbare religionspädagogische Realisierung, gerade wenn man bedenkt, dass sich alle anderen Angebote religiöser Bildung – die Sakramentenkatechese im Kontext von Erwachsenentaufe und Eheschließung einmal ausgenommen – an Kinder und Jugendliche richten. Mit Blick auf die Erkenntnisse der religionspsychologischen Forschung ist es unbedingt notwendig, auch für Menschen jenseits von Pubertät und Adoleszenz Angebote religiöser Bildung zu machen, zeigen doch klassische wie auch aktuelle Studien aus dem Bereich der Entwicklungspsychologie (Erikson, Identität und Lebenszyklus; Rizzuto, The Birth of the Living God; Streib, Faith Development Theory Revisited), dass die Entwicklung von Religiosität, Glaube und Gottesbild mit dem Erreichen des Erwachsenenalters nicht etwa abgeschlossen ist, sondern sich ständig weitervollzieht. Analoges gilt für die Erkenntnisse der Identitätspsychologie (vgl. Schweitzer, Postmoderner Lebenszyklus; Hämel, Textur-Bildung). Nichtsdestotrotz ergibt sich für die kirchliche Erwachsenenbildung eine ganz grundsätzliche Anfrage, die mit dem Terminus Milieuproblem bezeichnet werden kann: Auch wenn eines der Grundanliegen der religionspädagogisch verantworteten Erwachsenenbildung die diakonisch-solidarische (vgl. Mette, Religionspädagogik 225) Ausrichtung sein soll, so erreichen die Glaubensgemeinschaften gerade die unteren Einkommensschichten und die bildungsfernen Milieus der Bevölkerung überhaupt nicht mehr. Die von der Deutschen Bischofskonferenz in Auftrag gegebene und von vielen Folgeuntersuchungen begleitete Sinus-Sociovison-Studie 2005 (vgl. MDG/Sinus Sociovision, Milieuhandbuch „Religiöse und kirchliche Orientierungen in den Sinus-Milieus 2005") hat gezeigt, dass sich praktizierende und aktive Katholiken, die für die verschiedenen liturgischen wie pädagogischen Angebote der Kirche überhaupt noch ansprechbar sind, nur noch in zwei bis drei von zehn gesellschaftlichen Milieus finden lassen, und zwar in den bürgerlichen Milieus der Traditionsverwurzelten, der Konservativen und der Bürgerlichen Mitte

Milieuproblem

(insgesamt zwischen 21 und 35 Prozent der Gesamtbevölkerung). Lediglich auf dem Land gehören im Milieu der Traditionsverwurzelten noch Einkommensschwache zu diesen aktiv Gläubigen, im städtischen Raum ist das Christentum – evangelisch wie katholisch – eine Religion bürgerlicher Akademiker geworden. Wer an einem Werkwochenende in einem Kloster oder an einer Akademietagung teilnimmt, der erkennt schnell, dass die Teilnehmer durch hohe Bildungsabschlüsse und ausreichendes Einkommen verbunden sind. Auch an für sich sozialintegrative Vereine und Verbände wie die Kolping-Familie oder die Katholische Arbeitnehmerbewegung (KAB) können das Milieuproblem nicht beheben, da diese Institutionen besonders unter Nachwuchsmangel, Vereinsmüdigkeit und Institutionenverdrossenheit leiden. Will die kirchliche Erwachsenenbildung nicht allein zur Betreuungsinstanz einer immer älter, aber aktiver werdenden Akademikerklientel werden – was an sich ja nicht ehrenrührig ist, aber nicht der eigentlichen Mission entspricht –, braucht es für diesen Lernort dringend neue religionspädagogische Ideen und Impulse.

Zusammenfassung

Sechs Lernorte des Glaubens und ihre zugehörigen religionspädagogische Realisierungen lassen sich unterscheiden: Klassisch ist sowohl die Gemeinde als Lernort als auch die ihr zugeordnete religionspädagogische Realisierung der Katechese (1.). Durch den Verfassungsrang des Religionsunterrichts ist zu Beginn des 20. Jahrhunderts ein weiterer Lernort entstanden, nämlich der von der Religionsdidaktik reflektierte schulische Religionsunterricht (2.). Daneben wird im Laufe des 20. Jahrhunderts durch die bürgerliche Aufwertung der Familie das Augenmerk auf die christliche Familie als ‚Keimzelle' religiöser Erziehung (3.) gelenkt. Ähnlich wie die Familie ist auch die Erwachsenenbildung (4.) ein Lernort, der erst im Laufe der zweiten Hälfte des 20. Jahrhunderts ausgebaut und reflektiert worden ist. Weitere Lernorte des Glaubens sind der Kindergarten (5.) und die kirchliche Jugendarbeit (6.), die aber in der religionspädagogischen Reflexion bisher eher vernachlässigt werden.

3. Religionsdidaktik: Theorie und Praxis des schulischen Religionsunterrichts

Im folgenden Kapitel wird der schulische Religionsunterricht als zurzeit wichtigster Lernort der Religionspädagogik vertiefend in den Blick genommen. Dabei kann nun die hier zugeordnete religionspädagogische Realisierung der Religionsdidaktik etwas ausführlicher dargestellt werden, als dies im vorherigen Kapitel möglich war. Zu diesem Zweck wird ein religionsdidaktisches Modell skizziert, mit dem zum einen die Theorie und Praxis des religiösen Lehrens und Lernens im Kontext des Religionsunterrichts beschrieben werden kann, das zum anderen aber von der aktuellen schulpädagogische Entwicklung der Kompetenzorientierung her entwickelt wird. Leitfrage in diesem Modell soll sein, welche Fähigkeiten und Fertigkeiten eine Lehrerin oder ein Lehrer beherrschen muss, damit er kompetent Religion unterrichten kann. Folglich werden Bedingungs- und Entscheidungsfelder, wie sie aus den klassischen Modellen der Lehr-Lern-Theorie her bekannt sind (vgl. Heimann, Didaktische Grundbegriffe; Hanisch, Unterrichtsplanung im Fach Religion), von der jeweiligen Kompetenz her beschrieben, die in diesem Feld als für erfolgreiches professionelles Lehrerhandeln notwendig erscheint.

3.1 Voraussetzungen des schulischen Religionsunterrichts

Der Religionsunterricht... ... als *Res mixta*

Der Religionsunterricht an öffentlichen Schulen ist in den meisten Bundesländern als *Res mixta*, also als *gemeinsame Angelegenheit* von Kirche und Staat organisiert und wird deshalb als „konfessionell" (= gebunden an ein Bekenntnis) bezeichnet. Diese Konstruktion ist Ausdruck der geltenden verfassungsrechtlichen Regelungen, denn im Grundgesetz der Bundesrepublik Deutschland heißt es: „Der Religionsunterricht ist an öffentlichen Schulen ordentliches Lehrfach. Unbeschadet des staatlichen Aufsichtsrechtes wird der Religionsunterricht in Übereinstimmung mit den Grundsätzen der Religionsgemeinschaften erteilt" (GG 7 III). Ausgenommen von dieser Regelung sind nur die Bundesländer, auf welche die sogenannte Bremer Klausel angewandt werden kann: „Artikel 7 Absatz 3 Satz 1 findet keine Anwendung in einem Land, in dem am 1. Januar 1949 eine andere landesrechtliche Regelung bestand" (GG 141). Dies trifft auf Bremen, Berlin und Brandenburg zu. In diesen Bundesländern gibt es keinen konfessionellen Religionsunterricht, sondern einen staatlich verantworteten Ethik- oder Lebenskundeunterricht, in dem neben anderen philosophischen und gesellschaftspolitischen Themen auch *über* die verschiedenen Religionen informiert wird.

In den meisten Bundesländern hat sich die Res mixta inzwischen so ausgeprägt, dass der Staat für die Organisation des Religionsunterrichts und die Ausbildung der Lehrerinnen und Lehrer verantwortlich zeichnet, während die Religionsgemeinschaften die Religionslehrerinnen und -lehrer beauftragen (im katholischen Kirchenrecht „Missio canonica", in der evangelischen Praxis „Vocatio") und Lehrpläne wie Unterrichtsmaterialien approbieren müssen. Da im katholischen Verständnis das bischöflichen Lehramt auch eine unaufgebbare Regelungspflicht für die Erteilung religiöser Lehre in seinem Jurisdiktionsbezirk hat (CIC can. 804 § 1), haben die katholischen Bischöfe die Konzeption des Religionsunterrichts in Deutschland immer schon maßgeblich durch Veröffentlichungen mit normativen Charakter mitbestimmt. Das wohl bedeutendste Dokument für den katholischen Religionsunterricht in der Bundesrepublik Deutschland ist aber der Beschluss der Würzburger Synode *Der Religionsunterricht in der Schule* aus dem Jahr 1974 gewesen. Hier findet sich auch die bereits oben beschriebene Trennung von schulischem Religionsunterricht und Gemeindekatechese: Während bis zur Synode schulischer Religionsunterricht vor allem Unterweisung in der katholischen Glaubenslehre bedeutete – z.B. durch die materialkerygmatische Methode –, unterscheidet das neue Konzept zwischen katholischer Unterweisung in der Pfarrgemeinde z.B. im Rahmen der Sakramentenkatechese und dem Religionsunterricht in der Schule. Letzterer ist zwar durch die dreifache Identität – katholische Lehrkraft, katholische Adressaten und katholische Inhalte – konfessionell verortet, soll aber auch aufgrund des schulischen Bildungskontextes nichtreligiöse oder religiös indifferente Schülerinnen und Schülern, wie sie die Auflösung der konfessionellen Milieus seit den 1970er Jahren hervorgebracht hat, ansprechen und erreichen. Folglich ist es nicht mehr Ziel des schulischen Religionsunterrichts, den katholischen Glauben zu verkünden und weiterzugeben, sondern eine eigenständige religiöse Entscheidung der Schülerinnen und Schüler zu ermöglichen und ihr Engagement in Kirche und Gesellschaft zu fördern.

Der Religionsunterricht in der Schule

Die nächste Schrift der deutschen Bischöfe *Die bildende Kraft des Religionsunterrichts* aus dem Jahre 1996 bestätigte noch einmal die Konzeption der Würzburger Synode und betonte angesichts der neuen demographischen Situation nach der Wiedervereinigung stärker als bisher die Verpflichtung des Staates, im Rahmen der Res mixta für Konfessionalität des Religionsunterrichts zu sorgen. Grundgedanke des Dokuments ist die Idee der Beheimatung: Lehrerinnen und Lehrer sollen durch ihr persönliches Bekenntnis und ihrer Verwurzelung in der Glaubensgemeinschaft den Schülerinnen und Schülern das Angebot machen können, eine ‚Heimat in der Kirche' zu finden.

Die bildende Kraft des Religionsunterrichts

Der Religionsunterricht vor neuen Herausforderungen

Das z. Z. jüngsten Dokument der deutschen Bischöfe stammt aus dem Jahre 2005: Es trägt den Titel *Der Religionsunterricht vor neuen Herausforderungen*. Mit dieser Schrift ist den deutschen Bischöfen eine Neuausrichtung des Religionsunterrichts gelungen, die als Antwort auf die vielfältigen gesellschaftlichen wie schulpolitischen Veränderungen verstanden werden kann. Nach einer ausführlichen, nüchternen Analyse der Situation in Familie, Pfarrgemeinde und Schule heute formulieren die Bischöfe:

Zitat

Unter den veränderten Bedingungen kann der Religionsunterricht sein Ziel, die Schülerinnen und Schüler zu verantwortlichem Denken und Handeln im Hinblick auf Religion und Glaube zu befähigen und Glaube zu ermöglichen, nur erreichen, wenn er gemäß seiner gewachsenen Bedeutung weiterentwickelt wird. Bestimmte Schwerpunkte sollen neu gesetzt werden. Zukünftig wird der Religionsunterricht in der Schule sich drei Aufgaben mit noch größerem Nachdruck stellen müssen, nämlich

- der Vermittlung von strukturiertem und lebensbedeutsamem Grundwissen über den Glauben der Kirche,
- dem Vertrautmachen mit Formen gelebten Glaubens und
- der Förderung religiöser Dialog- und Urteilsfähigkeit (Sekretariat der deutschen Bischofskonferenz, Der Religionsunterricht vor neuen Herausforderungen 18).

Begleitet werden soll diese dreifache Aufgabenbearbeitung durch eine verstärkte Schulpastoral, durch seelsorgerische und liturgische Angebote im Raum der Schule. Nur erwähnt werden kann an dieser Stelle, dass das Bischofswort Baustein eines umfassenden Konzeptes zur Weiterentwicklung des Religionsunterrichts ist, zu dem auch Richtlinien für Bildungsstandards am Ende der Primarstufe und der Sekundarstufe I (vgl. Sekretariat der deutschen Bischofskonferenz, Kirchliche Richtlinien zu Bildungsstandards für den katholischen Religionsunterricht in den Jahrgangsstufen 5–10/Sekundarstufe (Mittlerer Bildungsabschluss); Kirchliche Richtlinien zu Bildungsstandards für den katholischen Religionsunterricht in der Grundschule/Primarstufe) sowie die EPA (= Einheitlichen Prüfungsanforderungen im Abitur) für den Katholischen Religionsunterricht gehören.

3.2 Die Prinzipien der Religionsdidaktik

Das Elementarisierungsmodell von Karl Ernst Nipkow

Das im Folgenden entfaltete Modell einer kompetenzorientierten Religionsdidaktik ist in seiner Grundstruktur an das Elementarisierungsmodell von Karl Ernst Nipkow angelehnt (Nipkow, Elementarisierung; in ähnlicher Weise angelegte Konzeptionen zur Religionsdidaktik finden sich bei Schweitzer, Elementarisierung im Religionsunterricht; Religionspädagogik; Elementarisierung und Kompetenz; und Riegel, Religionsunterricht planen). Es unterscheidet zwischen fünf Erscheinungsformen des Elementaren (Boschki, Einführung in die Religionspädagogik 138: „fünf Pole" des religionsdidaktischen Prozesses), die hier als Dimensionen des religionsdidaktischen Vermittlungsgeschehen verstanden werden: die *Erfahrungen* der Schülerinnen und Schüler, ihre altersabhängigen und individuelle je eigenen *Zugänge*, der zu vermittelnde theologische *Inhalt*, die für das Vermittlungsgeschehen zu entwickelnde didaktische *Struktur* und die mit dieser Struktur verbundene *Methodenwahl*. Wer Unterricht planen, strukturieren und gestalten will, benötigt zur Bearbeitung dieser Dimensionen lebensweltliche, pädagogische, theologische, didaktische und methodische Kompetenz.

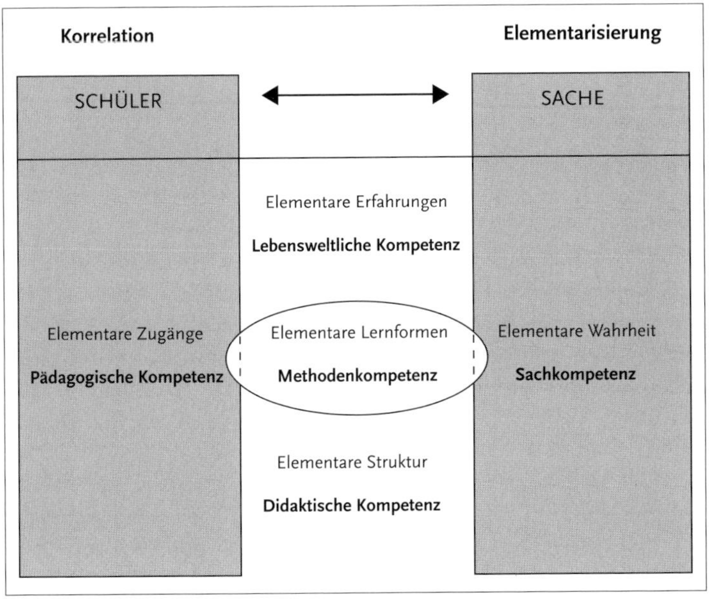

Abb. 3: Dimensionen des Elementarisierungsgeschehens und notwendige Kompetenzen

Ein in dieser Weise strukturierter Religionsunterricht setzt allerdings voraus, dass hier ein Vermittlungsprozess zwischen Menschen und Sachen, zwischen Schülerinnen bzw. Schülern und theologischen Inhalten initiiert werden soll. Zu einem wirklichen Vermittlungsprozess gehört zum ersten die Erschließung des Unterrichtsthemas durch die Lernenden, sodass sich ihre Sicht auf die Wirklichkeit nachhaltig verändert. Das setzt zum zweiten aber voraus, dass die theologischen Inhalte didaktisch so ausgewählt, reduziert und präsentiert werden, dass sie für die Lernenden zugänglich und begreifbar sind. Diese beiden konstitutiven Elemente des religionsdidaktischen Vermittlungsprozesses sind im religionsdidaktischen Diskurs als *Korrelation* und *Elementarisierung* bekannt. Weil sie konstitutiv und unverzichtbar für religiöse Lernprozesse sind, werden Korrelation und Elementarisierung als religionsdidaktische *Grundprinzipien* bezeichnet.

3.2.1 Das Prinzip der Korrelation

Glaube im Kontext des Lebens, Leben im Licht des Glaubens

Auch das Konzept eines *korrelativen Unterrichts* hat seinen religionspädagogischen Ursprung im Kontext der Würzburger Synode. Im Beschluss zum Religionsunterricht in der Schule findet sich mit Blick auf eine theologische Neuausrichtung der Religionspädagogik die Formulierung: „Es geht also nicht um eine anthropologische Verkürzung der Theologie, sondern um ein theologisches Verstehen menschlicher Grundphänomene. „Der Glaube soll im Kontext des Lebens vollziehbar, und das Leben soll im Licht des Glaubens verstehbar werden" (Sekretariat der deutschen Bischofskonferenz, Der Religionsunterricht in der Schule 2.4.2.). Aus dieser Formel ist in den folgenden Jahrzehnten ein ganzes religionsdidaktisches Gebäude aufgebaut worden, immer mit dem Ziel vor Augen, „eine Wechselbeziehung (Korrelation) zwischen dem Frage-Antwort-Geschehen, dem sich der überlieferte Glaube verdankt und dem Frage-Antwort-Geschehen, in dem die Menschen heute ihre Erfahrungen machen" (so in klassischer Formulierung Bitter, Was ist Korrelation? 344), anzuleiten und zu fördern.

Paul Tillich (1886–1965)
Edward Schillebeeckx (1914–2009)

Ursprünglich im Kontext der Offenbarungstheologie bei Paul Tillich und Edward Schillebeeckx entwickelt, wird der Begriff nun im religionspädagogischen Kontext zum Schlüsselbegriff für das didaktische Anliegen „einen dialektischen Prozess zwischen Glaubenserfahrungen und Schülererfahrungen in Gang zu setzen, der seinerseits Erfahrungen, neue Erfahrungen aus sich ent-

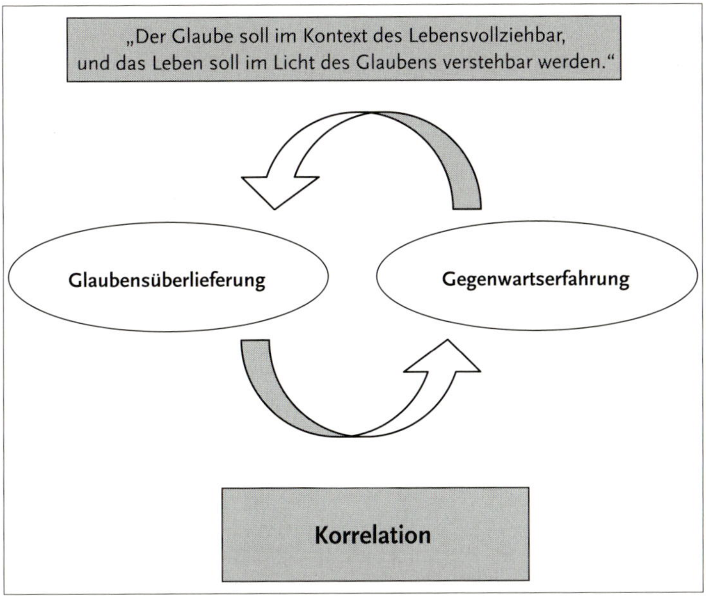

Abb. 4: Das Modell der Korrelation

lässt, die weder Glaube noch Schüler das bleiben lassen, als was sie bisher erschienen sind" (ebd.). Häufig findet sich auch die Formel von der kritisch-produktiven Wechselbeziehung zwischen Glaubensüberlieferung und Erfahrungen von Schülerinnen und Schülern heute. Kritisch ist diese Wechselbeziehung, weil in der Konfrontation beider Größen heutige Erfahrung kritisch befragt werden kann und weil es möglich ist, dass sich das bisherige Verständnis biblischer Erfahrung als unangemessen erweist. Produktiv ist sie, weil die Glaubensüberlieferung neue Lebenserfahrung aufdecken kann, die wiederum zu einem Fortschritt in der eigenen Glaubensbiographie führt.

Der korrelative Religionsunterricht hat sich ohne Frage in den letzten Jahrzehnten bewährt, wohl auch, weil er dem Bildungsauftrag der Kirche an den Schulen einer säkularisierten Gesellschaft durch seinen Angebotscharakter am ehesten gerecht wird. Entsprechend hat Korrelationsdidaktik die fachwissenschaftliche Diskussion um die Konzeption des schulischen Religionsunterrichts über zwei Jahrzehnte dominiert. Die dramatischen gesellschaftlichen Umbrüche zu Beginn der neunziger Jahre haben dann allerdings eine intensive Debatte ausgelöst, in der vor allem Rudolf Englert (Die Korrelationsdidaktik am Ausgang ihrer Epoche) und

George Reilly (Süß, aber bitter) auf die zunehmend problematisch gewordene Vermittlung von christlichem Glauben und Erfahrungswelt der Jugendlichen aufmerksam gemacht haben. Zehn Jahre später hat Thomas Ruster (Die Welt verstehen „gemäß den Schriften“) den korrelativen Religionsunterricht einer massiven Kritik unterzogen, in dem er gerade die Fremdheit und Alterität der biblischen Glaubenstradition in der heutigen Gesellschaft betont und somit erneut die Unvermittelbarkeit zwischen Glaubensbotschaft und Adressatenhorizont ins Feld führt. In einem solchen Setting sind religiöse Vermittlungsprozesse nur im Sinne einer *Konfrontationsdidaktik* möglich:

Konfrontationsdidaktik

Zitat

Den Erfahrungen der Schülerinnen und Schülern ist in einer christlichen Religionspädagogik nicht mehr zu trauen. Ja noch weiter: Unser aller religiösen Erfahrung ist nicht mehr zu trauen. ... Die Erfahrung mit dem rechten Gott ist nicht die unsere. Sie ist uns heute eine fremde Erfahrung, und da der Satz weiterhin gilt, dass Glaube auf Erfahrung angewiesen ist, kommt es darauf an, ob er an der fremden Erfahrung Anteil gewinnen kann. ... Deswegen scheint es mir die Hauptaufgabe gegenwärtigen Religionsunterrichts zu sein, die Schülerinnen und Schüler zur Teilhabe an der Erfahrung, die in der Bibel aufgespeichert ist, zu führen. (ebd. 200)

Dabei hat Ruster allerdings übersehen, dass auch die „Verkündigung biblischer Welten“ einer Korrelation mit dem Erfahrungshorizont der Schüler bedarf: „Ebenso klar muss aber auch sein, dass die Auseinandersetzung mit fremden Welten einer Hermeneutik entspricht, die die fremde Position mit der eigenen zu einer ‚Horizontverschmelzung‘ zu bringen weiß. Nur so wird im eigentlichen Sinne Verstehen möglich“ (Halbfas, Thomas Rusters „fällige Neubegründung des Religionsunterrichts“ 48).

Eine produktive Weiterentwicklung der Korrelationsdidaktik ist dagegen von einer Forschungsgruppe im Rahmen des DFG-Projekts „Abduktive Korrelation“ an der Universität Würzburg versucht worden. Dabei wird unter *Abduktiver Korrelation* der Versuch verstanden, ein Bewusstsein dafür zu schaffen, was an Religion auch heute noch in den alltäglichsten Lebensvollzügen auffindbar ist. Unter der Prämisse, dass unsere Lebenswelt stets zeichenhaft ausgedeutet wird und dass dabei auch die jüdisch-christliche Tradition immer noch einen wirksamen kulturellen

Abduktive Korrelation

Platz hat, zielt abduktive Korrelation darauf, Kompetenzen zu entwickeln, um das habituelle Zeichenrepertoire, das auch heute noch im Alltag von Schülerinnen und Schülern verwendet wird, bewusst wahrzunehmen und einer kritischen Reflexion zu unterziehen. Dadurch soll nicht nur in Vergessenheit Geratenes neu gelernt, sondern auch auf einen immer schon und immer noch vorhandenen Zusammenhang von Tradition und Erfahrung aufmerksam gemacht werden (vgl. Ziebertz/Heil/Prokopf, Abduktive Korrelation).

Performative Religionsdidaktik

Auch die seit nun mehr zehn Jahren anhaltende Debatte um eine sogenannte *Performative Religionsdidaktik* ist als eine Reaktion auf die Problemstellungen im korrelativen Religionsunterricht zu verstehen. Die Grundidee dieses religionsdidaktischen Ansatzes: Da der Traditionsbruch vor den Schülerinnen und Schülern nicht Halt macht, kann der Religionsunterricht nicht mehr „reflexiv-nachdenkend bearbeiten, was bislang noch als in Familie und Kirche vermittelter Gegenstand des aufzuarbeitenden Nachdenkens vorauszusetzen war" (Dressler, Darstellung und Mitteilung 12). Deshalb sollen im Rahmen des schulischen Religionsunterrichts praktische Vollzüge und Übungen angesiedelt werden, um der unterrichtlichen Reflexion über Glaube und Kirche erst einmal eine Erfahrungsgrundlage zu schaffen. Dabei sind allerdings in der evangelischen wie katholischen Religionspädagogik unterschiedliche konfessionelle Nuancen und Akzentsetzungen zu beobachten: Während evangelische Kolleginnen und Kollegen unter diesem Begriff vornehmlich ein inszeniertes Probehandeln im Religionsunterricht verstehen, in dem Schülerinnen und Schüler ihnen fremde Rituale und Gebete versuchsweise vollziehen und dann diskutieren, wird auf katholischer Seite unter Performativem Religionsunterricht eine Einführung in die Praxis von Ritual und Liturgie verstanden, bei der es eben nicht um Inszenierung, Distanz und Reflexion, sondern um engagierte Partizipation in religiösen Vollzügen geht, sodass manche sogar von einem „Mystagogischen Religionsunterricht" sprechen. Zuletzt hat der katholische Religionspädagoge Hans Mendl unter dem Titel „Religion erleben" ein umfangreiches Handbuch zur performativen Religionsdidaktik vorlegt, in dem die Diskussion ausführlich dokumentiert ist.

Trotz dieser verschiedenen Anfragen und Problematisierungen in der wissenschaftlichen Religionspädagogik haben sich die Korrelationsdidaktik und der aus dieser entwickelte korrelative Religionsunterricht in der Praxis der Schule bis heute gehalten. Sowohl bei den meisten Religionslehrerinnen und -lehrern als auch bei den Funktionsträgern in kirchlicher wie staatlicher Schulverwaltung gilt das Prinzip der Korrelation weiterhin als unaufgebbare Grundlage schulischen Religionsunterrichts. Zu diesem ist inzwischen ein ursprünglich aus des evangelischen Religionspädagogik stammendes weiteres Prinzip getreten: die Elementarsierung.

3.2.2 Elementarisierung

Konzentration von Sachzusammenhängen mit dem Ziel der Vermittlung

Im pädagogischen Kontext wird Elementarisierung als die allen Lehr-Lernprozessen zugrunde liegende Konzentration von Sachzusammenhängen mit dem Ziel der Vermittlung (= Lehren) und Aneignung (= Lernen) definiert. Das Elementare (= das Grundlegende) wird generiert, wenn in einem Lehr-Lernprozess durch die didaktische Reduktion von komplexen Wirklichkeitszusammenhängen für Kinder und Jugendliche erfassbare, erschließbare und beurteilbare Lerngegenstände gestaltet werden. Dieses Elementarisieren erweist sich immer als mehrdimensionales Vermittlungsgeschehen zwischen Schülerin bzw. Schüler und Sache/Inhalt, das in einschlägiger und bisher unüberholter Weise von Karl Ernst Nipkow (Elementarisierung) entfaltet worden ist. Nach Nipkow zeigt sich im religionsdidaktischen Vermittlungsgeschehen das ‚Elementare' in vierfacher Weise:

1. als elementare *Erfahrung*, die zum Beispiel in einer lebensbedeutsamen Frage oder einem artikulierten Themenwunsch hörbar wird;
2. als elementarer *Zugang*, der sich aus den entwicklungspsychologischen Voraussetzungen und lebensgeschichtlichen Zusammenhängen des oder der Fragenden ergibt;
3. als elementare *Wahrheit*, in der die befragte Sache als das gewissmachende Wahre aufscheint;
4. und schließlich als elementare *Struktur*, in der das Wahre seine der Frage und dem Zugang angemessene Konzentration findet.

Nipkows Schüler Friedrich Schweitzer hat diesen Erscheinungsformen des Elementaren später noch eine fünfte Dimension hinzugefügt, nämlich die elementare Form des *Lernens*: Hier findet die didaktische Konzentration der elementaren Struktur ihre methodische Konkretion (Schweitzer, Elementarisierung – ein religionsdidaktischer Ansatz). Ordnet man diese Dimensionen nun in die dialogische Struktur unterrichtlicher Zusammenhänge bzw. in den didaktischen Rahmen eines Aneignungsprozesses zwischen Schülerin bzw. Schüler und Sache/Inhalt ein, so ergibt sich ein vierdimensionales Vermittlungsmodell, in dem die vier Formen des Elementaren nach allen Seiten wechselwirksam sein müssen, damit Elementarisierung in zureichendem Maße stattfinden kann (Nipkow, Elementarisierung 451-456).

An einem Beispiel kann veranschaulicht werden, wie die verschiedenen Dimensionen des Vermittlungsgeschehens zusammenhängen und wie sie im Rahmen von Lehr-Lernprozessen in Wechselwirkung treten:

Zitat

Ein Klassenzimmer in einer überschaubaren Grundschule irgendwo im Umland einer Großstadt. Seit knapp vierzig Minuten bemüht sich eine Referendarin, ihre Examenslehrprobe im Fach Katholischer Religion in bester Weise zu gestalten. Das Thema der Stunde lautet ‚Abraham bricht auf' und es ist schon einiges passiert in den vergangenen 40 Minuten: Es wurde zur Gitarre gesungen, Steckpuppen sind aufgetreten, Karten wurden zugeordnet und angeklebt und vieles mehr. Die Referendarin befindet sich im abschließenden Kreisgespräch über Abrahams Vertrauen auf Gott als eine Schülerin schnipsend den Finger hebt. Doch statt eines Statements über Abraham und sein Verhältnis zu Gott ertönt eine Frage durch das Klassenzimmer: ‚Frau Orth, warum lässt Gott eigentlich zu, dass Menschen an andere Götter glauben?' (Sajak, Fundamentale Fragen – elementare Antworten 265).

In der geschilderten Unterrichtssituation stellt eine Schülerin die Frage: *„Warum lässt Gott zu, dass Menschen an andere Götter glauben?"* Damit markiert sie den Beginn eines Elementarisierungsprozesses, der dadurch angestoßen worden ist, dass lebensbedeutsame Erfahrungen – *andere Menschen verehren offensichtlich andere, mir fremde Götter* – in der Perspektive der strukturgenetischen Voraussetzungen – *konkretes-operationales Denken und mythisch-wörtliches Glaubensverständnis* – als Frage an die Wahrheit – *Gott ist doch einzig* – herangetragen werden. Aufgabe der Lehrerin ist es nun, unter Berücksichtigung dieser elementaren Erfahrungen und Zugänge elementare Strukturen zu konturieren, in denen die Wahrheit in angemessen reduzierter und konzentrierter Form in diesem Prozess zur Sprache gebracht werden kann. Dazu bedarf es in den meisten Fällen eines Theologumenons, das die Wahrheit in den Begriff bringt. In unserem Fall könnte dies das *Modell eines* *religionstheologischen Inklusivismus* sein, der dann in den elementarisierenden Satz gefasst werden kann: *„Ich glaube, dass die Menschen verschiedene Namen für Gott benutzen, Gott aber immer der eine und einzige ist."*

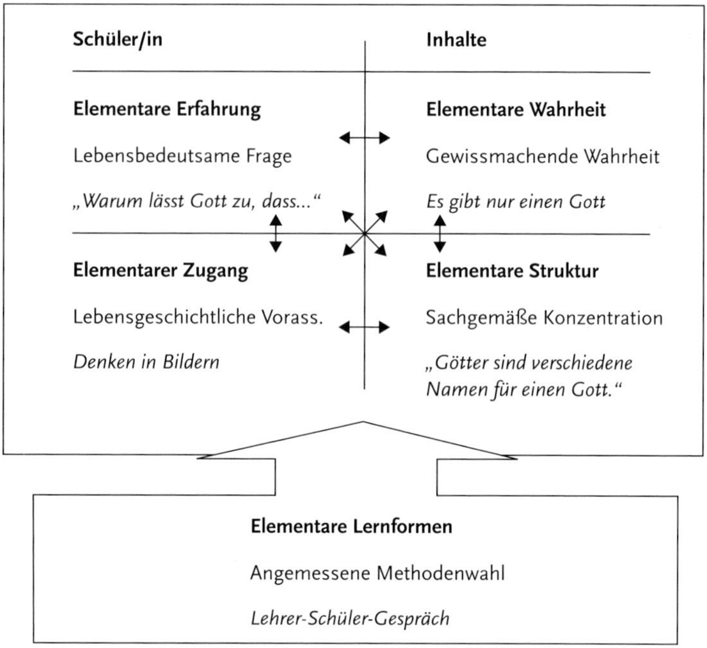

Abb. 5: Die fünf Erscheinungsformen des Elementaren

3.3 Kompetenzen zur Gestaltung religionsdidaktischer Prozesse

Damit Korrelation und Elementarisierung in der nun beschriebenen Dynamik geschehen kann, bedarf es spezifischer Kompetenzen, die Lehrerinnen und Lehrer als Initiatoren und Moderatoren von Lernprozessen mitbringen müssen. Mit Blick auf das elementar Wahre ist zuerst eine *Sachkompetenz* im Sinne einer theologischen Kompetenz notwendig, die Lehrerinnen und Lehrer befähigt, in den verschiedenen Themenbereichen der Kinderfragen ein Theologumenon, also ein theologisches Erklärungsangebot, für sich auszuwählen und zu durchdenken. Mit Blick auf die elementaren Erfahrungen von Schülerinnen und Schüler ist eine *lebensweltliche Kompetenz* unverzichtbar, die Kommunikation und Verstehen im unterrichtlichen Gespräch ermöglicht. Damit zusammen hängt eine *pädagogische Kompetenz*, mit der Lehrerinnen und Lehrer die elementaren Zugänge der Schülerinnen und Schüler entschlüsseln können. Im Zusammenspiel mit Theologie, Pädagogik und Psychologie bedarf es dann einer *didaktischen Kompetenz*, die Lehrerinnen und Lehrer befähigt, theologische Modelle mit Blick auf die Ausgangsvoraussetzungen der Schülerinnen und Schüler in inhaltlich angemessener Weise zu strukturieren, didaktisch zu reduzieren und zu konzentrieren. Schließlich müssen Lehrerinnen und Lehrer über *methodische Kompetenz* verfügen, um Lernwege und Lernformen zu entwickeln, die das Vermittlungsgeschehen unterstützen und fördern. Im Zusammenspiel aller dieser Kompetenzen kann Elementarisierung gelingen.

3.3.1. Lebensweltliche Kompetenz

Lehrerinnen und Lehrer, die religiöse Lernprozesse in der Schule gestalten wollen, müssen sich mit den elementaren Erfahrungen von Kindern und Jugendlichen heute auseinandersetzen. Sie müssen offen sein für die Lebenswelt ihrer Schülerinnen und Schüler, so fremd sie ihnen vielleicht auch sein mag. Zurzeit ist die Lebenswelt unserer Kinder und Jugendlichen stark geprägt vom medialen und materiellen Konsum. Soziale Netzwerke im virtuellen Raum des Internets haben oft die direkten Kontakte und Beziehungen in der realen Welt abgelöst. Den Medien, vor allem dem Privatfernsehen und dem Internet, kommt eine immense Bedeutung als Sozialisationsinstitution zu. Gerade weil sich Kinder und Jugendliche in diesen digitalen Räumen selbstverständlich bewegen, sind sie Kinder einer globalisierten Weltgesellschaft. Die empirische Jugendforschung zeigt in verschiedenen Studien deutlich, wie sehr die Entwicklung der eigenen Religiosität inzwischen durch die medialen Kontexte geprägt worden ist: Religion und Glaube finden in vielfältigen Formen und oft im Sinne einer synkretistischen Patchwork-Religion ihre Gestalt. So konstatiert Thomas Gensicke in der Shell-Studie 2006 zwar eine weit verbreitete Religiosität unter den befragten Jugendlichen, muss zugleich aber einräumen, „dass weitgehende Formen von Religiosität, wie sie den großen Religionen zuzuordnen sind, von Jugendlichen deutlich weniger bekannt werden" (Jugend 2006, Eine pragmatische Generation unter Druck 206). Vielmehr würden die Jugendlichen heute vor allem diffuse „Vor- oder auch Restformen von Religiosität" (ebd.) vertreten, die sich dann auch in beliebiger Weise mit parareligiösen Glaubensformen wie Geister- oder Sternenglauben verbinden ließen. Die

Patchwork-Religion

jüngste Shell-Studie aus dem Jahre 2010 hat diese Entwicklung bestätigt. Auch in der unter der Leitung von Hans-Georg Ziebertz erstellten Jugendstudie „Religiöse Signaturen heute" unterscheiden die Autoren zwischen fünf Typen religiöser Orientierung, von denen lediglich eine als traditionell „kirchlich-religiös" bezeichnet werden kann. Diesem gehören nur noch 16,7 % aller befragten Jugendlichen an, während auf die „christlich-autonomen", die „konventionell-religiösen" und die „autonom-religiösen" Jugendlichen, die alle an religiöser Autonomie und Selbstbestimmung orientiert sind, die große Mehrheit von 68 % der Befragten fällt (vgl. Ziebertz/Kalbheim/Riegel, Religiöse Signaturen 394). Wenn man nun bedenkt, dass in der Signaturen-Studie 729 Gymnasiasten der 9. Klasse in Unterfranken befragt worden sind, wird besonders deutlich, wie plural Glaubens- und Religionsvorstellungen junger Menschen heute geworden sind. Selbst im katholisch-ländlichen Milieu Unterfrankens weisen die Mehrheit der bürgerlichen Jugendlichen aus dem Bildungsmilieu autonome und postkonventionelle Glaubensvorstellungen auf, die nur noch wenig mit dem Glauben der christlichen Kirchen zu tun haben. Entsprechend dramatisch fällt die Pluralisierung religiöser Vorstellungen in den Ballungsräumen und städtischen Milieus aus. Die Sinus-U27-Jugendstudie, die vom Bund der katholischen Jugend in Deutschland im Anschluss an die Sinus-Studie der Deutschen Bischofskonferenz in Auftrag gegeben worden war, hat entsprechend gezeigt, dass kirchlich sozialisierte und engagierte Jugendliche nur noch in zwei von insgesamt sieben Milieus jugendlicher Grundorientierungen heute vorkommen: Lediglich sogenannte „traditionelle Jugendliche" (4 %) und „bürgerliche Jugendliche" (14 %) lassen sich noch von den Angeboten kirchlicher Jugendarbeit und gemeindlicher Veranstaltungen überhaupt erreichen. Sogenannte „konsum-materialistische Jugendliche" (11 %), „post-materielle Jugendliche" (6 %), „hedonistische Jugendliche" (26 %), „performer Jugendliche" (25 %) und „experimentalistische Jugendliche" (14 %) haben sich von den Kirchen und ihren Freizeit-, Bildungs- und Liturgieangeboten schon längst entfernt. Dieser Trend wird sich sicherlich verstärken.

Eine Religionsdidaktik, die in diesen Zusammenhängen sozialisierte Kinder und Jugendliche als Subjekte von religiösen Bildungsprozessen in den Blick nehmen will, muss sich dieser Kontexte und ihrer Wirkung bewusst sein und entsprechende Lern- und Bildungsformate entwickeln.

3.3.2. Pädagogische Kompetenz

Kinder und Jugendliche bringen nicht nur elementare Erfahrungen aus den Kontexten ihrer Lebenszusammenhänge mit, sie bilden auch altersabhängige elementare Zugänge zur Wirklichkeit aus. Die Art und Weise, wie ein Kind oder ein Jugendlicher sich mit Fragen moralischer und religiöser Wirklichkeit auseinandersetzen kann, sind abhängig von seiner geistigen Reifung und Entwicklung. Die Entwicklungspsychologie ist jene Teildisziplin der psychologischen Wissenschaft, die sich mit der Entwicklung der menschlichen Psyche während der Ontogenese (Entwicklung und Entfaltung eines Individuums) beschäftigt und diese versucht, modellhaft darzustellen. Dabei greift die Entwicklungspsychologie immer noch auf die sogenannten Stufenmodelle zurück, deren Entstehung und Entwicklung untrennbar mit dem Namen des französischen Biologen und Arztes Jean Piaget (1896–1980) verbunden sind. Piaget gilt als Begründer des sogenannten kognitiven Strukturalismus, in dem die Entwicklung des menschlichen Geistes im Zusammenspiel von körperlicher Entwicklung und Einflüssen der Umwelt erklärt wird. Durch das Gleichgewicht (Äquibalance) von Akkommodation und Adaptionsleistungen entwickelt der menschliche Geist durch die verschiedenen Lebensstufen zunehmend die Fähigkeit vom Sinnlichen über das Konkrete zum Abstrakt-Formalen fortzuschreiten. Die Zunahme der kognitiven Kompetenzen wird in der Regel in verschiedenen Stufen beschrieben. So unterscheidet Piaget zwischen sensumotorischen, präoperationalen, konkret operationalen und formal operationalen Stadien, die der Mensch vom Säuglingsalter bis in die Adoleszenz hinein durchläuft. Jedes dieser Stadien ist durch einen Zuwachs an kognitiven Fertigkeiten bestimmt. Allen Stadien ist gemeinsam, dass sie logisch aufeinander aufbauen, d. h. dass komplexe Schemata einfache voraussetzen. Außerdem integriert jedes Stadium die Strukturen des vorherigen, so dass diese jederzeit wieder abrufbar sind. Die Gesamtstruktur eines Stadiums oder einer Stufe ist deshalb nicht die einzelne charakteristische Fähigkeit, sondern die Gesamtheit aller Merkmale. Wenn diese ausgeprägt ist, hat ein Mensch das nächsthöhere Stadium erreicht.

Jean Piaget (1896–1980)

In der Entwicklungspsychologie wird zwischen Modellen zur Entwicklung der Denk- und Darstellungsfähigkeit und Modellen zur Entwicklung der Urteilsfähigkeit unterschieden. Beide Kategorien sind für die Darstellung und Bewertung religiöser Entwicklung bedeutsam. So helfen die Stufenmodelle, in denen die Entwicklung der Denk- und Darstellungsfähigkeit anschaulich gemacht wird, bei der Einordnung der religiösen Anschauungs- und Vorstellungsformen, die sich besonders im Bereich des Gottesbildes von Kindern und Jugendlichen auswirken. Die Modelle zu Urteilsformen wirken sich dagegen vor allem im Bereich von Moral und Gottesbeziehung aus. Hier geht es also um die Frage, wie Kinder und Jugendliche im Laufe ihrer Entwicklung die Beziehung zu anderen, aber eben auch zu Gott beschreiben, bewerten und gestalten.

Modelle zu der Entwicklung des Gottesbildes
Ronald Goldman
James W. Fowler (*1940)

Einschlägige Modelle zu der Entwicklung des Gottesbildes finden sich vor allem bei Ronald Goldman und bei James W. Fowler (*1940). In diesen Modellen wird die Entwicklung des Gottesbildes analog zu Jeans Piagets Modell der kognitiven Entwicklung als Weg von einem kindlich-intuitiven religiösen Denken, in dem Gott in Menschengestalt (anthropomorph) aufgefasst wird über ein konkret religiöses Denken hin zu einem abstrakt religiösen Denken beschrieben.

Die Stadien der religiösen Kognition nach Ronald Goldman

Stadien der kognitiven Entwicklung nach Piaget	**Stadien der religiösen Kognition nach Goldman**
Präoperatorisch	*Intuitives religiöses Denken* Religiöse Inhalte werden „fragmentarisch“, „unsystematisch“ und „simplifizierend“ verstanden. Die symbolische Struktur religiöser Sprache wird nicht durchschaut, Gott menschengestaltig (anthropomorph) aufgefasst. Häufig transduktive (d. h. eine Beziehung zu bekannten Sachverhalten herstellende) Schlüsse: *„Warum wollte Jesus, als er in der Wüste hungerte, nicht Steine in Brot verwandeln?“ – „Weil er Brot nicht mag.“*
Konkretoperatorisch	*Konkretes religiöses Denken* Magische, animistische und anthropomorphe Elemente verschwinden; die Repräsentation religiöser Inhalte erhält mehr Kohärenz und Objektivität. Symbolische Sprache wird aber nach wie vor konkret wortwörtlich verstanden. – *„Nur Mose konnte Gott reden hören, die Leute neben ihm konnten ihn nicht hören, denn Gott hat ganz leise gesprochen.“*
Formaloperatorisch	*Abstraktes religiöses Denken* Die symbolisch-metaphorische Struktur religiöser Rede wird durchschaut; auch das religiöse Denken ist „hypothetisch“ und „zusammenhängend“. – *„Der brennende Dornbusch ist ein Symbol und bedeutet für Mose, dass er nicht auf diesen Platz gehen soll.“*

Abb. 6: Jean Piaget und Ronald Goldman: Modelle zur kognitiven Entwicklung (vgl. Oser/Bucher, Religion – Entwicklung – Jugend 1047)

Während das Modell von Goldman sich dabei sehr stark an Piaget anlehnt, hat James W. Fowler in seinen Stufen der Glaubensentwicklung ein wesentlich stärker ausdifferenziertes und detaillierteres Modell zur Entwicklung von Glaubensvorstellungen vorgelegt.

Stufen des Lebensglaubens nach James Fowler

Stufe O: Erster Glaube
Glaube ist vorsprachlich und besteht im Urvertrauen, das dem Kleinkind geschenkt wird, und das es ihm ermöglicht, seinerseits der Umwelt zu vertrauen.

Stufe 1: Intuitiv-projektiver Glaube
Die Glaubenswelt des Kindes wird von Intuitionen und Phantasievorstellungen dominiert; das Kind projiziert Wünsche und Projektionen vorzugsweise auf magische Symbolgestalten.

Stufe 2: Mythisch-wörtlicher Glaube
Der Realitätssinn des Kindes nimmt zu. Religiöse Sprache und Symbole versteht es wortwörtlich, auch neigt es zu Anthropomorphismen. Bedeutsam sind „stories", die dem Kind Lebenssinn vergegenwärtigen können.

Stufe 3: Synthetisch-konventioneller Glaube
Der Jugendliche orientiert sich an Glaubensinhalten anderer, die er übernimmt und zusammenstellt (synthetisiert).

Stufe 4: Individuierend-reflektierender Glaube
Von seiner neu erreichten Individualität aus vermag der Heranwachsende den frühen Glauben kritisch zu durchdringen, mitunter als konventionell zurückzuweisen, um einen eigenen Standpunkt zu beziehen.

Stufe 5: Verbindender Glaube
Der Heranwachsende relativiert seine glaubensmäßige Position, erkennt und anerkennt andere mögliche Standpunkte und verbindet diese zu einem umfassenden Glaubenssystem, das durch Toleranz ebenso geprägt ist wie durch einen gewissen Relativismus.

Stufe 6: Universalisierender Glaube
Der Glaube umgreift das gesamte Sein und Dasein. Ein Symbol dafür ist das allumfassende „Reich Gottes". Als Repräsentanten dieser Stufe nennt Fowler herausragende Gestalten wie Martin Luther King und Mutter Teresa.

Abb. 7: James W. Fowlers Modell der Glaubensentwicklung (vgl. Oser/Bucher, Religion – Entwicklung – Jugend 1048-1049)

Moral- und Glaubensentwicklung bei Lawrence Kohlberg (1927–1987)

Im Bereich der Moral- und Glaubensentwicklung ist vor allem Lawrence Kohlberg zu nennen, der mit seinem Stufenmodell zur Moralentwicklung bis heute den Diskurs der Moralpädagogik und Werteerziehung prägt. Ihm geht es darum zu zeigen, wie Menschen in

Konfliktsituationen urteilen und welche Kriterien und Referenzen sie für dieses Urteil heranziehen. Das Modell der Moralentwicklung von Lawrence Kohlberg ist in der Religionspsychologie von Fritz Oser (*1937) und Paul Gmünder (*1951) in den sogenannten Stufen der religiösen Urteilsfähigkeit aufgegriffen und weiterentwickelt worden. Oser/Gmünder haben in einem ähnlichen Design wie Lawrence Kohlberg versucht, an Dilemma-Geschichten das religiöse Urteil bei Kindern und Jugendlichen in den verschiedenen Altersstufen zu kategorisieren und zu hierarchisieren.

Fritz Oser (*1937) Paul Gmünder (*1951)

Stufe 5	**Orientierung an religiöser Intersubjektivität** Völlige Vermitteltheit von Letztgültigem und Dasein und Welt. Universalität. Unbedingte Religiosität. Subjekt nimmt einen ganz und gar religiösen Standpunkt ein und braucht sich nicht mehr an einen Heilsplan, eine religiöse Gemeinschaft etc. zurückzubinden, vielmehr erfährt es sich als immer schon und unbedingt angenommen. Verschiedene Ausprägungen: Unbedingte Intersubjektivität, unio mystica, boddhi, göttliche Illumination etc.
Stufe 4	**Orientierung an vermittelter Autonomie und Heilsplan** Letztgültiges wird mit der Immanenz wieder vermittelt, sei es als Ermöglichungsgrund, sei es als Chiffre des „self". Mannigfaltige Formen von Religiosität, wobei aber Ich-Autonomie vorausgesetzt und nicht mehr in Frage gestellt wird: Naturfrömmigkeit, Kontemplation, gesellschaftliches Engagement, in dem Gott Ereignis wird. Subjekt gibt aber seinen Anspruch auf, alles aus sich selbst heraus leisten zu können, gibt sich wieder einem Letztgültigen anheim. „Gottesbilder" allenfalls als Symbole, ansonsten universale Prinzipien.
Stufe 3	**Orientierung an absoluter Autonomie (Deismus)** Letztgültiges wird aus der Welt gedrängt, Transzendenz und Immanenz voneinander getrennt. Der Mensch ist solipsistisch autonom, selbstverantwortlich für die Welt und sein Leben. Oftmals Ablehnung religiöser und kirchlicher Autorität: „Hier stehe ich, ich kann nicht anders!" Formulierung der Ich-Identität, Ablösung von den Erziehungsmächten.
Stufe 2	**Orientierung an „Do ut des"** Letztgültiges noch immer external und als allmächtig gesehen, das Sanktionen erteilen oder belohnen kann. Letztgültiges nun aber beeinflussbar. Mensch kann präventiv auf es einwirken. Beschränkte Autonomie. Erste Form der Rationalisierung.
Stufe 1	**Orientierung an absoluter Heteronomie (Deus ex machina)** Letztgültiges aktiv, greift unvermittelt in die Welt ein. Mensch reaktiv. Erwartungsdruck. Artifizialismus. Punktualität.

Abb. 8: Fritz Oser/Paul Gmünder – Stufen der religiösen Urteilsentwicklung (vgl. Oser/Gmünder, Der Mensch – Stufen seiner religiösen Entwicklung 80)

Kohlberg wie Oser/Gmünder bleiben in dem Sinne an dem Grundmodell der kognitiven Entwicklung bei Jean Piaget orientiert, als dass sie ihre Stufenmodelle von einer Phase der Heteronomie (Fremdbestimmung) hin zu einer erwachsenen Zielstufe der Autonomie (Selbstbestimmung) entwickeln und skalieren. Entsprechend zielt Bildung aus entwicklungspsychologischer Sicht darauf, zum Einen die Wahrnehmungs-, Denk- und Reflexionsfähigkeit von Kindern so zu fördern, dass sie zu formal-abstrakten Denk- und Reflexionsprozessen in der Lage sind, zum Anderen diese zu befähigen, aus der Fremdbestimmung von Kindheit und Pubertät hin zu einer reflektierten Autonomie im Sinne einer bewussten Selbstbestimmung zu gelangen.

Für die Gestaltung von religiösen Lern- und Bildungsprozessen ist die Kenntnis der entwicklungspsychologischen Stufenmodelle im Bereich von Moral und Religion unabdingbar: Auch wenn es inzwischen eine ganze Reihe von Anfragen und Kritikpunkten an diesen klassischen Modellen der Entwicklungspsychologie gibt, so sind sie doch für Unterrichtende ein heuristisches Instrument, das helfen kann, mit den Zugängen und Denkstrukturen von Kindern und Jugendlichen altersgemäß umzugehen. Wer Religionsunterricht gestaltet, muss z.B. wissen, ob Schülerinnen und Schüler noch einem kindlich-naiven, bildhaften Denken verbunden sind, oder ob sie in ihren Vorstellungen von Gott bereits eine Stufe der Distanz und Kritik im Sinne des sogenannten Deismus erreicht haben. Auch ist es hilfreich, ein Zielstadium im Sinne autonomer Religiosität, sei es mit Blick auf das Gottesbild, sei es mit Blick auf die religiöse Urteilsfähigkeit, als Ziel von Bildungsprozessen im Blick zu behalten. In diesem Sinne – nicht etwa im Sinne einer sklavischen Ausrichtung des gesamten Unterrichts an den verschiedenen Altersstufen – können die Modelle des kognitiven Strukturalismus helfen, Religionsunterricht altersangemessen und entwicklungsgemäß zu gestalten.

3.3.3 Sachkompetenz

Der Religionsunterricht ist darauf ausgerichtet, Schülerinnen und Schüler zur Auseinandersetzung mit theologischen Themen und Inhalten einzuladen, damit sie an diesen religiöse Kompetenzen erwerben und weiterentwickeln können. Zur Vorbereitung und Gestaltung von Religionsunterricht gehört deshalb auch die Kenntnis der elementaren theologischen Themen in den verschiedenen Lernzeiträumen sowie die theologische Kompetenz, diese erschließen, reflektieren und für den Unterrichtsprozess aufbereiten zu können. Während letztere Kompetenz bereits als eine didaktische bezeichnet werden kann (vgl. 3.3.4), machen die Beherrschung der grundlegenden Kenntnisse und Wissensbestände aus dem Bereich der Theologie, Philosophie und Religionskunde zweifellos die Sachkompetenz einer Lehrerin bzw. eines Lehrers aus.

Kenntnisse und Wissensbestände aus dem Bereich der Theologie, Philosophie und Religionskunde

Es kann in diesem Abschnitt nicht um die ausführliche Bearbeitung der verschiedensten theologischen Themenbereich und Inhaltsfelder gehen. Wichtig ist im Kontext einer religionsdidaktischen Einführung vielmehr, übersichtlich und strukturiert darzustellen, welches theologische Grundwissen Lehrerinnen und Lehrer in den verschiedenen Schulformen und Schulstufen beherrschen müssen. Diese Zusammenstellung von grundlegenden Kenntnissen und Fertigkeiten finden sich in den Bildungsplänen und Kerncurricula der einzelnen Bundesländer. Ihnen allen liegen Richtlinien und Grundlagenpläne der deutschen Bischofskonferenz zugrunde, die bei der Entwicklung der Curricula in allen Bundesländern zu berücksichtigen sind. Diese normativen Dokumente sind „Kirchliche Richtlinien zu Bildungsstandards für den katholischen Religionsunterricht in der Jahrgangsstufe 5 – 10/ Sekundarstufe I" vom 23. September 2004, „Kirchliche Richtlinien zu Bildungsstandards für den katholischen Religionsunterricht in der Grundschule/Primarstufe" vom 24. April 2006 und die „Einheitliche Prüfungsanforderungen für das Abitur" (EPA) für das Fach Katholische Religion vom 16. November 2006. Die Publikationsdaten der Dokumente zeigen, dass der Entstehungsprozess nicht so logisch und linear verlaufen ist. Trotzdem bieten alle drei Dokumente insgesamt ein schlüssiges Gesamtkonzept für den katholischen Religionsunterricht in der Schule nach PISA, das auf einem gemeinsamen Kompetenzmodel aufbaut. Dieses lässt sich zuerst an den EPA zeigen, die analog aufgebaut sind wie die kirchlichen Richtlinien für die Mittelstufe und die Primarstufe. Auch die EPA gliedern sich in ein Kompetenzmodell mit entsprechenden Kompetenzauflistungen und einer Übersicht über bestimmte fachliche Inhalte, die im Unterricht der Oberstufe erarbeitet werden müssen. Dabei finden sich in diesen Inhaltsbereichen die Gegenstandsbereiche der kirchlichen Richtlinien für die Mittelstufe wieder. Sie heißen hier

Bildungsstandards für den Religionsunterricht

- das christliche Bild des Menschen
- das Evangelium von Jesus Christus
- die christliche Rede von Gott
- der Wahrheitsanspruch der Kirche
- Ethik im christlichen Kontext

- die christliche Hoffnung auf Vollendung (vgl. Sekretariat der Ständigen Konferenz der Kultusminister der Länder in der Bundesrepublik Deutschland, Einheitlichen Prüfungsanforderungen in der Abiturprüfungen Katholische Religion 8 f.).

Außerdem finden sich in den EPA ausführliche Listen von Operatoren und die in der Oberstufe üblichen drei Anforderungsniveaus, in denen Aufgaben gelöst werden können: Anforderungsbereich 1: Reproduktion (z.B. nennen, skizzieren, beschreiben, zusammenfassen), Anforderungsbereich 2: Reorganisation (z.B. zuordnen, vergleichen, erläutern, in Beziehung setzen) und Anforderungsbereich 3: Beurteilung (z.B. beurteilen, bewerten, erörtern). Die aufgelisteten Operatoren beschreiben Fertigkeiten und Fähigkeiten, die für die Arbeit in der gymnasialen Oberstufe notwendig sind. Allerdings ist es sehr hilfreich, wenn diese Operatoren bereits in der Unter- und Mittelstufe eingeführt und eingeübt werden, umso eine kontinuierliche Arbeit an der Kompetenzentwicklung gewährleisten zu können.

Auch die beiden kirchlichen Richtlinien zu Bildungsstandards für den Religionsunterricht in Grundschule und Sekundarstufe I weisen diese inhaltliche Struktur und das entsprechende fachdidaktisches Kompetenzmodell auf. Dies ist wichtig, denn nur wenn die Kompetenzentwicklung in der weiterführenden Schule auf das Kompetenzmodell und die Kompetenzen der Grundschule wirklich aufbaut, ist die sinnvolle Entwicklung von Problemlösefähigkeiten durch die Schuljahre hindurch möglich, die dann im Rahmen der EPA in der gymnasialen Oberstufe genutzt werden kann. Entsprechend sind beide Richtlinien analog aufgebaut. Einer bildungstheoretischen Grundlegung, welche die Bedeutung des katholischen Religionsunterrichts in der Grundschule bzw. in der Sekundarstufe I beschreibt, folgt das fachdidaktische Kompetenzmodell für den katholischen Religionsunterricht. Dieses Modell gliedert sich in allgemeine religiöse Kompetenzen und inhaltsbezogene religiöse Kompetenzen (vgl. Sekretariat der deutschen Bischofskonferenz, Kirchliche Richtlinien zu Bildungsstandards für den katholischen Religionsunterricht in den Jahrgangsstufen 5–10/Sekundarstufe (Mittlerer Bildungsabschluss) 9 u.ö.).

Allgemeine und inhaltsbezogene religiöse Kompetenzen

Als allgemeine Kompetenzen werden genannt:

- wahrnehmen und entdecken
- Fragen stellen und bedenken
- deuten und gestalten
- unterscheiden und bewerten
- sich ausdrücken und einander mitteilen
- Anteil nehmen und Verantwortung übernehmen (vgl. ebd. 13).

Diese allgemeinen Kompetenzen, die das Wesentliche religiöser Bildung ausmachen, werden im RU an bestimmten Inhalten erworben.

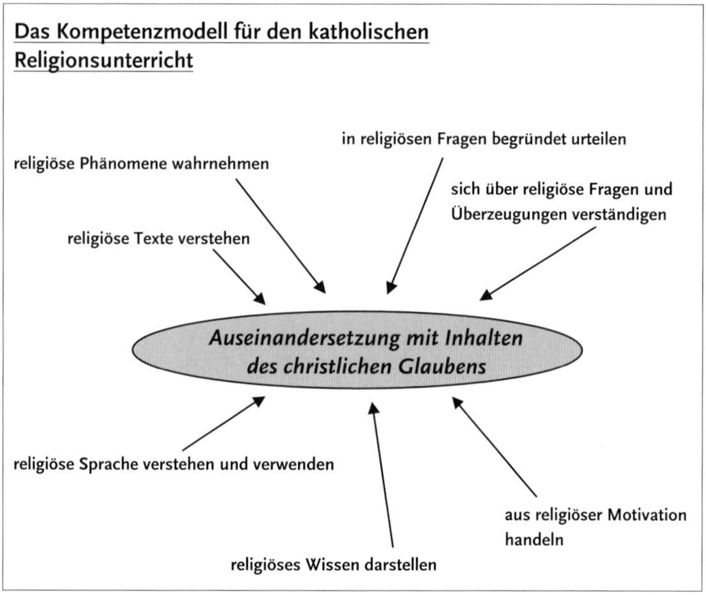

Abb. 9: Das Kompetenzmodell der bischöflichen Richtlinien

In der Anwendung dieser allgemeinen Kompetenzen auf bestimmte theologische Inhalte des Unterrichts entwickeln sich sogenannte inhaltsbezogene Kompetenzen, die wiederum in sechs Gegenstandsbereichen angeordnet sind. Die Gegenstandsbereiche, in denen noch die klassisch fundamentaltheologischen Fragestellung der traditionellen Traktatenlehre erkennbar ist, lauten in beiden Richtlinienpapieren:

- Mensch und Welt
- die Frage nach Gott
- die biblische Botschaft
- Jesus Christus
- Kirche und Gemeinschaft
- andere Religionen (vgl. ebd. 16).

Wie allgemeine Kompetenzen in inhaltsbezogenen Kompetenzen konkret werden, wenn sie auf bestimmte Themen bezogen sind, kann abschließend am Beispiel des Gegenstandsbereiches „Die Frage nach Gott" gezeigt werden. Hier werden im Bereich des

Standards „Die Schülerinnen und Schüler können zu alltäglichen Gottesvorstellungen Stellung nehmen“ folgende inhaltsbezogenen Kompetenzen gefordert (ebd. 20):

2. Die Schülerinnen und Schüler können zu alltäglichen Gottesvorstellungen Stellung nehmen.

Die Schülerinnen und Schüler
- erläutern und beurteilen gängige Gottesbilder (z.B. Gott als Mann, Gott als Alleskönner) und die dazu gehörigen Attribute („gut“, „lieb“, „allmächtig“);
- zeigen an Beispielen, dass Gottesbilder sich aufgrund von Erfahrungen verändern können;
- wissen, dass jede menschliche Rede von Gott analog zu verstehen ist;
- zeigen, dass die Beziehung des Menschen zu Gott ihren Audruck in Gebet, Ritual und Liturgie findet [⇒ Gegenstandsbereich „Kirche“, Nr. 2];
- erklären den Unterschied zwischen Gott und Glötze.

Abb. 10: Inhaltsbezogene Kompetenzen im Gegenstandsbereich „Die Frage nach Gott“

Gemäß der Richtlinienkompetenz der deutschen Bischöfe für den Katholischen Religionsunterricht in der Bundesrepublik Deutschland sind sowohl die allgemeinen religiösen Kompetenzen als auch die Themenbereiche mit den hier ausgewiesenen inhaltsbezogenen Kompetenzen als Referenzrahmen zu verwenden, wenn in den einzelnen Bundesländern nun kompetenzorientierte Bildungs- oder Kernlehrpläne erstellt werden.

3.3.4 Didaktische Kompetenz

Theologische Fragestellungen, Themen und Inhalte für unterrichtliche Prozesse auszuwählen, zu reflektieren und mit Blick auf die elementaren Erfahrungen und Zugänge von Schülerinnen und Schülern in eine für Lernende hilfreiche und mit Blick auf die Sache angemessene Struktur zu bringen, macht die didaktische Kompetenz von Unterrichtenden aus. Doch wie findet man eine solche elementare Struktur?

Über Jahrzehnte ist diese Frage in der Erziehungswissenschaft mit den sogenannten Didaktischen Modellen beantwortet worden. Didaktische Modelle fassen die verschiedenen Faktoren und Konstituenten, die für die Planung und Gestaltung von Unterricht notwendig sind, in einer anschaulichen Struktur zusammen. Besonders die Didaktischen Modelle von Wolfgang Klafki, Paul Heimann und Wolfgang Schulze haben als Klassiker der Bildungstheoretischen Didaktik bzw. der Lehr-Lern-Didaktik die didaktischen Einstiegsversuche unzähliger Lehrergenerationen geprägt (vgl. als Übersicht Meyer/Jank, Didaktische Modelle 203-303). Diese Modelle sind allerdings so komplex, das sie jenseits von Schulpraktika und Referendariat in der Regel keine Verwendung mehr finden: Sie gelten als wenig hilfreiche und überkomplexe ‚Kopfgeburten' universitärer Theoretiker, die im Schulalltag bei der Vorbereitung eines Wochenpensums von zwei bis 30 Stunden Unterricht wenig hilfreich sind. Hilbert Meyer ist es zu verdanken, dass die alltäglichen Routinen und Rituale einer kurzfristigen Unterrichtsplanung inzwischen als ernstzunehmende Strategien der didaktischen Strukturierung zur Kenntnis genommen worden sind (vgl. Meyer, Türklinkendidaktik). Von Hilbert Meyer stammt auch das in diesem Kontext entstandene Modell des Didaktischen Sechsecks. Hier wird die Planung und Gestaltung von Unterricht auf sechs didaktische Grundsatzentscheidung reduziert, die mit zehn Qualitätsmerkmalen guten Unterrichts verbunden sind.

Hilbert Meyer

Strategien der didaktischen Strukturierung

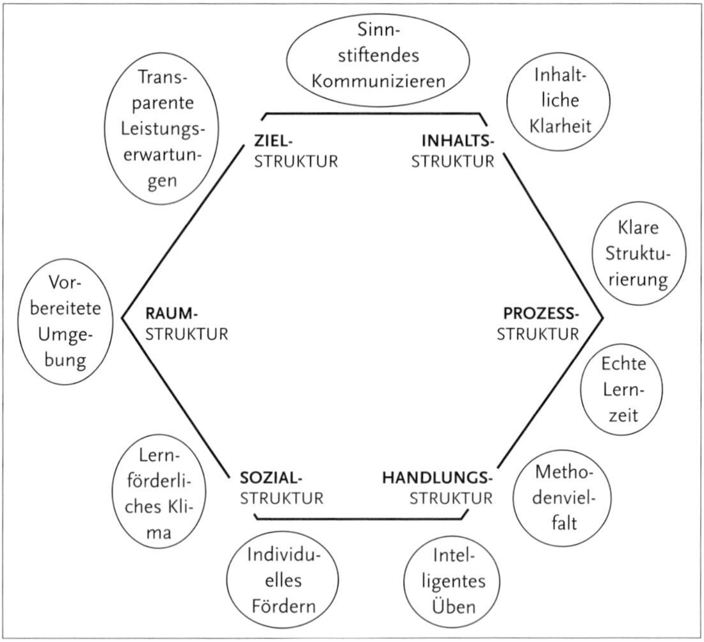

Abb. 11: Das Didaktische Sechseck von Hilbert Meyer (Meyer, Was ist guter Unterricht 25)

Diese zehn Merkmale guten Unterrichts, die in der Schulpädagogik auch als sogenannter „Oldenburger Dekalog“ bekannt geworden sind, hat Meyer zusammen mit einer Gruppe von Mitarbeitern als ein „Mischmodell“ entwickelt, in dem er die „inzwischen sicherlich gut zweihundert oder dreihundert ... Merkmalsdefinitionen guten Unterrichts“ (Meyer/Jank, Didaktische Modelle 37) auf zehn Merkmale reduzieren konnte. Der Oldenburger Dekalog weist folgende Qualitätsmerkmale guten Unterrichts auf: klare Strukturierung des Lehr-/Lernprozesses, intensive Nutzung der Lernzeit, Stimmigkeit der Ziel-, Inhalts- und Methodenentscheidung, Methodenvielfalt, intelligentes Üben, individuelles Fördern, lernförderliches Unterrichtsklima, sinnstiftende Unterrichtsgespräche, regelmäßige Nutzung von Schüler-Feedback und klare Leistungserwartungen und -kontrollen. Meyer verweist darauf, dass die ersten beiden Merkmale, also Strukturierung von Lehr-/Lernprozessen und die intensive Nutzung der Lernzeit, „Spitzenreiter für die Qualitätsverbesserung des Unterrichts sind. Aber auch die anderen acht Merkmale ... helfen den Schülerinnen und Schülern nachweislich, zu guten Lernergebnissen zu kommen“ (ebd.).

Oldenburger Dekalog

Gelten diese zehn Merkmale als Kriterienkatalog für die Gestaltung von schulischen Lehr-Lernprozess allgemein, so will das Didaktische Sechseck nun die sechs Grundentscheidungen markieren, die jeder Lehrende im Rahmen seiner didaktischen Kompetenz in jeder Unterrichtssituation je neu fällen muss. In unserem Modell gesprochen: Eine elementare Struktur schaffen, bedeutet, die Ziele eines Lernprozesses zu klären, die Inhalte zu strukturieren und zu verdichten, einen Lernweg als Aneignungsprozess zu gestalten, die Handlungsoptionen von Schülerinnen und Schülern zu klären und dabei die Raumstruktur und das soziale Feld zu berücksichtigen.

Andreas Feindt hat dieses Merkmalmodell seines akademischen Lehrers Hilbert Meyer aufgenommen und mit Blick auf einen kompetenzorientierten Religionsunterricht weiterentwickelt. Ihm geht es dabei um die konkrete Gestalt von Unterricht, der zur Entwicklung und Einübung von religiösen Kompetenzen beitragen soll: „Es geht um einen Perspektivwechsel, der die Handlungs- und Deutungsmuster der Schüler/innen nachvollzieht und für einen didaktisch sinnvollen Fortgang des Unterrichts nutzbar macht ..., um darauf aufbauend das didaktische Kerngeschäft der Planung passender Lernangebote für die Schüler/innen umzusetzen“ (Feindt, Vom Verlieren und Finden der Forschung 161 f.). Er hat entsprechend ein „didaktisches Grundgerüst“ (Feindt, Wie geht kompetenzorientierter Unterricht? 86) für den kompetenzorientierten Religionsunterricht ‚gezimmert', das er in der Tradition seines akademischen Lehrers aus Merkmalen guten Unterrichts zusammensetzt. Diese Merkmale sind mit Blick auf die Entwicklung von Kompetenzen:

Merkmalen guten Unterrichts

1. Individuelle Lernbegleitung
2. Übung und Überarbeitung
3. Metakognition
4. Vernetzung von Wissen und Fertigkeiten
5. Kognitive Aktivierung
6. Lebensweltlicher Anwendung.

Eingerahmt werden diese Merkmale auf der einen Seite von den curricularen Vorgaben in Kernlehrplänen und Bildungsstandards – sie formulieren den Rahmen des Bemühens um die Fähigkeiten und Fertigkeiten von Schülerinnen und Schülern –, auf der anderen Seite bestimmen sie das Binnengeschehen im Fachunterricht, welches sich im Zusammenspiel von Können – Wissen – Wollen entfaltet und entwickelt.

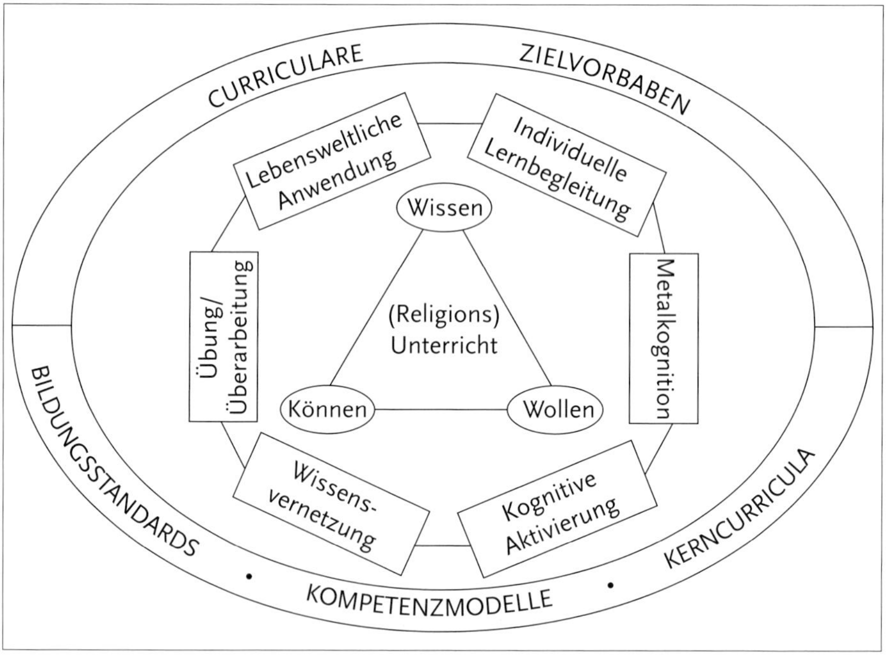

Abb. 12: Die Merkmale eines kompetenzorientierten Unterrichts nach Andreas Feindt (vgl. Feindt, Wie geht kompetenzorientierter Unterricht? 87)

Durch dieses Merkmalraster wird eine erste Signatur von Kompetenzorientierung deutlich: Wer Schülerinnen und Schüler anregen und anleiten will, ihre Kompetenzen zu erproben und weiterzuentwickeln, der muss ein Lernarrangement schaffen, in dem Kinder und Jugendliche fachspezifische Problemlösefähigkeiten (z.B. „religiöse Sprache verstehen“) individuell angeleitet entwickeln (z.B. durch die Auseinandersetzung mit einem Psalm: Merkmal 1) und immer wieder ausprobieren (z.B. durch wiederholtes Üben an verschiedenen Texten: Merkmal 2). Dabei ist es wichtig, dass sich die Schülerinnen und Schülern ihrer Lernstrategien bewusst werden und sich darüber austauschen (z.B. in einem Galeriegang: Merkmal 3) und dass sie sich dabei der Kenntnisse aus verschiedensten Wissensgebiete bedienen (z.B. durch den Rückgriff auf Attribute der Gottesrede oder durch Bearbeitung einer Wundergeschichte: Merkmal 4). Schülerinnen und Schülern müssen aber auch mit herausfordernde Problemstellungen konfrontiert werden (z.B. ein modernes Gedicht in Psalmform: Merkmal 5), damit ihnen deutlich wird, dass die entwickelte Kompetenz in ihrer Lebenswelt durchaus von Relevanz sein kann (z.B. ein Psalmwort auf einer Todesanzeige: Merkmale 6). Entsprechend wichtig ist es, Kindern und Jugendlichen eine Vielfalt an Lernwegen anzubieten.

Eine erste Signatur von Kompetenzorientierung

3.3.5 Methodische Kompetenz

Lernwege heißen auf Griechisch „meth'odos‘ – ‚auf dem Weg‘ sein. Eine in der gerade beschrieben Weise angelegte und entfaltete didaktische Strukturierung braucht vielfältige Lernwege, aus denen Schülerinnen und Schüler ihren Weg zum Ziel, also zur Aneignung von Lerngegenständen auswählen können. Auch diese Elementarisierungsdimension ist in einschlägiger Weise von Hilbert Meyer analysiert und weiterentwickelt worden. Von ihm stammt auch die Grobgliederung der Unterrichtsmethoden in Makro-, Meso- und Mikromethoden. Dabei versteht Meyer unter Makromethoden die sogenannten Grundformen des Unterrichts (Gemeinsamer Unterricht – Freiarbeit – Lehrgänge – Projekt – Marktplatzlernen), unter Mesomethodik dagegen die Sozialformen (Plenum, Gruppen-, Partner- Einzelarbeit), die Handlungsmuster (Vortrag, Textarbeit, Gespräch etc.), die Verlaufsformen (Einstieg – Erarbeitung – Ergebnissicherung) und die Raumstruktur (Umgebung, Lernort, Lernwerkzeug etc.). Mit Mikromethoden werden schließlich die Operatoren und Inszenierungstechni-

Makromethodik

Mesomethodik

Mikromethodik

ken bezeichnet, mit denen der Kommunikationsprozess zwischen Lehrenden und Lernenden konkret gestaltet wird (vgl. Meyer, Leitfaden Unterrichtsvorbereitung 45).

Neben dieser im Bereich der Erziehungswissenschaften entwickelten Methodologie, die für alle Fächer des schulischen Spektrums Gültigkeit hat, gibt es eine für den Religionsunterricht spezifische Methodenlehre, die sich aus den religionsdidaktischen Prinzipien der Korrelation und Elementarisierung ergibt, in dem Sinne, dass die hier verorteten Methoden dem Vermittlungsgeschehen zwischen Lernenden und den Lerngegenständen entsprechen. Diese religionsdidaktischen Methoden lassen sich in unterschiedlicher Weise kategorisieren und systematisieren, eine gängige Gliederung ist die in die fünf folgenden Dimensionen (vgl. Hilger/Ritter, Religionsdidaktik Grundschule 153–290, wie auch den Rahmenplan Grundschule):

Religionsdidaktische Methoden

Theologisierendes und Philosophierendes Lernen

Schülerinnen und Schüler stellen von sich aus die großen Fragen nach dem Woher, Wohin und Wozu des menschlichen Lebens und sie suchen dabei nach Antworten. Vor allem im Religionsunterricht der Grundschule fällt auf, dass Kinder einen erstaunlichen Sinn für das Unsichtbare und Unbegreifliche mitbringen, der sie immer wieder zum Fragen und Staunen herausfordert. Indem der Religionsunterricht diese natürliche Offenheit und Neugier aufgreift, nimmt er die Kinder als Subjekte im Prozess religiösen Lernens ernst. In einem auf theologisierendes und philosophierendes Lernen ausgerichteten Unterricht sollen Schülerinnen und Schüler unterstützt und gefördert werden, eine eigene Weltsicht und Weltdeutung zu entwickeln und sich mit der Frage nach Gott auseinanderzusetzen.

Ästhetisches Lernen

Schülerinnen und Schüler werden heute in hohem Maße ästhetisch beansprucht: Auf der einen Seite durch die vielfältigen Eindrücke, die z.B. über Medien und Werbung auf sie einströmen, auf der anderen Seite durch ästhetisch elementare Ausdrucksformen, die wie selbstverständlich zum Alltag gehören und von der Mode bis zur Stilisierung sozialer Verhaltensformen reichen. Der Religionsunterricht muss deshalb Raum geben für die Einübung bewusster Wahrnehmung (griech. *Aisthesis*), für die Gestaltung kreativer Ausdrucksformen (griech. *Poiesis*) und auf die Übung von Urteil und Stellungnahme (griech. *Katharsis*). Alle drei Dimensionen ästhetischen Lernens zielen auf eine Sensibilisierung für die religiöse Dimension der Wirklichkeit, die sich hier in besonderer Weise in Kunst und Kultur zeigt. Grundbedingung so verstandener ästhetischer Bildung ist eine Verlangsamung und damit Intensivierung von Lernprozessen.

Dialogisches Lernen

Dialogisches Lernen will die vielfältigen Differenzerfahrungen, die Schülerinnen und Schüler in der Schule heute machen, aufgreifen und mit Hilfe ökumenischer, interkultureller und interreligiöser Lernangebote bearbeiten. Ziel dieses dialogischen Lernens ist es, das Fremde in seiner Andersartigkeit vorurteilsfrei wahrzunehmen und in der Begegnung mit diesem durch Auseinandersetzung und Austausch zu einem besseren Verständnis zu gelangen. Dieses neue Verständnis verändert dann auch den Standpunkt und die Perspektive der Kinder in dem Sinne, dass sie in einem erweiterten Horizont ihre Unsicherheiten, Ängste und Aggressionen ablegen und zu einem reflektierten Standpunkt in Sachen Konfession, Kultur und Religion gelangen können.

Symbolerschließendes Lernen

Der Religionsunterricht bietet Schülerinnen und Schülern die Möglichkeit die Tiefendimension der Wirklichkeit zu erschließen. Da Kinder und Jugendliche in der Regel vor allem mit der empirischen Oberfläche der Wirklichkeit vertraut sind, brauchen sie eigene Zugänge zu diesen Tiefendimensionen. Alle Religionen kennen Symbole, die durch ihren Verweis-Charakter, also durch ihre Doppel- oder Mehrdeutigkeit nicht nur die empirische Welt repräsentieren, sondern auch auf eine transzendente Wirklichkeit verweisen. Symbol erschließendes Lernen will deshalb zur Wahrnehmung in Symbolen befähigen, indem Kinder und Jugendliche durch die metaphorische und symbolische Einübung wie auch in die visuelle Sensibilisierung eine Intuition für das Erkennen und Übersetzen von Symbolen entwickeln sollen: Es geht um das „dritte Auge“ (Hubertus Halbfas), das dem Menschen die Möglichkeit zur Wahrnehmung, Deutung und Kommunikation in religiöser Sprache gibt.

Ethisches Lernen

Der Religionsunterricht leistet auch einen Beitrag zu Wertevermittlung, der in der Regel als Ethisches Lernen bezeichnet wird. Ethisches Lernen will zur Auseinandersetzung mit den Wertvorstellungen anregen, die von den Kindern, aber auch von der Gesellschaft und von der Kirche vertreten werden. Ziel eines solchen ethischen

Lernens ist die Entwicklung einer moralischen Kompetenz, die sich darin zeigt, dass Kinder ein eigenes Urteilsvermögen entwickelt haben und zu verantworteten Entscheidungen befähigt sind.

Biographisches Lernen

Der Religionsunterricht soll Schülerinnen und Schüler befähigen, wichtige Stationen ihres Lebenswegs zu reflektieren und aus der Perspektive des Glaubens bedenken zu lernen. Vor allem die Auseinandersetzung mit der Bibel, die nicht nur Glaubensurkunde, sondern auch eine Sammlung menschlicher Erfahrungen in Lebensgeschichten, eine ‚Geschichte von Geschichten' ist, kann ein wichtiger Zugang zum biographiebezogenen Lernen im Religionsunterricht sein. Der Einbezug weiterer Biographien aus *den* Geschichten der Bibel und *der* Geschichte von Juden und Christen kann Kinder und Jugendliche ermutigen, ihre eigene Biographie bewusst zu gestalten und sich dabei auch von Vorbildern aus der Geschichte des Christentums und anderer Religionen anregen und inspirieren zu lassen.

Liturgisches Lernen

Kinder und Jugendliche brauchen Rituale und Feiern, die ihrem Alltag Struktur geben. Der Religionsunterricht kann ein Lernort sein, an dem Schülerinnen und Schülern Zugänge zu den traditionellen Formen von Liturgie eröffnet werden. Angesichts einer gesellschaftlichen Situation, in der auch viele Christen den traditionellen liturgischen Feiern eher fremd gegenüberstehen, muss liturgisches Lernen durch ästhetische Sensibilisierung und ritualisiertes Handeln die Voraussetzungen für komplexere, dann am Lernort der Gemeinde anzusiedelnde liturgische Bildungsprozesse legen.

Zusammenfassung

Eine kompetenzorientierte Religionsdidaktik beruht auf den Prinzipien der *Korrelation* und *Elementarisierung*. Deshalb orientiert sich eine solche Didaktik an der Grundstruktur des Elementarisierungsgeschehens, also an den *Erfahrungen* der Schülerinnen und Schüler, an ihren altersabhängigen und individuell je eigenen *Zugängen*, dem zu vermittelnde theologische *Inhalt*, der für das Vermittlungsgeschehen zu entwickelnden didaktischen *Struktur* und der mit dieser Struktur verbundenen *Methodenwahl*. Wer Religionsunterricht planen, strukturieren und gestalten will, benötigt zur Bearbeitung dieser Dimensionen lebensweltliche, pädagogische, theologische, didaktische und methodische Kompetenz.

4. Aktuelle Fragestellungen und Diskussionen

Bei der Vorstellungen der verschiedenen religionspädagogischen Realisierungen und den ihnen zugeordneten Lernorten (2.1–2.4) sind bereits wichtige Fragestellungen und Problemkreise angesprochen worden: Das Verbindlichkeitsproblem, das Bildungsparadox, die Lehrbarkeitsfrage und die Milieuverengung. In der Religionsdidaktik finden nun weitere Debatten und Diskurse statt, die sich aus der Stellung des Religionsunterrichts als ordentlichem Lehrfach ergeben: So sind das Kompetenzparadigma, die Diskussion um den Performativen Religionsunterricht und die Forschungsbeiträge zum ökumenischen und interreligiösen Lernen die zurzeit wichtigsten Debatten in einem wissenschaftlichen Bereich, der sicherlich stärker als andere theologische Disziplinen von aktuellen politischen Entwicklungen geprägt ist – und zwar von bildungs- und schulpolitischen wie auch von kirchen- und religionspolitischen Diskussionen. Mit Blick auf die gesellschaftliche Realität wird sich in Zukunft wohl vor allem die Debatte um die interkonfessionelle und interreligiöse Kooperation verschärfen: Je weniger Schülerinnen und Schüler konfessionell beheimatet und sozialisiert sind, desto stärker stellt sich im schulorganisatorischen Rahmen die Frage nach Sinn und Zweck getrennter Lerngruppen und Unterrichtsfächer. Auf der anderen Seite fordert gerade die religiöse Pluralisierung in der Schule einen Religionsunterricht, der es Schülerinnen und Schülern ermöglicht, einen Standpunkt zu finden und Urteilsfähigkeit zu entwickeln, um dann zu einer wirklichen Dialogfähigkeit zu gelangen. Verschiedene Initiativen und Projekte zeigen, dass Formen einer konfessionellen bzw. interreligiösen Kooperation eine interessante Perspektive für einen zukunftsfähigen Religionsunterricht bieten können (vgl. Sajak, Trialogisch Lernen).

Literatur

BAUMANN, Ulrike u.a.: Religionsdidaktik. Praxishandbuch für die Sekundarstufe I und II, Berlin 2005.

BAUMERT, Jürgen: Deutschland im internationalen Bildungsvergleich, in: KILLIUS, Nelson/KLUGE, Jürgen/REISCH, Linda (Hg.): Die Zukunft der Bildung (Edition Suhrkamp 2289), Frankfurt a. M. 2002, 100–150.

BIEMER, Günter: Der Dienst der Kirche an der Jugend. Grundlegung und Praxisorientierung (Handbuch kirchlicher Jugendarbeit 1), Freiburg i. Br./Basel/Wien 1985.

BIESINGER, Albert u.a.: Brauchen Kinder Religion?: Neue Erkenntnisse – Praktische Perspektiven (Beltz Pädagogik), Weinheim/Basel 2005.

METTE, Norbert: Religionspädagogik (Leitfaden Theologie 24), Düsseldorf 1994.
MEYER, Hilbert: Leitfaden Unterrichtsvorbereitung, Berlin [4]2009.
MEYER, Hilbert: Türklinkendidaktik. Aufsätze zur Didaktik, Methodik und Schulentwicklung, Berlin 2001.
MEYER, Hilbert: Was ist guter Unterricht? Berlin [2]2004.
MEYER, Hilbert/JANK, Werner: Didaktische Modelle, Berlin 2004.
NIPKOW, Karl Ernst: Elementarisierung, in: BITTER, Gottfried/ENGLERT, Rudolf/MILLER, Gabriele (Hg.): Neues Handbuch religionspädagogischer Grundbegriffe, München 2002, 451–456.
OSER, Fritz/BUCHER, Anton: Religion – Entwicklung – Jugend, in: OERTER, Rolf/MONTADA, Leo (Hg.): Entwicklungspsychologie. Ein Lehrbuch, Weinheim [4]1995, 1045–1055.
OSER, Fritz/GMÜNDER, Paul: Der Mensch – Stufen seiner religiösen Entwicklung. Ein strukturgenetischer Ansatz (Religion und Entwicklung), Gütersloh 1984.
PEUKERT, Helmut: Wissenschaftstheorie – Handlungstheorie – fundamentale Theologie. Analysen zu Ansatz und Status theologischer Theoriebildung (Suhrkamp-Taschenbuch Wissenschaft 231), Frankfurt a. M. 1978.
PORZELT, Burkard/GÜTH, Ralph (Hg.): Empirische Religionspädagogik. Grundlagen – Zugänge – Aktuelle Projekte (Empirische Theologie 7), Münster 2000.
RAHMENPLAN GRUNDSCHULE. Teilrahmenplan Katholische Religion, hg. v. MINISTERIUM FÜR BILDUNG, WISSENSCHAFT, JUGEND UND KULTUR RHEINLAND-PFALZ, Mainz 2009
REILLY, George: Süß, aber bitter. Ist die Korrelationsdidaktik noch praxisfähig?, in: HILGER, Georg/REILLY, George (Hg.): Religionsunterricht im Abseits? Das Spannungsfeld Jugend – Schule – Religion, München 1993, 16–27.
RIEGEL, Ulrich: Religionsunterricht planen. Ein didaktisch-methodischer Leitfaden für die Planung einer Unterrichtsstunde, Stuttgart 2010.
RIZZUTO, Ana-Maria: The Birth of the Living God. A Psychoanalytic Study, Chicago 1979.
RUSTER, Thomas: Die Welt verstehen „gemäß den Schriften“. Religionsunterricht als Einführung in das biblische Wirklichkeitsverständnis, in: Religionsunterricht an höheren Schulen 43 (2000), 189–203.
SAJAK, Clauß Peter: Abstieg ins Tal von Elah – Kompetenz, Kanon und religiöse Bildung, in: Theologische Revue 105/6 (2009), 441–452.
SAJAK, Clauß Peter: Fundamentale Fragen – elementare Antworten. Kindertheologie als Bausteine einer kompetenzorientierten Lehrerbildung, in: RENDLE, Ludwig (Hg.): Was Religionslehrerinnen und -lehrer können sollen. Kompetenzentwicklung in der Aus- und Fortbildung, Donauwörth 2008, 265–274.
SAJAK, Clauß Peter (Hg.): Trialogisch Lernen. Bausteine für die interkulturelle und interreligiöse Projektarbeit, Seelze 2010.
SCHLEIERMACHER, Friedrich: Über die Religion. Reden an die Gebildeten unter ihren Verächtern (UTB für Wissenschaft: Uni-Taschenbücher 1655), Hamburg 1980.
SCHWEITZER, Friedrich: Elementarisierung im Religionsunterricht. Erfahrungen – Perspektiven – Beispiele, Neukirchen-Vluyn 2003.
SCHWEITZER, Friedrich: Elementarisierung und Kompetenz. Wie Schülerinnen und Schüler von „gutem Religionsunterricht“ profitieren, Neukirchen-Vluyn 2008.

SCHWEITZER, Friedrich: Elementarisierung – ein religionsdidaktischer Ansatz. Einführende Darstellung, in: DERS. (Hg.), Elementarisierung im Religionsunterricht. Erfahrungen, Perspektiven, Beispiele, Neukirchen-Vluyn 2003, 9–30.

SCHWEITZER, Friedrich: Lebensgeschichte und Religion religiöse Entwicklung und Erziehung im Kindes- und Jugendalter, Gütersloh [5]2004.

SCHWEITZER, Friedrich: Postmoderner Lebenszyklus und Religion. Eine Herausforderung für Kirche und Theologie, Gütersloh 2003.

SCHWEITZER, Friedrich: Religionspädagogik (Lehrbuch Praktische Theologie 1), Gütersloh 2006.

SCHWEITZER, Friedrich: Religionspädagogik – Begriff und wissenschaftstheoretische Grundlagen, in: BITTER, Gottfried/ENGLERT, Rudolf/MILLER, Gabriele (Hg.): Neues Handbuch religionspädagogischer Grundbegriffe, München 2002, 46–49.

SEKRETARIAT DER DEUTSCHEN BISCHOFSKONFERENZ (Hg.): Der Religionsunterricht in der Schule. In: DASS. (Hg.): Nachkonziliare Texte zu Katechese und Religionsunterricht (Arbeitshilfen 66), Bonn 1989, 127–160.

SEKRETARIAT DER DEUTSCHEN BISCHOFSKONFERENZ (Hg.): Der Religionsunterricht vor neuen Herausforderungen (Die deutschen Bischöfe 80), Bonn 2005.

SEKRETARIAT DER DEUTSCHEN BISCHOFSKONFERENZ (Hg.): Die bildende Kraft des Religionsunterrichts. Zur Konfessionalität des Religionsunterrichts (Die deutschen Bischöfe 56), Bonn 1996.

SEKRETARIAT DER DEUTSCHEN BISCHOFSKONFERENZ (Hg.): Kirchliche Richtlinien zu Bildungsstandards für den katholischen Religionsunterricht in den Jahrgangsstufen 5–10/ Sekundarstufe (Mittlerer Bildungsabschluss) (Die deutschen Bischöfe 78), Bonn 2004.

SEKRETARIAT DER DEUTSCHEN BISCHOFSKONFERENZ (Hg.): Kirchliche Richtlinien zu Bildungsstandards für den katholischen Religionsunterricht in der Grundschule/Primarstufe (Die deutschen Bischöfe 85), Bonn 2006.

SEKRETARIAT DER DEUTSCHEN BISCHOFSKONFERENZ (Hg.): Nachkonziliare Texte zu Katechese und Religionsunterricht (Arbeitshilfen 66), Bonn 1989.

SEKRETARIAT DER STÄNDIGEN KONFERENZ DER KULTUSMINISTER DER LÄNDER IN DER BUNDESREPUBLIK DEUTSCHLAND: Einheitlichen Prüfungsanforderungen in der Abiturprüfung. Katholische Religionslehre, Bonn 2005.

STREIB, Hans: Faith Development Theory Revisited. The Religious Style Perspective, in: The International Journal for the Psychology of Religion 11/3 (2001), 143–158.

ZIEBERTZ, Hans-Georg: Religionspädagogik als empirische Wissenschaft. Beiträge zu Theorie und Forschungspraxis (Forum zur Pädagogik und Didaktik der Religion 8), Weinheim 1994.

ZIEBERTZ, Hans-Georg/HEIL, Stefan/PROKOPF, Andreas: Abduktive Korrelation. Religionspädagogische Konzeption, Methodologie und Professionalität im interdisziplinären Dialog (Empirische Theologie 12), Münster 2003.

ZIEBERTZ, Hans-Georg/KALBHEIM, Boris/RIEGEL, Ulrich: Religiöse Signaturen. Ein religionspädagogischer Beitrag zur empirischen Jugendforschung (Religionspädagogik in pluraler Gesellschaft 3), Freiburg i. Br. 2003.

III. Einführung in das Kirchenrecht

Georg Bier

1. Recht in der Kirche

1.1 Eine Rechtsordnung für die Kirche?

Das Kirchenrecht ist nach Papst Johannes Paul II. „als ein Werkzeug zu betrachten, das [...] die rechte Ordnung im Leben der kirchlichen Gesellschaft und der einzelnen Menschen, die ihr aufgrund der Taufe angehören, sicherstellt. Unter den derzeitigen Umständen benötigt die Kirche Spezialisten in dieser Disziplin, um die rechtlich-pastoralen Herausforderungen zu bewältigen, die heute im Vergleich zur Vergangenheit viel komplizierter sind" (Papst Johannes Paul II., Ansprache an die Teilnehmer der Vollversammlung der Kongregration für das katholische Bildungswesen vom 04.02.2002 n. 4 (Übersetzung G. B.).

Folgerichtig ist das Kirchenrecht eigenständiger und unersetzbarer Bestandteil des sogenannten „Theologischen Vollstudiums". Es muss studiert werden von Männern, die sich auf den Priesterberuf vorbereiten, und von Frauen und Männern, die eine hauptamtliche Tätigkeit als Pastoralreferentin oder Pastoralreferent im kirchlichen Dienst anstreben (vgl. Sekretariat der Deutschen Bischofskonferenz, Rahmenordnung für die Priesterbildung; Kirchliche Anforderungen an die Modularisierung des Studiums der Katholischen Theologie [Theologisches Vollstudium] im Rahmen des Bologna-Prozesses). Angehende Religionslehrerinnen und Religionslehrer sollen sich im Rahmen ihres Lehramtsstudiums zumindest mit der rechtlichen Struktur der Kirche beschäftigen (vgl. Sekretariat der deutschen Bischofskonferenz, Kirchliche Anforderungen an die Religionslehrerbildung vom 23.09.2010). Das Studium des Kirchenrechts vermittelt jene rechtlichen Normen, „die Verfassung und Leben der Kirche bestimmen" (Sekretariat der Deutschen Bischofskonferenz, Rahmenordnung für die Priesterbildung n. 121).

Kirchenrecht – Grundlage kirchlichen Lebens

Kirchenrecht als maßgebliche Grundlage des kirchlichen Lebens? Viele katholische Christinnen und Christen wissen nicht einmal von der Existenz eines kirchlichen Rechts, und schon gar nicht von dem hohen Stellenwert, der ihm zugemessen wird.

Entsprechend überrascht und bisweilen auch befremdet reagieren Theologiestudierende, wenn sie zu Beginn ihres Studiums erfahren, auf dem Studienprogramm stehe auch das Kirchenrecht. Braucht die Gemeinschaft der Gläubigen eine Rechtsordnung? Müsste es nicht ausreichen, wenn alle, die zu dieser Gemeinschaft gehören, das Doppelgebot der Gottes- und Nächstenliebe befolgen, von dem es in der Heiligen Schrift heißt, wer es beachte, werde leben (Lk 10,27 f.)? Wozu dann noch Kirchenrecht?

Diese Frage ist in der Vergangenheit vor allem in den kirchlichen Gemeinschaften der Reformation gestellt worden. Besonders folgenreich geschah dies im ausgehenden 19. Jahrhundert durch den evangelischen Juristen Rudolph Sohm. 1892 erschien der erste Band seines Werks „Kirchenrecht". Seine Grundthese lautet: „Das Kirchenrecht steht mit dem Wesen der Kirche im Widerspruch" (Sohm, Kirchenrecht 1).

Kirchenrecht – im Widerspruch zum Wesen der Kirche?

Wie kam er zu dieser Einschätzung? Sohm ging – wie vor ihm Martin Luther – von einem doppelten Kirchenbegriff aus. Danach ist die wahre Kirche die nur im Glauben erfahrbare, vom heiligen Geist geführte Gemeinschaft der Glaubenden. Davon müsse die sichtbare, die verfasste Kirche unterschieden werden. Das Wesen der wahren Kirche sei geistlich, das Wesen der sichtbaren Kirche weltlich. Weltlich sei auch das Wesen des Rechts. Weltliches Recht und geistliche Kirche gehörten daher nicht zusammen. Es mag sein, dass die verfasste Kirche einer Ordnung bedürfe, aber solche Ordnung sei nicht Kirche, sondern von Menschen, also weltlich geschaffenes Regelwerk.

Die neuere protestantische Theologie betont demgegenüber: Die sichtbare Gestalt der Kirche ist nicht so beliebig, wie es nach Sohm scheinen könnte. Die Stiftung durch Jesus Christus schließt institutionelle Momente mit ein: Taufe, Herrenmahl, ein „Schlüsselamt", den diakonischen und missionarischen Aufbau der Gemeinden. „Die göttliche Setzung der Gemeinde in ihrer bruderschaftlichen Sozialgestalt und die Institutionalisierung in den Formen des von Menschen gemachten weltlichen Rechts greifen ineinander und sind notwendigerweise aufeinander bezogen. Sie können zwar unterschieden, aber nicht voneinander geschieden werden" (Winter, Staatskirchenrecht der Bundesrepublik Deutschland 40).

Nach katholisch-kirchlichem Selbstverständnis hat Christus seine Kirche auf Erden als sichtbares Gefüge errichtet und geordnet (*constituta et ordinata*). Die mit hierarchischen Organen ausgestatte Gesellschaft (*societas*) und die mit himmlischen Gaben beschenkte geistliche Gemeinschaft, die „sichtbare" und die „unsichtbare" Kirche bilden eine einzige komplexe Wirklichkeit, die

Kirche Jesu Christi, die nach der Lehre des II. Vatikanischen Konzils in der katholischen Kirche verwirklicht ist (vgl. *Lumen Gentium* (LG) 8). Diese komplexe Wirklichkeit ist nicht nur eine Gemeinschaft der „Heiligen", sondern auch eine Kirche der Sünder, in der die Menschen am Anspruch der Botschaft Jesu scheitern können. Für diese Kirche gilt wie für jede andere Vergemeinschaftung von Menschen: *Ubi societas, ibi ius* – wo Menschen zusammenleben, bedarf es einer Ordnung, die das Miteinander regelt.

Diesem Selbstverständnis hat der kirchliche Gesetzgeber im geltenden kirchlichen Gesetzbuch, dem Codex Iuris Canonici (CIC), Ausdruck verliehen. Die Aussage über die einzigartige konkrete Gestaltnahme der Kirche Jesu Christi in der römisch-katholischen Kirche aus LG 8 ist darin wörtlich übernommen worden (can. 204 § 2); an anderer Stelle werden rechtliche Eigenständigkeit und Rechtsfähigkeit der katholischen Kirche auf göttliche Anordnung zurückgeführt (can. 113). In ihrem Kern gehört die rechtliche Ordnung des innerkirchlichen Zusammenlebens mithin zur Grundgestalt der von Jesus Christus errichteten Kirche. Die rechtliche Verfasstheit ist ein *Wesens*merkmal der Kirche. Die Kirche hat ein Recht, weil sie nach ihrem Selbstverständnis von ihrem Stifter mit einer Rechtsordnung ausgestattet ist. Kraft göttlicher Anordnung ist die Kirche als Glaubensgemeinschaft zugleich Rechtsgemeinschaft.

Kirche ist Glaubens- und Rechtsgemeinschaft

Im Licht dieses Selbstverständnisses haben Infragestellungen des Kirchenrechts in der katholischen Kirche keine größeren Erschütterungen hervorgerufen – auch nicht die wegen ihrer Wirkungsgeschichte bedeutsame These Sohms. Sie wurden aber zum Anlass, das Verhältnis zwischen Theologie und Kirchenrecht und die Frage der theologischen Grundlegung des Kirchenrechts katholischerseits intensiver zu studieren. Dies ist insbesondere seit dem II. Vatikanischen Konzil geschehen. Inzwischen wurden zahlreiche Entwürfe für eine „Theologie des Kirchenrechts" vorgelegt (vgl. u.a. Erdö, Theologie des kanonischen Rechts; Graulich, Unterwegs zu einer Theologie des Kirchenrechts). Eine abschließende Antwort steht aus. Aber auch wenn *das* Konzept für die theologische Begründung des Kirchenrechts noch nicht gefunden ist – seine Existenzberechtigung wird heute nicht mehr ernsthaft in Frage gestellt.

1.2 Kanonisches Recht

Kirchliche Rechtsordnungen

Kirchliches Recht ist nicht katholisches Sondergut. Es gibt orthodoxes Kirchenrecht (vgl. Potz/Synek, Orthodoxes Kirchenrecht), evangelisches Kirchenrecht (vgl. Honecker, Evangelisches Kirchenrecht), anglikanisches Kirchenrecht (vgl. für das Recht der Church of England: Hill, Ecclesiastical Law); auch andere christliche Gemeinschaften verfügen über eigene Rechtsordnungen. Doch so vielfältig, wie die Frage nach Berechtigung und Notwendigkeit kirchlichen Rechts in verschiedenen Kirchen und kirchlichen Gemeinschaften beantwortet wird, so verschieden sind auch deren Rechtsordnungen ausgestaltet. Sie unterscheiden sich sowohl hinsichtlich der Gegenstände, die jeweils behandelt werden, als auch hinsichtlich der Regelungen, die bezüglich bestimmter Gegenstände getroffen werden. Nicht alle Konfessionen kennen beispielsweise ein kirchliches Strafrecht, nicht überall gibt es eine so ausgeprägte hierarchische Verfassung wie in der katholischen Kirche. Begriffe, die in vielen oder allen kirchlichen Rechtsordnungen begegnen – wie beispielsweise jener der Synodalität –, bezeichnen und regeln bisweilen sehr unterschiedliche Sachverhalte und Wirklichkeiten.

Im Folgenden geht es ausschließlich um die Rechtsordnung der katholischen Kirche, um katholisches Kirchenrecht und katholisches Kirchenrechtsverständnis – auch wenn auf das verdeutlichende Attribut „katholisch“ zwecks besserer Lesbarkeit des Textes und zur Vermeidung von Wiederholungen meist verzichtet werden wird.

Unterschied zum weltlichen Recht

Kirchliches Recht unterscheidet sich nach seiner Grundlage, seiner Materie wie seinem Zweck von weltlichem Recht. Es gründet, wie noch eingehender zu zeigen sein wird, auf unverfügbaren göttlichen Festlegungen, Vorgaben des kirchlichen Lehramts und dem Glauben der Kirche. Es regelt das Zusammenleben der Kirchenglieder, das heißt der einzelnen Gläubigen, in Bezug auf spezifisch kirchliche Lebensbereiche. Es behandelt Rechtsmaterien, die nur im Horizont des Glaubens und der kirchenamtlichen Lehre adäquat zu erfassen sind: kirchliche Gewalt und kirchliche Ämter; die rechtliche Struktur der katholischen Kirche; die Verwaltung der Sakramente und anderer geistlicher Güter der Kirche; die Weitergabe der kirchlichen Lehre insbesondere in kirchlichen Bezügen wie Gottesdienst und Katechese oder in kirchlichen Bildungseinrichtungen; Kirchenstrafen oder kirchliches Prozessrecht. Und es dient einem besonderen Zweck: dem Heil der Seelen (can. 1752).

Kanonisches Recht

Der Fachausdruck für das katholische Kirchenrecht ist „Kanonisches Recht“. Er geht zurück auf das in den *canones* der Synoden und Konzilien, später das in den *canones* der Rechtssammlungen festgelegte Recht. Kirchliches Recht ist darüber hinaus aber auch anderswo normiert, z.B. auch in päpstlichen Erlassen oder in der Partikulargesetzgebung der Diözesanbischöfe. Gleichwohl wird der Begriff „Kanonisches Recht" nicht nur im deutschen Sprachraum regelmäßig als Oberbegriff für das gesamte katholische Kirchenrecht verwendet (*Canon Law, Derecho Canonico, Droit Canonique, Diritto canonico*).

1.3 Funktionen des Kirchenrechts

Heilsmittlerische Funktion

Kirchliches Recht hat in erster Linie eine *heilsmittlerische Funktion*. Es dient, wie can. 1752 des kirchlichen Gesetzbuches formuliert, dem „Heil der Seelen [...], das in der Kirche immer das oberste Gesetz sein muss". Es will dem Heilsweg des Menschen zu Gott dienen. Dazu umhegt der Gesetzgeber die einzelnen Gläubigen mit Normen, die das individuelle Heil fördern und schützen. Von Rechts wegen wird ermöglicht, was dem Heil zuträglich ist, z.B. durch die Gewährung eines Rechts auf Sakramentenempfang. Verwehrt wird, was das individuelle Heil gefährdet, etwa durch das Verbot der Sakramentenspendung in bestimmten Fällen.

Nicht nur dem individuellen Heilsleben der Kirchenglieder sieht sich der Gesetzgeber verpflichtet, sondern auch dem Heil der kirchlichen Gemeinschaft als ganzer und dem Zusammenwirken aller bei der Heilssendung der Kirche. Die Gläubigen haben die Ausübung eigener Rechte in den Dienst des kirchlichen Gemeinwohls zu stellen und sich ihm unterzuordnen. Einen individuellen Heilsweg für Einzelne zu Lasten der Gemeinschaft gibt es nach kirchlichem Selbstverständnis nicht. Nur wenn er das Wohl der Kirche und ihrer Sendung in Acht nimmt, befindet sich der einzelne Gläubige auf dem Weg zum Heil.

Ordnungsfunktion

Darüber hinaus hat kirchliches Recht – dem weltlichen Recht ähnlich – vor allem eine *Ordnungsfunktion*. Indem es festlegt, wie in bestimmten Situationen vorzugehen ist, markiert es den Rahmen für eine gemeinschaftliche Lebensordnung und beugt so Konflikten vor. Jedes Mitglied der Rechtsgemeinschaft weiß im Voraus, welche Erwartungen an das eigene Verhalten gerichtet werden, und kann entsprechend handeln. So wird beispielsweise vorgegeben, dass eine gültige und vollzogene Ehe unter Katholiken niemals auflösbar ist. Die damit grundgelegte katholische Ehe- und Familienordnung soll sich positiv auf die Ernsthaftigkeit der Heiratsentscheidung auswirken und – zumindest theoretisch – die Dauerhaftigkeit von Ehen gewährleisten. Kommt es trotz der rechtlichen Prävention zu Konflikten, gewährleistet das Recht eine geordnete Konfliktlösung und sorgt für die Wiederherstellung der Ordnung, z.B. indem es Verfahrensregeln zum Umgang mit der Konfliktsituation bereitstellt oder die Rechtsverletzung sanktioniert.

Schutzfunktion

Recht hat außerdem eine *Schutzfunktion*. Es soll den Einzelnen vor ungerechtfertigten Eingriffen der übergeordneten Autorität und die Gemeinschaft vor Verletzungen ihrer Ordnung durch Einzelne schützen. Das Schutzinteresse der kirchlichen Gemeinschaft ist evident. Die Kirche ist zur Ausübung der ihr von Gott anvertrauten Sendung berufen; alle Gläubigen haben daran gemäß ihrer je eigenen Stellung mitzuwirken und sind verpflichtet, den ihnen möglichen Beitrag dazu zu leisten. Wenn einzelne dieser Pflicht nicht nachkommen oder die kirchliche Sendung durch ihr Verhalten gefährden, muss sich die Kirche dagegen mit Hilfe des Rechts schützen können, z.B. gegen Gläubige, die sich weigern, Kirchensteuer zu zahlen, gegen Religionslehrer, die die kirchliche Lehre infrage stellen, gegen Pfarrer, die ihren Dienstpflichten nicht nachkommen. Kirchliche Autoritäten und Gläubige sind Glieder der Kirche und als solche gemeinsam unterwegs auf dem Weg durch die Zeit. Das schließt ein Fehlverhalten der Autorität, gegen das der Einzelne des rechtlichen Schutzes bedarf, nicht aus. Vorrangig aber ist die Sorge um das Gemeinwohl der Kirche.

1.4 Kirchenrechtswissenschaft als theologische Disziplin

Das Kirchenrecht ist somit „die rechtliche Struktur des Heilsgeheimnisses Kirche. Das Heil Gottes, das dem Menschen zuteil wird, vollzieht sich durch die der Kirche eigenen Mittel, zu denen auch das Recht zählt. Das Kirchenrecht [...] ist ein instrumental wirksames Zeichen der Gnade. Das Kirchenrecht steht im Dienste der Verbindung des Menschen mit Gott und der Kirche; es partizipiert zu seinem Teil an dem Ziel der Kirche, Zeichen der Gottesherrschaft und Werkzeug des Heils für die gesamte Menschheit zu sein" (May/Egler, Einführung in die kirchenrechtliche Methode 19). Es regelt und ordnet das kirchliche Leben im Sinne theologischer Vorgaben nach Maßgabe des kirchlichen Lehramts. Die Kanonistik gilt daher mit Recht als *theologische* Disziplin (eine pointierte Gegenposition vertritt: Fürst, Vom Wesen des Kirchenrechts). Als solche ist sie als theologisches Pflichtfach im kirchlichen Hochschulrecht festgeschrieben (vgl. Kongregation für das Katholische Bildungswesen, Ordinationes zur Apostolischen Konstitution *Sapientia Christiana* vom 29.4.1979).

Theologische Disziplin ...

Das Wesen der Kanonistik besteht darin, auf dogmatischer – vor allem ekklesiologischer – Grundlage und nach theologischen Prinzipien zu arbeiten. Es geht ihr nicht zuletzt darum, die theologischen Grundlagen der Rechtsetzung zu erfassen und zur Geltung zu bringen. Das unterscheidet sie von weltlicher Jurisprudenz. Deshalb ist Kanonistik nicht einfachhin (weltliche) Rechtswissenschaft mit einem anderen, nämlich theologischen Fachgegenstand. Der theologische Fachgegenstand muss vielmehr gemäß seiner spezifischen theologischen Eigenart wissenschaftlich behandelt werden, und dies wirkt zurück auf den Charakter der Wissenschaft.

> Das kanonische Eherecht etwa unterscheidet sich von eherechtlichen Bestimmungen weltlicher Rechtsordnungen nicht nur insofern, als es z.B. ein anderes Unauflöslichkeitskonzept normiert und eine Ehescheidung nur in bestimmten Ausnahmefällen zulässt. Die entscheidende Differenz besteht hinsichtlich der zugrunde liegenden Konzeption von Ehe. Sie ist nach kirchlichem Verständnis nicht bloß eine Form des menschlichen Zusammenlebens unter anderen, sondern Teil der göttlichen Schöpfungs- und Heilsordnung. Diese grundlegende Vorgabe lässt sich, ebenso wie die daraus abgeleiteten Rechtsfolgen, nur vom Glauben – also von einem theologischen Standpunkt her – vollständig erfassen und nachvollziehen.

... mit kanonistischer Methode

Diskutiert wird, ob die Kanonistik auch von ihrer Methodik her als theologisches Fach anzusehen ist, oder ob es sich eher um eine mit juristischer Methode arbeitende Disziplin handelt. Tatsächlich bedient sich die Kanonistik sowohl theologischer Methoden, etwa wenn sie die theologischen Grundlagen kirchenrechtlicher Normen analysiert und darstellt, als auch juristischer Methoden, die bei der Auslegung und Anwendung von Rechtsnormen vorherrschen. Die Kanonistik ist daher beschrieben worden als eine mit theologischer und juristischer Methode arbeitende Disziplin; beide Methoden seien dabei miteinander zu kombinieren. Das ist richtig. Gleichwohl kann gefragt werden, ob die gedanklich sicherlich mögliche Unterscheidung zweier Methoden in der Praxis von Bedeutung ist. „Man kann den Gegenstand der Kanonistik nicht aufteilen, so daß ein Teil mit theologischer, ein anderer mit juristischer Methode zu bearbeiten wäre. Vielmehr ist der gesamte Gegenstand gleichzeitig mit theologischer und juristischer Methode zu bearbeiten“ (May/Egler, Einführung in die kirchenrechtliche

Methode 21). Insoweit arbeitet die Kanonistik mit einer eigenständigen, theologische und juristische Elemente kombinierenden Methode. Sie ist eine theologische Disziplin mit kanonistischer Methode (vgl. Aymans/Mörsdorf, Kanonisches Recht 63; über die unterschiedlichen Positionen zur Frage, ob die Kanonistik eine theologische und/oder juristische Disziplin mit theologischer und/oder juristischer Methode ist: vgl. ebd. 61–71).

Aufgaben der Kanonistik

Sammlung des Rechtsstoffs

Die Kanonistik hat vielfältige Aufgaben (zum Folgenden ausführlich: May/Egler, Einführung in die kirchenrechtliche Methode 149–269): Sie *sammelt und ordnet* den Rechtsstoff. Bezogen auf konkrete Einzelfragen stellt sie die maßgeblichen Quellen zusammen, bestimmt deren rechtlichen Charakter, unterscheidet rechtsverbindliche von lediglich erläuternden oder sonstigen nachrangigen Texten und ermittelt die unter den rechtserheblichen Texten bestehende Rangordnung.

Auslegung der Gesetze

Eine wichtige Aufgabe der Kirchenrechtswissenschaft ist die *Auslegung der Gesetze*, das heißt das richtige, sachgerechte Erfassen des normativen Gehalts rechtlicher Texte. Dabei sind die Interpretationsregeln zu beachten und anzuwenden, die der Gesetzgeber vorgibt.

Darstellung des Rechts

Auf der Basis zuverlässiger Auslegung hat die Kanonistik in der universitären Lehre das Kirchenrecht *systematisch darzustellen*. Die Studierenden sind vertraut zu machen mit dem geltenden Recht. Sie sollen „ein theologisch fundiertes und rechtlich orientiertes Verständnis der Kirche erhalten [...] und befähigt werden, die kirchenrechtliche Relevanz konkreter Sachverhalte zu erkennen und zu werten" (Sekretariat der Deutschen Bischofskonferenz, Rahmenordnung für die Priesterbildung n. 121; Aufzählung konkreter Studieninhalte: vgl. ebd. n. 122). Zu vermitteln sind außerdem die grundlegenden Kompetenzen im Umgang mit dem Recht, die erforderlich sind, um das erworbene fachliche Wissen in der späteren beruflichen Praxis auf konkrete kirchenrechtliche Problemstellungen anzuwenden und diese angemessen zu lösen.

Rechtsanwendung

Auslegung und systematische Kenntnis der Rechtsordnung sind unabdingbar für die angemessene *Anwendung geltenden Rechts* im kirchlichen Alltag. Funktionsträger in der kirchlichen Verwaltung oder Gerichtsbarkeit müssen die kanonistische Methodik kennen und beherrschen.

Rechtsschöpfung

Die Kirchenrechtswissenschaft arbeitet schließlich an der *Rechtsschöpfung* mit. Kanonistinnen und Kanonisten werden zwar nicht selbst gesetzgebend tätig, können aber auf vielfältige Weise zur Weiterentwicklung oder Schaffung von Recht beitragen. Die kritische Analyse und Durchdringung des geltenden Rechts, die wissenschaftliche Diskussion, aber auch die Rechtsanwendung, lassen die Notwendigkeit des Rechts erkennen, zeigen etwaige Spannungen, Widersprüche oder Lücken in der Gesetzgebung auf. Die Kanonistik kann den Gesetzgeber zur Lösung der erkannten Probleme anregen oder die Neuformulierung einzelner Normen oder Überarbeitung ganzer Rechtsmaterien vorschlagen. Wissenschaftlerinnen und Wissenschaftler können zu diesen Zwecken von der kirchlichen Autorität eigens beauftragt werden, etwa in Kommissionen Entwürfe und Vorlagen für den Gesetzgeber zu erarbeiten.

Kirchliche Rechtsgeschichte

Die Beschäftigung mit der *kirchlichen Rechtsgeschichte* wird teils als bloße Hilfswissenschaft der Kanonistik, teils als eine weitgehend eigenständige Disziplin mit eigener Methode verstanden. Im einen Fall wird ihre Aufgabe im Wesentlichen nur darin gesehen, die historischen Quellen des Rechts zu untersuchen und die kanonistische Tradition in ihrer Bedeutung für das Verständnis des geltenden Rechts zu würdigen. Im anderen Fall geht es darüber hinaus um die kirchliche Rechtsentwicklung im Umfeld des römischen und des germanischen Rechts, um rechtshistorische Zusammenhänge und um die grundlegenden Einsichten, die sich daraus für das Verständnis des Kirchenrechts als eines rechtlich und theologisch geprägten Forschungsgegenstandes bzw. der Kanonistik als einer theologischen Disziplin gewinnen lassen.

Zusammenfassung

Trotz gelegentlicher Infragestellungen in der Vergangenheit wird das Erfordernis einer Rechtsordnung für die katholische Kirche heute nicht ernsthaft bestritten. Wie das II. Vatikanische Konzil hervorgehoben hat, ist die Kirche als Glaubensgemeinschaft zugleich Rechtsgemeinschaft. Das kanonische Recht regelt das Zusammenleben der Gläubigen im Hinblick auf spezifisch kirchliche Lebensbereiche. Es steht im Dienst des Heils der Gläubigen und der Kirche, stellt die Ordnung des kirchlichen Lebens sicher und schützt das kirchliche Gemeinwohl. Als theologische Disziplin erforscht die Kirchenrechtswissenschaft Quellen und theologische Grundlagen des geltenden Rechts, vermittelt im Rahmen des Theologiestudiums die Kompetenzen für die Rechtsanwendung und trägt damit und durch ihre Beteiligung bei der Rechtsschöpfung dazu bei, die rechtlich-pastoralen Herausforderungen der heutigen Zeit angemessen zu bewältigen.

2. Geschichtliche Anteile des Kirchenrechts

2.1 Anfänge

Die ersten Christen lebten in der Erwartung der baldigen Wiederkunft des Herrn. Eine detaillierte rechtliche Organisation der kleinen christlichen Gemeinden wurde nicht als erforderlich angesehen. Notwendige Regelungen wurden fallweise durch die Gemeindeältesten getroffen, in Fällen von grundlegenderer Bedeutung versicherte man sich des Rats der Apostel oder berief sich auf deren Autorität.

> 1 Kor 7 belegt exemplarisch, wie dabei verfahren wurde: In der Gemeinde von Korinth kam es wiederholt zu Auseinandersetzungen zwischen Ehegatten, weil einer von beiden den Glauben an Christus annahm, während der andere sich weigerte, unter diesen Voraussetzungen das eheliche Zusammenleben fortzusetzen. Paulus löst das Problem pragmatisch: Will der Ungläubige sich scheiden, so mag er sich scheiden; der zum Glauben gekommene Ehepartner ist in solchen Fällen nicht gebunden – eine Regelung, die für vergleichbare Fälle bis heute Bestand hat. Nach geltendem Recht wird eine Ehe bei einer solchen Fallkonstellation durch eine neue Eheschließung des getauften Partners von selbst aufgelöst. Bezugnehmend auf das biblische Vorbild wird der Vorgang als „Eheauflösung aufgrund des *Paulinischen Privilegs*" bezeichnet.

Die Notwendigkeit, häufiger wiederkehrende Situationen durch allgemeine verbindliche Regeln zu ordnen, nahm zu, als deutlich wurde, dass die Wiederkunft des Herrn auf sich warten lassen würde (zum Folgenden vgl. den rechtshistorischen Überblick: May/Egler, Einführung in die kirchenrechtliche Methode 37–73). Jetzt trafen einzelne Bischöfe, Synoden und Konzilien verpflichtende Anordnungen für das kirchliche Zusammenleben und regelten das Vorgehen in Konfliktsituationen. Aus den Schiedssprüchen und Entscheidungen der Bischöfe, aus den Beschlüssen der Synoden und Konzilien entwickelten sich die Anfänge einer kirchlichen Rechtsordnung. Kleriker und bischöfliche Behörden erstellten erste Sammlungen solcher Anordnungen und Entscheidungen. Sie boten Entscheidungsgrundlagen und -hilfen für ähnlich gelagerte Fallkonstellationen. Zunehmend war es der rö-

Frühe Rechtssammlungen

mische Bischof, der Regelungen traf oder von dem solche Regelungen erwartet wurden. Die „päpstliche" Rechtssetzung gewann an Bedeutung und Einfluss.

Auf diese Weise wuchs die Zahl der relevanten Rechtstexte. Es wurde notwendig, sie zu sammeln, um sie verfügbar zu halten. Dies geschah zunächst in chronologisch angelegten Sammlungen (Kompilationen), seit der zweiten Hälfte des ersten Jahrtausends zunehmend aber auch in systematischen Zusammenstellungen, sortiert nach der rechtlichen Relevanz der einzelnen Quellen und/oder nach den behandelten Rechtsthemen. Im Mittelpunkt standen sakramentenrechtliche Problemstellungen, Aspekte der rechtlichen Struktur der Kirche und Fragen der kirchlichen Disziplin.

2.2 Das Corpus Iuris Canonici

Gratian – Vater der Kirchenrechtswissenschaft

Um das Jahr 1140 wurden die damals geltenden rechtlichen Bestimmungen im sogenannten *Decretum Gratiani* zusammengestellt. Als ihr Urheber wird traditionell ein Mönch namens *Gratian* aus Bologna angesehen. Er gehörte zu den bekanntesten Theologen seiner Zeit. Gleichwohl ist über ihn nur wenig bekannt. Die neuere Gratianforschung stellt die meisten biographischen Details über ihn in Frage. Tatsächlich weiß man weder, wo und wann er geboren ist, noch wo und wann er starb (vgl. Werckmeister, Wer war eigentlich Gratian?).

Decretum Gratiani

Dies ändert nichts an der epochalen Bedeutung des *Decretum Gratiani*. Bei diesem als Lehrbuch für Studenten konzipierten Werk handelt es sich um die bis dahin umfangreichste Kompilation der seinerzeit verfügbaren rechtlichen Bestimmungen. Der Verfasser des Dekrets belässt es aber nicht bei einer bloßen Zusammenstellung der einschlägigen Regelungen. Seine Leistung besteht vor allem darin, diese miteinander in Einklang zu bringen. Er erarbeitet eine *Concordia discordantium canonum* – so der ursprüngliche Titel des Werks –, eine Konkordanz von ihm zusammengestellter Normen, Entscheidungen und Beschlüsse. Dabei bedient er sich der scholastischen Methode: Ausgehend von konkreten rechtlichen Fragestellungen zeigt er auf, wie in einschlägigen Fällen bisher verfahren und welche Positionen vertreten wurden, erörtert das Für und Wider der vorliegenden Auffassungen und Entscheidungen und führt die Fragestellung auf diese Weise einer eigenständigen Lösung zu. So ordnet und systematisiert er das geltende Recht.

Gratian gilt als Begründer der neuzeitlichen Kanonistik und wird als „Vater der Kirchenrechtswissenschaft" bezeichnet. Sein *Decretum* markiert den Beginn der wissenschaftlichen Beschäftigung mit dem Kirchenrecht. Es erreichte in der Folgezeit eine große Verbreitung und erlangte „aufgrund seiner Handlichkeit und seines wissenschaftlichen Charakters Alleingeltung in Praxis und Lehre" (May/Egler, Einführung in die kirchenrechtliche Methode 49). Es wurde nicht nur für den akademischen Unterricht bedeutsam, sondern förderte darüber hinaus das Rechtsbewusstsein und initiierte eine ausgedehntere wissenschaftliche Auseinandersetzung mit kirchenrechtlichen Fragestellungen. Angeregt wurde aber auch die Gesetzgebungstätigkeit der Päpste. Sie schufen neues Kirchenrecht, und so entstanden bis zum Ende des 16. Jahrhunderts weitere Rechtssammlungen.

Rechtssammlungen

Die von Papst Alexander III. (1159–1181) und Papst Innozenz III. (1198–1216), beide Rechtsgelehrte der Universität von Bologna, und ihren Nachfolgern erlassenen *Dekretalen* wurden außerhalb des *Decretum Gratiani* gesammelt und daher als *decretales extravagantes* – „außerhalb (des Decretum) umherschweifend" – bezeichnet. 1234 wurden sie auf Anweisung Papst Gregors IX. (1227–1241) im später sogenannten *Liber Extra(vagantium)* zusammengestellt und etablierten sich als verbindliche Rechtsquelle neben dem Dekret des Gratian. Es folgten der *Liber Sextus* Papst Bonifaz VIII. (1294–1303) als „sechstes Buch" nach den fünf Büchern des *Liber Extra*, eine auf Papst Clemens V. (1305–1314) zurückgehende und deshalb *Clementinae* genannte Sammlung, die 1317 promulgiert wurde, zwanzig Dekretalen Papst Johannes XXII. (1316–1334), die später als *Extravagantes Ioannis XXII.* bezeichnet wurden, sowie Dekretalen der Päpste Urban IV. (1261–1264) und Sixtus IV. (1471–1484), die *Extravagantes communes.*

Corpus Iuris Canonici

Im Jahr 1500 wurden diese Sammlungen von zwei Pariser Buchhändlern und Verlegern in Paris zu einer Gesamtausgabe vereinigt. Papst Gregor XIII. (1572–1585) approbierte 1580 eine überarbeitete Form dieser Gesamtausgabe. Er gab ihr auch die seitdem übliche Bezeichnung *Corpus Iuris Canonici*, dessen Endgestalt damit erreicht war. Verschiedene Versuche, später entstandene Rechtsnormen hinzuzufügen, blieben ergebnislos. Keine solche Überarbeitung erhielt die päpstliche Approbation.

2.3 Die Kodifikation von 1917

Die Rechtsfortbildung ging jedoch weiter. Auch das Konzil von Trient und die nachfolgenden Päpste betätigten sich rechtssetzend. Die päpstliche Gesetzgebung wurde weiterhin gesammelt, die Sammlungen hatten in der Regel aber nur privaten Charakter.

Der Umgang mit einer solchen Vielzahl von relevanten Rechtstexten war selbst für Rechtskundige nicht einfach. Um ein konkretes kanonistisches Problem lösen zu können, waren nicht nur die relevanten Passagen des *Corpus Iuris Canonici* zu beachten. Es musste darüber hinaus geprüft werden, ob und gegebenenfalls welche einschlägige Entscheidungen des Tridentinums und der nachfolgenden Päpste vorlagen. So wuchs der Wunsch, das geltende kirchliche Recht in einer einzigen Kodifikation, das heißt in einem einzigen Gesetzbuch zusammenzufassen. Seine Umsetzung wurde zu Beginn des 20. Jahrhunderts in Angriff genommen. 1904, wenige Monate nach Beginn seines Pontifikats, ordnete Papst Pius X. (1903–1914) die Aufnahme der Redaktionsarbeiten an. Sein Nachfolger Papst Benedikt XV. (1914–1921) promulgierte Pfingsten 1917 den *Codex Iuris Canonici* (Acta Apostolicae Sedis (AAS) 9 (1917) Pars II, 11–521). Ein Jahr später, am Pfingstfest 1918, trat er in Kraft.

CIC/1917

Die Ausgaben des CIC bieten ausnahmslos den verbindlichen lateinischen Gesetzestext; eine Übersetzung in andere Sprachen war nicht gestattet. Lehrbücher zum *Codex Iuris Canonici* geben den Gesetzestext daher nur paraphrasiert in der jeweiligen Landessprache wieder. Seit 1983 ein revidierter Codex Iuris Canonici in Kraft getreten ist, bezeichnet man die ältere Kodifikation zur besseren Unterscheidung beider Fassungen nach dem Jahr ihrer Promulgation als *Codex Iuris Canonici von 1917*, kurz CIC/1917. Seltener wird er nach seinen beiden päpstlichen Urhebern als *pio-benediktinischer Codex* bezeichnet.

Obschon als umfassende Kodifikation konzipiert, erwies sich der Codex Iuris Canonici schon bald als ergänzungsbedürftig. Die Päpste reagierten mit entsprechender Gesetzgebungstätigkeit, passten das geltende Recht neuen Bedürfnissen an und entwickelten es weiter. In päpstlicher Autorität erlassene Bestimmungen traten teilweise ergänzend an die Seite der kodikarischen Normen, teilweise ersetzen sie diese. Durch Konkordate, das heißt vertragliche Vereinbarungen mit Staaten, versuchte der Apostolische

Stuhl, kirchliche Interessen in den einzelnen Regionen der Welt abzusichern. Dabei wurden für den Geltungsbereich von Konkordaten mitunter auch Ausnahmen von den universalkirchlich verbindlichen Bestimmungen des CIC/1917 zugestanden – beispielsweise das Bischofswahlrecht in einigen deutschen Diözesen aufgrund des Preußischen und des Badischen Konkordats. Bald waren die einschlägigen rechtlichen Bestimmungen wieder ähnlich verstreut wie in vorkodikarischer Zeit. Um sie zu erfassen, wurden erneut umfangreiche Rechtssammlungen erstellt (von wissenschaftlicher Bedeutung ungeachtet des privaten Charakters: Ochoa, Leges ecclesiae post Codicem Iuris Canonici editae).

2.4 Die Kodifikation von 1983

Am 25. Januar 1959 kündigte Papst Johannes XXIII. (1959–1963) in einer Ansprache in der römischen Kirche *Sankt Paul vor den Mauern* nicht nur die Einberufung eines Konzils an. Das Kirchenrecht sollte an die Bedürfnisse der gegenwärtigen Zeit angepasst werden. In dieser Anpassung des Gesetzbuches sah der Papst die „Krönung" des beabsichtigten Konzils (ausführlicher dazu und zum Folgenden vgl. Lüdecke, Der Codex Iuris Canonici von 1983).

Kurz vor dem Ende des Konzils nahm eine von Papst Paul VI. (1963–1978) eingesetzte Codexkommission ihre Arbeit auf. In einer Ansprache zu diesem Anlass gab der Papst das Programm für die Revision aus: Der (damals geltende) CIC solle der Führer, das Konzil der Leitfaden der Arbeit sein.

Genese des CIC/1983

Die Codexkommission bildete mehrere Studiengruppen, die jeweils einen Teil des CIC zur Überarbeitung zugewiesen bekamen. Ihre Aufgabe war es, die theologischen Aussagen des II. Vatikanischen Konzils in eine rechtliche Sprache umzusetzen. In der ersten Arbeitsphase bis 1977 erarbeiteten die Studiengruppen Entwürfe für den ihnen zugewiesenen Gesetzesabschnitt, sogenannte Schemata. Sie wurden allen Bischofskonferenzen übersandt. Den Bischöfen wurde Gelegenheit gegeben, Änderungsvorschläge vorzutragen. Die eingegangenen Änderungsvorschläge wurden in den einzelnen Studiengruppen diskutiert, und teils verworfen, teils in den Text eingearbeitet. Die Ergebnisse dieser Arbeit wurden 1980 in einem Gesamtentwurf zusammengefasst. Der Gesamtentwurf wurde dem Weltepiskopat nicht mehr vorgelegt. Interessierte Bischöfe mussten sich das nicht veröffentlichte Schema auf Umwegen besorgen oder waren angewiesen auf Fotokopien, die weltweit in Umlauf waren. Forderungen von Bischöfen und Kanonisten, nochmals eine Konsultation aller Bischöfe durchzuführen, hatte Papst Johannes Paul II. zurückgewiesen. Stattdessen erweiterte er die Codexkommission um einige Bischöfe. Die Kommissionsmitglieder hatten die Möglichkeit, sich schriftlich zum Schema von 1980 zu äußern. Eine Zusammenstellung aller Eingaben nebst den Antworten des Sekretariats der Kommission wurde im August 1981 an die Kommissionsmitglieder versandt. Für andere interessierte Personen war diese *Relatio* allenfalls als Kopie verfügbar. Im Oktober 1981 traf sich die erweiterte Kommission eine Woche lang, um über Änderungen zu beraten. Der Verlauf der Gespräche ist dokumentiert (Pontificium Consilium de Legum Textibus interpretandis, Congregatio Plenaria). Die Endredaktion geschah nicht in der Vollversammlung. Sie oblag dem Vorsitzenden und dem Sekretariat der Kommission.

Der daraus hervorgegangene Entwurf wurde im April 1982 dem Papst zur abschließenden Prüfung übergeben. Den Vorsitzenden der Bischofskonferenzen wurde mitgeteilt, letzte Korrekturvorschläge seien direkt an ihn zu richten. Auch dieses *Schema Novissimum* kursierte nur in Form privater Fotokopien.

Inzwischen sind diverse Schemata bzw. die Vorentwürfe der einzelnen Normen sowie die *Relatio* zugänglich über die Zeitschrift *Communicationes*, die seit 1969 halbjährlich erscheint und in der außerdem die Arbeit der verschiedenen Studiengruppen der Codexkommission minutiös dokumentiert ist.

Erneuten Bitten um eine nochmalige Konsultation aller Bischöfe und um einen Aufschub der Gesetzesverkündigung gab der Papst nicht statt. Er überarbeitete den Entwurf zunächst mit einer Gruppe von sieben Kanonisten, dann mit einer Gruppe von vier Bischöfen, unter ihnen Kardinal Ratzinger. Zahlreiche Bestimmungen wurden geändert, gestrichen oder neu aufgenommen.

Am 25. Januar 1983 wurde der Codex Iuris Canonici promulgiert (AAS 75 (1983) Pars II, 1–301), am ersten Advent 1983 ist er in Kraft getreten. Für Papst Johannes Paul II. handelt es sich um die „Frucht kollegialer Zusammenarbeit [...], die aus dem Zusammenwirken von fachkundigen Menschen und Einrichtungen aus der ganzen Kirche entstanden ist“ (Papst Johannes Paul II, Apostolische Konstitution *Sacrae Disciplinae Leges* vom 25.01.1983 X).

2.5 Eine Kodifikationen für die katholischen Ostkirchen

Die Normen des CIC betreffen allein die lateinische Kirche. Sie gelten nicht für jene rund 10 Millionen Katholikinnen und Katholiken (etwa 1 % aller katholischen Christen), die den sogenannten katholischen Ostkirchen (oder „orientalischen katholischen Kirchen") angehören.

Katholische Ostkirchen

Diese Kirchen entstammen der ostkirchlichen Tradition und haben in der Regel altorientalische oder orthodoxe Mutterkirchen. Nachdem sie sich von diesen im Verlaufe des zweiten Jahrtausends getrennt hatten, wurden sie wieder in die Gemeinschaft mit der römischen Kirche aufgenommen. Sie bilden nicht eine verfassungsrechtliche Einheit, sondern untergliedern sich in derzeit 21 sogenannte Rituskirchen *sui iuris* mit je unterschiedlicher rechtlicher Gestalt.

Das Projekt eines Ostkirchenkodex ist beinahe ebenso alt wie die Pläne für den CIC. Aus unterschiedlichen Gründen ging es damit nicht voran. Kritiker sahen die Gefahr einer Latinisierung der orientalischen Kirchen. Das II. Vatikanische Konzil hat die Hochschätzung der orientalischen Kirchen zum Ausdruck gebracht und auf Wert und Würde der in den Ostkirchen fortlebenden apostolischen Überlieferung verwiesen (vgl. *Orientalium Ecclesiarum* (OE) 1).

Trotz dieser Neubewertung der ostkirchlichen Tradition stieß die Idee eines Ostkirchenkodex auch nachkonziliar auf Bedenken: Die orientalischen Rituskirchen sind relativ eigenständig, sie werden von weitgehend autonomen Vorstehern geleitet. Die Bischofssynoden der Patriarchal- und Metropolitankirchen haben Gesetzgebungsgewalt und ein unabhängiges Bischofswahlrecht. Zumindest gegenüber diesen Kirchen hat der Papst nicht dieselben Funktionen und Rechte wie in der lateinischen Kirche. Normen, die in die Kompetenz der Gesetzgeber der einzelnen Ostkirchen fallen, kann er nicht erlassen. Eine päpstliche Kompetenz für die Kodifikation des Rechts einzelner Ostkirchen lässt sich von daher nicht leicht begründen.

Papst Johannes Paul II. hat diese Vorbehalte offenbar als nicht so gewichtig angesehen. Im Jahr 1974 wurde die Arbeit an einem Codex des Ostkirchenrechts aufgenommen, die ähnlich wie die Revision des CIC ablief. Eine Zeitlang war geplant, beiden Gesetzbüchern eine gemeinsame *Lex Ecclesiae Fundamentalis*, ein kirchliches Grundgesetz, vorzuschalten. Darin sollte das für die lateinische Kirche und die katholischen Ostkirchen gemeinsame materielle Verfassungsrecht der römisch-katholischen Kirche zusammengestellt werden. Aus rechtstheoretischen und theologischen Gründen wurde das Vorhaben schließlich nicht umgesetzt;

die für die *Lex Ecclesiae* vorgesehenen Normen wurden in die beiden Gesetzbücher eingefügt (näheres dazu: Aymans, Das Projekt einer Lex Ecclesiae Fundamentalis).

Im Oktober 1990 promulgierte Papst Johannes Paul II. das Ostkirchenrecht; ein Jahr später, am 1. Oktober 1991, trat es in Kraft. Es trägt die Bezeichnung *Codex Canonum Ecclesiarum Orientalium*, kurz CCEO (AAS 82 (1990), 1061–1363). Für die Kodifikation des Ostkirchenrechts beruft sich der Papst auf die Fülle seiner apostolischen Autorität (vgl. Papst Johannes Paul II., Apostolische Konstitution *Sacri Canones* vom 18.10.1990 1043). Das entspricht kirchlicher Lehre: Die Höchstgewalt des Papstes ist definitionsgemäß nicht einzugrenzen, auch nicht durch die Gesetzgebungsgewalt ostkirchlicher Bischofssynoden. Es kann gefragt werden, ob dies dem ekklesiologischen Selbstverständnis der Ostkirchen gerecht wird. Entschiedener Widerspruch gegen das Vorgehen des Papstes hat sich indes nicht erhoben (informative Einführung in das Ostkirchenrecht: Madey, Quellen und Grundzüge des Codex Canonum Ecclesiarum Orientalium). CCEO

Zusammenfassung

Das kirchliche Recht hat sich im Laufe der Kirchengeschichte allmählich entwickelt. Die wissenschaftliche Beschäftigung mit kirchlichem Recht setzte ein mit dem *Decretum Gratiani* Mitte des 12. Jahrhunderts und brachte in der Folge bedeutende Rechtssammlungen hervor. Sie wurden im ausgehenden Mittelalter zusammengefasst zum *Corpus Iuris Canonci*, das ungeachtet ergänzender kirchlicher Gesetzgebung über lange Zeit eine maßgebliche Rechtsquelle blieb. Im 20. Jahrhundert wurde das kirchliche Recht in Kodifikationen systematisch zusammengestellt – zunächst im *Codex Iuris Canonici*/1917, nach dem II. Vatikanischen Konzil im *Codex Iuris Canonici* von 1983, dem derzeit geltenden Gesetzbuch der lateinischen katholischen Kirche. Für die katholischen Ostkirchen promulgierte Papst Johannes Paul II. im Jahr 1990 den *Codex Canonum Ecclesiarum Orientalium*.

3. Göttliches und kirchliches Recht

3.1 Göttliches Recht

Nach einem Diktum des englischen Staatstheoretikers und Philosophen Thomas Hobbes (1588–1679) gilt: „*Auctoritas non veritas facit legem*". Dieses zur Legitimation des Absolutismus herangezogene Axiom ist Ausdruck eines strengen *Rechtspositivismus*: Rechtspositivismus

Nicht der Inhalt der Rechtssetzung ist maßgeblich für die Geltung von Recht; entscheidend sind allein die Macht und der Durchsetzungswille derjenigen, die über gesetzgebende Gewalt verfügen: Macht, nicht Wahrheit, schafft Recht.

Naturrecht

Im Unterschied dazu geht die *Naturrechtslehre* von der Natur des Menschen bzw. von der menschlichen Vernunft als Quelle des Rechts und der Rechtsordnung aus. Gerecht und für alle Rechtsgenossen verbindlich ist, was der „wahren Natur" des Menschen entspricht. Gegenüber rechtspositivistischen Ansätzen ist die Rechtsordnung bei diesem Konzept nicht ausschließlich von jenen abhängig, die über die Macht verfügen, Recht zu setzen. Vorausgesetzt ist vielmehr die Existenz eines vorpositiven Rechts, das heißt von Rechtssätzen, die unabhängig von jeder Rechtsetzung schon bestehen und jedem Gesetzgeber verbindlich vorgegeben sind – Rechtssätze, die sich aus der „Natur" (des Menschen, der Sache) ableiten lassen. Es gibt jedoch vielfältige Naturkonzeptionen; die „Natur" lässt sich auf unterschiedliche Weise interpretieren. Es besteht die Gefahr des Zirkelschlusses: Als „wahre Natur" wird identifiziert, was dem eigenen Verständnis der vorgefundenen natürlichen Ordnung entspricht; diese Interpretation wird in einem weiteren Gedankenschritt zum Maßstab dessen erhoben, was der „Natur" entspricht.

Kirchlichem Recht liegt eine modifizierte Naturrechtskonzeption zugrunde. Der Naturbegriff wird nicht ausschließlich oder vorrangig aus der vernunftgeleiteten Betrachtung der natürlichen Ordnung gewonnen. Vielmehr wird die Natur theologisch als Schöpfung Gottes verstanden: Das vorpositive Recht geht mithin auf Gott zurück, der seiner Schöpfung die natürliche Ordnung eingestiftet hat. Die Deutung der natürlichen Ordnung ist theologisch rückgebunden an den Willen des Schöpfers. Damit ist nach kirchlichem Selbstverständnis die Gefahr des naturalistischen Zirkel- bzw. Fehlschlusses gebannt. Die „wahre Natur" ist nicht eine Projektion menschlicher Interpretationsversuche, die je nach Interpret zu unterschiedlichen Ergebnissen führen können. Die „wahre Natur" ergibt sich aus dem göttlichen Schöpfungswillen und ist mithin als unumstößliche Wahrheit objektiv vorgegeben.

Folglich gilt in der katholischen Kirche nach kirchlichem Selbstverständnis gerade die Umkehrung der Hobbes'schen Sentenz: *Veritas non auctoritas facit legem* – Wahrheit, nicht Macht, schafft Recht. Kirchliches Recht ist der Wahrheit, und damit letztlich Gott verpflichtet, präziser: den von Gott verbürgten Rechtsgrundlagen.

Göttliches Recht

Sie konstituieren das sogenannte göttliche Recht. Die kirchlichen Gesetzbücher nehmen mehrfach ausdrücklich Bezug auf göttliches Recht oder berufen sich auf Anordnungen Gottes: Beispielsweise haben die katholische Kirche und der Apostolische Stuhl kraft göttlicher Anordnung den Charakter einer moralischen Person (can. 113), einzelne Kirchenämter gehen auf göttliche Anordnung zurück (can. 145 § 1), kirchliche Leitungsgewalt existiert aufgrund göttlicher Einsetzung (can. 129 § 1), kraft göttlicher Weisung gibt es in der katholischen Kirche den Kleriker- und den Laienstand (can. 207 § 1), mitunter kann das Eingehen einer Ehe durch göttliches Recht verboten sein (can. 1075 § 1) (für eine vollständige Zusammenstellung aller einschlägigen kodikarischen Bestimmungen: vgl. Pree, Zur Wandelbarkeit und Unwandelbarkeit des Ius Divinum 111; vgl. zum Folgenden ebenfalls: Hollerbach, Göttliches und Menschliches in der Ordnung der Kirche).

Die Vorstellung eines von Gott kommenden Rechts ist im katholischen Raum nicht unumstritten. Von einzelnen Theologinnen und Theologen wird sie zurückgewiesen, von anderen wird ein differenzierterer Umgang mit diesem Konzept angemahnt. Dessen ungeachtet gilt das göttliche Recht nach wie vor als zentrale Kategorie katholischer Lehre und Theologie.

ius divinum positivum

Zum göttlichen Recht gehört das positiv-göttliche Recht (*ius divinum positivum*). Es umfasst jene Rechtsnormen, die unmittelbar auf die göttliche Offenbarung zurückgeführt werden können oder in einem notwendigen Zusammenhang mit der Offenbarung stehen. Zum göttlichen Recht gehört nach katholischem Selbstverständnis auch das Naturrecht. Die Wesensnatur der Welt und des Menschen sind der Welt und dem Menschen von Gott eingestiftet. Naturrecht ist daher mittelbar göttliches Recht (*ius divinum naturale*). Es umfasst die in der Natur grundgelegten und durch die Vernunft daraus ableitbaren Normen.

ius divinum naturale

Göttliches Recht ist allem übrigen Recht vor- und übergeordnet. Sein Anspruch ist nach katholischer Lehre ein universaler: Es gilt zu jeder Zeit, überall und für alle – nicht nur für Katholiken, nicht nur für Christen, sondern für alle Menschen, auch für jene, die sich dieses Anspruchs nicht bewusst sind oder die ihn ablehnen. Als von Gott kommendes Recht ist es dem menschlichen Zugriff entzogen, es kann daher auch für Einzelfälle nicht außer Kraft gesetzt werden – nicht einmal durch den Papst. Aus demselben Grund ist es substanziell unveränderlich. Was Gott angeordnet hat, gilt für alle Zeiten.

Was aber hat Gott angeordnet? Was sind die von Gott verbürgten Rechtsgrundlagen? Und vor allem: Woher lässt sich diesbezüglich Gewissheit gewinnen (zum Folgenden vgl. Rahner, Über den Begriff des „Jus Divinum“ im katholischen Verständnis)?

Göttliches Recht in Schrift …

Eine mögliche Antwort könnte lauten: Aus der Schrift! Doch schon eine oberflächliche Prüfung erweist diese Antwort als nicht tragfähig. Nicht alles, was in der Schrift steht, wird als Satz göttlichen Rechts verstanden. Das Schwurverbot der Bergpredigt (Mt 5, 33–37) beispielsweise kann von Exegeten zumindest dem Sinn nach auf den historischen Jesus zurückgeführt werden. Es wurde in der frühen Kirche weitgehend beachtet, hat sich aber nicht durchgesetzt: Die Kardinäle schwören vor der Papstwahl, nichts über die Wahl nach außen dringen zu lassen. Bischöfe müssen vor ihrem Amtsantritt einen Treueid ablegen, desgleichen Theologieprofessoren. Prozessbeteiligte in einem kirchlichen Gerichtsverfahren müssen ihre Aussagen beeiden. Das Bibelwort wird offenbar nicht als Satz des göttlichen Rechts verstanden. Umgekehrt gibt es göttliches Recht, das sich nicht auf die Schrift zurückführen lässt, beispielsweise die Unterscheidung von Klerikern und Laien in der katholischen Kirche.

… und Tradition

Als weitere denkbare Quelle göttlichen Rechts wird die *auf apostolische Zeit zurückgehende Tradition* in Betracht gezogen. Doch auch hier stellt sich die Frage: Welche Tradition ist maßgeblich? In der frühen Kirche soll es Diakoninnen gegeben haben, eine Tradition, die sich – wenn sie zutrifft – nicht durchgesetzt hat. Anderes wird heute als Ausdruck göttlicher Rechtsetzung angesehen, obwohl es in der apostolischen Zeit noch nicht begegnet, z.B. die erst im Laufe der Jahrhunderte entwickelte Lehre vom Jurisdiktionsprimats des Papstes und die daraus folgenden Normen (ausführlich: Schatz, Der päpstliche Primat).

Verbindliche Festlegung durch das Lehramt

Gewissheit über Umfang und Inhalte des göttlichen Rechts kann es nur geben auf der Grundlage verbindlicher Festlegungen und Klarstellungen. Es wäre grundsätzlich nicht undenkbar, alle Gläubigen an solchen Festlegungen zu beteiligen, etwa im Rahmen von konziliaren oder konzilsähnlichen Prozessen. Nach kirchlicher Lehre ist es indes ausschließlich dem obersten Lehramt der Kirche vorbehalten, verbindlich zu erklären, was als von Gott geoffenbart zu gelten hat.

Träger höchster kirchlicher Lehrautorität

Oberstes kirchliches Lehramt, das heißt höchste kirchliche Lehrautoritäten sind der Papst alleine und das Kollegium *aller* Bischöfe zusammen mit dem Papst als seinem Haupt (niemals aber ohne ihn). Dem Diözesanbischof kommt zwar ebenfalls kirchliche Lehrautorität zu, er gehört jedoch *als einzelner* nicht zu den Trägern höchster kirchlicher Lehrautorität. Nur der Papst und das Bischofskollegium zusammen mit dem Papst verfügen über die Unfehlbarkeit im Lehramt. Sie ist erforderlich, um verbindlich zu lehren, was zum göttlichen Recht gehört.

Lehren, die von der höchsten Autorität als unfehlbar vorgelegt werden, betreffen nach can. 749 entweder die Glaubenslehre (*fides*), das heißt theologisch-spekulative Inhalte, oder die Sittenlehre (*mores*), das heißt praktische Verhaltensnormen sittlicher oder rechtlicher Art wie z.B. die Gebote des Dekalogs. Unter diese als unfehlbar gelehrten Verhaltensnormen werden die Normen des göttlichen Rechts gerechnet (*ius divinum positivum* und *ius divinum naturale*).

unfehlbar vorgelegte Lehren

Dem Papst kommt Unfehlbarkeit zu, wenn er als oberster Hirt und Lehrer aller Gläubigen, dessen Aufgabe es ist, seine Brüder im Glauben zu stärken, eine Glaubens- oder Sittenlehre definitiv als verpflichtend verkündet (can. 749 § 1). Lehrt er in dieser Absicht, wird seit dem I. Vatikanischen Konzil von *ex-cathedra*-Entscheidungen des Papstes gesprochen. Das Bischofskollegium zusammen mit dem Papst übt seine höchste Autorität vor allem bei Konzilien aus. Sie sind allerdings selten; zuletzt fand von 1962–1965 das II. Vatikanische Konzil statt, eines von drei Konzilien in den vergangenen 500 Jahren. Seine oberste Lehrautorität kann das Bischofskollegium auch ausüben, indem die über den Erdkreis verstreuten Bischöfe in Gemeinschaft untereinander und mit dem Papst zusammen mit ihm in authentischer Lehre zu demselben, als definitiv verpflichtenden Urteil gelangen (can. 749 § 2). Diskutiert wird, wie sich das Vorliegen einer so verstanden gemeinsamen Lehre des Bischofskollegiums zusammen mit seinem Haupt zuverlässig feststellen lässt. In der jüngeren Vergangenheit wurde die lehrmäßige Übereinstimmung der Bischöfe jeweils durch eine Erklärung des Papstes offenkundig gemacht, z.B. im Fall des Apostolischen Schreibens *Ordinatio Sacerdotalis* Papst Johannes Pauls II. über die Männern vorzubehaltende Priesterweihe vom 22.05.1994 (AAS 86 (1994), 545–548).

II. Vatikanisches Konzil 1962–1965

Es zeigt sich: Göttliches Recht ist, um als solches erkennbar zu sein, angewiesen auf die Vermittlung durch die zuständigen Autoritäten, die das göttliches Recht verbindlich feststellen und auslegen. Es begegnet nie in „Reinform“, sondern stets in einer positivierten, durch Menschen geschaffenen sprachlichen Gestalt. Sie ist notwendigerweise in ihren Ausdrucksmitteln begrenzt. Insofern sind die als solche unwandelbaren Normen des göttlichen Rechts hinsichtlich ihrer konkreten sprachlichen Realisierung wandelbar, anpassungsfähig und anpassungsbedürftig. Die äußere Gestalt einer Norm des göttlichen Rechts ist wandelbar, ihr innerer Gehalt hingegen nicht. Zeitgemäße Adaptionen von Sätzen des göttlichen Rechts oder Präzisierungen hinsichtlich ihrer Formulierung sind nicht ausgeschlossen. In welchem Umfang und in welcher Form solche Adaption geschieht, entscheidet allein die höchste kirchliche Autorität.

3.2 (Bloß) kirchliches Recht

Zum göttlichen Recht tritt das *ius mere ecclesiasticum*, das (bloß) kirchliche Recht hinzu. Es kommt nicht von Gott, sondern geht zurück auf die Gesetzgebungstätigkeit von Päpsten, Bischöfen oder anderen kirchlichen Gesetzgebern. Zum göttlichen Recht steht es in einem Abhängigkeitsverhältnis. Das göttliche Recht bestimmt den Rahmen für die rein kirchlichen Gesetze. Göttliches Recht

- *legitimiert* das bloß kirchliche Recht, insofern es dessen Grundlage bildet. Was im göttlichen Recht festgelegt ist, darf im kirchlichen Recht nicht unbeachtet bleiben;
- *normiert* die rein kirchliche Rechtsetzung, insofern es eine Zielvorgabe für das kirchliche Recht darstellt. Was im göttlichen Recht festgelegt ist, ist prägend für das kirchliche Recht;
- *limitiert* das bloß kirchliche Recht, insofern es dessen Grenzen markiert. Was dem göttlichen Recht widerspricht, kann rechtliche Verbindlichkeit nicht entfalten (vgl. Hollerbach, Göttliches und Menschliches in der Ordnung der Kirche 188).

Dieses Mit- und Nebeneinander von göttlichem und rein kirchlichem Recht ist kennzeichnend für die Rechtsordnung der katholischen Kirche. Gemeinsam konstituieren göttliches und (bloß) kirchliches Recht das kanonische Recht.

> Üblicherweise wird in der „wissenschaftlichen Umgangssprache" für das kanonische Recht auch der Ausdruck „kirchliches Recht" verwendet, der in diesem Fall jedoch für das Ganze steht und nicht nur für jenen Teil des Ganzen, der zum göttlichen Recht komplementär ist: *ius mere ecclesiasticum* – rein kirchliches Recht. Die daraus resultierende Verwechslungsgefahr ist zu beachten, zumal das Adverb „rein" oft ausfällt, obwohl es bei präziser Begriffsbildung erforderlich wäre. Was im Einzelfall gemeint ist, wenn vom „kirchlichen Recht" die Rede ist, lässt sich in der Regel nur aus dem Zusammenhang erschließen.

Zusammenfassung

Zentrales Charakteristikum des kanonischen Rechts ist dessen Zweischichtigkeit. Grundlegend ist das göttliche Recht. Es ist allem übrigen Recht vor- und übergeordnet und unveränderlich; nach kirchlichem Selbstverständnis gilt es für alle Menschen, und für alle Zeiten. Sein Umfang und Inhalt wird – unter Berufung auf Schrift und Tradition – vom höchsten kirchlichen Lehramt verbindlich festgestellt, vorgelegt und ausgelegt. Es bildet den Rahmen für das menschliche Kirchenrecht, das heißt für das von kirchlichen Gesetzgebern erlassene rein kirchliche Recht.

4. Gesetze

4.1 Merkmale

Kirchenrecht ist Gesetzesrecht. Rechtsquellen der kirchlichen Rechtsordnungen sind in der Regel Gesetze. Nach einer klassischen Definition des Gesetzesbegriffs von Thomas von Aquin, die Eingang in den Katechismus der katholischen Kirche (n. 1976) gefunden hat, ist ein Gesetz eine „Ordnung der Vernunft im Hinblick auf das Gemeinwohl, erlassen von demjenigen, der die Sorge für das Wohl der Gemeinschaft trägt“:

Zitat

[...] definitio legis, quae nihil est aliud quam quaedam rationis ordinatio ad bonum commune, ab eo qui curam communitatis habet, promulgate (Summa theologiae I-II, 90,4).

In den Entwürfen zum CIC war eine Legaldefinition des Gesetzes vorgesehen, die sich an jener von Thomas orientierte. Sie wurde kurz vor der Promulgation des CIC gestrichen. Das Gesetzbuch enthält aber weiterhin Hinweise, denen sich entnehmen lässt, was der Gesetzgeber unter einem Gesetz versteht. Eine bestimmte Kategorie von Gesetzen, die allgemeinen Dekrete, werden beschrieben als „gemeinsame Vorschriften für eine passiv gesetzesfähige Gemeinschaft, die von einem zuständigen Gesetzgeber erlassen worden sind“ (can. 29).

Ein Gesetz ist demnach (zum Folgenden vgl. Aymans/Mörsdorf, Kanonisches Recht 141–159) eine *gemeinsame Vorschrift*, das heißt es beansprucht Allgemeingültigkeit. Als generell-abstrakte

Gemeinsame Vorschrift

Norm richtet es sich nicht an konkrete Einzelpersonen, sondern an einen generell umschriebenen Adressatenkreis. Es formuliert nicht eine Vorgabe für einen bestimmten Einzelfall, sondern beansprucht Verbindlichkeit für eine abstrakt umschriebene Vielzahl von Fällen, die dieselben charakteristischen Merkmale aufweisen. Die Allgemeingültigkeit betrifft nicht nur Adressaten und Regelungsgegenstand, sondern auch den zeitlichen Geltungsrahmen: Es ist grundsätzlich auf Stabilität und Dauer angelegt. Gleichwohl kann es angepasst, geändert oder aufgehoben werden.

Passiv gesetzesfähige Gemeinschaft

Ein Gesetz kann nur einer *passiv gesetzesfähigen Gemeinschaft* gegeben werden. Auch von daher kommen Einzelpersonen nicht als Adressaten der Gesetzgebung in Betracht. Wovon die passive Gesetzesfähigkeit einer Gemeinschaft abhängt, ist in der Kanonistik nicht abschließend geklärt. Als passiv gesetzesfähig gelten in der Kirche unstrittig jene Gemeinschaften von Gläubigen, deren hierarchisches Haupt über Gesetzgebungsgewalt verfügt: das Gottesvolk der Gesamtkirche, das Gottesvolk einer Teilkirche, bestimmte Zusammenschlüsse von Teilkirchen wie Kirchenprovinzen oder die Gläubigen der Teilkirchen mit einer gemeinsamen Bischofskonferenz. Gesetzesfähig sind auch Verbände mit autonomen Satzungen oder Ordensgemeinschaften. Ob auch das Gottesvolk einer Pfarrgemeinde dazugehört, wird diskutiert: Kann der Diözesanbischof ein Gesetz (nur) für eine bestimmte Pfarrei seiner Diözese erlassen?

Gesetzgeber

Ein Gesetz kann nur von einem *zuständigen Gesetzgeber* erlassen werden, das heißt von einer kirchlichen Autorität, die im Blick auf die jeweiligen Gesetzesadressaten über Gesetzgebungsgewalt verfügt.

Vernünftigkeit

Neben diesen formalen Merkmalen gibt es inhaltliche. So setzt can. 24 § 2 implizit voraus, ein Gesetz müsse vernünftig sein. Darin klingt die Forderung des Thomas von Aquin an, ein Gesetz müsse in sich stimmig sein und nachvollziehbaren Zielen dienen; die eingesetzten Mittel müssen verhältnismäßig sein (es sollte also beispielsweise ein Bagatelldelikt nicht mit der Höchststrafe bedroht werden). Was das im Einzelfall bedeutet und ob ein konkretes Gesetzesvorhaben als vernünftig anzusehen ist, kann mitunter Ermessenssache sein. Maßgeblich ist die Einschätzung des Gesetzgebers. Ein Gesetz ist jedenfalls dann als unvernünftig anzusehen, wenn seine Befolgung unmöglich ist. Der Gesetzgeber formuliert nicht unverbindliche Vorschläge, sondern gibt verbindlich Normen vor, deren Beachtung er erwartet. Diese Erwartung ist nur berechtigt, wenn die Gesetzesadressaten grundsätzlich in der Lage sind, das Gesetz zu befolgen. Eine alte kirchliche Rechtsregel lautet: *Nemo potest ad impossibile obligari* – Niemand kann zu etwas Unmöglichem verpflichtet werden. Ein Gesetz, dessen Befolgung für sämtliche Gesetzesadressaten unmöglich – nicht bloß schwierig, unangenehm oder unerwünscht – ist, wäre ein unvernünftiges Gesetz.

Gemeinwohl

Schließlich ist auch die *Orientierung am Gemeinwohl* eine wichtige Maxime der kodikarischen Gesetzgebung. Wiederholt werden das *bonum commune* und das *bonum ecclesiae* implizit oder explizit als Ziele gesetzlicher Bestimmungen genannt: Die Gläubigen haben die Pflicht, stets die Gemeinschaft mit der Kirche zu wahren (can. 209 § 1), sie müssen bei der Ausübung ihrer Rechte auf das Gemeinwohl der Kirche achten (can. 223 § 1), im Hinblick auf dieses Gemeinwohl steht es den kirchlichen Autoritäten zu, Individualrechte der Gläubigen zu modifizieren (can. 223 § 2), kirchliche Autoritäten nehmen ihre Ämter und Aufgaben wahr zum Wohl der Kirche (cann. 287, 334, 407 § 1), das Heil der Seelen muss in der Kirche immer das oberste Gesetz sein (can. 1752).

4.2 Gesetzgeber

Die Gewalt, Gesetze zu erlassen, kommt in der katholischen Kirche nur wenigen Amtsträgern und kirchlichen Organen zu.

Universalkirchliche Gesetzgeber

Auf *universalkirchlicher Ebene* verfügt der Papst kraft seines Jurisdiktionsprimats über uneingeschränkte Gesetzgebungsgewalt. Er kann jederzeit zu allen aus seiner Sicht relevanten Materien Gesetze erlassen, ändern oder aufheben. Solche für die gesamte Kirche werden von der Kanonistik als *allgemeine, universale* oder *universalkirchliche* Gesetze bezeichnet, solche für einzelne Teilkirchen, Teilkirchenverbände oder andere rechtsfähige Gemeinschaften unterhalb der Ebene der Gesamtkirche heißen *partikulare* oder *partikularkirchliche* Gesetze.

Über eine ähnlich umfassende Gesetzgebungsgewalt verfügt das Bischofskollegium zusammen mit dem Papst als seinem Haupt. Allerdings kann das Bischofskollegium seine umfassende Gewalt nur in Abhängigkeit vom Papst betätigen – näherhin nur dann, wenn der Papst die Bischöfe zu einem Konzil zusammenruft, oder wenn er eine gemeinsame Amtshandlung der über den Erdkreis verstreuten Bischöfe initiiert oder nachträglich frei annimmt. Als abhängige Gewalt erweist sich die Gesetzgebungsgewalt des Bischofskollegiums gegenüber jener des Papstes als nachgeordnet. Sie wird zudem nur selten ausgeübt und ist ungeachtet ihres rechtsdogmatischen Stellenwerts in der Praxis bedeutungslos.

> Auch CIC und CCEO sind nicht Gesetze des Bischofskollegiums. In der Apostolischen Konstitution zur Promulgation des Codex Iuris Canonici verweist Papst Johannes Paul II. zwar auf die kollegiale Sorge aller Bischöfe, die der CIC widerspiegele, und betont die kollegiale Gesinnung, in der die Bischöfe mit ihm zusammengearbeitet hätten, er promulgiert ihn aber ausdrücklich aufgrund der höchsten Autorität, die er als Papst innehat: „Wenn Wir ... heute den Codex promulgieren, sind Wir Uns voll bewußt, daß dieser Akt von Unserer päpstlichen Autorität ausgeht und daher *primatialen Charakter* annimmt". (Apostolische Konstitution *Sacrae Disciplinae Leges* vom 25.01.1983)

Partikularkirchliche Gesetzgeber

Gesetzgeber auf *teilkirchlicher Ebene* ist der Diözesanbischof. Seine Gesetzgebungsgewalt ist in doppelter Weise begrenzt: Seine Gesetze binden nur jene, die seiner Hirtensorge unterstellt sind, also regelmäßig die eigenen Diözesanen sowie unter bestimmten Umständen auch jene, die sich in seinem Jurisdiktionsbereich aufhalten. Und sie gelten nur, wenn und soweit sie nicht den Gesetzen eines übergeordneten Gesetzgebers widersprechen.

Zwischen der Ebene der Universalkirche und der Ebene der Teilkirche sind zwei Organe angesiedelt, die ebenfalls über Gesetzgebungsgewalt verfügen: die Bischofskonferenzen und die Partikularkonzilien. Bischofskonferenzen sind die Zusammenschlüsse der Bischöfe eines bestimmten Gebiets, meist einer Nation. Sie sind vom CIC mit zahlreichen Gesetzgebungskompetenzen und auch Gesetzgebungsverpflichtungen ausgestattet und entfalten eine entsprechend rege Gesetzgebungstätigkeit. Ihre Gesetzgebung ist jener des einzelnen Diözesanbischofs übergeordnet und schränkt seine Gesetzgebungskompetenz folglich ein. Indes hat der Diözesanbischof die Möglichkeit, durch sein Stimmrecht Einfluss auf die Gesetzgebung der Bischofskonferenz zu nehmen. Er ist allerdings auch an Entscheidungen gebunden, denen er nicht zugestimmt hat. Mit dieser Kompetenzverteilung fördert der Papst konferenzweit einheitliche Regelungen.

Partikularkonzilien sind „regionale" Konzilien für alle Teilkirchen einer Bischofskonferenz oder – unterhalb dieser Ebene – für alle Teilkirchen einer Kirchenprovinz. Von Rechts wegen kommt ihnen eine ähnliche Bedeutung für die Gesetzgebung zu wie den Bischofskonferenzen. Tatsächlich haben die Bischofskonferenzen ihnen den Rang abgelaufen. Mindestens einmal im Jahr haben die Bischofskonferenzen eine Vollversammlung abzuhalten

– die Deutsche Bischofskonferenz versammelt sich zweimal im Jahr. Hinzu kommen regelmäßige Zusammenkünfte des verbindlich vorgeschriebenen Ständigen Rates einer Bischofskonferenz. Offenbar lassen die regelmäßigen Zusammenkünfte der Bischofskonferenz die Feier von Partikularkonzilien als entbehrlich erscheinen.

4.3 Promulgation und Inkrafttreten

„Ein Gesetz tritt ins Dasein, indem es promulgiert wird" (can. 7). Die *Promulgation* ist die autoritative Kundgabe eines Gesetzes. Durch sie wird die vom Gesetzgeber ausgefertigte Gesetzesurkunde der Gemeinschaft bekannt gemacht. Sie kann auf verschiedenen Weisen erfolgen. Universalkirchliche Gesetze werden nach can. 8 promulgiert durch Abdruck des Gesetzes in den Acta Apostolicae Sedis, dem amtlichen Verlautbarungsorgan des Apostolischen Stuhls. Für partikularkirchliche Gesetze wird die Promulgationsform vom jeweiligen Gesetzgeber festgelegt. In den deutschen Diözesen beispielsweise erfolgt sie in der Regel durch die Veröffentlichung in den diözesanen Amtsblättern. Gesetze der deutschen Bischofskonferenz, die nicht über ein eigenes Amtsblatt verfügt, werden hingegen dadurch promulgiert, dass der Vorsitzende der Konferenz den Diözesanbischöfen den Gesetzestext – den die Bischöfe zuvor gemeinsam beschlossen haben – förmlich mitteilt. Die Problematik dieser Promulgationsform besteht in der mangelnden Öffentlichkeit und Nachvollziehbarkeit für die Gesetzesadressaten. Zwar sind die Diözesanbischöfe gehalten, die Normen anschließend in ihren Amtsblättern zu publizieren. Doch auch wenn sie dieser Verpflichtung nicht nachkommen sollten und die Adressaten den Gesetzestext nicht zur Kenntnis nehmen könnten, gälte er als ordnungsgemäß promulgiert.

Von der Promulgation zu unterscheiden ist das Inkrafttreten eines Gesetzes. In der Regel ist zwischen Promulgation und Inkrafttreten eine sogenannte *vacatio legis* vorgesehen. Sie soll Gesetzesanwendern und Gesetzesadressaten die Gelegenheit geben, sich auf die kommende neue Rechtslage einzustellen. Universalkirchliche Gesetze treten gemäß can. 8 drei Monate nach dem Datum der Promulgation in Kraft. Maßgeblich ist das auf der entsprechenden Nummer der *Acta Apostolicae Sedis* angegebene Datum.

Derzeit erscheinen die Lieferungen der *Acta Apostolicae Sedis* regelmäßig wesentlich später als drei Monate nach dem aufgedruckten Datum. Der Sinn der *vacatio legis* wird damit unterlaufen. Die Publikation des Gesetzestextes in den *Acta* ermöglicht nicht mehr das vorgängige Studium des Gesetzestextes, sondern klärt lediglich, zu welchem in der Vergangenheit liegenden Termin ein Gesetz bereits in Kraft getreten ist. Diese Entwicklung gefährdet die Rechtssicherheit. Die Problematik wird durch die inzwischen übliche Vorveröffentlichung von Gesetzestexten im *Osservatore Romano* und per Internet nicht gemindert. So war beispielsweise der Text des Motu Proprio *Omnium in mentem* Papst Benedikts XVI. vom 26.10.2009 seit Ende 2009 zugänglich. Dadurch war bekannt, dass die nur standesamtliche Eheschließung bestimmter Katholiken künftig keine gültige Ehe mehr begründet. Unklar war, ab wenn diese Änderung gelten würde. Das Motu Proprio wurde in den *Acta Apostolicae Sedis* vom 8.1.2010 abgedruckt (AAS 102 (2010), 8–10); die Gesetzesänderung trat mithin zum 8. April 2010 in Kraft. Davon erfuhren Rechtsadressaten und -anwender indes erst, als das Januar-Heft der *Acta Apostolicae Sedis* Mitte 2011 erschien – mehrere Monate nach dem Tag des Inkrafttretens.

Eine kürzere oder längere Vakationszeit kann festgelegt werden. Beim CIC von 1983 erstreckte sie sich über zehn Monate: Die Promulgation erfolgte am 25. Januar 1983, in Kraft getreten ist der CIC am Ersten Adventssonntag desselben Jahres, am 27. November 1983. Eine Änderung des Papstwahlgesetzes durch Papst Benedikt XVI. trat am Tag ihrer Publikation im *Osservatore Romano* sogleich in Kraft (Papst Benedikt XVI., Motu Proprio *Constitutione apostolica* vom 11.06.2007). Bei partikularen Gesetzen beträgt die *vacatio legis* einen Monat, sofern im Gesetz nichts anderes festgelegt wird.

4.4 Verbindlichkeit und Geltung

Hinsichtlich der Verbindlichkeit des kanonischen Rechts ist dessen erwähnte Zweischichtigkeit zu beachten: Normen des göttlichen Rechts, die als Anordnungen Gottes zu verstehen sind, beanspruchen unbedingte und unwiderrufliche Zustimmung aufgrund göttlicher und kirchlicher Autorität.

Die Verbindlichkeit der Normen rein kirchlichen Rechts gründet in der formalen Autorität des Gesetzgebers. Diskutiert wird, ob sie außerdem auch abhängig ist von der Rezeption durch die Normadressaten. Von jenen, die dies befürworten, wird exemplarisch verwiesen auf die Apostolische Konstitution *Veterum sapientia* von Papst Johannes XXIII. aus dem Jahr 1962 (AAS 54 (1962), 129–135). Darin ordnete der Papst an, in Zukunft seien die theologischen Hauptfächer an Hochschulen weltweit in lateinischer Sprache zu lehren. Professoren, die dazu nicht in der Lage seien, hätten demnach allmählich ersetzt werden müssen. Das Gesetz wurde seit seinem Inkrafttreten nicht befolgt – nicht außerhalb Roms, und auch in Rom nicht konsequent. Rezeption

Ist dies ein Beleg für die Irrelevanz eines nicht rezipierten Gesetzes? Davon ist nicht auszugehen. Der Anordnung Papst Johannes XXIII. mangelte es nicht an gesetzlicher Qualität. Es war möglicherweise nicht klug, sie zu erlassen. Unvernünftig war sie deshalb nicht. Sie blieb auch nicht deshalb unwirksam, weil die Nicht-Rezeption die Geltung des Gesetzes in Frage gestellt hätte, sondern weil Papst Johannes XXIII. die Nicht-Rezeption hinnahm und auf die Durchsetzung des Gesetzes verzichtete. Er musste nicht so handeln. Er hätte das Gesetz auch einschärfen, er hätte Sanktionen verhängen können. In anderen Fällen von anfänglicher Nichtrezeption fordert der Gesetzgeber die Beachtung der Gesetze mit Nachdruck ein und unterstreicht damit seinen Anspruch. So ist der Apostolische Stuhl in den vergangenen Jahren mit Instruktionen wiederholt gegen Missbräuche im liturgischen Recht vorgegangen (vgl. z.B. Interdikasterielle Instruktion *Ecclesia de mysterio* vom 15.08.1997; Kongregation für den Gottesdienst und die Sakramentenordnung, Instruktion *Redemptionis sacramentum* vom 25.03.2004).Wenn er möchte, kann der Gesetzgeber die Rezeption erzwingen. Wenn er im Einzelfall davon absieht, erforderliche Maßnahmen zu ergreifen oder Sanktionen zu verhängen, hat er dafür seine Gründe. Die Rezeption seitens der Gesetzesadressaten gehört somit nicht zu den konstitutiven Merkmalen des Gesetzes. Kanonistische Theorien, nach denen die Verbindlichkeit eines Gesetzes von der Zustimmung der Gläubigen abhängig ist, sind kirchenamtlich nicht anerkannt und ohne Grundlage in den kirchlichen Gesetzbüchern.

Darüber hinaus kennen kanonistische Tradition und Kirchenrechtswissenschaft das Rechtsinstitut der bischöflichen Remonstration. Es meint im Kern, dass der Diözesanbischof dem Papst eine Gegenvorstellung (*remonstratio*) gegen ein päpstliches Gesetz eröffnen darf. Ob dadurch die Wirkung des Gesetzes bis zu einer Entscheidung des Papstes einstweilen suspendiert wird, wie in der Kanonistik vielfach angenommen wird, ist ebenso unklar wie die Remonstration faktische Geltung eines Rechts auf Remonstration. Ein solches Recht in den kirchlichen Gesetzbüchern zu verankern, wurde vielfach angeregt. Der Papst hielt es nicht für erforderlich. Die kanonistische Literatur geht von der Geltung des Remonstrationsrechts aus; belegt werden kann sie aus den kodikarischen Normen nicht. Fälle, in denen seine Inanspruchnahmen behauptet werden, belegen nicht seine Geltung. Schweigt der Papst auf bischöfliche Gegenvorstellungen gegen seine Weisung oder sein Gesetz, ist dies nicht zwingend eine Anerkennung eines Remonstrationsrechts. Es kann Ausdruck stillschweigender Duldung sein. Der Papst sähe bewusst, aber nicht billigend über die Nichtbefolgung oder Gesetzesverletzung hinweg. Der Remonstration des Bischofs entspricht zudem nicht eine Pflicht des Papstes, die Remonstration zu prüfen. Die Verbindlichkeit von kirchlichen Gesetzen wird dadurch nicht eingeschränkt.

Die Verbindlichkeit eines Gesetzes ist Ausdruck des gesetzgeberischen Anspruchs auf Beachtung der erlassenen Normen und nicht von den Gesetzesadressaten abhängig. Das garantiert gleichwohl nicht, dass ein Gesetz auch tatsächlich befolgt wird. Damit stellt sich die Frage nach der Durchsetzbarkeit kirchlicher Gesetze. Sie ist abhängig davon, ob die Missachtung von gesetzlichen Bestimmungen wirkungsvoll geahndet werden kann. Zwar wird der Gesetzgeber bestrebt sein, Gesetze zu erlassen, die so vernünftig sind, dass die Mehrzahl der Adressaten ihnen aus Einsicht und nicht allein aus Angst vor Strafe folgt. Doch nur ein Gesetz, dessen Befolgung auch gegen Uneinsichtige durchsetzbar ist, kann langfristig Wirkung entfalten. Zur Durchsetzung von Gesetzen bedarf es des Zwangs.

Durchsetzbarkeit

Zwang

Solchen Zwang übt die kirchliche Rechtsordnung nur eingeschränkt aus. Zwar gibt es ein kirchliches Strafrecht; es belegt Vergehen gegen die kirchliche Lebensordnung, die kirchliche Lehre oder die Einheit der Kirche mit Strafdrohungen. Die Strafen entsprechen indes dem Charakter des Kirchenrechts als einem geistlichen Recht: Exkommunikation, Ausschluss vom Empfang der Sakramente, Unfähigkeit zur Erlangung von kirchlichen Würden oder Ämtern, Verlust kirchlicher Ämter, Strafversetzung, Entlassung aus dem Klerikerstand. Nach kirchlichem Verständnis handelt es sich dabei um schwere und schwerste Strafen, weil sie die innerkirchliche Rechtsstellung des einzelnen Gläubigen zum Teil erheblich beeinträchtigen. Wirkung entfalten sie in der Regel nur für jene Glieder der kirchlichen Rechtsgemeinschaft, die am Leben der Kirche aktiv teilnehmen. Der Kirche fernstehende Gläubige lassen sich durch ein Verbot des Sakramentenempfangs in der Regel nicht beeindrucken; die Unfähigkeit zur Wahrnehmung kirchlicher Ämter trifft nur die wenigen, die ein solches Amt anstreben. Einzelne

Strafen können von vornherein nur einen bestimmten Personenkreis treffen, z.B. die Klerikern vorbehaltene Strafe der Suspension (can. 1333). Insgesamt entfaltet die kirchliche Rechtsordnung wirkungsvollen Zwang vorwiegend gegenüber jenen, die sich mit der Kirche und ihrer Sendung sehr weitgehend identifizieren, insbesondere wenn sie zusätzlich in einem beruflichen und daher existenziellen Abhängigkeitsverhältnis zur Kirche stehen. Kirchliches Recht ist daher nur eingeschränkt durchsetzbar.

Mitunter kann es wünschenswert erscheinen, die Geltung eines verbindlichen und sanktionsbewehrten, mithin durchsetzbaren, Gesetzes für einen Einzelfall auszusetzen. Dies kommt insbesondere in Betracht, wenn die Befolgung einer Rechtsnorm im konkreten Fall eine ungerechte Härte für den Gesetzesadressaten zur Folge hat. Die kanonistische Tradition kennt die kanonische Billigkeit (*aequitas canonica*) als Prinzip der Rechtsanwendung. Sie ist nach can. 1752, der letzten Norm des CIC, von den Rechtsanwendern bei allen Entscheidungen zu berücksichtigen. Das heißt: Die Entscheidung soll einerseits den besonderen Umständen eines Einzelfalls gerecht werden, andererseits das Anliegen des Gesetzgebers und die grundsätzliche gesetzeskonforme Gleichbehandlung aller im Blick behalten. Was das konkret bedeutet, hängt vom Ermessen der Rechtsanwender ab und ist von ihnen in jedem Einzelfall jeweils neu zu bestimmen. Es kommt darauf an, eine angemessene Balance zwischen Barmherzigkeit und Gerechtigkeit zu finden.

Kanonische Billigkeit

Ein Instrument zur Gewährleistung der kanonischen Billigkeit stellt der Gesetzgeber mit dem Rechtsinstitut der *Dispens* zur Verfügung. Eine Dispens bewirkt die Befreiung von einem rein kirchlichen Gesetz in einem Einzelfall.

Dispens

Die **Dispens** spielt vor allem im kanonischen Eherecht eine wichtige Rolle. Das Eingehen einer gültigen Ehe ist an eine Reihe von Voraussetzungen gebunden. Beispielsweise sind katholische Gläubige verpflichtet, ihre Ehe nach einer vorgeschriebenen katholisch-kirchlichen Form zu begründen. Eine anders geschlossene Ehe kommt nach kirchlichem Recht nicht gültig zustande. Dies führt womöglich zu einer unerträglichen Härte, wenn die nicht-katholische Braut oder der nicht-katholische Bräutigam des katholischen Partners zu einer katholisch-kirchlichen Eheschließung nicht zu bewegen ist. Die zuständige kirchliche Autorität kann in einem solchen Einzelfall unter Abwägung aller Umstände von der gesetzlichen Verpflichtung dispensieren und damit das Zustandekommen einer gültigen Ehe auch ohne katholisch-kirchliche Trauung ermöglichen.

Einen Rechtsanspruch auf Dispens gibt es nicht. Die Dispens ist ein Gnadenakt. Sie kann gewährt werden, wenn die vom Recht geforderten Voraussetzungen erfüllt sind; sie muss aber nicht gewährt werden. Die Entscheidung ist in jedem Einzelfall neu zu treffen. Auch hier gilt es jeweils, Barmherzigkeit im Einzelfall und die Verpflichtung zur Gerechtigkeit auszubalancieren.

Zusammenfassung

Gesetze sind gemeinsame Vorschriften für eine passiv gesetzesfähige Gemeinschaft, die von einem zuständigen Gesetzgeber erlassen worden sind. Sie sind am Gemeinwohl auszurichten. Kirchliche Gesetzgeber sind der Papst und das Bischofskollegium zusammen mit dem Papst als seinem Haupt, die Bischofskonferenzen und die Partikularkonzilien sowie die Diözesanbischöfe. Gesetze bedürfen der Promulgation. Ihre Verbindlichkeit ergibt sich aus ihrem Inkrafttreten, sie ist nicht abhängig von der Rezeption seitens der Gesetzesadressaten. Der Gesetzgeber kann grundsätzlich versuchen, die Beachtung der Gesetze mit Hilfe von Zwangsmaßnahmen durchzusetzen. Deren Wirksamkeit ist im kirchlichen Bereich allerdings eingeschränkt. Für besondere Einzelfälle kann die zuständige kirchliche Autorität von der Beachtung eines Gesetzes befreien.

5. Interpretation von Gesetzen

Unter den Aufgaben der Kanonistik kommt der Interpretation von Gesetzen besondere Bedeutung zu. Sie ist nicht nur für wissenschaftlich arbeitende und forschende Kirchenrechtlerinnen und Kirchenrechtler von zentraler Bedeutung, sondern auch ein wichtiges „Handwerkszeug" der mit der Rechtsanwendung befassten Praktikerinnen und Praktiker. Wer in kirchlicher Verwaltung oder Rechtsprechung rechtliche Probleme lösen oder Rechtsfragen beantworten soll, hat zunächst die einschlägigen Rechtsnormen zu identifizieren und muss in der Lage sein, ihre Bedeutung und ihren Normgehalt zu verstehen. Das Bemühen um das rechte Verständnis erfordert bereits einen Akt der Interpretation. Rechtsanwenderinnen und Rechtsanwender sind davon selbst dann nicht entbunden, wenn sie kirchenrechtliche Kommentarwerke und damit Auslegungen anderer zu Rate ziehen. Auch in diesem Fall ist es notwendig beurteilen zu können, ob die vorfindliche Interpretation plausibel ist und inwieweit sie dazu beiträgt, die gestellte Rechtsfrage zu beantworten.

5.1 Interpretationsregeln

Die maßgebliche rechtliche Vorgabe für die Auslegung von Gesetzen formuliert der Gesetzgeber in can. 17 CIC (und inhaltsgleich in can. 1499 CCEO):

Zitat

Kirchliche Gesetze sind zu verstehen gemäß der im Text und im Kontext wohl erwogenen eigenen Bedeutung der Wörter; wenn sie zweifelhaft und dunkel bleibt, ist zurückzugreifen auf Parallelstellen, wenn es solche gibt, auf Zweck und Umstände des Gesetzes und auf die *mens legislatoris*.

Die Norm zählt eine Reihe von Interpretationsmitteln auf (vgl. zu den im Folgenden erläuterten Auslegungsregeln und -mitteln: May/Egler, Einführung in die kirchenrechtliche Methode 195–220; Socha, in: Münsterischer Kommentar zum Codex Iuris Canonici (MKCIC) 17). An erster Stelle wird die eigene Bedeutung der Worte in Text und Kontext genannt, die sogenannte *grammatisch-logische Interpretation*. Der Gesetzesinterpret hat grundsätzlich davon auszugehen, der Gesetzgeber habe bei der Formulierung des Gesetzestextes genau darauf geachtet, seinen gesetzgeberischen Willen präzise zum Ausdruck zu bringen, und der Gesetzestext gebe wieder, was der Gesetzgeber aussagen wollte. „Wer diese Voraussetzungen grundsätzlich in Frage stellt, beraubt die Kirchengesetze ihrer verpflichtenden Kraft, untergräbt das Vertrauen in die kirchliche Rechtsordnung, macht letztlich jede sinnvolle, rational überprüfbare Kommunikation unmöglich“ (Socha, in: MKCIC 17,7).

Grammatisch-logische Interpretation

Der Gesetzgeber ist daher „beim Wort zu nehmen“. Die im Text verwendeten Begriffe sind so zu verstehen, wie es vom üblichen Wortgebrauch her naheliegt. Soweit Begriffe mehrdeutig sind bzw. in der Rechtssprache unterschiedliche Bedeutungen haben können, ist zu prüfen, welche der Bedeutungen vom Satzzusammenhang her oder im Gesamtzusammenhang der auszulegenden Bestimmung die wahrscheinlichste ist. Im Bedarfsfall ist auch der Kontext der Norm in die Überlegungen einzubeziehen, das heißt der größere Zusammenhang, in dem der Text steht. Als Kontext ist bei kodikarischen Normen insbesondere das nähere Umfeld in Betracht zu ziehen, also der Artikel, das Kapitel oder der Titel, zu dem die Norm gehört, oder genereller der Sachzusammenhang, das heißt all jene Bestimmungen des CIC, durch welche ein und dieselbe Rechtsmaterie vollständig normiert wird. Insbesondere bei weniger umfangreichen Gesetzen, die nur einen einzigen Gegenstand regeln, ist das gesamte Gesetz als Kontext anzusehen. Aus der Zusammenschau der Wortbedeutungen ist die Aussage der Norm zu ermitteln.

Can. 17 nennt vier weitere Interpretationsmittel, die für die Auslegung von Gesetzestexten heranzuziehen sind. In welchem Verhältnis stehen sie zur grammatisch-logischen Interpretation?

Zur Beantwortung dieser Frage ist die gerade erläuterte grammatisch-logische Interpretation hilfreich. Die Aufzählung der vier weiteren Interpretationsmittel ist durch einen Konditionalsatz an das vorhergehende angeschlossen: „wenn (*si*) sie zweifelhaft und dunkel bleibt, [dann] ist zurückzugreifen [...]". Der Rückgriff auf weitere Interpretationsmittel wird von einer Bedingung abhängig gemacht. Wenn sie erfüllt ist, soll die im Hauptsatz genannte Folge eintreten. Nur in diesem Fall? Aus aussagenlogischer Perspektive ließe sich einwenden: Durch die Formulierung wird nicht ausgeschlossen, dass die Folge auch eintritt, wenn die Bedingung nicht erfüllt ist. Der Gesetzgeber hat nicht formuliert: ‚nur wenn ...' oder ‚genau dann, wenn ...'. Versteht man can. 17 in diesem Sinn, hätte der Gesetzgeber indes unnötig viele Worte gemacht. Er hätte einfacher formulieren können: ‚Kirchliche Gesetze sind zu verstehen gemäß der ... Wortbedeutung, der Parallelstellen, der Zwecke und Umstände des Gesetzes, der Absicht des Gesetzgebers'. In diesem Fall wäre der Konditionalsatz vollkommen bedeutungslos. Das aber steht im Widerspruch zu der Grundannahme, der Gesetzgeber habe so präzise wie möglich formuliert. Daraus folgt: Die Konjunktion „wenn" ist hier im Sinne eines aussagenlogischen „genau dann, wenn" zu verstehen: Nur wenn die Bedingung erfüllt ist, soll auf weitere Interpretationsmittel zurückgegriffen werden.

Für can. 17 ergibt sich: Nur wenn die Bedeutung der Wörter in Text und Kontext zweifelhaft bleibt und auf dieser Grundlage eine Interpretation des Gesetzes nicht möglich ist, ist hilfsweise auf eines der anderen Interpretationsmittel zurückzugreifen. Ist hingegen der Sinn der Norm aufgrund der Wortbedeutung eindeutig, ist kein Raum für die Heranziehung weiterer Interpretationsmittel – auch dann nicht, wenn das Auslegungsergebnis den Erwartungen des Interpreten nicht entspricht.

Unter den hilfsweise heranzuziehenden Interpretationsmitteln besteht eine Rangfolge nicht. Sie sind durch Kommata und die gleichordnend reihende Konjunktion „und" (*et*) miteinander verbunden. Es ist Aufgabe der Ausleger herauszufinden, welche dieser Mittel für die Interpretation einer konkreten Norm am ehesten zielführend sind.

Sofern es Parallelstellen gibt, kann auf sie zurückgegriffen werden (*analoge Interpretation*). Parallelstellen sind solche, die denselben Gegenstand behandeln, dieselbe rechtliche Regelung enthalten oder denselben Rechtsgrundsatz zum Ausdruck bringen wie die zu interpretierende Norm, so dass von der Parallelstelle her ein Licht auf die Bedeutung der nicht eindeutig interpretierbaren Bestimmung fällt.

Analoge Interpretation

Die *teleologische Interpretation* versucht, aus dem *Zweck des Gesetzes* Aufschluss über die angemessene Auslegung einer Norm zu gewinnen. In ihrem Zentrum steht die Frage nach der *ratio legis*, dem Ziel, das der Gesetzgeber mit der zu interpretierenden Norm verfolgt hat. Es kann im Gesetzestext ausdrücklich benannt sein; in anderen Fällen lässt es sich möglicherweise aus dem Gesamtzusammenhang eines Gesetzestextes erschließen. In diesem Fall ist unter mehreren möglichen Auslegungen jener der Vorzug zu geben, die dem Zweck des Gesetzes am besten entspricht.

Teleologische Interpretation

Mit den Umständen des Gesetzes sind die historischen Umstände und Verhältnisse gemeint, unter denen ein Gesetz entstanden ist (*historische Interpretation*). In den Blick zu nehmen ist insbesondere die Entstehungsgeschichte einer Norm von den ersten Entwürfen bis zur endgültigen Textgestalt. Sie ist nicht immer zugänglich; wenn sie – wie im Fall des CIC von 1983 – akribisch dokumentiert und publiziert ist, stellt sie jedoch eine wertvolle Interpretationshilfe dar. Zu den Umständen eines Gesetzes gehört außerdem der ausschlaggebende Anlass für die Gesetzgebung, wie es beispielsweise das II. Vatikanische Konzil für die Revision des Codex Iuris Canonici gewesen ist. Auch Ereignisse von geringerer Größenordnung und Entwicklungen kommen als Anlässe in Betracht: So hat der Gesetzgeber auf die versuchten Frauenpriesterweihen zu Beginn des 21. Jahrhunderts und auf das Bekanntwerden des sexuellen Missbrauchs durch Kleriker jeweils mit strafrechtlichen Verschärfungen reagiert. Die historische Interpretation favorisiert jene Auslegungen, die der Textgeschichte oder dem Anlass der Gesetzgebung entsprechen.

Historische Interpretation

Mens legislatoris meint nicht die Absicht oder den Willen des Gesetzgebers und damit den Zweck, den mit einem Gesetz erreichen will, sondern vielmehr seine „Denkart", das heißt die „Maximen, Grundentscheidungen, fundamentalen Wertvorstellungen und obersten Zwecke" (May/Egler, Einführung in die

Genetische Interpretation

kirchenrechtliche Methode 206), die den Gesetzgeber leiten. Auch sie erlauben Rückschlüsse für die Interpretation von Gesetzen. Ebenso wie bei der teleologischen und der historischen Interpretation ist allerdings mit der Möglichkeit zu rechnen, dass der Gesetzgeber seine Denkart, die Zwecke und die Umstände des Gesetzes im Gesetzestext nicht oder nicht vollständig zur Geltung gebracht hat. Diese Interpretationsmittel können daher nicht gegen den eindeutigen Wortlaut einer Norm in Anschlag gebracht werden. „Nicht was der Gesetzgeber hätte bestimmen wollen, ist Gegenstand der Interpretation, sondern was er bestimmt hat" (ebd. 209; für ein vertieftes Studium der Interpretationsthematik vgl. Drößler, Bemerkungen zur Interpretationstheorie des CIC/1983; Erdö, Das „Heil der Seelen" im Codex Iuris Canonici; Jestaedt, Auslegung nach kanonischem Recht; Lederhilger, Repetition oder Innovation?; Müller, Authentische Interpretation).

Neben der Grundregel des can. 17 finden sich an verschiedenen Stellen des CIC weitere **Interpretationsregeln**: Soweit kodikarische Normen altes Recht wiedergeben, sind sie unter Berücksichtigung der kanonischen Tradition zu würdigen (can. 6 § 2); Gesetze, die einen belastenden Charakter haben oder die freie Ausübung von Rechten einschränken, sind eng auszulegen (can. 18); Spezialgesetze haben in der Regel Vorrang vor allgemeinen Gesetzen (can. 20); die Gewohnheit ist die beste Auslegerin der Gesetze (can. 27).

5.2 Geltung von Interpretation

Nach der Verbindlichkeit des Auslegungsergebnisses unterscheidet die Kanonistik drei Arten der Auslegung von Gesetzestexten.

Authentische Interpretation

Authentische Interpretation (can. 16 §§ 1–2) heißt jene, die der Gesetzgeber selbst leistet. Er hat das Gesetz erlassen, er kann mithin auch verbindlich erklären, wie es zu verstehen ist. Seine authentische Interpretation hat dieselbe Rechtskraft wie ein Gesetz und muss wie ein Gesetz promulgiert werden. Der Papst hat diesbezüglich von seiner Möglichkeit Gebrauch gemacht, Gesetzgebungsgewalt zu delegieren, und den Päpstlichen Rat für die Gesetzestexte dauerhaft mit der authentischen Interpretation unklarer Gesetzestexte beauftragt.

Eine authentische Interpretation kann in sich klare Worte eines Gesetzes erläutern. In diesem Fall begründet sie nicht eine neue

Rechtslage, sondern stellt lediglich klar, was bei sachgerechter Würdigung und regelgerechter Auslegung des eindeutigen Gesetzeswortlauts objektiv immer schon erkennbar war bzw. erkennbar gewesen wäre. Eine solchermaßen klarstellende authentische Interpretation gilt rückwirkend, das heißt: Das Gesetz war bereits seit seinem Inkrafttreten entsprechend der authentischen Interpretation zu verstehen und anzuwenden.

Eine authentische Interpretation kann nach can. 16 § 2 ein Gesetz aber auch einschränken oder erweitern oder ein zweifelhaftes Gesetz erklären. Zweifelhaft ist ein Gesetz, wenn die Anwendung der Interpretationsregeln nicht zu eindeutigen Ergebnissen führt, etwa weil die verwendeten Worte mehrdeutig und auch unter Berücksichtigung weiterer Interpretationsmittel verschiedene Auslegungen des Gesetzestextes möglich sind. Durch die authentische Interpretation wird festgelegt, welche der Auslegungen als die einzig verbindliche anzusehen ist. Sie schafft rechtliche Klarheit, die zuvor objektiv nicht bestand. Bis hin zu Eingriffen in den Gesetzestext kann es durch einschränkende oder erweiternde authentische Interpretationen kommen. Sie geben dem Gesetzestext dann eine neue Bedeutung, wenn sie Tatbestände, die von der Norm an sich erfasst waren, ausklammern oder bislang nicht erfasste Tatbestände ergänzen. In diesen Fällen ist die authentische Interpretation ein „verdeckter Gesetzgebungsakt“ (Socha, in: MKCIC 16,14). Sie gilt daher nicht rückwirkend, sondern tritt – sofern nichts anderes angeordnet wird – erst drei Monate nach ihrer Promulgation in den *Acta Apostolicae Sedis* in Kraft.

Authentische Interpretation

Die zweisprachigen deutsch-lateinischen CIC-Ausgaben bieten seit der dritten Auflage im Anhang eine Übersicht der authentischen Interpretationen mit Fundstellennachweis. Authentische Interpretationen kodikarischer Bestimmungen sind vor allem in den ersten Jahren nach Inkrafttreten des CIC ergangen. Die nach derzeitigem Stand jüngste authentische Interpretation stammt aus dem Jahr 1999. In der jüngeren Vergangenheit publiziert der zuständige Päpstliche Rat für die Gesetzestexte vermehrt Erklärungen (*dichiarazioni*) oder erklärende Anmerkungen (*note esplicative*). Sie haben nicht den rechtlichen Rang einer authentischen Interpretation. Wegen der Autorität der kurialen Behörde gebührt ihnen zwar besondere Beachtung; ihre rechtliche Bedeutung ergibt sich aus dem Gewicht der vorgetragenen Argumente.

Die authentische Interpretation ergeht in Form einer Antwort auf einen als Frage formulierten Rechtszweifel, etwa nach folgendem Muster: ‚Ist der Tatbestand A durch can. x erfasst?' Die Antwort besteht nur aus einem Wort: *affirmative* oder *negative*. Eine Begründung wird in der Regel nicht mitgeteilt – eine authentische Interpretation ist nicht verbindlich wegen der Argumente, die sich anführen ließen, sondern wegen der Autorität dessen, der die Interpretation verantwortet (vgl. Kardinal Castillo Lara, Die authentische Auslegung des kanonischen Rechts im Rahmen der Tätigkeit der Päpstlichen Kommission für die authentische Interpretation des ius canonicum 226). Auch um welchen Typ einer authentischen Interpretation es sich handelt, wird nicht offengelegt, wodurch mitunter weiterer Raum für nachfolgende wissenschaftliche Diskussionen eröffnet ist. Als Beispiel für eine lediglich klarstellende authentische Interpretation ist anzusehen die affirmative Antwort des Päpstlichen Rates auf die Frage, ob zu einer Bischofssynode auch emeritierte Bischöfe entsandt werden dürfen; der einschlägige can. 346 § 1 formuliert nicht eine Einschränkung, die anderes hätte erwarten lassen. Nicht eindeutig geklärt war hingegen die Bedeutung des Adverbs *iterum* in can. 917 und damit die Frage, ob die heiligste Eucharistie am selben Tag „mehrmals" oder höchstens „ein weiteres Mal" empfangen werden darf. Der Päpstliche Rat interpretierte die zweifelhafte Norm authentisch im Sinne eines höchstens zweimaligen Kommunionempfangs pro Tag. Nach can. 767 in Verbindung mit can. 87 § 1 war es dem Diözesanbischof möglich, Laien auf dem Dispensweg die Homilie in der Eucharistiefeier zu gestatten. Aufgrund einer einschränkenden authentischen Interpretation ist diese Möglichkeit seit 1987 entfallen. Gemäß can. 830 § 3 ist für bestimmte Veröffentlichungen eine kirchliche Druckerlaubnis erforderlich. Durch eine erweiternde authentische Interpretation wurde verbindlich geregelt: Es muss in der Erstauflage ein Vermerk über ihre Gewährung der Erlaubnis abgedruckt werden.

Forensische Interpretation

Forensische Interpretation (can. 16 § 3) ist jene Auslegung des Gesetzes, die nach Art eines Gerichtsurteils oder eines Verwaltungsaktes geschieht. Urteile oder Verwaltungsakte sind das Ergebnis einer Analyse und Feststellung der Rechtslage und damit der Interpretation des Gesetzes. Sie wird vorgenommen durch die Richter des kirchlichen Gerichts oder die zuständigen

Personen der kirchlichen Verwaltungsbehörde. Die daraus resultierende Entscheidung ist nur für die beteiligten Personen und bezüglich der verhandelten Angelegenheit rechtlich verbindlich, nicht darüber hinaus. In einem ähnlich oder weitgehend gleich gelagerten Fall ist ein neues Urteil oder ein neuer Verwaltungsakt erforderlich. Selbst eine bereits getroffene Entscheidung kann durch das Urteil einer höheren Instanz oder die Entscheidung einer übergeordneten Verwaltungsbehörde korrigiert werden. Dann tritt eine neue forensische Interpretation an die Stelle der bisherigen (zum Ganzen vgl. Socha, in: MKCIC 16; May/Egler, Einführung in die kirchenrechtliche Methode 192–195).

Private Interpretation

Alle übrige Gesetzesauslegung ist *private Interpretation*. Wer sich bemüht, eine Bestimmung des kanonischen Rechts gemäß den kodikarischen Interpretationsregeln auszulegen, unabhängig zu welchem Zweck und mit welchem Ziel, interpretiert wissenschaftlich, aber privat: der Pfarrer, der jemanden aufgrund einer selbständigen Prüfung der Rechts- und Sachlage nicht zum Kommunionempfang zulässt oder sich für einen Taufaufschub entscheidet; die Pastoralreferentin, die einen Geschiedenen ermutigt, ein Ehenichtigkeitsverfahren in Gang zu bringen, weil die Ehe nach ihrer Einschätzung nicht gültig zustande gekommen ist; Kanonistinnen und Kanonisten, die in wissenschaftlichen Beiträgen Position zu kirchenrechtlichen Fragen beziehen oder den Studierenden im Hörsaal das kirchliche Recht vermitteln. Was den Leserinnen und Lesern in dieser Einführung dargeboten wird, ist *private Interpretation* – es wurde verantwortlich erarbeitet, auf Stimmigkeit und argumentative Belastbarkeit überprüft, ist aber nicht amtlich abgesichert und kann daher jederzeit durch eine authentische Interpretation überholt werden.

5.3 Konzilsgemäße Auslegung des CIC?

Papst Johannes XXIII. sah im revidierten CIC die „Krönung" des II. Vatikanischen Konzils. Für ihn ist der CIC das „letzte Konzilsdokument". In der Promulgationskonstitution bezeichnet er den Codex als Ausdruck des Bemühens, die Theologie des II. Vatikanischen Konzils in eine rechtliche Sprache zu übersetzen:

Zitat

Der „Kodex ... entspricht voll dem Wesen der Kirche, wie es vom Lehramt des Zweiten Vatikanischen Konzils ganz allgemein und besonders in seiner Ekklesiologie dargestellt wird. Ja, dieser neue Kodex kann gewissermaßen als ein großes Bemühen aufgefasst werden, die Ekklesiologie des Konzils in die Sprache des Kirchenrechts zu übersetzen". Der Papst formuliert hier im Indikativ, nicht im Optativ. Es ist nicht bloß wünschenswert oder möglich, dass das Gesetzbuch das Kirchenverständnis des Konzils zum Ausdruck bringt. Es entspricht ihm vielmehr „voll". (Papst Johannes Paul II, Apostolische Konstitution *Sacrae Disciplinae Leges* vom 25.01.1983 XI)

Was dies für das Verständnis der kodikarischen Normen bedeutet, wird in der deutschsprachigen Kanonistik kontrovers diskutiert (vgl. exemplarisch: Lüdecke, Der Codex Iuris Canonici von 1983; Müller, Codex und Konzil).

Eine Mehrheit betrachtet die Dokumente des Konzils als entscheidendes Kriterium für das Verständnis der gesetzlichen Bestimmungen. Werde die theologische Grundlegung des Konzils missachtet, führe dies zu einem unsachgemäßen Verständnis der rechtlichen Bestimmungen. Als entscheidender Maßstab für die Qualität – und bisweilen sogar für die Geltung – der Gesetzgebung wird deren Übereinstimmung mit den Konzilstexten angesehen. Die Gesetzgebung gilt als gelungen, sofern die rechtlichen Bestimmungen die „konziliare Lehre" berücksichtigen; sie gilt als defizitär, wenn die „Vorgaben des Konzils" nicht oder nur unzureichend berücksichtigt sind.

Das ist problematisch. So ist es oft schon nicht möglich, bezogen auf konkrete inhaltliche Fragen *die* konziliare Lehre zu bestimmen. Die Konzilsväter vertraten in vielen Fragen unterschiedliche, mitunter kontroverse Standpunkte. Die einen wollten vergessene kirchliche Traditionen wieder in Erinnerung rufen. Die anderen wollten verhindern, dass die jüngeren Traditionen übergangen werden. Viele Konzilstexte sind Kompromisstexte. Nicht selten stehen unterschiedliche Positionen unvermittelt nebeneinander. Was vor diesem Hintergrund als „konziliare Lehre" reklamiert und zum Maßstab für das Gesetzesverständnis erhoben wird, ist oft nur eine von mehreren möglichen theologischen Optionen. Sie ist begründbar und kann mit konziliaren Belegstellen gestützt werden; Konzilstexte mit anderer oder gegenläufiger Aussage bleiben dabei unberücksichtigt. Der Nachweis, das Konzil könne allein auf die jeweils vertretene Weise und nicht anders verstanden werden, wird nicht angeführt.

Wer das Konzil solcherart über den Gesetzestext stellt, kommt mitunter nicht um die bedauernde Feststellung herum, der Gesetzgeber habe konziliare Vorgaben nicht aufgegriffen. Genauer müsste indes formuliert werden: Der Gesetzgeber hat konziliare Vorgaben nicht in der vom jeweiligen Ausleger gewünschten Weise berücksichtigt. Denn *dass* der Gesetzgeber alle relevanten Vorgaben in der von ihm für sachgerecht angesehenen Weise aufgenommen hat, dafür verbürgt er sich durch den Hinweis, der Codex sei die Übersetzung des Konzils in die Sprache des Rechts.

Daraus wird von anderen – auch vom Verfasser der vorliegenden Darstellung – die Konsequenz gezogen: Weil das Gesetzbuch der Kirche die konziliare Theologie in eine rechtliche Sprache übersetzt, lässt sich am Gesetzestext ablesen, welche theologischen Entscheidungen und Optionen nach dem Verständnis des kirchlichen Lehramts maßgeblich sind und welche nicht.

In einem Interview des polnischen Fernsehens hat Papst Benedikt XVI. im Oktober 2005 mit Blick auf die Dokumente seines Vorgängers erklärt, sie seien „die authentische Interpretation des II. Vatikanums. Wir wissen, dass der Papst der Mann des Konzils war, der den Geist und den Buchstaben des Konzils innerlich aufgenommen hatte und uns mit diesen Texten verstehen lässt, was das Konzil wirklich wollte – und was es nicht wollte“ (Volltext des Interviews auf www.vatican.va). Zu den als Verständnishilfen apostrophierten Texten gehört auch das kirchliche Gesetzbuch.

Nach dem Selbstverständnis des Gesetzgebers ist die Gesetzgebung nicht mit der „Konzilsbrille“ zu lesen. Vielmehr gilt umgekehrt: Vom Gesetzestext her kann deutlich werden, was das Konzil *tatsächlich* gemeint hat. Das kirchliche Gesetzbuch liefert den für die Interpretation der übrigen Konzilsdokumente zu beachtenden Maßstab. Es macht deutlich, welche theologischen Optionen die höchste kirchliche Autorität als verbindlich ansieht. Dem entspricht die Interpretationsregel des can. 17, die bei eindeutiger Wortbedeutung einen Rückgriff auf historische Interpretationsmittel nicht zulässt. Im Übrigen spiegelt sich im Verhältnis von Konzil und Codex nur jenes Beschriebene zwischen Bischofskollegium und Papst.

Die Einsichten, die sich bei konsequenter Anwendung dieser vom Gesetzgeber verordneten Auslegungsmethode ergeben, stoßen in der Kanonistik und der übrigen Theologie nicht auf ungeteilte Zustimmung. Sie entsprechen nicht immer subjektiv favorisierten theologischen Optionen. Die Diskrepanz zwischen eigenen, bisweilen nachvollziehbar begründeten theologischen Optionen und der im Gesetzestext zum Ausdruck kommenden

Theologie wird in einem gut funktionierenden Reflex entweder „dem Kirchenrecht" allgemein oder aber dem skizzierten, pejorativ bis polemisch als „rein rechtspositivistisch" qualifizierten Interpretationsansatz zur Last gelegt und damit implizit als theologisch unangemessen gebrandmarkt.

Ein „rechtspositivistischer" Ansatz wäre zu beanstanden, wenn im Sinne eines – übrigens auch in der Staatsrechtslehre überwundenen – extremen Rechtspositivismus die Auffassung vertreten würde, jeder beliebige Inhalt könne Recht sein und was legal sei, sei stets auch legitim. Davon kann in der Kanonistik keine Rede sein. Niemand bestreitet ernsthaft, kirchliches Recht müsse durch übergeordnete rechtliche Maßgaben (göttliches Recht, moralische Wahrheit) *legitimiert* sein. Gerade wegen der Rückbindung an das göttliche Recht kann die kirchliche Rechtsordnung per definitionem rechtspositivistisch nicht erfasst werden.

Sind die kirchlichen Gesetze Ausdruck einer in die Rechtssprache übersetzten Theologie, so ist für die Übersetzung nicht vorschnell die Kanonistik haftbar zu machen. Das Ergebnis des Übersetzungsvorgangs hängt wesentlich von der Übersetzungsvorlage ab. Sie wird vom Gesetzgeber bestimmt. Kritik an der mangelnden Konzilskonformität von Gesetzen ist Kritik am Gesetzgeber, genauer: am Konzilsverständnis des Gesetzgebers und seinen theologischen Grundsatzentscheidungen. Ob solche Kritik berechtigt ist oder nicht, kann diskutiert werden. Die Debatte darüber ist – soweit zulässig – aber nicht mit der Kanonistik, sondern in erster Linie mit dem Gesetzgeber zu führen. Ross und Reiter sind zu benennen und zu unterscheiden.

Zusammenfassung

Kirchliche Gesetze sind zu interpretieren gemäß den Vorgaben des obersten kirchlichen Gesetzgebers. Ausschlaggebend ist dabei die Bedeutung der Wörter des Gesetzes in Text und Kontext. Nur wenn sie dunkel bleibt, ist es legitim, hilfsweise auf andere Interpretationsmittel zurückzugreifen. Hinsichtlich der Geltung von Interpretationen sind verschiedene Auslegungen zu unterscheiden: die authentische Interpretation, der Gesetzeskraft zukommt und die dem Gesetzgeber vorbehalten ist; die forensische Interpretation nach Art eines Gerichtsurteils oder eines Verwaltungsaktes, die nur für den Einzelfall verbindlich ist; die private Interpretation ist die häufigste und übliche, aber auch am wenigsten abgesicherte und unverbindlichste Form der Interpretation, die jederzeit durch eine authentische Interpretation überholt werden kann.

6. Quellen des geltenden Kirchenrechts

6.1 Kodifikationen

Zentrale Quellen des römisch-katholischen Kirchenrechts sind die beiden Gesetzbücher, deren Entstehungsgeschichte bereits nachgezeichnet wurde: der *Codex Iuris Canonici* für die lateinische Kirche und der *Codex Canonum Ecclesiarum Orientalium* für die katholischen Ostkirchen. Entsprechend den rechtlichen Bestimmungen sind beide Gesetzbücher durch Publikation in den AAS promulgiert worden. Anders als im Fall des CIC/1917 erteilt der Apostolische Stuhl den Bischofskonferenzen auf Anfrage die Erlaubnis, zweisprachige Ausgaben der Gesetzestexte herauszugeben. Rechtsverbindlich ist aber einzig der lateinische Text. Die Übersetzungen haben offiziösen, nicht amtlichen Charakter.

Durch das Inkrafttreten der beiden Codices sind die bis dahin für die jeweiligen Rechtskreise geltenden universalen und partikularen Gesetze zum größeren Teil aufgehoben worden. Dies gilt insbesondere für den Codex Iuris Canonici von 1917, darüber hinaus aber auch für alle Gesetze, die den Vorschriften der neuen Codices entgegenstehen oder/und für Gesetze, deren Materie durch CIC und CCEO neu geordnet worden ist (can. 6 CIC, can. 6 CCEO). Für partikulare Gesetze können außerdem von Rechts wegen Ausnahmen von der allgemeinen Regelung festgelegt werden.

Von der Neukodifikation unberührt bleiben mithin Gesetze zu jenen Sachbereichen, die im CIC nicht geregelt oder in der Substanz nicht neu geordnet worden sind, wie z.B. das durch die Apostolische Konstitution *Sapientia Christiana* bereits im Jahr 1979 umfassend geregelte kirchliche Hochschulrecht. Der CIC bringt hierzu nur einige Bestimmungen allgemeinerer Art, die zu jenen der Apostolischen Konstitution nicht in sachlicher Konkurrenz stehen.

Der CIC ist seit seinem Inkrafttreten zweimal geändert worden, der CCEO einmal. Die erste Gesetzesänderung verfügte Papst Johannes Paul II. durch Motu proprio *Ad tuendam fidem* vom 18.05.1998 (AAS 90 (1998), 457–461). Er erweiterte die gleichlautenden can. 750 CIC und can. 598 CCEO jeweils um einen (ebenfalls gleichlautenden) Paragraphen und fügte in einen weiteren Canon Verweise auf die neue Bestimmung ein. Durch Motu proprio *Omnium in mentem* vom 26.10.2009 (AAS 102 (2010), 8–10) ordnete Papst Benedikt XVI. Änderungen in den Formulierungen von fünf Canones des CIC an; der CCEO war davon nicht betroffen.

6.2 Einzelgesetze des Apostolischen Stuhls

Auch nach dem Inkrafttreten des CIC von 1983 und des CCEO erlässt der Apostolische Stuhl – vorrangig der Papst, ausnahmsweise auch Dikasterien der Römischen Kurie – regelmäßig Gesetze zu Einzelmaterien, die in den Gesetzbüchern nicht oder zur Überzeugung des Gesetzgebers nicht ausreichend normiert sind. Formal handelt es sich dabei um Allgemeine Dekrete gemäß can. 29. Sie werden in der Regel aber anders bezeichnet.

Päpstliche Gesetze

Die feierlichste Form eines päpstlichen Gesetzes ist die *Apostolische Konstitution*. Sie ist Gesetzen von besonderem Rang vorbehalten.

So wurden beispielsweise durch Apostolische Konstitutionen die Promulgationen des CIC (*Sacrae Disciplinae Leges* vom 25.01.1983 (AAS 75 (1983) Pars II, VII–XIV)) und des CCEO (*Sacri Canones* vom 18.10.1990 (AAS 82 (1990), 1033–1044)) angeordnet; das Gesetz über die römische Kurie (*Pastor Bonus* vom 29.06.1988 (AAS 80 (1988), 841–934)) oder über die Papstwahl (*Universi Dominici Gregis* vom 22.02.1996 (AAS 88 (1996), 305–343)) wurden ebenfalls in dieser Form erlassen.

Häufiger ergehen päpstliche Gesetze als *Apostolische Schreiben*. Wenn sie nicht auf ein Ansuchen Dritter, sondern auf die Eigeninitiative des Papstes zurückgehen, werden sie mit dem Zusatz *motu proprio* versehen, woraus eine eigenständige Gattungsbezeichnung geworden ist. Ein Beispiel aus der jüngeren Vergangenheit neben den schon erwähnten Änderungen des CIC und des CCEO ist das Gesetz über die römische Liturgie in ihrer Gestalt vor der 1970 durchgeführten Reform (*Summorum Pontificum* vom 07.07.2007). Die genannten Bezeichnungen sind allerdings nicht ausschließlich für Gesetzestexte reserviert, weshalb ihre Verwendung einen zuverlässigen Rückschluss auf die rechtliche Qualität der Verlautbarung nicht zulässt.

Gesetzgebung der römischen Kurie

Die Gesetzgebungsgewalt, die einzelnen Dikasterien der römischen Kurie bei Inkrafttreten des CIC von Rechts wegen noch zukam, ist mit Inkrafttreten der Apostolischen Konstitution *Pastor Bonus* am 1. März 1989 entfallen. Um allgemeine Dekrete mit Gesetzeskraft erlassen zu können, benötigen die Dikasterien nunmehr eine spezielle Einzelfallgenehmigung (*approbatio specifica*) des Papstes. Beispiele für nach dieser Maßgabe erlassene Gesetze sind die von der Kongregation für die Glaubenslehre vorgelegte

Ordnung für die Lehrüberprüfung vom 29.06.1997 (AAS 89 (1997), 830–835) oder das Allgemeine Dekret derselben Kongregation vom 19.12.2007 (AAS 100 (2008), 403), durch welches die versuchte Priesterweihe einer Frau mit der Tatstrafe der Exkommunikation belegt wird. Meist handelt es sich bei Verlautbarungen römischer Dikasterien nicht um Gesetze, sondern um allgemeine Ausführungsdekrete oder Instruktionen. Sie bestimmen die Art und Weise der Gesetzesanwendung genauer oder legen Vorgehensweisen bei der Ausführung der Gesetze fest. Identifikation und eindeutige Zuordnung dikasterieller Verlautbarungen werden erschwert durch deren uneinheitliche Bezeichnungen. Zudem ist auch bei Texten, die ausdrücklich als „Normen" gekennzeichnet sind, das Vorliegen der *approbatio specifica* nicht immer ersichtlich: Die Frage, ob ein Gesetz vorliegt oder nicht, lässt sich nur aufgrund genauer Textanalyse – und selbst dann nicht immer zuverlässig – klären.

6.3 Partikulargesetze

Gesetze von Diözesanbischöfen, Bischofskonferenzen und anderen Partikulargesetzgebern sind formal ebenfalls allgemeine Dekrete, auch für sie werden wechselnde Bezeichnungen verwendet.

Gesetzgebung der Bischofskonferenz

Die Gesetze der Bischofskonferenzen regeln konferenzweit jene Materien, die ihnen durch die kirchlichen Gesetzbücher zugewiesen sind. So ordnen sie beispielsweise die Priester- und Diakonenausbildung, erlassen Vorschriften zur kirchlichen Kleidung von Klerikern oder zur Ehevorbereitung. Darüber hinaus können Bischofskonferenzen vom Apostolischen Stuhl zur gesetzlichen Regelung bestimmter Einzelfragen ermächtigt werden.

Gesetzgebung der Diözesanbischöfe

Die Gesetzgebung der Diözesanbischöfe ist demgegenüber ergänzend. Sie können – soweit sie dies als erforderlich ansehen – Gesetze nur zu jenen Angelegenheiten erlassen, die nicht universalkirchenrechtlich geordnet sind und für die ein Regelungsvorbehalt zugunsten der Bischofskonferenz nicht besteht. In vielen deutschen Diözesen war in der jüngeren Vergangenheit die Neuordnung der Seelsorgestrukturen ein zentraler Regelungsgegenstand. Die konkrete Gesetzgebungstätigkeit eines einzelnen Diözesanbischofs ist jeweils aus den diözesanen Amtsblättern zu erheben, wobei mit einer Vielfalt von Bezeichnungen für bischöfliche Gesetze zu rechnen ist.

6.4 Konkordate

Zu den Gesetzen, die nach der Kodifikationen der beiden Codices von Rechts wegen uneingeschränkt weiter gelten, gehören die vom Apostolischen Stuhl mit Nationen oder anderen politischen Gemeinschaften eingegangenen Vereinbarungen. Sie werden im deutschen Sprachraum üblicherweise unter dem Oberbegriff *Konkordate* zusammengefasst. Im amtlichen Sprachgebrauch bleibt diese Bezeichnung in der Regel (wenn auch nicht durchgängig) Verträgen vorbehalten, die der Apostolische Stuhl mit Nationalstaaten abschließt und die eine umfassende oder mehrere Sachgebiet betreffende und auf Dauer angelegte Regelung zum Ziel haben. Für Teilvereinbarungen, Konkordatsergänzungen oder Vereinbarungen des Apostolischen Stuhls mit Partnern unterhalb der Nationalebene werden hingegen vorzugsweise Begriffe wie „Konvention", „Abkommen", oder „Vertrag" verwendet.

Die in Konkordaten vereinbarten Regelungen formulieren gleichermaßen kirchliches wie weltliches Recht. Sie binden beide Vertragspartner und können folglich nicht einseitig geändert werden. Konkordate werden daher auch durch entgegenstehende Bestimmungen des CIC oder des CCEO nicht außer Kraft gesetzt. So gehen viele Eigentümlichkeiten des deutschen partikularen Kirchenrechts – beispielsweise die Wahl des Diözesanbischofs in bestimmten Diözesen oder Besonderheiten des Hochschulrechts – auf konkordatäre Vereinbarungen zurück. Von grundlegender Bedeutung sind in Deutschland nach wie vor das Bayerische Konkordat (1924), das Konkordat mit dem Freistaat Preußen (1929), das Badische Konkordat (1932) und das Reichskonkordat (1933), die in den Nachfolgestaaten weitergelten bzw. im Fall des Reichskonkordats nach einem Urteil des Bundesverfassungsgerichts vom 26. März 1957 den Bund, nicht aber die Länder, weiterhin verpflichten (Texte der genannten Konkordate: Listl, Die Konkordate und Kirchenverträge in der Bundesrepublik Deutschland). Nach 1945 hat der Apostolische Stuhl ein „Konkordat" (!) mit dem Land Niedersachsen, nach der deutschen Wiedervereinigung zudem Verträge mit den Bundesländern im Gebiet der ehemaligen DDR abgeschlossen.

6.5 Gewohnheit

Nach cann. 23–28 kann unter bestimmten Umständen auch eine Gewohnheit, die von einer passiv gesetzesfähigen Gemeinschaft von Gläubigen – und nicht bloß von Einzelpersonen – eingeführt wird, die Kraft eines Gesetzes erlangen und so zur Rechtsquelle werden. Die Gewohnheit, die auf diesem Weg gesetzliche Geltung erlangen soll, darf göttlichem Recht nicht zuwiderlaufen und im Recht nicht ausdrücklich verworfen sein. Wenn sie rein kirchlichen Gesetzen widerspricht oder außergesetzlich ist, muss sie vernünftig sein. Zudem muss sie von der Gemeinschaft geübt werden mit der Absicht, Recht einzuführen. Wird die Gewohnheit vom Gesetzgeber nicht besonders genehmigt, muss sie wenigstens dreißig Jahre ununterbrochen geübt worden sein, in manchen Fällen auch hundert Jahre oder länger. Jedwede Beanstandung der Gewohnheit durch den Gesetzgeber unterbricht die Frist und hat zur Folge, dass der Fristlauf von neuem beginnt.

Damit Gewohnheitsrecht entstehen kann, müssen zahlreiche Voraussetzungen erfüllt sein. Nur ausnahmsweise lässt sich durch Etablierung außergesetzlicher Übungen an den Intentionen des Gesetzgebers vorbei Rechtswirklichkeit schaffen. Eine gewisse Bedeutung hatte das Gewohnheitsrecht im Mittelalter. Heutzutage ist sein Stellenwert nur gering.

Zusammenfassung

Zentrale Quellen des geltenden Kirchenrechts sind die beiden Kodifikationen – CIC und CCEO. Sie werden ergänzt durch die Einzelgesetzgebung des Apostolischen Stuhls, durch Partikulargesetze der Bischofskonferenzen und Diözesanbischöfe sowie durch die vom Apostolischen Stuhl mit Nationen oder anderen politischen Gemeinschaften vertraglich eingegangenen, rechtsverbindlichen Vereinbarungen (Konkordate, Konventionen, Abkommen).

7. Rechtsmaterie

Abschließend ist ein kurz gefasster Überblick über die konkrete Regelungsmaterie des kirchlichen Rechts zu vermitteln. Als Orientierungspunkt dient das Gesetzbuch der lateinischen Kirche. Es umfasst zwar nicht das gesamte kanonische Recht, enthält aber Regelungen zu nahezu allen kirchenrechtlich relevanten Sachbereichen und steckt den Rahmen ab, in den sich die nachkodikarische universale und partikulare Einzelgesetzgebung vollständig einfügen lässt. Der CCEO normiert, wenn auch in anderer rechtssystematischer Ordnung, weitgehend dieselben Sachverhalte wie der CIC.

7.1 Rechtssystematik und Inhalte des CIC

Die Rechtssystematik des CIC hat ihren Ursprung in der klassischen Dreiteilung des römischen Privatrechts: *personae – res – actiones*. Der CIC von 1917 folgte dieser Struktur in modifizierter Form. An die Stelle der *actiones* (Klagen) traten die beiden Bücher über das Prozess- und das Strafrecht, ein Buch über *Normae Generales* wurde dem Ganzen vorgeschaltet. Damit war das kodikarische Recht in ein Korsett gezwängt, das seinen Inhalten kaum entsprach. Die rechtliche Ordnung der Sakramente fiel ebenso unter das Sachenrecht wie lehr- oder vermögensrechtliche Angelegenheiten. Das Personenrecht stellte den Kleriker in den Mittelpunkt, die Laien kamen nahezu ausschließlich als Mitglieder von Drittorden, Bruderschaften und Frommen Vereinen in den Blick, die rechtliche Struktur der Kirche musste aus der Rechtsstellung der Personen im Allgemeinen und im Besonderen (Papst, Kardinäle, Römische Kurie, Bischöfe, Pfarrer, etc.) erschlossen werden. Anlässlich der Revision des CIC wurde die Rechtssystematik überarbeitet. Die Bücher über die allgemeinen Normen, das Straf- und das Prozessrecht blieben bestehen (die beiden letztgenannten gegenüber dem CIC/1917 in umgekehrter Reihenfolge). Das Personenrecht wurde unter der Überschrift „Volk Gottes" vollkommen neu strukturiert, der Stoff des Sachenrechts wurde auf drei Bücher aufgeteilt: Lehrrecht, Heiligungsrecht, Vermögensrecht.

Somit besteht der CIC aus sieben Büchern. Das erste Buch *Allgemeine Normen* regelt grundlegende kirchenrechtliche Gegenstände wie z.B. Gesetze, Verwaltungsakte, die Rechtsstellung von Personen, kirchliche Leitungsgewalt und Kirchenämter.

Das zweite Buch *Volk Gottes* ist dreiteilig. Die beiden ersten Teile erinnern an die Gliederung weltlicher Verfassungsurkunden. Im ersten Teil werden die Individualpflichten und -rechte der Gläubigen behandelt – unterteilt in drei Abschnitte die alle Gläubigen, die Laien und die Kleriker thematisieren. Im zweiten Teil wird die hierarchische Verfassung der katholischen Kirche entfaltet. In hierarchischer Abstufung geht es zunächst um den Papst, das Bischofskollegium und die Helfer und Hilfsorgane des Papstes. Anschließend werden die Teilkirchen, Teilkirchenverbände und die innere Ordnung der Teilkirche normiert. Das besondere Augenmerk des Gesetzgebers gilt dabei den Diözesanbischöfen als den wichtigsten Teilkirchenvorstehern sowie ihren Helfern und Hilfsorganen. Neben diesen Strukturen *der* Kirche selbst behandelt das zweite Buch auch Strukturen *in der* Kirche: das kirchliche Vereinsrecht und – im dritten Teil – alle Arten von kanonischen Lebensverbänden (Ordensinstitute, Säkularinstitute, Gesellschaften des apostolischen Lebens).

Im dritten Buch geht es unter der Überschrift *Die Lehraufgabe der Kirche* um das kirchliche Lehrrecht. Hier finden sich die Grundnormen über die unfehlbare und die nicht-unfehlbare Ausübung und Verpflichtungskraft des kirchlichen Lehramts. Sie werden ergänzt durch Bestimmungen zu Predigt und katechetischer Unterweisung, zu katholischer Erziehung in Familie, Schule und Hochschule und zu den sozialen Kommunikationsmitteln.

Das vierte und umfangreichste Buch des CIC ist der *Heiligungsaufgabe der Kirche* gewidmet. Es regelt, unterteilt in sieben Titel zu den sieben Sakramenten, minutiös die Voraussetzungen für Gültigkeit und Erlaubtheit der Sakramentenspendung. Besonders ausführlich geschieht dies im Titel über das kanonische Eherecht. Normen zu anderen gottesdienstlichen Handlungen wie Stundengebet oder kirchlichem Begräbnis und Vorschriften über Heilige Orte und Zeiten vervollständigen das vierte Buch.

Das fünfte Buch enthält Bestimmungen zu Erwerb, Verwaltung und Veräußerung von *Kirchenvermögen*. Im sechsten Buch über das *Strafrecht* ist festgelegt, welche Straftaten es in der Kirche gibt und unter welchen Voraussetzungen sie mit welchen Strafen geahndet werden können. Das siebte Buch befasst sich mit dem *Prozessrecht*; es regelt das Gerichtswesen, den Ablauf verschiedener Arten von Streitverfahren, den Strafprozess und das Vorgehen bei Verwaltungsbeschwerden und bei der Amtsenthebung von Pfarrern.

7.2 Grundzüge des kodikarischen Kirchenverständnisses

Nach dem Selbstverständnis des Gesetzgebers übersetzt das kirchliche Gesetzbuch das vom kirchlichen Lehramt als maßgeblich angesehene Kirchenverständnis – nicht das Kirchenverständnis, das die eine Theologin vielleicht favorisieren oder der andere Theologe sich wünschen würde – in die Sprache des Rechts. Aus den kodikarischen Normen lässt sich mithin erschließen, welchen Kirchenbegriff der Gesetzgeber zugrunde legt und welches Kirchenverständnis er für alle Gläubigen als verbindlich erachtet (zum Folgenden vgl. Lüdecke, Das Verständnis des kanonischen Rechts nach dem Codex Iuris Canonici von 1983 189–205).

7.2.1 Societas perfecta

Nach can. 113 § 1 haben die katholische Kirche und der Apostolische Stuhl *aufgrund göttlicher Anordnung* den Charakter einer moralischen Person. Die Kirche versteht sich als *societas perfecta*, als staatsanaloge, rechtlich souveräne und autonome Gemeinschaft. Sie entwickelte diesen Anspruch zu Beginn der Neuzeit, in Auseinandersetzungen mit Tendenzen im protestantischen Bereich, welche die Kirche nach Art eines beliebigen privaten Vereins der staatlichen Jurisdiktion unterstellt sahen. Das entsprach nicht katholischem Selbstverständnis: Noch zu Beginn des 14. Jahrhunderts hatte Papst Bonifaz VIII. die Oberhoheit der Kirche gegenüber dem Staat beansprucht. Jetzt sah sich die katholische Kirche als dem Staat zumindest gleichrangig, unabhängig von staatlicher Aufsicht und staatlichen Weisungen. Die *societas-perfecta*-Konzeption bringt dies zum Ausdruck. Das Attribut *perfecta* besagt dabei nicht, die Kirche sei eine „perfekte“ Gesellschaft aus fehlerfreien und vollkommenen Gliedern. Es besagt: Die Kirche ist rechtlich vollkommen. Sie verfügt aus sich heraus, nach dem Willen Christi und nicht aufgrund staatlicher Verleihung, über alle notwendigen Heilsmittel und Vollmachten.

Begründet wird dieser Anspruch mit dem Stifterwillen Jesu Christi, der die Kirche als autonome, von jeglicher staatlicher Ordnung unabhängige Gemeinschaft begründet hat. Weil sie von Gott dazu berufen ist, kann die Kirche ihre Sendung unabhängig von staatlichem und gesellschaftlichem Einfluss ausüben. Sie beansprucht das Recht auf Vermögensfähigkeit, Abgabenhoheit, Strafgewalt, Gerichtshoheit in allen kirchlichen Angelegenheiten, insbesondere in Ehesachen. Die kirchliche Autonomie erstreckt sich auch auf die moralische Beurteilung allen menschlichen Handelns, einschließlich des politischen. Durch dieses Kirchenverständnis des Gesetzgebers ist auch das katholische Verständnis des rechtlichen Verhältnisses zwischen Kirche und Staat weitgehend festgelegt.

7.2.2 Pflicht zur Gliedschaft

Soweit sie die vom kirchlichen Lehramt vermittelte Wahrheit erkannt haben, sind alle Menschen *kraft göttlichen Gesetzes* zur Gliedschaft in der so verstandenen Kirche verpflichtet. Sie haben die erkannte Wahrheit anzunehmen, sich in die römisch-katholischen Kirche aufnehmen zu lassen und in ihr zu bleiben (can. 748 § 1).

7.2.3 Jurisdiktionsprimat des Papstes

Ein weiterer Grundpfeiler der im göttlichen Recht verankerten Verfasstheit der katholischen Kirche ist die Rechtsstellung ihres Oberhauptes, des Papstes. Als Leiter der Gesamtkirche verfügt er über menschlich uneingeschränkte kirchliche Höchstgewalt, die er jederzeit frei ausüben kann (can. 331). Dass er über diese Gewalt verfügt, ist nach kirchlichem Verständnis eine von Gott geoffenbarte Glaubenswahrheit. Daraus folgt: Gewaltenteilung kann es in der katholischen Kirche nicht geben. Sie stände im Widerspruch zur unbeschränkten Höchstgewalt des Papstes. Gäbe es Sachbereiche, die der päpstlichen Gewalt entzogen wären, wäre seine Gewalt nicht unbeschränkt. Gäbe es eine Instanz, die Entscheidungen des Papstes überprüfen oder korrigieren könnte, wäre die päpstliche Gewalt nicht Höchstgewalt. Der Papst ist oberster Gesetzgeber, oberste ausführende Autorität und oberster Gerichtsherr in einer Person. In die Leitungstätigkeit eines Diözesanbischofs kann er jederzeit eingreifen, wenn er dies für erforderlich hält (can. 333 § 1). Gegen seine Entscheidungen gibt es keine Rechtsmittel, keine Beschwerden, keine Berufung (can. 333 § 3).

Die Höchstgewalt des Papstes wird durch Gesetze nicht eingeschränkt. Als *dominus canonum* ist er auch gegenüber seiner eigenen Gesetzgebung souverän. Er kann kirchliches Recht jederzeit ändern, neu deuten oder fallweise unbeachtet lassen – und macht von diesen Möglichkeiten auch Gebrauch.

Zum Beispiel hat Papst Johannes Paul II. in der von ihm erlassenen Papstwahlordnung festgelegt, die Zahl der zur Papstwahl berechtigten Kardinäle dürfe 120 nicht überschreiten. Gleichwohl hat er wiederholt mehr Kardinäle kreiert, als nach dieser Vorgabe zulässig gewesen wäre. Papst Benedikt XVI. hat durch das Motu Proprio *Summorum Pontificum* erlaubt, das Messopfer nach der sogenannten tridentinischen Form des römischen Ritus zu feiern; sie sei niemals abgeschafft worden. Tatsächlich hatte Papst Paul VI. durch die Apostolische Konstitution *Missale Romanum* anlässlich der nachkonziliaren Einführung einer neuen Form des Ritus alle vorgehenden Bestimmungen und damit auch die tridentinische Form des Ritus ausdrücklich aufgehoben. Papst Benedikt XVI. hat diesen gesetzgeberischen Akt Papst Pauls VI. kraft seines primatialen Interpretationsmonopols neu gedeutet (vgl. Papst Benedikt XVI., Motu Proprio *Summorum Pontificum* (AAS 99 (2007), 777–781) Art. 1; und im Gegensatz dazu: Papst Paul VI, Apostolische Konstitution *Missale Romanum* (AAS 61 (1969) 217–222).

Dass der Papst seine Gewalt jederzeit frei ausüben kann, bedeutet nicht, er dürfe willkürlich handeln. Er ist dem Wohl der Kirche, der Offenbarung und dem inneren Anspruch seines Amtes verpflichtet. Er kann seine Gewalt *nur* so weit ausüben, wie es von seinem Amt her gefordert ist. Was von seinem Amt her gefordert ist, entscheidet allein der Papst.

7.2.4 Stände- und Geschlechterhierarchie

Die hierarchische Struktur der Kirche zeigt sich auch am rechtlichen Verhältnis von Klerikern und Laien. Die Unterscheidung von Klerikern und Laien geht ebenfalls auf göttliche Weisung zurück (can. 207 § 1), und ist mithin unaufgebbares Wesensmerkmal der katholischen Kirche. Die katholische Kirche ist ohne diese Unterscheidung nicht denkbar. Die kirchliche Ordnung ist gottgewollt eine ständische Ordnung.

An der Sendung der Kirche sind Kleriker und Laien auf je eigene Weise beteiligt. Der Amtspriester leitet das priesterliche Volk kraft einer heiligen Gewalt, die den übrigen Gläubigen nicht zukommt. Die geistlichen Hirten sind die regelmäßigen *Spender* der geistlichen Güter (die Spendung der Taufe im Notfall und die gegenseitige Spendung des Ehesakramentes sind Ausnahmen, die die Regel bestätigen), die Laien deren *Empfänger*. Der Kleriker hat vor allem innerkirchlich tätig zu werden, als Seelsorger oder in der kirchlichen Leitung. Die Aufgabenbereiche der Laien ergeben sich aus ihrem Nichtklerikersein. Ihnen werden jene Gebiete zugewiesen, auf denen die Kleriker „aufgrund ihrer besonderen Erwählung" nur ausnahmsweise und jedenfalls nicht vorrangig tätig werden können. Laien sollen ergänzen, was Kleriker aufgrund ihrer Zugehörigkeit zum „geweihten Stand" nicht leisten können. Ihr Betätigungsfeld ist „die Welt", insbesondere das Ehe- und Familienleben.

Kleriker- und Laienstand sind nicht nur einander hierarchisch zugeordnet. Sie sind auch in sich hierarchisch differenziert. Innerhalb des Klerus kommt – neben dem Papst – den Diözesanbischöfen eine hervorgehobene Position zu. Nach oben, zum Papst hin, sind sie rechtlich vollständig abhängig. Als Leiter ihrer Diözesen hingegen sind sie gewissermaßen lokale „Päpste". Für ihre Diözese sind sie oberste Gesetzgeber, oberste Richter und oberste ausführende Instanzen. Eine Gewaltenteilung gibt es auch auf dieser Ebene nicht. Was für das Verhältnis zwischen Papst und Diözesanbischöfen gilt, setzt sich nach unten im Verhältnis zwischen Diözesanbischof und Priestern fort.

Innerhalb des Laienstandes besteht ebenfalls eine hierarchische Differenzierung, insofern es Frauen unmöglich ist, die Priesterweihe zu empfangen. Die Unmöglichkeit der Frauenpriesterweihe ist eine unfehlbar vorgelegte Norm aus jenem Bereich kirchlichen Lehrens, dessen Inhalte mit der geoffenbarten – vom Lehramt festgestellten und ausgelegten – Glaubenswahrheit so eng zusammenhängen, dass sie zur unversehrten Bewahrung und getreuen Auslegung des Glaubensgutes unverzichtbar sind (can. 750 § 2). Die Kirche hält sich daher *definitiv* nicht für berechtigt, Frauen zu Priestern zu weihen. Insoweit besteht auch innerhalb des Laienstandes eine göttlich-rechtliche Differenzierung. Die kirchliche *societas perfecta* ist kraft göttlichen Rechts eine Gemeinschaft von Ungleichen, eine *societas perfecta inaequalis*. Was Klerikern vorbehalten ist, können Männer nicht ohne besondere Berufung. Frauen können es nicht und niemals.

7.2.5 Wahre Gleichheit

Die katholische Kirche ist eine Gemeinschaft von Ungleichen. Dennoch gilt auch in ihr ein allgemeiner Gleichheitsgrundsatz. Er ist anders gefasst als beispielsweise Art. 3 des Grundgesetzes der Bundesrepublik Deutschland. Das Gesetzbuch der katholischen Kirche entwirft ein spezifisches Konzept von *wahrer Gleichheit* (can. 208). Schon der Begriff macht deutlich, dass es hier nicht um ein landläufiges Gleichheitsverständnis geht, sondern um das spezifisch kirchliche. Es hebt sich von anderen Gleichheitsvorstellungen ab. Ihnen gegenüber beansprucht es, die echte, wirkliche, „wahre" Gleichheit zu normieren.

Diese wahre Gleichheit besteht aufgrund der allen Gläubigen gemeinsamen Wiedergeburt in Christus. Alle Getauften sind gleich hinsichtlich ihrer Würde und ihrer Tätigkeit. Die konkrete Teilhabe an der kirchlichen Sendung ist indes abhängig von persönlichen Lebensverhältnissen oder rechtserheblichen Umständen der einzelnen Gläubigen. Dazu gehören die Standeszugehörigkeit und das Geschlecht. Beide Aspekte haben Einfluss auf die konkrete Rechtsstellung der Gläubigen und können aufgrund einer Vorgabe des göttlichen Rechts Anlass sein für eine Ungleichbehandlung der Gläubigen.

Der wahren Gleichheit aller tut dies nach kirchlichem Recht und Selbstverständnis keinen Abbruch. *Wahre Gleichheit* ist vereinbar mit Standesunterschieden zwischen Klerikern und Laien aufgrund der Weihe. *Wahre Gleichheit* lässt Raum für eine Ungleichbehandlung von Männern und Frauen in und vor dem Gesetz. Solche Ungleichbehandlungen tangieren nicht die wahre Gleichheit aller Katholiken.

7.2.6 Individuelles Heil und kirchliches Gemeinwohl

Auch im Blick auf grundlegende Rechte der einzelnen Gläubigen zeigt sich das eigenständige Rechtsverständnis der Kirche. Der heilsmittlerischen Funktion des kirchlichen Rechts entsprechend gilt die Sorge des Gesetzgebers nicht nur dem Seelenheil des einzelnen Gläubigen, sondern vor allem der Einheit der Gesamtkirche, dem Schutz der kirchlichen Lehre und der kirchlichen Ordnung sowie der Abwehr von Missbrauch in der kirchlichen Ordnung (z.B. can. 392).

Im Einklang damit wird im kodikarischen Katalog der Pflichten und Rechte aller Gläubigen die Pflicht zur Wahrung der Gemeinschaft mit der Kirche programmatisch an erster Stelle genannt – vor den übrigen Pflichten und vor jedem Recht (can. 209 § 1). Der genannten Ausrichtung des kirchlichen Gesetzbuchs entspricht es, wenn die in dem Katalog garantierten Rechte, die auf den ersten Blick an staatlich gewährleistete Grundrechte erinnern könnten, sich bei näherer Betrachtung als Rechte mit einem spezifisch anders gearteten Zuschnitt erweisen: So gibt es im kirchlichen Gesetzbuch nicht ein Recht auf freie Meinungsäußerung, sondern ein Recht auf *angemessene* Meinungsäußerung (can. 212 § 1). Es gibt nicht ein Recht auf Forschungsfreiheit, sondern ein Recht auf *gebührende* Freiheit der theologischen Forschung (can. 218). Es gibt nicht ein uneingeschränktes Recht auf Schutz des guten Rufes, sondern ein Verbot der *rechtswidrigen* Schädigung des guten Rufs (can. 220). Bei der Ausübung ihrer Rechte haben die Gläubigen Rücksicht zu nehmen auf das Gemeinwohl der Kirche (can. 223 § 1). Darüber hinaus steht es der kirchlichen Autorität zu, die Ausübung von Rechten im Hinblick auf das Gemeinwohl der Kirche zu *regeln* – was die Möglichkeit einschließt, Rechte einzuschränken oder gar auszusetzen (can. 223 § 2). Wann solche Maßnahmen gerechtfertigt sind, bleibt dem Ermessen der kirchlichen Autorität überlassen.

Die Idee eines Katalogs von Grundrechten, die das Individuum vor unrechtmäßigen Übergriffen der Obrigkeit schützen, ist dem kirchlichen Gesetzgeber fremd. Kirchliche Autorität und einzelne Gläubige stehen einander nach kirchlichem Verständnis nicht gegenüber, sondern nehmen gemeinsam ihre Verantwortung für die kirchliche Sendung wahr. Dem Gesetzgeber ist vorrangig am Schutz des kirchlichen Gemeinwohls gelegen. Die kirchliche Ordnung soll gegen eine übermäßige Inanspruchnahme individueller Freiheiten geschützt werden. Die Wahrnehmung individueller Rechte hat im Konfliktfall hinter den Belangen der kirchlichen Gemeinschaft zurückzustehen. Die auf diese Weise gewährleistete kirchliche Einheit und die Verlässlichkeit der kirchlichen Ordnung eröffnen den einzelnen Gläubigen den bestmöglichen Schutzraum für das individuelle Seelenheil.

Zusammenfassung

Indem der Gesetzgeber das Kirchenverständnis im kirchlichen Gesetzbuch in der dargestellten Weise profiliert, bringt er zum Ausdruck, wie er die Ekklesiologie des II. Vatikanischen Konzils versteht und von den Gläubigen verstanden wissen will. Es wird deutlich: Die katholische Kirche ist nicht nach Art eines freiheitlich-demokratischen Rechtsstaates organisiert. Sie ist eine klerikale Wahlmonarchie. Der Papst bezeichnet sich als ersten Diener Gottes (*servus servorum Dei*); er regiert als Stellvertreter Jesu Christi nicht aus eigener, sondern aus der ihm von Gott her zukommenden Machtvollkommenheit. Die Kirche hat diese Organisationsform nach ihrem Selbstverständnis nicht gewählt, sondern vorgefunden. Sie ergibt sich aus der Wahrheit, die das in besonderer Weise geistbegabte kirchliche Lehramt als von Gott geoffenbart erkannt hat. Sie ist insoweit gottgewollt.

Literatur

Quellen

Papst Benedikt XV.: Codex Iuris Canonici vom 27.5.1917, in: AAS 9 (1917) Pars II, 11–521.
Papst Johannes XXIII.: Apostolische Konstitution Veterum sapientia, in: AAS 54 (1962), 129–135.
Papst Paul VI.: Apostolische Konstitution Missale Romanum, in: AAS 61 (1969), 217–222.
Papst Johannes Paul II.: Codex Iuris Canonici vom 25.1.1983, in: AAS 75 (1983) Pars II, 1–301.
Papst Johannes Paul II.: Codex Canonum Ecclesiarum Orientalium vom 18.10.1990, in: AAS 82 (1990), 1061–1363.
Papst Johannes Paul II.: Apostolische Konstitution Sacrae Disciplinae Leges vom 25.01.1983, in: AAS 75 (1983) Pars II, VII- XIV.
Papst Johannes Paul II.: Apostolische Konstitution Pastor Bonus vom 29.06.1988, in: AAS 80 (1988), 841–934.

Papst Johannes Paul II.: Apostolische Konstitution Sacri Canones vom 18.10.1990, in: AAS 82 (1990), 1033–1044.

Papst Johannes Paul II.: Apostolische Konstitution Universi Dominici Gregis vom 22.02.1996, in: AAS 88 (1996), 305–343.

Papst Johannes Paul II.: Apostolisches Schreiben Ordinatio Sacerdotalis vom 22.05.1994, in: AAS 86 (1994), 545–548 (dt.: Sekretariat der Deutschen Bischofskonferenz (Hg.): Verlautbarungen des Apostolischen Stuhls 117, Bonn ²1995.

Papst Johannes Paul II.: Motu proprio Ad tuendam fidem vom 18.05.1998, in: AAS 90 (1998), 457–461.

Papst Johannes Paul II.: Ansprache an die Teilnehmer der Vollversammlung der Kongregation für das katholische Bildungswesen vom 04.02.2002, in: AAS 94 (2002) 464–467.

Papst Benedikt XVI., Motu Proprio Constitutione apostolica vom 11.06.2007, in: Osservatore Romano vom 27.06.2007.

Papst Benedikt XVI.: Motu Proprio Summorum Pontificum vom 7.7.2007, in: AAS 99 (2007), 777–781.

Papst Benedikt XVI.: Motu Proprio Omnium in mentem vom 26.10.2009, in: AAS 102 (2010), 8–10.

Interdikasterielle Instruktion Ecclesia de mysterio vom 15.08.1997, in: AAS 89 (1997), 852–877 (dt.: Sekretariat der Deutschen Bischofskonferenz (Hg.): Verlautbarungen des Apostolischen Stuhls 129, Bonn 1997).

Kongregation für die Glaubenslehre: Ordnung für die Lehrüberprüfung vom 29.06.1997, in: AAS 89 (1997), 830–835.

Kongregation für die Glaubenslehre: Allgemeines Dekret in Bezug auf die Straftat der versuchten Ordination einer Frau vom 19.12.2007, in: AAS 100 (2008), 403.

Kongregation für das Katholische Bildungswesen: Ordinationes zur Apostolischen Konstitution *Sapientia Christiana* vom 29.4.1979, in: AAS 71 (1979), 500-521 (dt. in: Schmitz, Heribert: Katholische Theologie und Kirchliches Hochschulrecht. Hg. v. Sekretariat der Deutschen Bischofskonferenz (Arbeitshilfen 100), 309–330).

Kongregation für den Gottesdienst und die Sakramentenordnung: Instruktion Redemptionis sacramentum vom 25.03.2004, in: AAS 96 (2004), 549–601 (dt.: Sekretariat der Deutschen Bischofskonferenz (Hg.): Verlautbarungen des Apostolischen Stuhls 164, Bonn 2004).

Päpstlicher Rat für die Gesetzestexte: Congregatio Plenaria. Diebus 20–29 octobris 1981 habita, Vatikanstadt 1991.

Sekretariat der Deutschen Bischofskonferenz (Hg.): Rahmenordnung für die Priesterbildung. Überarbeitete Fassung vom 12.03.2003 (Die deutschen Bischöfe 73), Bonn 2003.

Sekretariat der Deutschen Bischofskonferenz (Hg.), Kirchliche Anforderungen an die Modularisierung des Studiums der Katholischen Theologie (Theologisches Vollstudium) im Rahmen des Bologna-Prozesses, in: ABl. Freiburg v. 01.12.2008, 467–472.

Sekretariat der Deutschen Bischofskonferenz (Hg.), Kirchliche Anforderungen an die Religionslehrerbildung vom 23.09.2010 (Die deutschen Bischöfe 93), Bonn 2011.

Literatur

AYMANS, Winfried: Das Projekt einer Lex Ecclesiae Fundamentalis, in: LISTL, Joseph/ MÜLLER, Hubert/Schmitz, Heribert (Hg.), Handbuch des katholischen Kirchenrechts, Regensburg 1983, 65–71.

AYMANS, Winfried/MÖRSDORF, Klaus: Kanonisches Recht. Lehrbuch aufgrund des Codex Iuris Canonici. Band 1: Einleitende Grundfragen und Allgemeine Normen, Paderborn u.a. [13]1991.

VON CAMPENHAUSEN, Axel/RIEDEL-SPANGENBERGER, Ilona/SEBOTT, Reinhold (Hg.): Lexikon für Kirchen- und Staatskirchenrecht. 3 Bde., Paderborn 2000–2004.

DEMEL, Sabine: Handbuch Kirchenrecht. Grundbegriffe für Studium und Praxis, Freiburg i. Br. 2010.

DRÖSSLER, Bernd Th.: Bemerkungen zur Interpretationstheorie des CIC/1983, in: AfkKR 153 (1984) 3–34.

ERDÖ, Peter: Das „Heil der Seelen" im Codex Iuris Canonici. Ein öffentlich-rechtliches Prinzip der Interpretation und der Rechtsanwendung, in: AfkKR 172 (2003) 84–96.

ERDÖ, Peter: Theologie des kanonischen Rechts, Münster u.a. 1999.

FÜRST, Carl Gerold: Vom Wesen des Kirchenrechts, in: IKZ Communio 6 (1977) 496–506.

GRAULICH, Markus: Unterwegs zu einer Theologie des Kirchenrechts (Kirchen- und Staatskirchenrecht 6), Paderborn 2006.

HAERING, Stephan/SCHMITZ, Heribert (Hg.): Lexikon des Kirchenrechts (Lexikon für Theologie und Kirche kompakt), Freiburg 2004.

HEIMERL, Hans/PREE, Helmuth: Kirchenrecht. Allgemeine Normen und Eherecht, Wien/New York 1983, 1–148.

HILL, Mark: Ecclesiastical Law, Oxford [3]2007.

HOLLERBACH, Alexander: Göttliches und Menschliches in der Ordnung der Kirche, in: DERS.: Ausgewählte Schriften, hg. von Robbers, Gerhard, Berlin 2006, 177–195.

HONECKER, Martin: Evangelisches Kirchenrecht. Eine Einführung in die theologischen Grundgedanken (Bensheimer Hefte 109), Göttingen 2009.

JESTAEDT, Matthias: Auslegung nach kanonischem Recht, in: GRABENWARTER, Christoph/ LÜDECKE, Norbert (Hg.): Standpunkte im Kirchen-und Staatskirchenrecht. Ergebnisse eines interdisziplinären Seminars, Würzburg 2002, 100–116.

LEDERHILGER, Severin J.: Repetition oder Innovation? Bemerkungen zu Interpretationensgrundsätzen für den CIC/1983, in: AfkKR 172 (2003) 58–83.

LISTL, Joseph (Hg.): Die Konkordate und Kirchenverträge in der Bundesrepublik Deutschland, Berlin 1987.

LISTL, Joseph/SCHMITZ, Joseph (Hg.): Handbuch des katholischen Kirchenrechts, Regensburg [2]1999.

LÜDECKE, Norbert: Das Verständnis des kanonischen Rechts nach dem Codex Iuris Canonici von 1983, in: DERS./GRABENWARTER, Christoph (Hg.), Standpunkte im Kirchen- und Staatskirchenrecht. Ergebnisse eines interdisziplinären Seminars, Würzburg 2002, 177–215.

LÜDECKE, Norbert: Der Codex Iuris Canonici von 1983: „Krönung“ des II. Vatikanischen Konzils?, in: WOLF, Hubert/ARNOLD, Claus (Hg.): Die deutschsprachigen Länder und das II. Vatikanum (Programm und Wirkungsgeschichte des II. Vatikanums 4), Paderborn u.a. 2000, 209–237.
LÜDICKE, Klaus (Hg.): Münsterischer Kommentar zum Codex Iuris Canonici. Loseblattsammlung, Essen seit 1984 (Stand: August 2010; zitiert als: MKCIC).
MADEY, Johannes: Quellen und Grundzüge des Codex Canonum Ecclesiarum Orientalium. Ausgewählte Themen (Beihefte zum Münsterischen Kommentar 22), Münster 1999.
MAY, Georg/EGLER, Anna: Einführung in die kirchenrechtliche Methode, Regensburg 1986.
MÜLLER, Ludger: Authentische Interpretation – Auslegung kirchlicher Gesetze oder Rechtsfortbildung, in: AfkKR 164 (1995) 353–375.
MÜLLER, Ludger: Codex und Konzil. Die Lehre des Zweiten Vatikanischen Konzils als Kontext zur Interpretation kirchenrechtlicher Normen, in: AfkKR 169 (2000), 469–491.
OCHOA, Xaverius (Hg.): Leges ecclesiae post Codicem Iuris Canonici editae. 6 Bde., Rom 1966–1987 (nach der Promulgation des CIC von 1983 fortges. v. GUTIÉRREZ, Dominicus Andrés, bisher 3 Bde.).
POTZ, Richard/SYNEK, Eva: Orthodoxes Kirchenrecht. Eine Einführung, Freistadt 2007.
PREE, Helmuth: Zur Wandelbarkeit und Unwandelbarkeit des Ius Divinum, in: REINHARDT, Heinrich J. F.: Theologia et Jus Canonicum. FS Heribert Heinemann, Essen 1995, 111–135.
PUZA, Richard: Katholisches Kirchenrecht, Heidelberg ²1993.
RAHNER, Karl: Über den Begriff des „Jus Divinum“ im katholischen Verständnis, in: DERS.: Schriften zur Theologie, Bd. 5, Einsiedeln 1962, 249–277.
ROSALIO KARDINAL CASTILLO LARA: Die authentische Auslegung des kanonischen Rechts im Rahmen der Tätigkeit der Päpstlichen Kommission für die authentische Interpretation des ius canonicum, in: ÖAKR 37 (1987/88) 209–228.
SCHATZ, Klaus: Der päpstliche Primat, Würzburg 1990.
Socha, Hubert: in MKCIC 16 und 17.
SOHM, Rudolph: Kirchenrecht. Bd. 1, Leipzig 1892.
WERCKMEISTER, Jean: Wer war eigentlich Gratian?, in: PUZA, Richard/WEISS, Andreas (Hg.): Iustitia in Caritate. FS Ernst Rößler (Adnotationes in Ius Canonicum 3), Frankfurt a. M. u.a. 1997, 183–192.
WINTER, Jörg: Staatskirchenrecht der Bunderepublik Deutschland. Eine Einführung mit kirchenrechtlichen Exkursen, Neuwied 2001.

IV. Einführung in die Liturgiewissenschaft

Ansgar Franz/Siri Fuhrmann/Alexander Zerfaß

1. Begriffsklärungen

1.1 Der Begriff „Liturgie“

Liturgie als Sammelbegriff

„Liturgie“ bezeichnet im gegenwärtigen Sprachgebrauch eine Fülle unterschiedlicher gottesdienstlicher Vollzüge der christlichen Kirche. In dieser Bedeutung als Sammelbegriff ist der Terminus relativ jung; er taucht in diesem Sinn vereinzelt in der Gelehrtensprache des 18. Jahrhunderts auf und wird erst im 20. Jahrhundert durch die „Liturgische Bewegung“ und das II. Vatikanische Konzil (Konstitution über die heilige Liturgie *Sacrosanctum Concilium* (SC)) allgemein gebräuchlich. Frühere Epochen kennen eine Vielzahl verschiedener Bezeichnungen: *mysterium, sacramentum, ministerium, officium divinum, opus Dei* – von letzterem leitet sich das deutsche Wort „Gottesdienst“ ab, das sowohl den „Dienst Gottes am Menschen“ als auch den „Dienst des Menschen für Gott“ umfassen kann (vgl. 2.1.2).

Dienst am Volk

Das Wort „Liturgie“ stammt aus dem Griechischen (λειτουργία) und setzt sich zusammen aus λήϊτος („das Volk betreffend“, Adjektiv zu λαός (Volk)) und ἔργον (Werk, Dienst). In den griechischen Stadtstaaten des 5./4. Jahrhunderts v. Chr. werden mit diesem „Dienst am Volk“ die Spenden wohlhabender Bürger für das Gemeinwesen (zur Finanzierung sozialer, kultureller und sportlicher Veranstaltungen) bezeichnet; im Zusammenhang mit dem heidnischen Kult ist der Begriff erst im 2. Jahrhundert v. Chr. nachweisbar. Die griechische Fassung des Alten Testaments, die Septuaginta (3./2. Jahrhundert v. Chr.), verwendet dann λειτουργία und das Verb λειτουργεῖν durchgängig für den Dienst der Priester und Leviten am Jerusalemer Tempel. Das Neue Testament gebraucht die Begriffe ebenfalls in dieser Bedeutung (Lk 1,23; Hebr 9,21), doch wird in einer charakteristischen Spiritualisierung der Opferterminologie auch das erlösende Handeln Christi (Hebr 8,2.6) sowie die Verkündigung dieses erlösenden Handelns als „Liturgie“ (Röm 15,16; Phil 2,17) bezeichnet. Im Sinne einer gottesdienstlichen Versammlung der Gemeinde findet sich der Ausdruck nur in Apg 13,2. Erst in nachapostolischer Zeit wird er häu-

Dienst der Priester und Leviten am Jerusalemer Tempel

Das erlösende Handeln Christi und dessen Verkündigung

Gottesdienst

figer in Bezug auf Gottesdienst und liturgische Ämter verwendet (1 Klem 41,1; Didache 15,1; Apostolische Konstitutionen II, 25,5.7). Seit dem Ende der Antike bezeichnet der Begriff λειτουργία im Osten speziell die Eucharistiefeier, ein Sprachgebrauch, der sich bis heute in der orthodoxen Kirche erhalten hat („Die göttliche Liturgie" entspricht der westkirchlichen „Messe"). Im Westen behält das lateinische Lehnwort „liturgia" zunächst seinen weiteren Sinn bei, wird aber – ähnlich wie die seit der Reformationszeit gebrauchte deutsche Form „Liturgie" – nur selten verwendet.

1.2 Liturgiewissenschaft

1.2.1 Historische Streiflichter

Die Liturgiewissenschaft als eigenständige Disziplin der universitären Theologie ist relativ jung. Auch wenn sich erste Ansätze bereits im 18. Jahrhundert finden, geht die weiträumige Etablierung des Faches an den katholisch-theologischen Fakultäten maßgeblich auf Impulse des II. Vatikanischen Konzils (1962–1965) zurück, das Liturgiewissenschaft zu den Hauptfächern der Theologie zählt (vgl. SC 16). Im evangelischen Bereich ist „Liturgik" (der Begriff wird heute weitgehend synonym zu „Liturgiewissenschaft" verwendet) eine Teildisziplin der Praktischen Theologie. – Ist das Fach in seiner universitären Form auch jung, so ist die theologische Reflexion von Gottesdienst wohl so alt wie dieser selbst. Schon in den biblischen Schriften gibt es neben Anweisungen zum rechten Vollzug von Liturgie (Ex 12; Lev 1–7.16; 1 Kor 14) auch die Kritik an der realen Liturgiepraxis (Am 5,21 ff.; Jer 6,20; 1 Kor 11). Im Zentrum der nachbiblischen Theologie stehen selbstverständlich auch liturgische Fragestellungen. Einige Streiflichter müssen hier genügen: Erste Ansätze einer vergleichenden Liturgiewissenschaft finden sich in den Briefen des Augustinus (354–430) an Ianuarius über die Verschiedenheit lokaler Riten oder in den literarischen Auseinandersetzungen um den Ostertermin oder das Datum der Geburt Christi. Das Mittelalter kennt neben allegorischen Liturgieerklärungen auch historische Fragestellungen bei Walahfrid Strabo (808–849), Durandus von Mende (1230/31–1296) und Radulph von Rivo (2. Hälfte des 14. Jahrhunderts). Von besonderer Bedeutung ist das Wirken Benedikts XIV., der 1748 in Rom eine Akademie für liturgiewissenschaftliche Studien gründet (*Schola Sacrorum Rituum*). In der katholischen Aufklärung des späten 18. und frühen 19. Jahrhunderts treten prak-

Bibel

Alte Kirche

Mittelalter

Neuzeit

tische Fragen konkreter Liturgiereformen in den Vordergrund (Vitus Anton Winter (1750–1814) und Ignaz Heinrich von Wessenberg (1774–1869)).

1.2.2 Die Herausbildung der drei Zweige der Liturgiewissenschaft

Liturgiegeschichtliche Forschung

Ihre bis heute gültige Prägung erfährt die deutschsprachige Liturgiewissenschaft zu Beginn des 20. Jahrhunderts (vgl. Kranemann, Liturgiewissenschaft). Der zunächst vorherrschende Zweig ist die liturgie*historische* Richtung, die sich bereits um die Jahrhundertwende die systematische Edition liturgischer Quellen sowie die historisch-theologische Erforschung der Liturgie zur Aufgabe macht. Bedeutende Vertreter dieser Richtung sind Josef Andreas Jungmann (1889–1975), dessen historisch-genetische Erklärung der Messe bis heute zum Standardrepertoire des Faches gehört, ebenso wie die Untersuchungen zur Kultur-, Frömmigkeits- und Liturgiegeschichte des Barock, der Aufklärung und der Restauration von Anton Ludwig Mayer (1891–1982). Eine gemessen an ihren Ergebnissen besonders fruchtbare Forschungsrichtung begründet Anton Baumstark (1872–1942) mit der „Vergleichenden Liturgiewissenschaft", die speziell ostkirchliche Traditionen mit in die Untersuchungen einbezieht.

Josef Andreas Jungmann (1889–1975)

Anton Ludwig Mayer (1891–1982)

Anton Baumstark (1872–1942)

Liturgietheologische Forschung

Die Liturgiegeschichtsforschung bringt der Liturgiewissenschaft ein neues Selbstverständnis, doch auch gleichzeitig das Bewusstsein, dass historische Forschung allein nicht ausreicht. 1921 erscheint im ersten Band des neugegründeten Jahrbuchs für Liturgiewissenschaft der programmatische Artikel von Romano Guardini (1885–1968) mit dem Titel *Über die systematische Methode in der Liturgiewissenschaft*. Guardini beschreibt darin die Liturgiewissenschaft als eigenberechtigte Disziplin der Theologie, die als historische und systematische Wissenschaft die von der Geschichtsforschung erarbeiteten Einzelstücke auf eine gemeinsame Struktur hin untersucht und nach dem Stellenwert fragt, den sie im Leben *der* Gemeinschaft haben, von der sie und für die sie geschaffen wurden, nämlich der Kirche. „Gegenstand der systematischen Liturgieforschung ist also die lebendige, opfernde, betende, die Gnadengeheimnisse vollziehende Kirche" (Guardini, Systematische Methode 104). Der bedeutendste Vertreter dieser *systematischen* bzw. liturgietheologischen Richtung ist der Laacher Benediktiner Odo Casel (1886–1948), dessen Mysterientheologie nachhaltig die Liturgiekonstitution des II. Vatikanischen Konzils

Romano Guardini (1885–1968)

Odo Casel (1886–1948)

inspiriert hat. Auf der Grundlage der patristischen Theologie deutet Casel den Gottesdienst der Kirche als lobpreisende Vergegenwärtigung des Pascha-Mysteriums. Liturgie ist mehr als eine Gott geschuldete Pflichtübung zur Erlangung der Gnadenmittel, sondern Liturgie bietet den Glaubenden das Heilswerk Gottes in Christus so an, dass sie selbst Miteinbezogene und Mithandelnde werden.

Pastoralliturgische Forschung Athanasius Wintersig (1900–1942)

Nur drei Jahre nach Guardinis Aufsatz erscheint in der gleichen Zeitschrift ein Beitrag von Athanasius Wintersig (1900–1942), ebenfalls ein Mönch der Abtei Maria Laach, der unter dem Stichwort „Pastoralliturgik" auch eine seelsorgewissenschaftliche Behandlung der Liturgie fordert. Guardini hatte die historische und systematische Liturgiewissenschaft abgegrenzt gegen eine Liturgik als Teil der Pastoraltheologie, die sich mit der praktischen Frage beschäftigen sollte, wie „unter den verschiedenen Verhältnissen von Stadt und Land ein rechtes liturgisches Gemeindeleben aufzubauen sei" (ebd. 108). Gegenüber dieser Sicht als bloßer Anwendungsdisziplin plädiert Wintersig dafür, die systematische Reflexion der Praxis in die Liturgiewissenschaft zu integrieren, modern gesprochen, den konkreten Gottesdienst als Handlungsfeld in die Theoriebildung einzubeziehen. Aufgabe dieser *pastoralen* Ausrichtung der Liturgiewissenschaft ist die Förderung des liturgischen Lebens der Gemeinde. Einer der bedeutendsten Vertreter ist Pius Parsch (1884–1954), ein Augustinerchorherr im österreichischen Klosterneuburg, dessen „volksliturgische Bewegung" die Pfarrei als Verwirklichungsort von Kirche und Liturgie akzentuiert. Der pastoralliturgische Zweig übt in guter biblischer Tradition eine wichtige kritische Funktion gegenüber der aktuellen Feierpraxis aus, indem er Kriterien für eine je zeit- und situationsgemäße Gestaltung des Gottesdienstes benennt.

Pius Parsch (1884–1954)

1.2.3 Gegenstand und Methoden

Der Glaube der Kirche, der in der Liturgie zum Ausdruck kommt

Liturgiewissenschaft als theologisches Fach hat zum Gegenstand – anders als etwa eine rein historische, kultur- oder religionswissenschaftliche Erforschung von Gottesdienst – den Glauben der Kirche, wie er in der Liturgie zum Ausdruck kommt bzw. die Kirche als das Wort Gottes hörende und im Gebet antwortende Gemeinschaft der Glaubenden.

Die Besonderheit der Liturgiewissenschaft im Kanon der theologischen Disziplinen ist es, dass sie den gottesdienstlichen Voll-

Abb. 1: Gegenstand und Herangehensweisen der Liturgiewissenschaft

zug, in dem der Glaube ausdrücklich Gestalt annimmt, als Quelle der Theologie erschließt. Eine markante Eigenart dieser Quelle „Liturgie" ist es, dass sie zum einen durch eine lange zeitliche und breite räumliche Ausdehnung in sehr unterschiedlichen Epochen, Kulturen und Gesellschaften charakterisiert ist (das Herrenmahl in der Gemeinde von Korinth, die römische Messe Gregors des Großen, die „Heilige Liturgie" des byzantinischen Patriarchen Kerullarios, das lutherische Abendmahl von Bugenhagen und die Eucharistiefeier der Mainzer Studentengemeinde sind durchaus unterschiedliche Formen, die Weisung „Tut dies zu meinem Gedächtnis!" zu verwirklichen); zum anderen umfasst die Quelle „Liturgie" alle sinnenhaften Dimensionen der menschlichen Existenz: die akustische (das gesprochene und gesungene Wort; Instrumentalmusik), die visuelle (der Kirchenraum und sein Inventar; die rituellen Handlungen; das Licht; die Farben und der Zuschnitt liturgischer Kleidung), die olfaktorische (der Duft des Weihrauchs und der Salben), die haptische (Handauflegung, Kontakt mit Wasser und Ölen), die gustatorische („Kostet und seht, wie gut der Herr ist"). Liturgiewissenschaft arbeitet dabei grundsätzlich in ökumenischer Perspektive, die neben den katholischen Traditionen auch die Gottesdienstformen der aus der Reformation hervorgegangenen

Zeitliche und räumliche Ausdehnung

Alle sinnenhaften Dimensionen menschlicher Existenz

Ökumenische Perspektive

Vielgestaltiges Methodenrepertoire

Kirchen, der Ostkirchen und des Judentums im Blick hat. Das Methodenrepertoire, dessen sich die Liturgiewissenschaft bedient, ist daher notwendigerweise so vielgestaltig wie die Liturgie selbst. Es umfasst neben den Zugangsweisen, die in den historischen und philologischen Fächern herausgebildet wurden (Kirchen-, Sozial-, Kunst- und Frömmigkeitsgeschichte, Archäologie, Exegese, Literatur- und Sprachwissenschaft, Komparatistik) auch Methoden der systematischen Theologie, der Philosophie und Kulturanthropologie sowie der Pastoraltheologie, Soziologie, Psychologie und Pädagogik; zentrale Gegebenheiten wie Gesang, Ritus und Raum werden im Gespräch mit der Hymnologie, den Religionswissenschaften (speziell den im angelsächsischen Bereich etablierten *ritual studies*) und der Architekturgeschichte erschlossen.

1.3 Liturgiewissenschaft und Lehramtsstudium

Liturgie ist nicht nur der „Höhepunkt, dem das Tun der Kirche zustrebt" und „die Quelle, aus der all ihre Kraft strömt" (SC 10), sie ist gesellschaftlich auch der Ort, an dem Fernstehende und Nicht-Christen am häufigsten unmittelbaren Kontakt mit der Kirche finden (Gottesdienste zu Weihnachten, anlässlich von Taufen, Trauungen und Begräbnissen); gerade in jüngerer Zeit wird auch im Gefolge von sogenannten ‚Großschadensereignissen' (Terroranschläge, Tunnelbrände, Amokläufe an Schulen) eine gottesdienstliche Begleitung der Kirchen erwartet. Diejenigen, die Religion unterrichten, müssen im Stande sein, die Riten zu deuten und den Glauben zu erschließen, der aus ihnen spricht. – Darüber hinaus sollten sich Religionslehrerinnen und -lehrer auch eine praktische Kompetenz aneignen. Das Erfahrbarmachen und Einüben grundlegender gottesdienstlicher Vollzüge (gerade auch im ‚katechumenalen' Vorfeld der Hochform „Messe") hat einen wichtigen Platz in der Schule (vgl. dazu Franz/Fuhrmann, Gottesdienstformen). – Und nicht zuletzt kann das Studium der Liturgiewissenschaft zur Klärung der eigenen gottesdienstlichen Praxis beitragen. In sehr grundlegender Weise wird die notwendige Kompetenz von der Würzburger Synode (1974) in ihrem Beschluss „Der Religionsunterricht in der Schule" beschrieben (Nr. 2.8.1):

Den Glauben deuten können, der sich in der Liturgie artikuliert

Einüben grundlegender gottesdienstlicher Vollzüge

Klärung der eigenen gottesdienstlichen Praxis

Zitat

Ein Religionslehrer soll sensibel sein für die religiöse Dimension der Wirklichkeit. Er muss selbst ein Mensch sein, der nach dem Sinn des Lebens und der Welt zu fragen gelernt hat. Sachkompetenz hat im Falle des Religionsunterrichts nur derjenige, der über Methoden- und Sachkenntnis verfügt, der pädagogisch-didaktisch versiert ist und der zugleich existenziellen Bezug zu dieser ‚Sache' hat.

Wenn die Ortsbestimmung der Liturgie im Ganzen des christlichen Lebens, wie sie das II. Vatikanische Konzil vorgenommen hat, zutrifft, Liturgie also das Ziel aller Verkündigung und der Lebensquell der tätigen Zuwendung zum Nächsten ist, kann es einen existentiellen Bezug zur „Sache" des Glaubens ohne liturgische Praxis nicht geben.

2. Liturgietheologischer Überblick

Die in den Kapiteln 1.2.2 und 1.2.3 vorgestellten drei Perspektiven der Liturgiewissenschaft stehen in einem untrennbaren Zusammenhang. Von welcher Seite auch immer man im Einzelfall den Zugang wählt, es sind stets auch Voraussetzungen und Konsequenzen auf den anderen beiden Feldern im Spiel. Man kann dies mit einer Triangel vergleichen, die immer als Ganze schwingt, egal welche Seite angeschlagen worden ist. Um einen Überblick zu gewinnen, werden nun zunächst anhand ausgewählter Quellen wesentliche Kategorien und Elemente einer für sämtliche liturgischen Vollzüge relevanten Liturgietheologie vorgestellt, ohne dass deren liturgiehistorische Fundamente und liturgiepastorale Konsequenzen im Einzelnen präsentiert werden können (vgl. dazu dann exemplarisch Kapitel 3).

2.1 Die gottesdienstliche Versammlung

2.1.1 Die Kirche als die „Herausgerufene" Gottes

Versammlung auf den Anruf Gottes hin

Die Kirche ist dem griechischen Wortsinn nach die „Herausgerufene" (ἐκκλησία von ἐκκαλεῖν = herausrufen): Sie konstituiert sich als Versammlung auf den Anruf Gottes hin. Obwohl man heute, wenn man „Kirche" (das deutsche Wort kommt vom griechischen ἡ κυριακὴ ἐκκλησία = die Versammlung des Herrn) hört, zunächst meist an eine weltumspannende Organisation oder aber an ein Gebäude denkt, bleibt der Begriff ἐκκλησία (lat. *ecclesia*, entsprechend in den romanischen Sprachen *église, iglésia, chiesa* usw.) von seiner Geschichte her auf die konkrete raumzeitlich definierte Versammlung von Menschen verwiesen: Im profanen Bereich bezeichnete er ursprünglich die Volksversammlung der griechischen Stadtstaaten. Im Neuen Testament wird das Wort 114-mal gebraucht, wobei es entweder eine Gemeinde vor Ort oder die Gesamtkirche bezeichnen kann. Damit wird an den Sprachgebrauch der Septuaginta angeknüpft, der von Israel als „von Gott gerufener und vor ihm versammelter Volksgemeinde" (Kertelge, Kirche 1454) mit ἐκκλησία (für hebr. *qahal*) spricht.

Die Gemeinde als Trägerin der Liturgie

Die Versammlung der Gemeinde ist im Normalfall unabdingbare Voraussetzung für die Feier der Liturgie. Nachdem im Mittelalter der Gottesdienst im Wesentlichen als objektive Kultübung angesehen worden war, für deren gültigen Vollzug das Handeln eines spezialisierten Kultpersonals den Ausschlag gab (vgl. 2.2.4), erhält die tragende Rolle der Gemeinde spätestens seit der Liturgiereform des II. Vatikanischen Konzils wieder die gebührende Aufmerksamkeit. Diese Rolle gründet in der durch die Taufe erworbenen Anteilhabe am Priestertum Christi, die die Gemeinde zur „vollen, bewussten und tätigen Teilnahme an den liturgischen Feiern" zugleich „berechtigt und verpflichtet" (SC 14). So hatte beispielsweise das im Gefolge des Konzils von Trient promulgierte Römische Messbuch von 1570 die sogenannte Stillmesse, bei der die rituelle Beteiligung anderer Personen als des Priesters auf die Assistenz eines Ministranten als Stellvertreter der als Ganze nicht mehr einbezogenen Gemeinde beschränkt war, als Normalfall der Messfeier vorausgesetzt. Folgerichtig begann die Regelung des Ablaufs der Messe („Ritus servandus in celebratione Missae") mit den Worten: „Sacerdos celebraturus" („Der Priester, der im Begriff ist, die Messe zu feiern"). Demgegenüber hebt die Messordnung des neuen Römischen Messbuchs von 1970 für die nunmehr als Normalfall erachtete „Missa cum populo" („Messe mit dem Volk") programmatisch mit der Wendung an: „Populo congregato" („Nachdem das Volk sich versammelt hat"). Damit ist von vornherein deutlich, dass die versammelte Gemeinde in ihrer Ganzheit Trägerin der liturgischen Handlung ist. Das schließt freilich eine Gliederung der Versammlung gemäß unterschiedlicher Rollen nicht aus, sondern ein. Wenn dasselbe II. Vatikanische Konzil unterstreicht, dass sich „das gemeinsame Priestertum der Gläubigen" und „das Priestertum des Dienstes", also Tauf- und

Tätige Teilnahme

Das Prinzip der Rollenteilung

Weihepriestertum, „dem Wesen und nicht bloß dem Grade nach" unterscheiden (Dogmatische Konstitution über die Kirche *Lumen Gentium*, Art. 10), wird markiert, dass beide Formen der Anteilhabe am Priestertum Christi ihre eigene, unvertretbare Würde und Funktion besitzen – und dies auch bei der Feier der Liturgie. Sichtbares Zeichen der liturgischen Rollenteilung, der zufolge „jeder, sei er Liturge oder Gläubiger, in der Ausübung seiner Aufgabe nur das und all das tun" soll, „was ihm aus der Natur der Sache und gemäß den liturgischen Regeln zukommt" (SC 28), ist die im Zuge der Liturgiereform wieder aufgegriffene Unterscheidung liturgischer Rollenbücher, die jeweils nur die der betreffenden Person zukommenden Texte der Messfeier enthalten: So umfasst etwa das Messbuch nur die vom Priester zu sprechenden Gebete, nicht aber die Lesungen, während umgekehrt das Lektionar, aus dem der Lektor die Lesungen vorträgt, nur diese präsentiert. Demgegenüber hatte das seit dem Hochmittelalter übliche „Plenarmissale" (Vollmessbuch) der Praxis der Stillmesse entsprechend alle Texte der Messe, seien es Gebete, Lesungen oder Gesänge, enthalten, die der Priester auch sämtlich selbst rezitierte.

2.1.2 Wesentliche Dimensionen der liturgischen Versammlung

Wort und Antwort

Die gottesdienstliche Versammlung ist keine statische Größe; vielmehr ist sie wesenhaft auf den Vollzug der liturgischen Handlungen ausgerichtet. Sie kommt zusammen, um das Wort Gottes zu hören und darauf in Gebet und Gesang zu antworten (vgl. SC 33). Sie ist von Gott eingeladen und auf ihn hin orientiert.

Was grundlegend geschieht, wenn die Gemeinde Liturgie feiert, beschreibt das II. Vatikanische Konzil in einer dichten Formulierung (SC 7):

Zitat

Durch sinnenfällige Zeichen wird in ihr [der Liturgie] die Heiligung des Menschen bezeichnet und in je eigener Weise bewirkt und vom mystischen Leib Jesu Christi, d.h. dem Haupt und den Gliedern, der gesamte öffentliche Kult vollzogen.

Damit ist in gewisser Weise eine Definition von „Liturgie" gegeben. Welche Wesensmerkmale der Liturgie werden dabei benannt? Die Definition zerfällt in zwei Halbsätze:

Katabatische Dimension

„Durch sinnenfällige Zeichen wird in ihr [der Liturgie] die Heiligung des Menschen bezeichnet und in je eigener Weise bewirkt …“

Sinnenfällige Zeichen

- Die Zeichen der Liturgie (vgl. dazu 2.3) sind *sinnenfällig*, d.h. man kann sie hören, sehen, riechen, schmecken und fühlen (vgl. 1.2.3). Damit entspricht die Liturgie der sinnlichen Verfasstheit des Menschen und adressiert ihn nicht nur intellektuell, sondern ganzheitlich.

Realsymbol

- Die Zeichen der Liturgie *bezeichnen und bewirken* zugleich. – Es gibt bloße Verweiszeichen: Ein Verkehrsschild beispielsweise beruht auf gesellschaftlicher Konvention, die ein bestimmtes Zeichen einer bestimmten Verkehrsregel zuweist. Von der sinnlichen Evidenz her hat das Schild vielfach wenig mit dem Bezeichneten zu tun (Beispiel: weißer Kreis mit rotem Rand für „Durchfahren verboten“). An sich bewirkt es auch noch nichts; der Verkehrsteilnehmer muss das Zeichen zuerst nach der in der Fahrschule erlernten Konvention entschlüsseln und sich dann willentlich dazu entscheiden, es zu befolgen. Im Unterschied dazu haben die liturgischen Zeichen, besonders die sakramentalen Zeichen, von vornherein Anteil an der bezeichneten Sache. Deshalb sind sie nicht bloße Verweiszeichen, die auf etwas Anderes hinweisen, das außerhalb ihrer selbst liegt, sondern tragen das Bezeichnete selbst in sich. Aufgrund dieser Eigenschaft, die der Begriff „Realsymbol“ auszudrücken sucht, kann das liturgische Zeichen das Bezeichnete nicht nur bezeichnen, sondern auch bewirken.

Dienst Gottes am Menschen

- Was aber ist das Bezeichnete und damit auch Bewirkte? Der Text benennt es als die *„Heiligung des Menschen“* – die Herstellung eines Zustands des Heils, der positiven Ordnung in der Beziehung des Menschen zu sich selbst, zu seinen Mitmenschen und seiner Umwelt und zu Gott. Liturgie dient also dem Heil des Menschen; insofern bedeutet „Gottesdienst“ den Dienst Gottes am Menschen. Diese Dimension der Liturgie wird als „katabatisch“, d.h. (von Gott zum Menschen) herabsteigend, bezeichnet.

Anabatische Dimension

„[In der Liturgie wird] vom mystischen Leib Jesu Christi, d.h. dem Haupt und den Gliedern, der gesamte öffentliche Kult vollzogen.“

Dienst des Menschen an Gott

- Die Heiligung des Menschen von Gott her durch die Liturgie geht einher mit der *Verehrung Gottes* durch den Menschen. Diese zweite Dimension der Liturgie wird als „anabatisch“, d.h. (vom Menschen zu Gott) aufsteigend, bezeichnet. Wenn das Konzil die Liturgie als „öffentlichen Kult“ beschreibt, unterscheidet es sie einerseits von persönlichen Frömmigkeitsformen, andererseits von Elementen der Volksfrömmigkeit, die zwar möglicherweise gemeinschaftlich, doch nicht nach kirchenoffiziellen liturgischen Büchern ausgeübt werden.

- Diese Verehrung Gottes wird vollzogen durch die *Kirche als Leib Christi*. Das Bild von der Kirche als Leib Christi geht auf Paulus zurück (vgl. vor allem 1 Kor 12); das Adjektiv „mystisch" dient der Unterscheidung vom sakramentalen Leib Christi. Diese Kirche als Leib Christi ist Trägerin der Liturgie, und zwar im Prinzip immer die *ganze* Kirche, die von der konkreten Gottesdienstgemeinde repräsentiert wird bzw. in die diese eingebunden ist. Das ist etwa der ursprüngliche Grund für die Nennung von Papst und Bischöfen einerseits (synchrone Kirchengemeinschaft) sowie der Heiligen andererseits (diachrone Kirchengemeinschaft) im eucharistischen Hochgebet.

Kirche als Leib Christi

- Zu diesem Leib, der die Liturgie trägt, gehört auch *der erhöhte Christus als sein Haupt* (Kol 1,18). „Denn wo zwei oder drei in meinem Namen versammelt sind, da bin ich mitten unter ihnen" (Mt 18,20). Das Neue Testament bezeichnet Christus als den Mittler zwischen Gott und Mensch (1 Tim 2,5). Diese Funktion lässt sich – analog zu dem, was wir über die Liturgie gesagt haben – in zwei Richtungen lesen: von Gott zu den Menschen und von den Menschen zu Gott. In diesem zweiten Sinn bezeichnet der Hebräerbrief Christus als den Hohenpriester des Neuen Bundes, der mit dem Opfer seiner Selbsthingabe ein für allemal das himmlische Heiligtum betreten hat, um dort für die Menschen einzutreten (Hebr 7,25). Da es also Christus ist, der die Gebete der Gemeinde vor den Vater trägt, enden beispielsweise die Vorstehergebete der Messfeier (Tagesgebet, Gabengebet, Schlussgebet) mit der Formel: „Darum bitten wir dich *durch Christus*, unseren Herrn ...". Derselbe Zusammenhang wird in der dynamischen Doxologieformel greifbar, die die Alte Kirche zunächst bevorzugte: „Ehre sei dem Vater *durch den Sohn* im Heiligen Geist", und die bis heute in der großen Schlussdoxologie des eucharistischen Hochgebetes fortlebt: „*Durch ihn* und mit ihm und in ihm ist dir, Gott, allmächtiger Vater, in der Einheit des Heiligen Geistes alle Herrlichkeit und Ehre, jetzt und in Ewigkeit". Im Zuge der Zurückdrängung des Arianismus, dem zufolge der Sohn nicht Gott wie der Vater, sondern vielmehr Geschöpf und insofern dem Schöpfer untergeordnet sei, verbreitete sich ab dem 4. Jahrhundert verstärkt die additive Formel: „Ehre sei dem Vater und dem Sohn und dem Heiligen Geist", wie sie heute etwa in der Psalmodie des Stundengebetes verwendet wird.

Christus, der Hohepriester des Neuen Bundes

Gebet durch Christus

2.1.3 Die liturgische Versammlung als Fest

Fest und Alltag

Wenn die Gemeinde zum Gottesdienst zusammenkommt, dann feiert sie ein Fest. Das Thema „Fest“ wird seit der Mitte der 1980er Jahre verstärkt in den Kulturwissenschaften diskutiert. Exemplarisch sei auf den Ägyptologen Jan Assmann verwiesen, der das Fest als „das Andere des Alltags“ bestimmt (Assmann, Der zweidimensionale Mensch 13). Während der Alltag von Kontingenz, Knappheit und Routine geprägt sei, werden als Merkmale des Festes Ordnung, Fülle und Ergriffenheit ausgemacht (ebd. 14–17). Eine besondere Rolle kommt dem Fest im Blick auf das von Assmann beschriebene „kulturelle Gedächtnis“ zu. Neben dem individuellen Gedächtnis des einzelnen Menschen unterscheidet Assmann zwei Formen eines kollektiven Gedächtnisses, das soziale Gruppen teilen: Das „kommunikative Gedächtnis“ entsteht durch alltägliche Interaktion und reicht höchstens 80–100 Jahre zurück – jeder kann dies leicht überprüfen, indem er seine Kenntnisse zur eigenen Familiengeschichte befragt, die ohne explizite Ahnenforschung in den seltensten Fällen hinter die Generation der Urgroßeltern zurückreichen. Im Unterschied dazu bezieht sich das „kulturelle Gedächtnis“, das die Identität der Gruppe wesentlich prägt, auf eine normative Ursprungszeit, die im Fest durch die zeremonielle Kommunikation „des identitätsrelevanten Vorrats an gemeinsamem Wissen“ (ebd. 25) aktualisiert wird und je neu zur Gegenwart in Beziehung tritt. Wenden wir dieses Modell auf die Liturgie an, so erscheint die in der Bibel erzählte Heilsgeschichte als die normative Ursprungszeit des Christentums, die in der gottesdienstlichen Feier vergegenwärtigt wird und auf diese Weise die christliche Identität konstituiert. Dieser für das Wesen der Liturgie zentrale Gesichtspunkt wird im folgenden Kapitel vertieft.

Kulturelles Gedächtnis

Biblische Heilsgeschichte als normative Ursprungszeit

2.2 Liturgie als Gedächtnis der Heilstaten Gottes

2.2.1 Das Wesen der liturgischen Anamnese

Vergegenwärtigung

Von entscheidender Bedeutung für das Verständnis der liturgischen Vollzüge ist die Kategorie der Anamnese. Mit diesem Begriff, der aus dem Griechischen stammt (ἀνάμνησις = Erinnerung, Gedächtnis), wird mehr bezeichnet als die bloße Rekapitulation eines Vergangenen. Es geht um die grundlegende Eigenschaft der Liturgie, die biblisch kodifizierte Heilsgeschichte zu vergegenwärtigen, d.h. über die chronologische Differenz hinweg eine Gleichzeitigkeit der Feiernden mit dieser Geschichte erfahrbar zu machen.

Geschichte als der Erfahrungsraum der Beziehung zwischen Gott und Mensch

Die Liturgie verortet die jeweilige Gegenwart in der Geschichte als Erfahrungsraum der Beziehung zwischen Gott und Mensch (Heilsgeschichte). Für diesen Erfahrungsraum steckt der Kanon der christlichen Bibel einen universellen Rahmen, der von der Schöpfung (Gen 1) bis zur eschatologischen Neuschöpfung (Offb 21–22) reicht. So wird deutlich, dass die *gesamte* Geschichte vom Heilswillen Gottes umschlossen ist. Zugleich steht im Mittelpunkt der Bibel eine ganz *bestimmte* Geschichte, nämlich die des Gottesvolkes Israel (Altes Testament) und des Gottessohnes Jesus Christus (Neues Testament). Die biblischen Erzählungen und Reflexionen speisen sich aus besonderen Erfahrungen mit der Selbstoffenbarung Gottes. In diesen partikulären Erfahrungen – nach christlicher Auffassung unüberbietbar im Christusereignis – manifestiert sich der ewige Ratschluss Gottes zum Heil des Menschen und der ganzen Schöpfung. Paulus beschreibt diesen Zusammenhang in seinem ersten Brief an die Korinther (1 Kor 2,1–2.6b–7.9):

Offenbarung des ewigen Ratschlusses Gottes in partikulären Erfahrungen

Zitat

Als ich zu euch kam, Brüder, kam ich nicht, um glänzende Reden oder gelehrte Weisheit vorzutragen, sondern um euch das Zeugnis Gottes zu verkündigen. Denn ich hatte mich entschlossen, bei euch nichts zu wissen außer Jesus Christus, und zwar als den Gekreuzigten. ... Wir verkündigen nicht Weisheit dieser Welt oder der Machthaber dieser Welt, die einst entmachtet werden. Vielmehr verkündigen wir das Geheimnis der verborgenen Weisheit Gottes, die Gott vor allen Zeiten vorausbestimmt hat zu unserer Verherrlichung. ... Wir verkündigen, wie es in der Schrift heißt, was kein Auge gesehen und kein Ohr gehört hat, was keinem Menschen in den Sinn gekommen ist: das Große, das Gott denen bereitet hat, die ihn lieben.

Gegenstand der christlichen Botschaft ist demzufolge der ewige („vor allen Zeiten vorausbestimmt") und unergründliche („verborgene Weisheit") Wille Gottes zum Heil der Menschen („zu unserer Verherrlichung"). Dieses „Geheimnis" (griech. μυστήριον) ist offenbar geworden in Jesus Christus, zumal in seinem Tod am Kreuz und seiner Auferstehung. Hier verdichtet sich in unvergleichlicher Weise die Eigenschaft der Geschichte als Medium der

Gotteserfahrung: An ihr lässt sich ablesen, was Gott will und wer Gott ist.

Bei der Vergegenwärtigung der Heilsgeschichte durch die Liturgie sind nun zwei Aspekte zu unterscheiden. Zunächst einmal geht es um die Identität der Erfahrung einst und jetzt mit dem überzeitlichen (ewigen) Heilswillen Gottes: Es ist derselbe Gott, der an den Erstzeugen der biblischen Heilsgeschichte gehandelt hat und der hier und heute handelt. In diesem Sinne dient die Verkündigung der Heiligen Schrift in der Liturgie der „Ereignisinterpretation" (Häußling, Psalmen 91), indem sie dazu einlädt, das eigene Leben im Licht der Schrift zu betrachten und die eigenen Erfahrungen mit Gott an ihr zu prüfen. Darüber hinaus jedoch gibt die Liturgie Anteil am konkreten heilsgeschichtlichen Ereignis (insbesondere am Christusereignis) und bringt damit zur Geltung, dass dieses die Gegenwart unmittelbar betrifft: Das Gedächtnis der Heilstaten Gottes zeitigt Wirkungen in der Gegenwart.

Identität der Erfahrung

Die Wirkung des Gedenkens

Dass im Vollzug des Gedenkens mehr geschieht als reine Imagination, entspricht biblischen Vorstellungen. Wenn im Alten Testament davon die Rede ist, Gott „gedenke" (Wurzel „zkr") der Menschen, kommt darin ein „tätiger Bezug zu den Objekten des göttlichen Gedenkens, d.h. seine handelnd-helfende Zuwendung zum Menschen" zur Sprache (Janowski, Schöpferische Erinnerung 65). Umgekehrt betont die Einsetzung des Pesachfestes als „Gedenktag" (hebr. „le-zikkaron") des Auszugs aus Ägypten (Ex 12,14) die Betroffenheit der folgenden Generationen von diesem Geschehen bzw. ihr Einbezogensein in dieses Geschehen. Die Liturgie des jüdischen Pesachmahls greift diesen Zusammenhang im Anschluss an die rituelle Haggadah, die Erzählung vom Exodus, explizit auf:

Zitat

In jeder Generation soll jeder Mensch sich so betrachten, als sei *er selbst* aus Ägypten ausgezogen, denn es steht geschrieben: ‚Und du sollst deinem Kind an jenem Tag folgendes erzählen: Dies geschieht wegen der Taten, die der Ewige *an mir* getan hat, als ich aus Ägypten ausgezogen bin' (Ex 13,8). Nicht unsere Vorfahren allein hat Gott – Gottes Heiligkeit sei gepriesen! – erlöst, sondern mit ihnen erlöst Gott *auch uns*, denn es steht geschrieben: ‚*Euch* habe ich von dort herausgeführt, um euch in das Land zu bringen, das ich euren Vorfahren versprochen habe zu geben' (Dtn 6,23). (Die Pessach-Haggada 36)

In diesem Text kommt das Wesen der Anamnese in exemplarischer Deutlichkeit zum Ausdruck: Die Vergegenwärtigung der Heilsgeschichte ist nicht Erinnerung an ein Vergangenes, sondern qualifiziert je neu die Gegenwart.

2.2.2 Gottes „uralte Wundertaten" leuchten „auch in unserer Zeit"

Wir wollen dies an einem Beispiel aus der christlichen Liturgie nachvollziehen, wobei wir im Umfeld der Exodus-Thematik bleiben. Im Wortgottesdienst der Osternacht sind prinzipiell sieben alttestamentliche Lesungen vorgesehen, wobei die Zahl aus pastoralen Gründen auf drei, im Grenzfall sogar auf zwei reduziert werden kann. Eine Lesung darf jedoch nie entfallen, nämlich jene vom Durchzug der Israeliten durch das Schilfmeer (Ex 14,15–15,1). Auf jede Lesung folgen ein Psalm oder, wie im vorliegenden Fall, ein sich im biblischen Text selbst anschließendes Canticum (hier das Lied des Mose, Ex 15,1b–6.13.17–18) sowie eine Oration. Unter einer Oration versteht man eine bestimmte Gattung vom Vorsteher im Namen der versammelten Gemeinde vorgetragener Gebete. Auf die Gebetseinladung „Lasset uns beten" folgt – sofern der Zelebrant sein Handwerk versteht – eine Zeit des stillen Gebets. Daraufhin fasst der Vorsteher die Gebete der Einzelnen in der Oration zusammen, die über einen festen Aufbau verfügt: Auf die Anrede Gottes (Anaklese, von griech. ἀνακαλεῖν = anrufen) folgen die Anamnese, die im lateinischen Originaltext der Orationen stets als Relativsatz der Anrufung untergeordnet ist und die lapidare Anrede Gottes inhaltlich füllt (daher auch als „relativische Prädikation" bezeichnet), und die Bitte (Epiklese, von griech. ἐπικαλεῖν = herbeirufen). Den Abschluss der Oration bilden eine Schlussformel, die zum Ausdruck bringt, dass sich das liturgische Gebet (in aller Regel) durch Christus an den Vater richtet (vgl. 2.1.2), und das Amen der Gemeinde, mit dem diese sich die Oration zueigen macht. Die Oration nach der Lesung aus Ex 14/15 lautet:

Struktur einer Oration

Zitat

Deus,
cuius antiqua miracula etiam nostris temporibus coruscare sentimus,
dum, quod uni populo a persecutione Pharaonis liberando dexterae tuae potentia contulisti, id in salutem gentium per aquam regenerationis operaris,

praesta,
ut in Abrahae filios et in Israeliticam dignitatem totius mundi transeat plenitudo.
Per Christum Dominum nostrum. – Amen.
(Missale Romanum (1970) 277)

Üblicherweise besteht eine lateinische Oration aus lediglich einem Satz. Die offiziellen deutschen Übersetzungen für den liturgischen Gebrauch lösen den Text den Gepflogenheiten der deutschen Sprache gemäß, zumal der gesprochenen, in mehrere Sätze auf. Dabei wird jedoch nicht selten der innere Zusammenhang der Aussagen verunklart. Daher wird im Folgenden eine wörtliche Übersetzung der Oration unter Beibehaltung ihres Satzbaus präsentiert:

Zitat

Gott,
dessen uralte Wundertaten wir auch in unserer Zeit aufblitzen sehen,
da du das, was du einem Volk durch die Macht deiner Rechten zuteilwerden ließest, um es von der Verfolgung durch den Pharao zu befreien, zum Heil der Völker durch das Wasser der Wiedergeburt wirkst,
gib,
dass die Fülle der ganzen Welt zur Kindschaft Abrahams und zur Würde Israels übergehe.
Durch Christus, unseren Herrn. – Amen.

Programmatisch formuliert die Oration die Überbrückung des zeitlichen Abstands durch die Anamnese: Die biblischen Wundertaten Gottes („antiqua miracula“) sind auch heute („nostris temporibus“) zugänglich, und zwar vermittels der sinnlichen Wahrnehmung („sentimus“). In diesem Zusammenhang ist daran zu erinnern, dass auch die Wesensbeschreibung der Liturgie in SC 7 die Bedeutung der „sinnenfälligen Zeichen“ hervorhebt (vgl. 2.1.2). Im vorliegenden Fall handelt es sich konkret um das Zeichen des Wassers, das durch die Formulierung „Wasser der Wiedergeburt“ als das Taufwasser identifiziert wird. Dahinter steht die seit der Alten Kirche übliche Praxis der Taufe in der Osternacht, die der paulinischen Tauftheologie nach Röm 6 entspricht:

Die Taufe bedeutet, mit Christus zu sterben und mit Christus aufzuerstehen. Daher ist sie als Wiedergeburt in ein neues Leben zu verstehen, das nicht mehr durch Sünde und Tod in Frage gestellt wird. Diese Wiedergeburt im Wasser der Taufe, in dem Sünde und Tod untergehen, ist nach Aussage der Oration identisch („quod“ = „id“) mit dem Handeln Gottes am Volk Israel in der Nacht des Auszugs aus Ägypten, als der Pharao und seine Gefolgschaft in den Fluten des Schilfmeers untergingen.

Die Grunderfahrung der biblischen Heilsgeschichte: Der „Ich-bin-da“ rettet und befreit

Wir stehen damit vor dem Zentrum der biblischen Botschaft von Gott: Gott ist ein liebender und darum ein rettender und befreiender Gott. Sein Name, den er seinem bedrängten Volk zuspricht, ist: „Ich bin der ‚Ich-bin-da'“ (Ex 3,14). Er ist der, der von sich sagt: „Ich kenne ihr Leid“ (Ex 3,7) und der es bei diesem Leid nicht bewenden lässt. Er führt die Menschen aus der Sklaverei in die Freiheit, vom Dunkel zum Licht, aus dem Tod ins Leben. Diese Grunderfahrung mit Gott gerinnt in der Heiligen Schrift zu den zentralen Motiven Befreiung aus Knechtschaft (Altes Testament) und Auferstehung vom Tod (Neues Testament). Dieselbe Grunderfahrung vermittelt auch die Liturgie: In ihr wird die feiernde Gemeinde, wie das II. Vatikanische Konzil sagt, einbezogen in das „Pascha-Mysterium des Leidens, des Todes und der Auferstehung Christi“, aus dem alle liturgischen Vollzüge „ihre Kraft ableiten“ (SC 61). „Pascha“, die griechische und lateinische Übersetzung des hebräischen „Pesach“, bedeutet „Hinübergang“ und bezeichnet damit genau jene befreiende Dynamik des göttlichen Heilshandelns, von der Bibel und Liturgie Zeugnis ablegen.

Pascha-Mysterium

Die Epiklese der Osternachts-Oration bringt die Universalität zum Ausdruck, auf die diese heilsgeschichtliche Dynamik hindrängt. Was Gott einst an einem Volk vollbracht hat („uni populo liberando“) und was im Neuen Bund auf die Pluralität der Völker ausgedehnt ist („in salutem gentium“), das soll schließlich den ganzen Kosmos betreffen („totius mundi plenitudo“). Dabei bleibt die Bindung an die konkreten Gegebenheiten der biblischen Heilsgeschichte gewahrt: Maßstab und Ziel der erbetenen universalen Erlösung ist die „Würde Israels“. Es verdient hervorgehoben zu werden, dass die Oration den österlichen „Übergang“ („transeat“) mit der Abrahamskindschaft verknüpft. Mit dieser theologischen Grundoption für die Verwurzelung des Christentums im Judentum, die sich auf Paulus berufen kann (Röm 11,18: „Nicht du trägst die Wurzel, sondern die Wurzel trägt dich“), verbieten sich christlicherseits jedwede antijüdischen Ressentiments.

2.2.3 Die Zeitstruktur der Liturgie

Liturgie und Zeitrhythmen

Die Liturgie ist in die elementaren Zeitrhythmen eingebunden, die durch Natur (das Jahr als der Zeitraum, in dem die Erde die Sonne umrundet, mit dem Wechsel der Jahreszeiten sowie der Tag als der Zeitraum, in dem sich die Erde um ihre Achse dreht, mit dem Wechsel von Tag und Nacht) oder Kultur (die Sieben-Tage-Woche) vorgegeben sind. Jedem der genannten Zeitrhythmen sind besondere liturgische Feiern zugeordnet, die die alltägliche Zeiterfahrung zugleich aufnehmen und transzendieren, indem sie sie einer religiösen Sinngebung öffnen: Der Zeiteinheit „Jahr" entsprechen die Feiern des Kirchenjahres, strukturiert durch den Weihnachts- und den Osterfestkreis; dem Tag ist die Tagzeitenliturgie (Stundengebet) mit besonderer Hervorhebung der Schwellenzeiten Morgen (Übergang von der Nacht zum Tag) und Abend (Übergang vom Tag zur Nacht) zugeordnet; die Woche erhält ihr liturgisches Gepräge durch die sonntägliche Eucharistiefeier. Dazu tritt schließlich ein weiterer Zeitrhythmus, der im Unterschied zu den zuvor genannten jedoch nicht zyklisch verläuft: der Rhythmus des menschlichen Lebens, dessen Wendepunkte und Krisensituationen durch verschiedene sakramentliche Feiern (Wendepunkte: Initiationssakramente, Ehe, Weihe, Begräbnis; Krisensituationen: Buße, Krankensalbung) begleitet werden.

Die spezifische Zeitstruktur der liturgischen Vollzüge selbst ist wesentlich durch die Anamnese geprägt, von der in den letzten beiden Kapiteln die Rede war. Diesbezüglich bedarf es noch einer bedeutsamen Ergänzung: Die Vergegenwärtigung vergangener Heilsereignisse steht unter einem eschatologischen Vorbehalt. Was das bedeutet, soll wiederum an einem Beispiel verdeutlicht werden. Im Neuen Testament finden sich insgesamt vier Berichte von der Einsetzung der Eucharistie beim Letzten Abendmahl. Einen davon überliefert Paulus im ersten Korintherbrief (1 Kor 11,23–25). Danach fährt er fort: „Denn sooft ihr von diesem Brot esst und aus dem Kelch trinkt, verkündet ihr den Tod des Herrn, bis er kommt" (1 Kor 11,26). In diesem Satz werden drei Zeitebenen zueinander in Beziehung gesetzt: die Gegenwart der Eucharistiefeier, das vergangene, aber vergegenwärtigte Heilsereignis des Kreuzestodes Jesu, seiner aus Liebe frei gewählten Selbsthingabe an Gott und die Menschen, und schließlich seine für die Zukunft erwartete Wiederkehr. Auf diesen Zielpunkt der Geschichte bleibt die liturgische Anamnese stets verwiesen. Christlicher Glaube bekennt, dass durch Tod und Auferstehung Jesu die alles Leben in Frage stellende Macht des Todes endgültig überwunden ist. Dennoch gehören Leid und Tod auch nach

eschatologischer Vorbehalt

Christus zur Erfahrungswirklichkeit der Menschen. Das Heil ist demnach durch das Christusereignis zwar bereits definitiv verbürgt, jedoch unter den Bedingungen des Diesseits nur bedingt erfahrbar; oder in der Terminologie der Verkündigung Jesu formuliert: Das Reich Gottes ist angebrochen, doch steht sein vollständiges Offenbarwerden noch aus. Der christliche Glaubensartikel von der Parusie, der endzeitlichen Wiederkunft Christi, verleiht der Hoffnung Ausdruck, die Erfahrungswirklichkeit dieser Welt werde einmal mit dem Vollmaß der biblischen Verheißungen zur Deckung kommen. Die liturgische Vergegenwärtigung bezieht sich nun nicht nur zurück auf die Heilsereignisse der Vergangenheit, sondern auch voraus auf die Vollendung. Bezogen auf das Beispiel der Eucharistie bedeutet dies, dass das eucharistische Mahl auch einen Vorgeschmack des endzeitlichen Festmahls (vgl. z. B. Jes 25,6) darstellt. Schematisch lässt sich die Zeitstruktur der Liturgie also wie folgt darstellen:

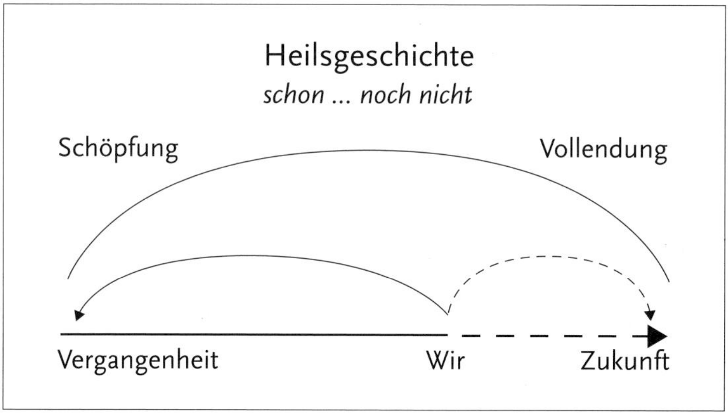

Abb. 2: Die Zeitstruktur der Liturgie

Zusammenfassend soll das Gesagte an einem weiteren Beispiel verdeutlicht werden. Es handelt sich um den Anfang des ältesten erhaltenen Osterliedes der Westkirche, des Hymnus „Hic est dies verus Dei" des spätantiken Bischofs Ambrosius von Mailand (339–397). Seine erste Strophe lautet:

Hic est dies verus Dei sancto serenus lumine, quo diluit sanguis sacer probrosa mundi crimina ...	Dies ist der wahre Tag Gottes, hell vom heiligen Licht, an dem das heilige Blut die schändlichen Verbrechen der Welt abwusch/abwäscht ...

(Zerfaß, Mysterium mirabile 213)

Liturgie transzendiert die lineare Zeitwahrnehmung

Vers 1 bezeichnet Ostern mit einer Anspielung auf Ps 118,24 („Dies ist der Tag, den der Herr gemacht hat") als den „wahren Tag Gottes". Dieser Tag ist „hell vom heiligen Licht" der Auferstehung, und zugleich ist es der Tag, an dem „das heilige Blut" fließt: Er ist also Karfreitag und Ostersonntag zugleich. Das entspricht der Art und Weise, wie man zur Zeit des Ambrosius in Mailand Ostern feierte: Die Osterliturgie bestand in der großen Paschavigil, die die ganze Nacht von Samstag auf Sonntag umfasste und so ganz sinnenhaft vom Dunkel der Todesnacht zum Licht des Auferstehungsmorgens hinüberführte. Eine eigene Karfreitagsliturgie und eine feierliche Messe am Ostersonntag – neben der Eucharistiefeier, mit der die Osternacht schloss – gab es noch nicht. Damit war unmittelbar erfahrbar, dass die Heilsbotschaft von Karfreitag und Ostersonntag ein und dieselbe ist: Gott rettet durch den Tod hindurch in das gelobte Land des „Lebens in Fülle" (Joh 10,10). Diese Rettungstat betrifft nicht nur Jesus von Nazareth, sondern mit und in ihm alle Christen. „*Dies* ist der wahre Tag des Herrn": Gottes Heilstat ereignet sich „heute", wie liturgische Texte häufig pointiert formulieren.

In der Osternacht kommt dies, wie wir bereits gesehen haben (2.2.2), besonders in der Feier der Taufe zum Tragen, die an Tod und Auferstehung Jesu Anteil gibt. Auf diese österliche Taufe spielt Ambrosius an, indem er sich ein sprachliches Phänomen zunutze macht, das sich nicht vom Lateinischen ins Deutsche übertragen lässt: Die Verbform „diluit" im dritten Vers kann sowohl Präsens als auch Perfekt sein. Man kann sie also sowohl auf einen vergangenen Tag beziehen, den Todestag Jesu, an dem sein heiliges Blut floss und die Sünden der Welt abwusch, als auch auf den gegenwärtigen Ostertag, an dem der Hymnus gesungen wird und die Sünden im Wasser der Taufe abgewaschen werden. Doch nicht nur die vergangenheits-, sondern auch die zukunftsorientierte Vergegenwärtigung wird ins Spiel gebracht: Wenn im ersten Vers vom „Tag Gottes" die Rede ist, klingt damit auch der von den alttestamentlichen Propheten angekündigte „Tag JHWHs" an, der Jüngste Tag, der Tag des Gerichts und der Vollendung.

Das „wundersame Mysterium", von dem der Hymnus später singen wird (Vers 5,1), bewegt sich also jenseits aller chronologischen Differenzen, die durch die lineare Zeitwahrnehmung entstehen: Karfreitag und Ostersonntag, biblisch erzählte Heilsgeschichte, Gegenwart der liturgischen Feier und eschatologische Vollendung der Welt fallen in Eins, da sie alle in demselben göttlichen Heilswillen gründen.

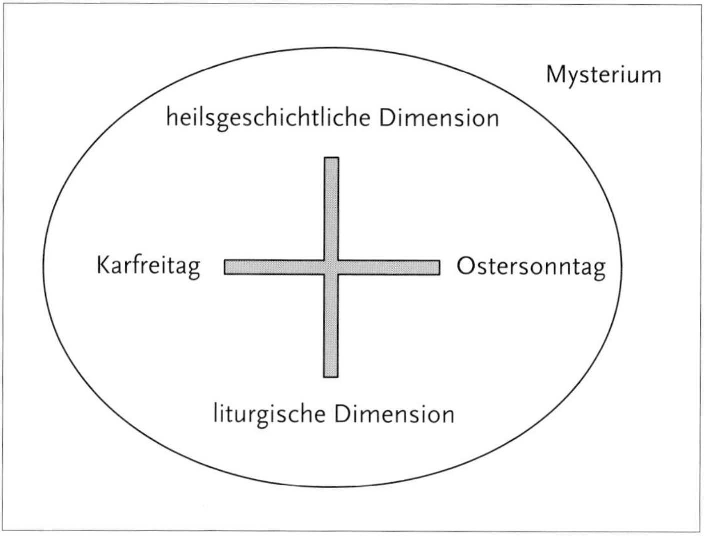

Abb. 3: Die Liturgie transzendiert die lineare Zeitwahrnehmung (Zerfaß, Mysterium mirabile 313)

2.2.4 „Mysterium" und „sacramentum"

Diese Mehrschichtigkeit des Begriffes „mysterium" entstammt dem Sprachgebrauch der griechischen Kirchenväter. Mit dem paulinischen Ausdruck μυστήριον (vgl. 2.2.1) bezeichnen sie sowohl den ewigen Heilsratschluss Gottes als auch dessen Realisierung und Offenbarwerden einerseits in den Ereignissen der Heilsgeschichte, andererseits in der liturgischen Feier. Mysterium

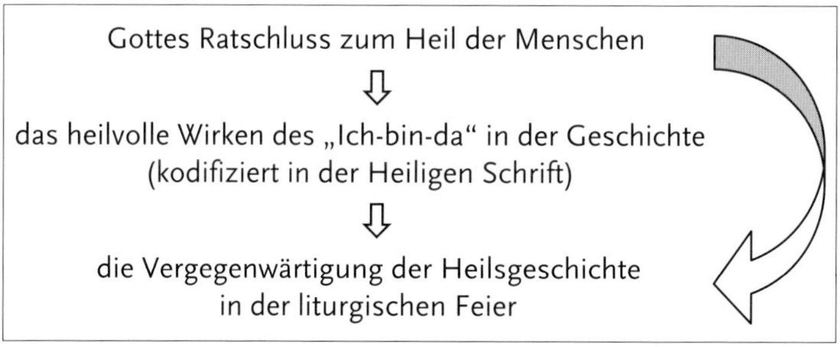

Abb. 4: Bedeutungsebenen des Begriffs „Mysterium"

In der abendländischen Theologie hingegen gibt es seit Tertullian (ca. 160–220) die Tendenz, die liturgische Ebene dieses Zusammenhangs nicht mit dem Lehnwort „mysterium“, sondern mit dem Begriff „sacramentum“ zu bezeichnen. Damit ist eine semantische Verschiebung vorgezeichnet: „Denn das Wort ‚sacramentum‘ bedeutet im klassischen Latein vor allem ‚Fahneneid‘ oder eine ähnliche rechtsrelevante menschliche Handlung, wie z. B. das Hinterlegen eines Kautionsbetrags. Und tatsächlich schlägt in der ganzen Theologie des abendländischen Mittelalters und der Neuzeit die instrumentale Bedeutung eines Rechts*mittels* oder Gnaden*mittels* durch“ (Schulz, Gottesbegegnung 20; Hervorhebung im Original). Die Wahrnehmung der Liturgie als personales Beziehungsgeschehen zwischen Gott und Mensch, durch das dieser in die Dynamik der Heilsgeschichte hineingenommen wird, trat in manchen Bereichen zurück gegenüber einem objektivierenden Verständnis der gottesdienstlichen Handlungen im Sinne einer „Überbetonung des vom Priester rechtsgültig gesetzten sakramentalen Zeichens“ (ebd. 21). Es ist das Verdienst der liturgischen Erneuerungsbewegung der ersten Hälfte des 20. Jahrhunderts und hier insbesondere der Mysterientheologie Odo Casels (vgl. 1.2.2), demgegenüber das Bewusstsein für die Sinntiefe der Liturgie als Gedächtnis der Heilstaten Gottes wieder geschärft zu haben. Die Sakramente der Kirche sind als anamnetische Vollzüge äußere Zeichen einer inneren Wirklichkeit, die vom Heiligen Geist getragen ist und nur von Gott erbeten werden kann.

Sacramentum

2.3 Symbol und Ritual

In dem oben (2.1.2) vorgestellten Artikel 7 der Liturgiekonstitution war die Rede davon, dass sich Liturgie in „sinnenfälligen Zeichen“ zum Ausdruck bringt. Sie konstituiert sich in Zeichen, Symbolen und rituellen Handlungen, die sowohl verbal-ausdrücklich als auch nonverbal-implizit sein können.

2.3.1 Symbol und Symbolsprache

Symbole, das wurde schon angedeutet, zeigen etwas an, das außerhalb ihres Wirklichkeitsbereichs steht. Sie machen das, was alltagsweltlich nicht unmittelbar sichtbar ist, zeigbar, benennbar, begreifbar. Und noch mehr: Symbole verweisen nicht nur auf etwas Anderes, sie transportieren die Wirklichkeit des Anderen. Im Exsultet, dem Eucharistiegebet über die Osterkerze, das in der Osternacht gesungen wird, heißt es beispielsweise:

Symbole transportieren die Wirklichkeit des Anderen

Zitat

... Haec nox est, in qua primum patres nostros, filios Israel, eductos de Aegypto, Mare Rubrum sicco vestigio transire fecisti.	... Dies ist die Nacht, die unsere Väter, die Söhne Israels, aus Ägypten befreit und auf trockenem Pfad durch die Fluten des Roten Meeres geführt hat.
Haec igitur nox est, quae peccatorum tenebras columnae illuminatione purgavit. ...	Dies ist die Nacht, in der die leuchtende Säule das Dunkel der Sünde vertrieben hat. ...
Haec nox est, in qua, destructis vinculis mortis, Christus ab inferis victor ascendit. ...	Dies ist die selige Nacht, in der Christus die Ketten des Todes zerbrach und aus der Tiefe als Sieger emporstieg. ...
... Flammas eius lucifer matutinus inveniat, Ille, inquam, Lucifer, qui nescit occasum, Christus Filius tuus, qui regressus ab inferis, humano generi serenus illuxit, et vivit et regnat in saecula saeculorum. Amen.	... Sie [die Osterkerze] leuchte, bis der Morgenstern erscheint, jener wahre Morgenstern, der in Ewigkeit nicht untergeht: dein Sohn, unser Herr Jesus Christus, der von den Toten erstand, der den Menschen erstrahlt im österlichen Licht, der mit dir lebt und herrscht in Ewigkeit. Amen.
(Missale Romanum 1970, 271–273)	(Messbuch I 1975, 72 f.; 77 f.)

Gleich mehrere Schichten einer symbolischen Deutung der Osterkerze lassen sich ausmachen: Zunächst wird sie identifiziert mit der Feuersäule, die den Israeliten während des Auszugs aus der Knechtsschaft Ägyptens bei Nacht Orientierung vermittelte (vgl. Ex 13,21 f.). Die Osterkerze steht somit für das rettende Handeln Gottes, das er schon unseren Vorfahren im Glauben, dem Volke Israel, hat zuteilwerden lassen. Auf einer weiteren Sinnebene ist diese Feuersäule Bild für den auferstandenen Christus, der durch seinen Tod das Dunkel der Sünde besiegt und vertrieben hat. *Haec nox* – „diese Nacht" ist demgegenüber nicht symbolisch-metaphorisch gemeint, sondern wörtlich: In der konkreten Osternachtsfeier der Gemeinde ereignet sich das Geheimnis der Nacht, in dem sich die Auferstehung Christi aktualisiert.

Das Symbol der Osterkerze

In der Epiklese, dem Bittteil des Exsultet, wird dann unter Bezugnahme auf 2 Petr 1,19 und Offb 22,16 mit der Osterkerze der

„Morgenstern" identifiziert, der in einer ersten Deutung die Wiederkunft des Tageslichtes für die in der Nacht zum Gebet Versammelten ankündigt. Auf einer weiteren Deutungsebene steht der Morgenstern als eschatologisches Sinnbild für den auferstandenen Christus, mit dessen Wiederkunft das Reich Gottes seine Vollendung finden wird (vgl. Meßner, Einführung 364 f.).

Liturgische Sprache ist Symbolsprache

Dieses kleine Beispiel zeigt, wie eng liturgische Sprache mit Symbolen verknüpft ist. Liturgische Sprache ist in erster Linie Symbolsprache, was nicht zuletzt in ihrem Gegenstand gründet. Die Feier der „Heiligung des Menschen" (vgl. 2.1.2) kann nur in Sinnbildern und Metaphern Ausdruck finden, die ihren Bezugspunkt in der Heiligen Schrift, der Urkunde des Glaubens, haben. Um den Reichtum der Liturgie angemessen beurteilen zu können, bedarf es daher einer Einübung in die Grammatik und Poesie der Bibel und der Liturgie, die durch kontinuierliche Lektüre und Mitvollzug erreicht wird.

2.3.2 Wesen und Funktion eines liturgischen Rituals

Die Vollzugsform des Symbols: der Ritus

Was für Symbole gilt, beschreibt auch das Wesen von Ritualen, denn Rituale verwenden ganz offensichtlich Symbole; mehr noch: Riten sind die kommunikativen Handlungsformen, die Vollzugsformen von Symbolen (vgl. Luckmann, Unsichtbare Religion 177). Die Handlung selbst ist Symbol.

Übergangsriten

In Ritualen wird der Übergang vom Alltäglichen ins Außeralltägliche gestaltet: wenn ein Mensch geboren wird, wenn er stirbt, wenn sich zwei Menschen miteinander verbinden. Rituale nehmen bei der Überwindung solcher lebensweltlicher Grenzen eine wichtige Funktion ein, denn sie sichern das Subjekt, das diese Grenze überschreitet, und auch seine Umwelt, die diesen Übergang begleitet. In jedem der genannten Knotenpunkte des Lebens befinden sich das Individuum und die ihn umgebende Gemeinschaft in einer besonderen Situation des Übergangs. Der Ethnologe Arnold van Gennep (1873–1957) hat in einer Feldstudie unterschiedliche religiöse Stammesriten auf ihre Gemeinsamkeiten hin untersucht und ist auf eine gemeinsame Strukturanalogie gestoßen. Alle Riten verfügen über drei Phasen: Zunächst erfährt der Mensch, der das Ritual durchläuft, eine rituelle Ablösung aus dem bisherigen gesellschaftlichen Status (*séparation*), um dann in eine Phase des Übergangs einzutreten (*passage*), bis er schließlich in einer Angliederungsphase in den neuen Status überführt wird (*agrégation*). Sticht eine dieser Phasen besonders prägnant heraus,

Arnold van Gennep: „Rites de passage"

wird das Teilelement des Ritus prägend: Man spricht dann auch von Trennungsriten (wie etwa dem Begräbnis), Schwellenriten (etwa der Verlobung) oder Angliederungsriten (etwa der Hochzeit) (vgl. van Gennep, Übergangsriten 21).

Bei Übergangsriten ist der für das übertretende Individuum kritische Punkt die Schwellenphase, in der sich der Mensch als rechts- und statuslos erfährt. Victor Turner (1920–1983) nennt dieses die liminale Phase, in der das Verhältnis vom Einzelnen zur Gemeinschaft grundlegend neu definiert wird. Idealerweise ist der Mensch, der ein Ritual durchläuft, am Ende nicht mehr derselbe, der er zuvor gewesen ist. Durch ein Ritual wird er transformiert und nachhaltig verändert. Aus einem Novizen ist ein Mönch geworden, aus der Gestorbenen eine Bestattete, aus dem ledigen ein verheirateter Mann, aus der Studentin eine Graduierte. Rituale haben entlastenden Charakter, weil man die Gestaltung dieser Übergänge nicht immer wieder neu erfinden muss, sondern die Form der Handlung eines Rituals diese Umwandlung steuert, den Einzelnen sozusagen mit auf den Weg nimmt.

Victor Turner: die liminale Phase

Für die christlichen Übergangsriten bedeutet dies, dass nicht nur das durch das Ritual gehende Subjekt verändert wird, sondern jedes Mal wenn in der Kirche etwa getauft, getraut oder ein Begräbnis begangen wird, dies auch weitreichende Konsequenzen für die kirchliche Gemeinschaft selbst hat. Sie vergewissert sich ihrer heilsgeschichtlich und eschatologisch begründeten Sendung und erfährt durch die Aufnahme neuer Mitglieder bzw. durch rituell vollzogene Statuswechsel von Mitgliedern Veränderungen in ihrem sozialen Gefüge.

Es wurde gesagt, dass Rituale den Weg vom Alltäglichen ins Außeralltägliche beschreiten: „Alltag“ umschreibt die Situation, in der sich ein Mensch „normalerweise“ befindet. In dieser Alltagswelt verhält man sich auf eine bestimmte Weise, und bei der Art, wie man sich in ihr verhält, ist eine Fülle unhinterfragten Wissens vorausgesetzt. Man befindet sich und verhält sich in einem zuverlässigen Hier und Jetzt; Koordinaten, von denen man ganz selbstverständlich annimmt, dass sie auch für die anderen real und wirklich sind: Körperhygiene, Arbeitsweg, Essenseinnahme etwa. All diese Handlungen werden mit Routine durchgeführt, d.h. es bedarf keiner größeren intellektuellen Anstrengung sie auszuführen. Da durch die Wiederholung eine gewisse Vertrautheit mit den Abläufen entsteht, werden durch Reduktion der Bewusstseinsspannung Kräfte freigesetzt, um sich auf Unvorhergesehenes konzentrieren zu können. Routinen sind also mehr als bloße Formalismen.

Alltagsbewältigung durch Routinen

Alltagsüberschreitung durch Rituale

Rituale sind auch deshalb *Routinen des Alltags*, weil sie auf anthropologische Grundvollzüge zurückgreifen, die es in allen Kulturen gibt und die allgemein verständlich sind: Essen und Trinken in Gemeinschaft, Licht Anzünden, wenn es dunkel wird, sich Waschen, kosmetisches oder medizinisches Salben. Rituale greifen auf, was Menschen alltagsweltlich absolut vertraut ist, um sie zu überführen zu dem, was ihnen gänzlich unvertraut ist. Dabei unterscheiden sich Rituale aber auch von alltäglichen Routinen, und zwar in der Art, *wie* sie eine Bewusstseinsreduktion vornehmen: Denn im religiösen Ritual wird der Bewusstseinsfokus nicht einfach verschoben, sondern grundsätzlich reduziert. Es findet eine „generelle Defocussierung" statt (Hauschildt, Ritual 29, im Anschluss an Schütz/Luckmann, Strukturen). Das heißt: Nicht mehr das Ich, das Subjekt, sondern die symbolische Handlung steuert in ihrer Form. Die Handlungsabläufe des Einzelnen werden als Teil des Ganzen wahrgenommen und sind im rituellen Agieren der begleitenden Gemeinschaft aufgehoben.

Zusammenfassend lässt sich also sagen, dass die Liturgie als rituelles Phänomen ein formal strukturiertes Handeln einer Gemeinschaft darstellt, das auf Wiederholbarkeit angelegt ist. Sie greift anthropologische Grundvollzüge auf, um an den Übergängen des Lebens – sei es am Tage, in der Woche, im Jahr oder im Leben – das Handeln des Einzelnen und der Kirche zu begleiten und zu deuten.

2.3.3 Raum und Ritual

Gottesdienst und Selbstverständnis der Gemeinschaft

In der Art, wie Menschen Gottesdienst feiern, spiegelt sich in gewisser Weise das Selbstverständnis ihres Glaubens und ihrer Gemeinschaft als Gemeinde und Kirche wider. Im Gottesdienst erfährt die Glaubensgemeinschaft Vergewisserung ihrer selbst, Bestätigung und Stabilisierung. Gleichwohl ist ihm immer auch eine Kontrastdimension eigen in dem Sinne, dass er einen Gegenentwurf zum gängigen gesellschaftlichen Umgang bildet. Er relativiert gesellschaftliche Ordnungen, denn vor Gott sind alle gleich (vgl. Gal 3,28), und überschreitet idealerweise Generationengrenzen und Standesunterschiede (vgl. Bieritz, Gottesdienst und Gesellschaft 145 f.). Der Soziologe Michel Foucault (1926–1984) nennt solche „Räume" wie den Gottesdienst Heterotopien – Andersorte (ἕτερος = anders; τόπος = Ort). An ihnen werden gesellschaftliche Normen infrage gestellt oder perfektioniert. Heterotopien sind „wirkliche Orte, wirksame Orte, die in die Einrich-

Heterotopie und Heterochronie

tung der Gesellschaft hinein gezeichnet sind, sozusagen Gegenplatzierungen oder Widerlager, tatsächlich realisierte Utopien, in denen die wirklichen Plätze innerhalb der Kultur gleichzeitig repräsentiert, bestritten und gewendet sind, gewissermaßen Orte außerhalb aller Orte, wiewohl sie tatsächlich geortet werden können" (Foucault, Andere Räume 39). Durch klare Regeln, die Andersorten eigen sind, wird eine Auseinandersetzung mit dem Fremden möglich. Die Heterotopie Liturgie ermöglicht durch ihre feste rituelle Struktur die Begegnung mit dem gänzlich Anderen, mit Gott. Andersorte, wie Michel Foucault sie identifizierte, zeichnen sich auch durch Heterochronie (ἕτερος = anders; χρόνος = Zeit) aus, sie „erreich[en] ihr volles Funktionieren, wenn die Menschen mit ihrer herkömmlichen Zeit brechen" (ebd. 43). Die liturgische Zeit ist dem normalen Alltag enthoben, sie ist gewissermaßen Auszeit vom Alltag, bleibt aber durch die Individuen, die an diesem Andersort zusammenfinden, immer alltagsbezogen.

In der Liturgie treten Gott und Mensch miteinander in Dialog. Dieses Begegnungsgeschehen hat sich im Laufe der Jahrhunderte immer auch konkret verortet und architektonisch niedergeschlagen. Zwar konstituiert sich Gottesdienst in erster Linie als Versammlung der Gläubigen (vgl. 2.1), demgegenüber der Kirchenraum – die *domus ecclesiae* – von sekundärer Bedeutung ist. Allerdings hat die Gemeinschaft diese Feiern immer an konkreten, bald auch für gottesdienstliche Zwecke reservierten Orten (Kirchengebäude) vollzogen, was sich spätestens seit dem Frühmittelalter auch in der Bezeichnung „Gotteshaus" niederschlägt.

Versammlung der Gläubigen und gottesdienstlicher Raum

Obgleich einem Sakralgebäude häufig etwas Statisches anhaften mag, ist es tatsächlich ein Raum, in dem sich Bewegung ereignet. Liturgie wird immer raumbezogen gefeiert: etwa Prozessionen in der Messfeier zum Einzug, vor der Verkündigung des Evangeliums, zur Gabenbereitung, zur Kommunion, zum Auszug, aber auch die Prozession zum Taufbrunnen während einer Tauffeier oder in der Osternacht, Umgänge bei Kreuzwegandachten etc.

In den Kirchbauten haben im Laufe von 2000 Jahren unterschiedliche Stilepochen und Frömmigkeitsformen ihre Spuren hinterlassen, die Zeugnis davon geben, wie unsere Väter und Mütter ihren Glauben in Mobiliar, Statuen und Gemälden, Symbolen und Zeichen interpretierten und sakralbaulich abbildeten. Wenn wir heute beispielsweise Gottesdienst in einer im 13. Jahrhundert erbauten gotischen Kathedrale feiern, dann wird um uns herum das künstlerische Zeugnis damals lebender Christinnen und Christen lebendig. Das kann das Bewusstsein dafür schärfen, dass Kirche als Glaubensgemeinschaft nicht nur synchron unter

Kirchbau als Ausdruck von Frömmigkeitsformen

den jetzt und hier Lebenden existiert, sondern auch diachron die Generationen über Zeiten hinweg verbindet.

Raum und Communio

Seit dem II. Vatikanischen Konzil wurden etliche Versuche unternommen, wie neben der Hinwendung zu Gott die Communio des Volkes Gottes, ein zentraler Gedanke vieler Konzilsdokumente, auch architektonisch adäquat Ausdruck finden kann. Es geht darum, die Antinomie von Zentralisierung und Orientierung auszutarieren und im Gebäude zu integrieren, damit die Menschen, die in diesem Raum Gottesdienst feiern, sich in rechter Weise zu Gott, aber auch zueinander ausrichten können. Exemplarisch für neuere innenarchitektonische Lösungen sei an dieser Stelle die sogenannte „Orientierte Versammlung" vorgestellt:

Die Orientierte Versammlung

Abb. 5: Innenansicht der als Orientierte Versammlung gestalteten Bonifatius-Kapelle im Bischöflichen Priesterseminar Mainz (Foto: Pressestelle des Bistums Mainz)

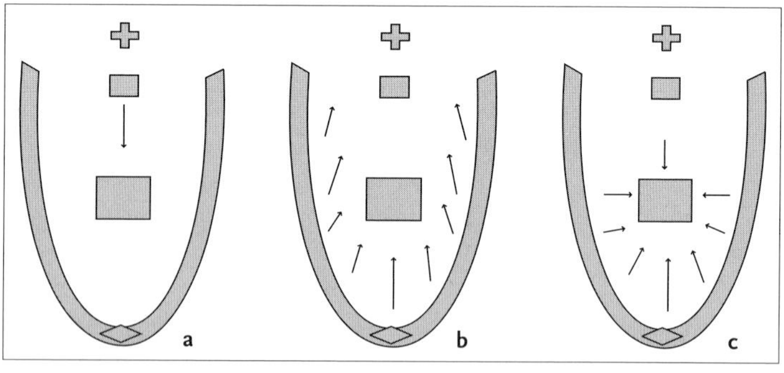

Abb. 6: Schematische Darstellung der Raumanordnung der Seminarkapelle: Verkündigung (a), Gebet (b), eucharistisches Mahl (c).

Hier wird durch die U-förmige Sitzanordnung der Gläubigen die betende Gemeinschaft symbolisch zum Ausdruck gebracht; durch die gestaffelte Anordnung von Kreuz, Ambo und Altar wird gleichzeitig die gemeinsame Ausrichtung der Gläubigen und des Vorstehers, der im Scheitelpunkt des U seinen Platz hat, als symbolische Hinwendung zum wiederkehrenden Christus – *versus orientem* – ermöglicht. Diese Form der Raumgestaltung versucht, das Anliegen sowohl der Zentralität als auch der Orientierung gen Osten zu integrieren und die unterschiedlichen liturgischen Vollzüge und Kommunikationssituationen (Verkündigung, Gebet, eucharistische Mahlhandlung) innerhalb des Gottesdienstes deutlich werden zu lassen.

Zentralität und Orientierung

Die entsprechende Raumanordnung ist für die Feier der Liturgie alles andere als unerheblich. Vielmehr „feiert" der Raum in der Liturgie immer mit: Ein liturgischer Ort sollte der betenden Gemeinschaft und dem Einzelnen zum Gebet verhelfen, d.h. in irgendeiner Weise Transzendenz erfahrbar machen können. Gleichzeitig sollte in ihm die Begegnung mit Gott und mit den Mitfeiernden möglich sein und die Gemeinschaft des Leibes Christi versinnbildlicht werden.

3. Exemplarische Vertiefung: Die Feier der Initiation

In diesem Kapitel werden am Beispiel der Initiation die unterschiedlichen liturgiewissenschaftlichen Fragestellungen illustriert. Es ist also nicht beabsichtigt, eine umfassende Einführung in die Taufliturgie zu geben. Vielmehr werden einzelne Quellen ausgewählt, um an ihnen verschiedene Herangehensweisen zu exemplifizieren. Dabei scheint auch die der Vielgestaltigkeit liturgischer Quellen entsprechende Methodenvielfalt auf (vgl. 1.2.3), wenn etwa auch Architekturgeschichte (3.2.3) und Hymnologie (3.4.2) zu Wort kommen. – Nach einer knappen biblischen Vergewisserung (3.1) wird anhand einer altkirchlichen Gemeindeordnung der liturgiehistorische Ansatz vorgestellt (3.2). Dabei wird deutlich, dass Liturgiegeschichte nicht aus musealem Interesse betrieben wird, sondern dass sich von der historischen Quellenarbeit her theologische und praktische Fragen ergeben. Nach einem kurzen Blick auf die weitere historische Entwicklung (3.3) wird abschließend die gegenwärtige Taufpraxis thematisiert (3.4): Auf der Basis des Taufwasserweihgebets wird die Theologie der Taufliturgie erhoben und mit Ausdrucksformen faktischen Taufverständnisses konfrontiert. Hierbei kommen also liturgietheologische und liturgiepastorale Gesichtspunkte in ihrer wechselseitigen Verwiesenheit zum Zuge.

3.1 Biblische Grundlagen

Es ist in diesem Rahmen nicht möglich, eine umfassende biblische Theologie der Taufe zu entwickeln. Da aber sowohl die theologische Reflexion als auch der praktische Vollzug der christlichen Initiation bleibend an die biblischen Vorgaben gebunden sind, sollen zumindest in knappen Zügen die wesentlichen Bedeutungsdimensionen umrissen werden, die das Neue Testament der Taufe zuweist.

3.1.1 Die eschatologische Dimension: Umkehr und Vergebung der Sünden

Johannestaufe

Die Taufe ist keine christliche Erfindung; vielmehr geht die Zeichenhandlung der Wassertaufe auf die Praxis Johannes des Täufers zurück (Mt 3,1–17 parr), die sich wiederum an einer eschatologischen Verheißung Ezechiels orientiert (Ez 36,25: „Ich gieße reines Wasser über euch aus"). Die Gerichtspredigt des Täufers richtet angesichts des von ihm unmittelbar erwarteten Weltendes an Israel die dringliche Aufforderung zur Umkehr. Zugleich inszeniert Johannes seine Symbolhandlung durch die Wahl des Taufortes als Heilszeichen: Wer sich seiner Taufe am Jordan – dort, wo einst das Volk nach dem Auszug aus Ägypten ins gelobte Land gelangt war – unterzieht, reiht sich in einen neuen und definitiven Exodus ein. – Die Verkündigung Jesu, der selbst die Johannestaufe empfing, greift die eschatologische Umkehrforderung auf. An die Stelle der Taufhandlung tritt bei Jesus jedoch die unmittelbare Wirkung seiner Person, seiner Taten (Krankenheilungen und Exorzismen als eschatologische Zeichenhandlungen) und seiner Predigt: „Die Zeit ist erfüllt, das Reich Gottes ist nahe. Kehrt um, und glaubt an das Evangelium!" (Mk 1,15). Zu Lebzeiten Jesu wurde die Taufe von ihm und seiner Anhängerschaft daher nicht praktiziert; einzig die Notiz Joh 3,22 deutet darauf hin, dass Jesus zu Beginn seines öffentlichen Wirkens, noch parallel zu Johannes, vorübergehend getauft haben könnte. Nach Jesu Tod jedoch greift die entstehende Kirche die Taufpraxis wieder auf, wobei die reinigende, sündentilgende Wirkung in Kontinuität zur Johannestaufe (Mt 3,6) eine wichtige Rolle spielt (Apg 2,38: „...

Verkündigung Jesu

Taufpraxis der Urkirche

jeder von euch lasse sich auf den Namen Jesu Christi taufen zur Vergebung seiner Sünden"). In Offb 7,2–8 erscheint die Taufe als eschatologische Versiegelung zum Schutz vor der Zerstörungskraft der Endereignisse.

3.1.2 Die pneumatische Dimension: Empfang des Heiligen Geistes

Von Johannes dem Täufer noch als zukünftig angekündigt (Mt 3,11 parr; vgl. Ez 36,26 f.), bei der Taufe Jesu bereits erfüllt (Mt 3,16 parr), versteht sich die christliche Taufe als Geisttaufe. So berichtet etwa die Apostelgeschichte im Zusammenhang mit der Taufe einiger Johannesjünger von einer Handauflegung durch Paulus zum Zeichen des Geistempfangs (Apg 19,1–7). Insofern verwirklicht sich das paradigmatische Pfingstereignis (Apg 2,1–13), den Jüngern vom Auferstandenen als Taufe mit dem Heiligen Geist verheißen (Apg 1,5), in jeder christlichen Taufe aufs Neue (Apg 2,38).

Taufe und Pfingsten

3.1.3 Die ekklesiologische Dimension: Aufnahme in die Kirche als Leib Christi

Mit der pneumatischen Dimension eng verbunden ist die ekklesiologische Dimension, die die christliche Taufe intentional wesentlich von der Johannestaufe unterscheidet: Anders als diese konstituiert sie eine Sondergesellschaft, indem sie die Getauften vermittels des Geistes in die Kirche als Leib Christi einfügt. „Denn wie der Leib eine Einheit ist, doch viele Glieder hat, alle Glieder des Leibes aber, obgleich es viele sind, einen einzigen Leib bilden: so ist es auch mit Christus. Durch den einen Geist wurden wir in der Taufe alle in einen einzigen Leib aufgenommen, Juden und Griechen, Sklaven und Freie; und alle wurden wir mit dem einen Geist getränkt. Auch der Leib besteht nicht nur aus einem Glied, sondern aus vielen Gliedern. ... Ihr aber seid der Leib Christi, und jeder einzelne ist ein Glied an ihm" (1 Kor 12,12–14.27).

Eingliederung in den Leib Christi

3.1.4 Die christologische Dimension: *Einer* in Christus

Obwohl die Taufe bereits in neutestamentlicher Zeit einen expliziten Bezug zur Dreieinigkeit erhält (vgl. den trinitarischen Tauf-

Taufe auf Christus

auftrag in Mt 28,19), bewahrt sie doch ihren starken christologischen Akzent. Sie ist Taufe „auf Christus" (Gal 3,27), die „in Christus" zu „Söhnen Gottes" macht (3,26). Voraussetzung dafür, in der Taufe Christus ‚als Gewand anzulegen', sodass alle gesellschaftlichen Barrieren (Juden/Griechen, Sklaven/Freie, Männer/Frauen) fallen, indem alle *„einer* in Christus Jesus" werden (3,27 f.), ist der Glaube (3,26), den freilich das Neue Testament seinerseits als Gnadengeschenk Gottes auffasst. Diverse Bekehrungserzählungen aus der Apostelgeschichte spiegeln die Abfolge ‚Verkündigung – Glaube – Taufe' wider (vgl. Apg 8,12 f.26–39; 16,31–33; 18,8; 19,1–5).

Taufe und Glaube

Eine besondere Ausprägung erhält die christologische Bedeutungsdimension der Taufe im Römerbrief des Paulus:

Zitat

Wisst ihr denn nicht, dass wir alle, die wir auf Christus Jesus getauft wurden, auf seinen Tod getauft worden sind? Wir wurden mit ihm begraben durch die Taufe auf den Tod; und wie Christus durch die Herrlichkeit des Vaters von den Toten auferweckt wurde, so sollen auch wir als neue Menschen leben. Wenn wir nämlich ihm gleich geworden sind in seinem Tod, dann werden wir mit ihm auch in seiner Auferstehung vereinigt sein. (Röm 6,3–5)

Mit Christus sterben – mit Christus auferstehen

Was hier noch im Kontext von Paränese und Verheißung steht, wird in Eph 2,4–6 und Kol 2,12–14 als durch die Taufe bereits verbürgte Realität ausgedrückt: Taufe bedeutet, mit Christus zu sterben und mit ihm aufzuerstehen. Die Tauftheologie nach Röm 6 wird vor allem ab dem 4. Jahrhundert zur leitenden Deutekategorie, was liturgisch nicht zuletzt in der Situierung der Taufe in der Osternacht zum Ausdruck kommt.

3.2 Alte Kirche

Die sogenannte Traditio Apostolica

Eine der ältesten Quellen, die den Prozess des Christwerdens in der frühen Kirche beschreiben, ist die sogenannte Traditio Apostolica (TA), die zu Beginn des 20. Jahrhunderts Hippolyt von Rom (um 170–235) zugeschrieben wurde, was heute mit guten Gründen bezweifelt wird. Auch wenn die genaue Datierung und der Geltungsbereich der Schrift in der jüngeren Forschung nicht unumstritten sind (Meßner, Einführung 37 f.; Markschies, Traditio

Apostolica), kann sie im Folgenden als Quelle dienen, da sie zur Initiation eine sehr kompakte Darstellung dessen bietet, was prinzipiell auch von anderen, für unsere Zwecke weniger geeigneten Quellengattungen (theologische Schriften, mystagogische Katechesen, Briefe) bezeugt wird. Die sogenannte Traditio Apostolica präsentiert sich als eine Gemeindeordnung, die das soziale und gottesdienstliche Leben einer christlichen Gemeinde innerhalb einer antiken Großstadt regeln will; wichtige Themenbereiche sind die verschiedenen Ämter und Dienste (Bischof, Presbyter, Diakon, Witwe und Jungfrau), die täglichen Zeiten des persönlichen und gemeinschaftlichen Gebetes, die allsonntägliche Eucharistiefeier und schließlich die Initiation, also die gottesdienstliche Feier der Aufnahme neuer Gemeindemitglieder. Wir wollen im Folgenden eine deutsche Übersetzung der Quelle vorstellen und in Form eines Kommentars erschließen.

Eine Gemeindeordnung

3.2.1 Anmeldung und Katechumenat

Wie wird man Christ? Im Vergleich zu den eher spontanen Bekehrungen und Taufen, wie sie in der Apostelgeschichte geschildert werden, hat unsere Gemeindeordnung sehr präzise Vorstellungen:

Zitat

Diejenigen, die erstmals zum Hören des Wortes kommen, sollen, bevor das ganze Volk eintritt, zuerst vor die Lehrer geführt werden, damit man sie nach dem Grund frage, weshalb sie sich dem Glauben zugewandt haben. Jene, die sie herbeigeführt haben, sollen Zeugnis für sie ablegen, ob sie auch fähig sind, das Wort zu hören. Man erkundige sich nach ihrer Lebensweise ... Man soll sich ferner danach erkundigen, welche Berufe und Tätigkeiten diejenigen ausüben, die man zum Unterricht bringt. Ist jemand Besitzer eines Bordells, soll er diese Tätigkeit aufgeben, oder man weise ihn zurück. Ist einer Bildhauer oder Maler, weise man ihn an, keine Götzenbilder zu machen; sie sollen davon ablassen, oder man weise sie zurück. Ist einer Schauspieler oder gibt er Vorstellungen im Theater, soll er damit aufhören oder zurückgewiesen werden. Wer Kinder unterrichtet, tut gut, wenn er davon abläßt; wenn er aber keinen anderen Beruf hat, sei es ihm gestattet. (Traditio Apostolica 15.16 (FC 1, 245.247))

Die Anmeldung zum Katechumenat: Fragen nach der Lebensweise

Diejenigen, die sich entschieden haben, den christlichen Glauben anzunehmen, und sich der Gemeinde anschließen wollen, präsentieren sich vor den christlichen Lehrern, den Katecheten. Dies findet anscheinend anlässlich eines Gottesdienstes statt, und zwar, wie es heißt, bevor sich die Gemeinde versammelt. Die Vorstellung selbst geschieht durch die Vermittlung von „Zeugen", von Gewährsleuten, die über die näheren Lebensumstände der Bewerber Auskunft geben und für deren Lebenswandel bürgen (die späteren „Taufpaten"). Die Bewerber müssen über ihre Motivation Auskunft geben, und man erwartet von ihnen eine Lebensweise, die den christlichen Vorstellungen entspricht. In diesem Zusammenhang werden diejenigen klar und deutlich abgewiesen, deren Beruf moralisch zwielichtig ist (Bordellbesitzer) oder in Beziehung steht zum heidnischen Götterglauben (Schauspieler und Bildhauer) – für angehende Lehrerinnen und Lehrer mag es überraschend sein, dass auch Personen, die „Kinder unterrichten" genannt werden, doch waren auch diese bei ihrer Berufsausübung mit heidnischen Göttergeschichten befasst.

Glauben kennen und leben lernen

Mit dieser ersten Kontaktaufnahme und Zulassung beginnt der Katechumenat, die Glaubensschule im eigentlichen Sinn. Man kann zwei Phasen unterscheiden: Die erste, die mit der Anmeldung und der Prüfung der Lebensverhältnisse begann, besteht in der Hauptsache darin, den christlichen Glauben kennen und besonders leben zu lernen. Die TA veranschlagt dafür etwa drei Jahre, doch kann die Zeit je nach der Eignung der Kandidaten auch verkürzt werden. Bemerkenswert ist, dass hierbei nicht so sehr das Wissen, sondern die Lebensführung entscheidend ist. Wörtlich heißt es:

Zitat

Die Katechumenen sollen drei Jahre lang das Wort hören. Ist aber einer besonders eifrig und befleißigt er sich der Sache sehr, dann soll nicht die Zeitdauer, sondern allein die Lebensführung berücksichtigt werden. (Traditio Apostolica 17 (FC 1,251))

Über den Inhalt dieses Glaubensunterrichts erfahren wir aus der TA an dieser Stelle nichts Näheres. Bemerkenswert ist jedoch, dass – wie schon bei der Präsentation der Bewerber – auch die Unterrichtung der Katechumenen durch gottesdienstliches Handeln geprägt ist: Jede Zusammenkunft endet mit Gebet und Handauflegung.

Zitat

Wenn der Lehrer seinen Unterricht beendet hat, sollen die Katechumenen für sich – getrennt von den Gläubigen – beten. Die Frauen sollen beim Gebet an einem eigenen Platz getrennt von der übrigen Gemeinde stehen, gleichgültig, ob es getaufte Frauen oder weibliche Katechumenen sind. [...] Nach dem Gebet legt der Lehrer den Katechumenen die Hand auf, betet und entläßt sie dann. Gleichgültig ob er Kleriker oder Laie ist, der Lehrer soll dies in jedem Fall tun. (Traditio Apostolica 18.19 (FC 1,251.253))

Begleitung durch Gebet

Bedeutsam ist, dass die Gemeinde ihre Katechumenen nicht allein lässt: Man betet für sie, die Lehrer legen ihnen die Hände auf, man bestärkt sie auf ihrem Weg (Nebenbei: In der räumlichen Zuweisung eines eigenen Platzes für die Frauen kündigt sich die bis vor zwei Generationen noch übliche Zweiteilung des Kirchenraums in eine Frauen- und Männerseite an).

Vorbereitung auf die Initiation

Für diejenigen, die diese erste Phase durchlaufen haben, schließt sich eine gewisse Zeit vor Ostern – dem Termin für die Feier der Initiation – die zweite Phase des Katechumenats an. Auch wenn die Ordnung nur von einem Sonntag spricht, darf auf dem Hintergrund anderer Traditionen die Osternacht als Tauftermin angenommen werden. Aus den Katechumenen werden nun „Täuflinge". Vor dem Wechsel in diese zweite Phase findet wieder eine Prüfung statt, wobei auch hier nicht ein erworbenes Wissen, sondern der Lebensvollzug im Blick steht.

Zitat

Bei der Auswahl der Täuflinge prüfe man zuerst ihren Lebenswandel: ob sie während des Katechumenats ehrbar gelebt, die Witwen unterstützt, Kranke besucht, ob sie alle Arten von guten Werken getan haben. Wenn diejenigen, die sie herbeigeführt haben, von ihnen bezeugen, daß dem so sei, dann sollen sie das Evangelium hören dürfen. Vom Zeitpunkt ihrer Absonderung an lege man ihnen jeden Tag zum Exorzismus die Hand auf. Wenn der Tauftag näherrückt, vollziehe der Bischof selbst den Exorzismus an einem jeden von ihnen, um sich zu überzeugen, ob er rein ist. (Traditio Apostolica 20 (FC 1, 253.255))

Das Evangelium hören

Die Täuflinge dürfen nun das „Evangelium hören". Gemeint ist, dass sie ab jetzt an dem Wortgottesdienst der sonntäglichen Gemeindemesse teilnehmen, aus dem sie vor dem Fürbittgebet, das den (getauften) „Gläubigen" vorbehalten ist (daher die Bezeichnung „Gläubigengebet", *oratio fidelium*), entlassen werden. Weiterhin wird den Täuflingen täglich die Hand aufgelegt und ein Exorzismus gesprochen. „Exorzismus" ist für uns heute ein Reizwort. Im ursprünglichen Sinn ist es ein Bittgebet an Gott, dem Betreffenden zu helfen, den – wie Paulus sagt – Machtbereich der Sünde zu verlassen und als Kind des Lichts (Eph 5,8) zu leben. Dabei kann der Böse auch – nach dem Vorbild der Exorzismen Jesu – direkt angesprochen werden: „Verlass diesen Mann, du unreiner Geist!" (Mk 5,8). Pastoral wie theologisch haben die Exorzismen eine wichtige Funktion: Wenn man die hohen ethischen Anforderungen sieht, die die TA an die Taufbewerber stellt, könnte man den Eindruck gewinnen, Taufe sei etwas, was durch „Leistung" erworben werden könne, dass man sich die Zulassung „verdiene", was einer Selbsterlösung nahe käme. Durch Handauflegung und Gebet um Befreiung macht die Kirchenordnung sozusagen handgreiflich deutlich, dass der im christlichen Sinn geglückte Lebensvollzug nicht aus eigener Kraft, sondern nur durch die Gnade Gottes möglich ist. Durch die Vertreibung des „bösen Geistes" wird Platz geschaffen für den „Heiligen Geist".

Exorzismen: Gebete um Befreiung vom Bösen

Schließlich wird die Vorbereitung in der Karwoche, den Tagen unmittelbar vor der Osternacht, wie folgt beschrieben:

Zitat

Man soll die Täuflinge anweisen, sich am Donnerstag zu baden und zu waschen. Wenn eine Frau menstruiert, soll man sie zurückstellen, und sie soll die Taufe an einem anderen Tag empfangen. Die Täuflinge sollen am Freitag fasten. (Traditio Apostolica 20 (FC 1, 255))

Das Bad am Gründonnerstag hat möglicherweise nicht nur hygienische, sondern auch rituelle Gründe. Der Evangelist Johannes schildert in seinem Bericht vom letzten Abendmahl die Fußwaschung, die allein nach den Worten Jesu noch diejenigen nötig haben, die aus dem *Bad* kommen (Joh 13,10). – Der Karfreitag ist ein Fasttag. Einen speziellen Gottesdienst gibt es noch nicht (vgl. 2.2.3). Da ihnen der Bräutigam genommen ist (Mt 9,15), fasten Gemeinde und Täuflinge bis zur Feier des Herrenmahls in der Osternacht.

3.2.2 Die Feier der Initiation

Der Gottesdienst, in dem die Feier der Initiation, der Aufnahme in die Gemeinde stattfindet, ist vermutlich die am Samstagabend beginnende Paschavigil.

Zitat

Am Sabbat sollen sich nach Anweisung des Bischofs die Täuflinge an einem Ort versammeln. Dann fordert er sie alle auf, zu beten und die Knie zu beugen. Unter Handauflegung beschwört der Bischof alle fremden Geister, sie zu verlassen und nicht mehr in sie zurückzukehren. Wenn er den Exorzismus vollzogen hat, soll er ihr Gesicht anhauchen und nach Bekreuzigung von Stirn, Ohren und Nasen läßt er sie aufstehen. Sie sollen die ganze Nacht wachend verbringen; man soll ihnen vorlesen und sie unterweisen. Die Täuflinge sollen nichts mitbringen außer dem, was ein jeder für die Eucharistie mitbringt. Denn jeder, der (sc. durch die Taufe) würdig geworden ist, soll auch zur gleichen Stunde die Gabe für die Eucharistie darbringen. – Zur Zeit des Hahnenschreis soll man zunächst über das Wasser beten. Es soll Wasser sein, das aus einer Quelle fließt oder von oben herabfließt. So soll man es halten, wenn die Verhältnisse es nicht anders erzwingen. In einer andauernden und bedrückenden Zwangslage kann man sich jedoch des Wassers bedienen, das man gerade vorfindet. Die Täuflinge sollen ihre Kleider ablegen, und zuerst soll man die Kinder taufen. Alle, die für sich selbst sprechen können, sollen es tun. Für die jedoch, die nicht für sich sprechen können, sollen die Eltern sprechen oder ein anderes Familienmitglied. Danach soll man die Männer taufen, anschließend die Frauen, nachdem sie ihr Haar aufgelöst und ihren Gold- und Silberschmuck abgelegt haben. Niemand soll einen fremden Gegenstand mit ins Wasser nehmen. (Traditio Apostolica 20.21 (FC 1,255.257))

Der Ort der Feier der Initiation

Die Täuflinge versammeln sich zunächst getrennt von der Gemeinde an „einem (eigenen) Ort“, wohl im Baptisterium. Da Taufe und Ganzkörpersalbung an den unbekleideten Täuflingen vollzogen werden, geschieht dies nicht vor aller Augen; erst die Stirnsalbung wird der Bischof vor der Gemeinde im Kirchenraum vollziehen. – Der Gottesdienst der Täuflinge beginnt wieder mit einem Exorzismus, den diesmal der Bischof selbst spricht. Dann folgt ein langer Lesegottesdienst, der einen großen Teil der Nacht ausfüllt. Auch hier erfahren wir nichts Näheres über den Inhalt

Der Lesegottesdienst

der Lesungen, aber es dürften – parallel zu den Osternachtslesungen der Gemeinde – jene alttestamentlichen Perikopen gewesen sein, die von dem errettenden Handeln Gottes erzählen, speziell die, die aus der Sicht der Alten Kirche die bevorstehende Taufe deuten (Schöpfung, Sintflut, Durchzug durch das Schilfmeer).

Das Gebet über dem Wasser

„Zur Zeit des Hahnenschreis", also noch vor Sonnenaufgang, erfolgt das Gebet über dem Wasser. Interessant ist hier die Bemerkung über die Art des Wassers: „Es soll Wasser sein, (...) das von oben herabfließt". Getauft wird in dieser Gemeinde also nicht durch Untertauchen, sondern durch Übergießen, genauer: durch „Unter-den-Wasserstrahl-Stellen". Die Reihenfolge der einzelnen Gruppen (Kinder, Männer, Frauen) erfolgt wohl wieder aus Schicklichkeitsgründen: Da die Täuflinge nackt sind, werden die Gruppen separat getauft. Die Taufe von Unmündigen, „die nicht für sich selbst sprechen können", ist nicht ausgeschlossen, aber die Ausnahme; der Ritus sieht, wie im Folgenden deutlich wird, die Mündigkeit vor.

Zitat

Zum festgesetzten Zeitpunkt der Taufe soll der Bischof das Danksagungsgebet über das Öl sprechen und es in ein Gefäß gießen. Es ist dies das Öl der Danksagung. Er soll auch anderes Öl nehmen und darüber den Exorzismus sprechen. Es ist dies das Öl des Exorzismus. Ein Diakon nimmt das Öl des Exorzismus und stellt sich zur Linken, ein anderer nimmt das Öl der Danksagung und stellt sich zur Rechten des Presbyters. Der Presbyter nimmt jeden einzelnen Täufling in Empfang und fordert ihn auf, mit folgenden Worten zu widersagen: Ich widersage dir, Satan, all deinem Pomp und all deinen Werken. Nachdem jeder widersagt hat, salbt ihn der Presbyter mit dem Öl des Exorzismus unter folgenden Worten: Jeder böse Geist weiche von dir. (Traditio Apostolica 21 (FC 1,259))

Öl der Danksagung und Öl des Exorzismus

Es werden zwei verschiedene Öle geweiht: Über dem einen wird ein Eucharistiegebet gesprochen, es ist dies das „Öl der Danksagung". Es wird erst nach dem Taufbad Verwendung finden. Über das andere wird ein Exorzismus gesprochen, weswegen es als „Öl des Exorzismus" bezeichnet wird. Es findet seine Anwendung vor dem Taufbad, unmittelbar nach der Absage an den Satan. Diese Salbung mit dem Exorzismus-Öl greift auf die Praxis antiker (und gewisser zeitgenössischer) Ringkämpfe zurück: Man ölt sich ein, damit der Gegner einen nicht zu fassen bekommt, damit sein

Die Absage an den Satan

Zugriff abgleitet. So soll auch der Satan keinen festen Angriffspunkt mehr finden. Die Dreigliedrigkeit der Absage: „Ich widersage dir, *Satan*, all deinem *Pomp* und all deinen *Werken*" steht in deutlicher Parallele zu dem anschließenden dreigliedrigen trinitarischen Bekenntnis der Taufhandlung. – Der Begriff „Pomp" bezeichnet ursprünglich im Profangriechischen den Triumphzug, das Göttergeleit, die Pracht heidnisch-religiöser Umzüge, also etwas „Sakral-Militärisches". Eben diese militärische Konnotation ist auch für die Verwendung des Begriffs in der christlichen Taufliturgie charakteristisch: Der Täufling verlässt mit seiner Absage an Satan dessen Schlachtreihe, dessen Heeresbann, und tritt in die Gefolgschaft des Herrn, die *militia Christi*. Man kämpft nach der Taufe nicht mehr auf Seiten Satans, sondern auf Seiten Christi. Diese uns heute speziell im religiösen Sprachraum suspekt erscheinende militärische Metaphorik findet sich schon bei Paulus, wenn er vom „Panzer der Gerechtigkeit", dem „Schild des Glaubens", dem „Helm des Heils" und „dem Schwert des Geistes" spricht (Eph 6,14 ff.; vgl. 2 Kor 10,3–6; 1 Thess 5,8). Sie ist grundlegend für den Ritus der Absage an den Satan. Christwerden und Christsein ist auch ein Kampf, ein spiritueller Kampf. „Die Waffen, die wir in unserem Feldzug einsetzen", heißt es im 2. Korintherbrief (10,4), „sind nicht irdisch, aber sie haben durch Gott die Macht, Festungen zu schleifen."

Der spirituelle Kampf

Zitat

Daraufhin übergibt er ihn unbekleidet dem Bischof oder dem Presbyter, der in der Nähe des Taufwassers steht. Ein Diakon soll danach mit ihm hinabsteigen. Sobald der Täufling ins Wasser hinabgestiegen ist, legt der Täufer ihm die Hand auf und fragt:

> Glaubst du an Gott, den allmächtigen Vater?

Und der Täufling soll antworten:

> Ich glaube.

Und sogleich, während die Hand auf seinem Haupt liegt, tauft er ihn zum erstenmal. Und darauf fragt er:

> Glaubst du an Christus Jesus, den Sohn Gottes, der geboren ist vom Heiligen Geist aus der Jungfrau Maria, der unter Pontius Pilatus gekreuzigt wurde, gestorben, am dritten Tage lebend von den Toten auferstanden und zum Himmel aufgestiegen ist, zur Rechten des Vaters sitzt, der kommen wird, zu richten die Lebenden und die Toten?

Und wenn jener gesagt hat:
  Ich glaube,
soll er ein zweites Mal getauft werden. Erneut fragt er:
  Glaubst du an den Heiligen Geist, in der heiligen Kirche und an die Auferstehung des Fleisches?
Der Täufling soll sagen:
  Ich glaube.
Und so soll er ein drittes Mal getauft werden. (Traditio Apostolica 21 (FC 1,259.261.263))

Wasserbad und Tauffragen

Nach der Absage an Satan folgt das Wasserbad der Taufe. – Wenn heute zwei Menschen vor Gott und der Gemeinde die Ehe schließen wollen, dann sagt der Priester, vor dem sie erschienen sind, nicht einfach: „Ich verheirate euch im Namen des Vaters, des Sohnes und des Heiligen Geistes", sondern er stellt den beiden sehr präzise und folgenschwere Fragen: „Sind Sie hierhergekommen, um nach reiflicher Überlegung und aus freiem Entschluss mit Ihrer Braut den Bund der Ehe zu schließen? – Wollen Sie Ihren Ehemann lieben und achten und ihm die Treue halten alle Tage Ihres Lebens, bis der Tod Sie scheidet?" Sagt der oder die Befragte dann nicht „Ja", sondern „Vielleicht" oder „Ich will es gerne mal versuchen", dann findet die Feier ein jähes Ende, denn die freie Zustimmung ist konstitutiv für den Ritus. Analog vollzieht sich der Taufakt in der Alten Kirche, der nicht durch eine einseitig gesprochene Formel, sondern durch ein dialogisches Zusammenwirken von Täufer und Täufling charakterisiert ist. – Aus dem hier bezeugten interrogatorischen Glaubensbekenntnis („Glaubst du ...?") entwickelt sich später die uns heute als „Apostolicum" vertraute deklaratorische Form („Ich glaube ...").

Zitat

Wenn er dann wieder heraufgestiegen ist, soll er vom Presbyter unter folgenden Worten mit dem Öl der Danksagung gesalbt werden:
  Ich salbe dich mit heiligem Öl im Namen Jesu Christi.
  Ein jeder soll sich abtrocknen und wieder ankleiden.
Dann sollen sie in die Kirche hineingehen.
Der Bischof soll ihnen die Hand auflegen und anrufend beten:
  Herr, Gott, du hast sie gewürdigt, durch das Bad der Wiedergeburt des Heiligen Geistes die Vergebung der Sünden zu erlangen, mache sie auch würdig, mit Heiligem Geist erfüllt zu werden.

> Sende in sie deine Gnade, damit sie dir nach deinem Willen dienen. Denn dein ist die Herrlichkeit, Vater und Sohn mit dem Heiligen Geist in der heiligen Kirche, jetzt und von Ewigkeit zu Ewigkeit. Amen.
>
> Dann gießt er Öl der Danksagung in seine Hand, legt sie dem Täufling aufs Haupt und spricht:
>
> Ich salbe dich mit heiligem Öl in Gott, dem allmächtigen Vater, in Christus Jesus und im Heiligen Geist.
>
> Nachdem er die Täuflinge auf der Stirn bekreuzigt hat, soll er ihnen einen Kuß geben und sagen:
>
> Der Herr sei mit dir.
>
> Und der Bezeichnete soll sagen:
>
> Und mit deinem Geist.
>
> So soll er mit jedem einzelnen verfahren.
>
> Danach beten sie zusammen mit dem ganzen Volk. Denn sie dürfen erst dann zusammen mit den Gläubigen beten, wenn sie dies alles erhalten haben. Nach dem Gebet sollen sie einander den Friedenskuß geben. (Traditio Apostolica 21 (FC 1,263.265.267))

Die Salbung

Antiker Badekultur gemäß folgt auf das Wasserbad eine Salbung oder Ölung mit wohlriechenden Essenzen, um ein Austrocknen der Haut zu verhindern und um das Wohlbefinden zu steigern. Dieser profane Badebrauch wird in der christlichen Liturgie aufgenommen und ausdrücklich gemacht auf eine Begegnung mit Gott hin. Eigentlich geschieht dies bei allen grundlegenden liturgischen Vollzügen. Ein christlicher Ritus entsteht nicht dadurch, dass Ritendesigner oder Symbolexperten eine möglichst überzeugende Form für einen Glaubensinhalt finden, sondern Alltagsvollzüge und das situativ Notwendige – sei es baden, Mahlhalten, salben aus kosmetischen oder medizinischen Gründen, sei es am Abend ein Licht entzünden oder Tote begraben – werden in der Liturgie transparent gemacht auf das Heilshandeln Gottes hin. Liturgie feiern heißt, auf der Grundlage der biblischen Heilsgeschichte Alltagserfahrungen zu öffnen und auf Gotteserfahrung hin zu deuten. Liturgische Riten, denen ein „profanes" Fundament fehlt, die keinen festen Sitz im Leben unseres Alltags haben (etwa Luftballons steigen lassen bei einem Begräbnis oder mit einem Wollknäuel zum Friedensgruß ein Friedensnetz knüpfen), verlieren bei Wiederholungen sehr deutlich an Evidenz.

Alltagserfahrungen öffnen auf eine Begegnung mit Gott hin

Firmung als Besiegelung der Taufe

Die sich an das Wasserbad der Taufe anschließende Salbung mit dem Öl der Danksagung ist die Besieglung der Taufe, die Confirmatio. In der TA erscheint sie wohl aus Schicklichkeitsgründen zweigeteilt: Im Baptisterium wird sie von der Assistenz des Bischofs, also den Presbytern, als Ganzkörpersalbung an den nackten Täuflingen vollzogen, dann, nachdem diese sich bekleidet haben, vor der gesamten Gemeinde im Kirchenraum durch den Bischof als Kopfsalbung vollendet. Taufe und deren Confirmatio (Firmung) sind dabei weder von ihrer rituellen Gestalt her noch von ihrem theologischen Gehalt her zu trennen. Die Firmung vollendet die Taufe, sie ist ein wesensnotwendiger Teil der Taufe. Für die Alte Kirche wäre eine Taufe ohne Firmung wie ein Dokument ohne Unterschrift.

Mit Taufe und Firmung haben die Täuflinge den Geist empfangen, der sie zu Kindern Gottes macht. Sie dürfen daher endlich zusammen mit der Gemeinde beten, zusammen mit denen, die Gott „Abba", Vater nennen dürfen. Denn nach Paulus ist es ja der Geist, der uns „Abba" sagen lässt (Gal 4,4–7; Röm 8,14–17).

Fürbittgebet: Vollzug gemeinsamen Priestertums

Ziel von Taufe und Firmung ist es also, zusammen mit den Gläubigen zu beten, das in der Taufe geschenkte Priestertum auszuüben. Das tun die Getauften in den Fürbitten, in denen sie als priesterliches Gottesvolk bittend für die ganze Welt eintreten. Wenn nun die Getauften Teil haben am Priestertum Christi, Teil seines mystischen Leibes sind, dann ist es selbstverständlich und folgerichtig, dass sich dieser Leib Christi in der Feier des Herrenmahls aktualisiert und gegenwärtig setzt. Auf Taufe und Firmung folgt die Eucharistie.

Die Eucharistiefeier

Zitat

Dann soll dem Bischof von den Diakonen die Opfergabe gereicht werden. Er soll danksagen: über das Brot als Abbild des Leibes Christi; über den Kelch mit gemischtem Wein als Abbild des Blutes, das für alle vergossen wurde, die an ihn glauben; über die Mischung aus Milch und Honig, um darauf hinzuweisen, daß sich die den Vätern gegebene Verheißung erfüllt hat, die von dem Land spricht, in dem Milch und Honig fließen.

Dies ist das Fleisch, das Christus hingegeben hat. Von ihm nähren sich die Gläubigen wie kleine Kinder, von ihm, der durch die Süße des Wortes die Bitterkeit des Herzens lieblich macht.

(Er soll danksagen:) über das Wasser zur Darbringung, um das Bad (der Taufe) anzudeuten, damit der innere Mensch, die Seele, die gleichen Wirkungen erhält wie der Leib.

Alles dieses erkläre der Bischof denen, die die Kommunion empfangen. Beim Brechen des Brotes und wenn er die einzelnen Stücke reicht, soll er sagen:

Brot des Himmels in Christus Jesus.
Der Empfangende soll antworten:
Amen.
Wenn die Presbyter zur Austeilung nicht ausreichen, sollen auch Diakone die Kelche halten. Sie sollen in der gebotenen Ordnung dastehen: als erster der mit dem Wasser, als zweiter der mit der Milch, als dritter der mit dem Wein.
Jeder soll nacheinander von jedem Kelch kosten. Dabei soll der, der ihn reicht, bei dem jeweiligen Kelch sagen:
In Gott, dem allmächtigen Vater.
Der Empfangende soll sagen:
Amen.
(Dann, beim nächsten Kelch:)
Und im Herrn Jesus Christus.
(Und er soll wiederum antworten:)
Amen.
Schließlich beim dritten Kelch:
Und im Heiligen Geist und der heiligen Kirche.
Wie vorher soll er sagen:
Amen.
So soll man bei jedem einzelnen verfahren. Wenn alles beendet ist, soll sich jeder bemühen, gute Werke zu tun, Gott zu gefallen, sich eines guten Lebenswandels zu befleißigen, voll Eifer sich an die Kirche zu halten, das zu tun, was er gelernt hat, und in der Frömmigkeit voranzuschreiten. (Traditio Apostolica 21 (FC 1,267.269.271))

Besonderheit der Taufeucharistie: drei Kelche

Für uns fremd sind der zweite und der dritte Kelch, der mit Wasser und der mit Milch und Honig. Sie sind Besonderheiten der Eucharistie mit Neugetauften: Der Kelch mit Wasser soll bedeuten, dass nach dem „äußeren" Bad nun auch der „innere" Mensch „getauft" wird; die Mischung aus Milch und Honig weist darauf hin, dass die Getauften die Verheißungen der Väter, das Land, wo Milch und Honig fließen, erlangt haben. Bei der Austeilung wird den drei Kelchen eine trinitarische Bedeutung gegeben.

Bezogenheit von Glaube und Gottesdienst: der Ritus als äußeres Zeichen einer inneren Wirklichkeit

Die Feier der Aufnahme ist also *eine* Feier, die jene drei Sakramente, die wir heute als Taufe, Firmung und Erstkommunion kennen, in einem einzigen Vollzug begeht. Theologisch kommt in dieser Feier mit ihrem vorausgehenden Katechumenat deutlich die enge Bezogenheit von Glaube und Liturgie zum Ausdruck: Der gottesdienstliche Ritus ist das äußere Zeichen für die innere Wirklichkeit des Glaubens. Die Sakramente der Initiation setzen einerseits den Glauben voraus, andererseits festigen und stärken sie den Glauben und manifestieren ihn öffentlich als eine neue, innere *und* äußere Wirklichkeit. Das Beschenktwerden mit der Gnade Gottes ist hier kaum nur als ein punktuelles Ereignis zu denken, sondern umfasst vielmehr den gesamten Prozess, angefangen beim ersten keimenden Interesse am christlichen Glauben über den Katechumenat und die Feier der Initiation bis hin zum geglückten christlichen Lebensvollzug im Alltag. – Die Bezogenheit von Glaube und Liturgie gilt grundsätzlich, auch im Fall der Kinder, „die nicht für sich sprechen können" (Traditio Apostolica 21); hier sind es die Eltern und Paten, die stellvertretend für die Unmündigen den Glauben als Lebenswirklichkeit bezeugen.

Übergangsritus

Ritualtheoretisch ist die Initiation ein klassischer „Übergangsritus" (vgl. 2.3.2), dem eine Dreierstruktur zugrundeliegt: Trennung vom früheren Leben – Übergang – Eingliederung in die Gemeinschaft mit neuem Status. Die sogenannte Traditio Apostolica vollzieht diesen Übergang als grundlegenden Herrschaftswechsel aus dem Reich des Bösen in das Reich Gottes oder – paulinisch gesprochen – vom alten zum neuen Menschen, vom alten zum neuen Äon: Absage an den Satan und Salbung mit dem Öl des Exorzismus (Trennungsphase) – Taufbad und Salbung mit dem Öl der Danksagung (Übergangsphase) – gemeinsames Gebet mit den Gläubigen und erstmalige Teilhabe an der Eucharistie als Vollzug des neuen Status (Eingliederungsphase).

3.2.3 Altkirchliche Taufbecken

Vorbilder in der antiken Kultur

Die von der Archäologie gesicherten und beschriebenen Taufbecken zeigen, dass nicht nur der Ritus der Initiation mit Wasserbad und Salbung antiker Badekultur folgt, sondern dass auch die Gestalt des Taufbeckens (Piscina) vorgegebene Bauformen aufnimmt (Abb. 7 und 8). „Im Großen und Ganzen sind sämtliche Formen frühchristlicher Taufpiscinen bereits in der römischen Thermal-, Industrie- und Privatarchitektur vorgebildet. Dies gilt sowohl für runde, hufeisenförmige, rechteckige oder quadratische, oktogonale, hexagonale als auch kreuzförmige Piscinen aller Bauweisen und Größen" (Ristow, Baptisterien 34). Die vorgefundenen Formen sind dabei offen für eine christliche Sinngebung, wie etwa die Kreuzform (Taufe als ein Sterben und Auferstehen mit Christus, vgl. Röm 6) oder das Oktogon (die Zahl 8 als Zeichen für die eschatologische Vollendung: Den sieben Tagen der Schöpfung folgt als achter der „jüngste Tag"). Die in das Taufbecken hinein- und an der Gegenseite wieder hinausführenden drei

Stufen (Abb. 9) lassen sich in Beziehung setzen zu der dreigliedrigen Absage an den Satan und dem dreigliedrigen trinitarischen Bekenntnis auf die Tauffragen. Darüber hinaus zeigt der archäologische Befund, dass der ursprüngliche Ritus der Taufe durch Übergießen vollzogen wurde – ein Untertauchen der ganzen Person lässt die Größe der Becken kaum zu. Das Übergießen kann, wie Abb. 10 zeigt, als Symbol für das „Eingießen des Geistes" verstanden werden.

Abb. 7: Römische oktogonale Profanpiscina

Abb. 8: Christliche Taufpiscina aus Riva Ligure (Italien)

Abb. 9: Christl. Piscina aus Sbeitla (Tunesien)

Abb. 10: Grabstein aus Aquileia (Italien)

(Ristow, Baptisterien Tafeln 27c (Abb. 7); 25c (Abb. 8); 22d (Abb. 9); 34c (Abb. 10))

3.3 Auflösung des Zusammenhangs und Verschiebung der Initiationssakramente

Auflösung des dreigliedrigen Initiationsritus

Die weitere Entwicklung bringt folgenschwere Transformationen, die zu einer theologischen Neuakzentuierung der Taufe und zu einer Auflösung des Initiationsritus führen. Diese können hier nur holzschnittartig vergröbernd benannt werden.

Krise des Katechumenats

- Im 4./5. Jahrhundert stehen die zur „Reichskirche" gewordenen christlichen Gemeinden vor einer neuen Situation, da die Zahl der Taufbewerber stark ansteigt und man sie nicht mehr mit der gleichen Sorgfalt vorbereiten kann wie zu früheren Zeiten. Außerdem wollen sich längst nicht alle Katechumenen nach einer angemessenen Frist taufen lassen (Taufaufschub). Der Katechumenat gerät dadurch in eine Krise, da er seinen ursprünglichen Sinn nicht mehr erfüllen kann.

Erbsündenlehre

- Im Gefolge der Erbsündenlehre des Augustinus wird ab dem 5./6. Jahrhundert die Säuglingstaufe der Normalfall. Die Auffassung, dass ohne Taufe das ewige Heil verwehrt bleibt, lässt angesichts einer hohen Säuglingssterblichkeit eine Taufe unmittelbar nach der Geburt notwendig erscheinen. Ein gemeinsamer Tauftermin in der Osternacht wird obsolet. Dadurch tritt die ekklesiale Bedeutung der Taufe (Taufe als Eingliederung in die Kirche als Leib Christi) zugunsten eines individuellen Verständnisses (Taufe als Befreiung von der dem Einzelnen anhaftenden Erbsünde) in den Hintergrund.

Firmung nur durch den Bischof

- Da sich in der Westkirche der Bischof die Confirmatio der Taufe, die Salbung mit dem „Öl der Danksagung" (Chrisam), vorbehält und er nicht mehr bei jeder (je nach Geburtstermin vollzogenen) Taufe zugegen sein kann, löst sich die „Firmung" von der Taufe ab. Wenn der Bischof eine Gemeinde besucht, werden all die gefirmt (vom Säugling bis zum Herangewachsenen), die seit seinem letzten Besuch die Taufe empfangen hatten. Erst im 18./19. Jahrhundert etabliert sich als Firmalter der Zeitpunkt des Übergangs von der Kindheit zur Mündigkeit. Die Reihenfolge der Initiationssakramente wird dadurch endgültig aufgelöst: Man feiert Erstkommunion, ohne die Taufe durch die Firmung besiegelt zu haben.

Festhalten am altkirchlichen Ritual

- Trotz der seit dem Frühmittelalter geänderten Situation wird an dem überkommenen Ritual weitgehend festgehalten. Obwohl es im Falle der Säuglingstaufe keinen Katechumenat mehr gibt, werden die den Katechumenat ursprünglich begleitenden Riten (Gebete mit Handauflegungen, verschiedene Exorzismen) beibehalten und dem eigentlichen Taufritus einfach vorgeschaltet. Im Fall der Taufe entsteht ein überlanger, von Doppelungen geprägter und nur noch von den historisch versierten Spezialisten durchschaubarer Ritenkomplex. Umgekehrt im Fall der „Firmung": Sie wird weitgehend losgelöst von einem gemeindegottesdienstlichen Kontext vollzogen und eigentlich nicht mehr „gefeiert", sondern „gespendet".

All diese Änderungen bleiben nicht ohne Folgen für das Grundverständnis von Liturgie, wie am Beispiel der Katechumenatsriten deutlich wird: Begleiteten die gottesdienstlichen Vollzüge ursprünglich den Lebensvollzug der Katechumenen auf dem Weg zur Taufe, so werden sie nun (da im Falle der Säuglingstaufe ein vorgängiger Katechumenat nicht mehr stattfindet) losgelöst von einer konkreten Lebensführung begangen. Liturgie gerät damit in Gefahr, ihren „Sitz im Leben" zu verlieren.

Lösung des Rituals vom Lebensvollzug

3.4 Die gegenwärtige Situation der katholischen Taufpraxis

II. Vatikanisches Konziel

Das II. Vatikanische Konzil hat in den Artikeln 64 bis 71 der Liturgiekonstitution besondere Bestimmungen zur Reform der Initiation erlassen, die die Wiederherstellung eines mehrstufigen Erwachsenenkatechumenats (vgl. SC 64), die Reform des Kindertaufritus und die Profilierung der Rolle von Eltern und Paten (vgl. SC 67) sowie die Anpassung an pastorale Situationen vorsehen. Die unterschiedlichen pastoralen Gegebenheiten machen eine Vielfalt von liturgischen Büchern notwendig, in denen jeweils versucht wird, auf die verschiedenen Lebenssituationen der zu Initiierenden Rücksicht zu nehmen: Aufgrund des erforderlichen Zusammenhangs von selbstständigem Glaubensbekenntnis und Taufe ist die Erwachsenentaufe bis heute normativ und Vorbild für alle anderen Varianten der Initiation (*Die Feier der Eingliederung Erwachsener in die Kirche* 2001; *Ordo initiationis Christianae adultorum*. Editio typica 1972; vgl. dazu Kranemann, Initiation 64). Hier kommt das Verhältnis von Entscheidung und Bekehrung des Einzelnen angemessen zum Ausdruck, ebenso wie das Zusammenwirken von Individuum und Gemeinschaft, in die der Täufling eingegliedert wird. Schließlich werden in der Initiation Erwachsener die sinnvolle Abfolge von Katechumenat und Initiation sowie die Einheit von Taufe, Firmung und Ersteucharistieempfang gewahrt. Für Schulkinder gibt es ein eigenes Rituale (*Die Eingliederung von Kindern im Schulalter in die Kirche*, Studienausgabe 1986). Schulkinder können anders als Säuglinge die sakramentale Handlung verstandesmäßig erfassen; daher wurde eine Form bereitgestellt, die ihre besondere Situation berücksichtigt. Von *Die Feier der Kindertaufe* (2007; *Ordo Baptismi parvulorum*. Editio typica 1969. Editio typica altera 1986), die gegenüber früheren Ausgaben verbesserte Textübertragungen aus dem Lateinischen und beachtenswerte Ergänzungen enthält, wird ausführlich im abschließenden Kapitel die Rede sein. Diese Form verlangt

Erwachsenentaufe als Norm

nach Vollendung der Initiation in der Feier der Firmung, die in einem eigenen Rituale (*Die Feier der Firmung* 1973; *Ordo Confirmationis* 1971) vorliegt.

3.4.1 Die Theologie des heutigen Taufritus

Die Kindertaufe hat genauso Anteil am Christusmysterium wie die theologische Normalform der Erwachseneninitiation, aber sie basiert auf dem stellvertretenden Tun der Kirche meist in der Person der Eltern und Paten. Sie gründet in der Hoffnung, dass das Kind so aufwächst, dass es sich zum mündigen Christen entwickeln kann. Allen Ausprägungen der einen Taufe sind zentrale Zeichenhandlungen gemein: das Gebet zur Taufwasserweihe (sogenannter Lobpreis und Anrufung Gottes über dem Wasser), Absage und Glaubensbekenntnis, Taufhandlung mit Wasserritus und Salbung sowie ausdeutende Riten (Anziehen des Taufgewandes, Entzündung der Taufkerze, Effata-Ritus) und die (symbolische Bezugnahme zur) Eucharistiefeier.

Das Taufwasserweihgebet

Die heutige Theologie der Tauffeier soll nun anhand des Taufwasserweihgebetes entfaltet werden, denn durch die Anrufung Gottes über dem Wasser und durch das Übergießen des Täuflings mit diesem geweihten Wasser kommt die Taufe in ihrem theologischen Gehalt zur Sprache. Der Gattung nach handelt es sich bei diesem Gebet um ein Eucharistiegebet, strukturell ganz ähnlich gegliedert wie beispielsweise das Eucharistische Hochgebet oder das Exsultet der Osternacht. Abgesehen von der Osterzeit, in der das in der Osternacht geweihte Wasser verwendet wird, ist die Taufwasserweihe für jede Tauffeier konstitutiv. Nach der Prozession der Taufgemeinde zum Taufort wird folgendes Gebet gesprochen:

Zitat

Wir preisen dich, allmächtiger ewiger Gott. Mit unsichtbarer Macht wirkst du das Heil der Menschen durch sichtbare Zeichen. Auf vielfältige Weise hast du das Wasser dazu erwählt, dass es hinweise auf das Geheimnis der Taufe. Schon im Anfang der Schöpfung schwebte dein Geist über dem Wasser und schenkte ihm Kraft, zu retten und zu heiligen. Selbst die Sintflut ist ein Bild für die Taufe; denn das Wasser brachte der Sünde den Untergang und heiligem Leben einen neuen Anfang.

Die Kinder Abrahams hast du trockenen Fußes durch das Rote Meer geführt und sie befreit aus der Knechtschaft des Pharao, so sind sie ein Bild der Getauften, die du befreit hast aus der Knechtschaft des Bösen.

Wir preisen dich, Gott, allmächtiger Vater, für deinen geliebten Sohn Jesus Christus. Er wurde von Johannes im Jordan getauft und von dir gesalbt mit Heiligem Geiste. Als er am Kreuze erhöht war, flossen aus seiner Seite Blut und Wasser. Nach seiner Auferstehung gab er den Jüngern den Auftrag: Geht hin und lehrt alle Völker und tauft sie auf den Namen des Vaters und des Sohnes und des Heiligen Geistes.

Wir bitten dich, allmächtiger, ewiger Gott, schau gnädig auf deine Kirche und öffne ihr den Brunnen der Taufe. Dieses Wasser empfange vom Heiligen Geist die Gnade deines eingeborenen Sohnes. Die Menschen, die du als dein Abbild geschaffen hast, reinige im Sakrament der Taufe von der alten Schuld. Aus Wasser und Heiligem Geist geboren, lass sie auferstehn zum neuen Leben.

Durch deinen Sohn steige herab in dieses Wasser die Kraft des Heiligen Geistes, damit alle, die durch die Taufe mit Christus begraben sind in seinen Tod, mit ihm zum Leben auferstehn.

Darum bitten wir durch Jesus Christus, deinen Sohn, unseren Herrn und Gott, der in der Einheit des Heiligen Geistes mit dir lebt und herrscht in alle Ewigkeit. Amen. (Kindertaufe 49–55)

Anamnese: Taufe als Vergegenwärtigung biblischer Heilsereignisse

Im Lobpreis Gottes über dem Wasser gedenkt die Kirche des Heilshandelns Gottes. In sechs Paradigmen – in dreien aus dem Alten und dreien aus dem Neuen Testament – wird gepriesen, wie Gott im Zeichen des Wassers wirkt. Alle Bilder nehmen Bezug auf die Heilsgeschichte und stellen so das konkrete Taufgeschehen in enge Verbindung zu den Heilsereignissen. Anders ausgedrückt: In der Taufe wird das Heilsereignis, das Gott an dem Täufling und an der christlichen Gemeinschaft wirksam werden lässt, sinnlich erfahrbar gemacht.

Neue Schöpfung

Gottes Geist, der bei der Schöpfung der Welt über den Wassern ruhte (Gen 1,2), wirkt nun auch im Wasser der Taufe und macht den Täufling zu einer neuen Schöpfung (vgl. 2 Kor 5,17; Gal 6,15). Mit der Nennung des Geistes wird eine Klammer zu der das Gebet abschließenden Epiklese gesetzt, in der er aktuell und konkret auf das Taufwasser herabgerufen wird. Taufe ist Neuschöpfung in Christus.

Reinigung

Im zweiten Paradigma, der Sintflut (Gen 6–8), wird die bedrohliche Seite des Wassers ins Bild gesetzt; Wasser hat nicht nur eine lebensspendende, sondern auch eine vernichtende Konnotation. So wie die Wasser der Sintflut die Welt vernichtet und damit die

Sünden der Menschheit hinweg gewaschen haben, so stirbt in der Taufe der „alte Mensch", indem alle Sünden abgewaschen werden. Durch die Rettung des Noah wurde der Bund zwischen Gott und Mensch restituiert (Gen 9,8–17). Durch die Absage an das Böse und durch das Glaubensbekenntnis tritt der Täufling in eine besondere Bundesbeziehung zu Gott ein. Taufe ist als Akt der Reinigung auch ein Akt des Absterbens.

Befreiung

Der Bundesgedanke wird intensiviert im dritten Beispiel, dem Exodus (Ex 13,17–14,31). Die Taufe ist, dem Auszug der Israeliten aus der Knechtschaft Ägyptens gleich, ein Befreiungsgeschehen, in dem der Täufling aus der Sklaverei von Sünde und Tod in das verheißene Land des angebrochenen Reiches Gottes überführt wird.

Es folgen die drei neutestamentlichen Bilder, die die Taufe mit Christus verbinden: die Taufe Jesu durch Johannes den Täufer, das Christusmysterium in Leiden, Tod und Auferstehung und der nachösterliche Taufauftrag an seine Jünger.

Salbung zum Priester, Propheten und König

Jesus wurde mit Wasser und Heiligem Geist getauft (Mt 3,13–17 parr), die Realien der Taufe sind Wasser, mit dem der Täufling übergossen bzw. in das er eingetaucht wird, und Chrisam, mit dem er zum Zeichen der Geistbegabung nach der Taufe und in der Firmung gesalbt wird. Unbeschadet der Trennung der Initiationssakramente im Laufe der Jahrhunderte ist die postbaptismale Scheitelsalbung bis heute zentraler Teil der Taufhandlung. (Leider fungiert die Salbung in den aktuellen Ritenbüchern lediglich als ausdeutender Ritus; vgl. Kindertaufe 65 ff.). Durch die an die Wassertaufe anschließende Salbung wird die Teilhabe des Täuflings am Priestertum, Prophetentum und Königtum Christi zum Ausdruck gebracht. Der dreifache Sinngehalt der Salbung zeigt einerseits die vielfältige Beziehung des Getauften zu Christus an, andererseits werden bildhaft seine Aufgaben als eines in der Nachfolge Christi stehenden Menschen umschrieben: Als Priester ist er zum Lob Gottes und zum fürbittenden Eintreten für die Welt vor Gott berufen; als König und Ebenbild Gottes (Gen 1,26–30) ist ihm die Pflege und Bewahrung der Schöpfung anvertraut; als Prophet schließlich ist es ihm aufgegeben, das Wort Gottes zu hören und dafür Zeugnis in der Welt abzulegen.

Wiedergeburt

Das vorletzte Beispiel stellt einen Bezug der Taufe zur Passion Christi her (Joh 19,34). Die Taufe ist ein österliches Sakrament: Weil Jesus Christus für unsere Sünden gestorben ist, sind wir tot für die Sünde (Röm 6,2). In der Taufe sterben wir und auferstehen wir gleichsam mit Christus (vgl. Röm 6,3–8). Daher wird die Taufe auch als „Bad der Wiedergeburt" verstanden (Tit 3,5).

Eingliederung in die Kirche

Der Hinweis auf den Taufauftrag (Mt 28,18 f.) am Ende der Anamnese macht schließlich deutlich, dass Taufe kein individuell-privater Akt ist, sondern eine für die kirchliche Gemeinschaft lebensnotwendige Handlung. Der Taufauftrag steht „als eine Art Einsetzungsbericht der Taufe, auf den sich die Kirche für die Legitimität ihres Handelns beruft" (Meßner, Einführung 123). Die Täufer sprechen heute bei der Taufhandlung die Formel: „Ich taufe dich im Namen des Vaters und des Sohnes und des Heiligen Geistes." War also altkirchlich – wie wir sahen – das Glaubensbekenntnis unmittelbar mit der Taufhandlung verwoben, wird heute durch die Taufformel der Stellvertretergedanke herausgestellt. Christus selbst ist es, der durch die Person des Täufers handelt. Durch den Bezug zum Taufauftrag wird der Täufling in die ekklesiale Dimension des Sakraments hineingestellt; die Taufe ist Eingliederung in die Kirche.

Epiklese: Bitte um gegenwärtiges Handeln Gottes

Dieser großen Anamnese folgt die Epiklese, die die genannten Paradigmen konzentriert wieder aufnimmt und die beiden theologischen Grundlinien der schöpferischen und der österlichen Deutung des Sakraments akzentuiert. Es wird um Reinigung von der Sünde und Wiedergeburt durch das Bad der Taufe gebeten, durch das der Täufling zu einem neuen Menschen wird. Das Taufgewand, das in den ausdeutenden Riten nach der Taufhandlung angelegt wird, ist Symbol des Auferstehungsleibes, den der Neugetaufte symbolisch mit Christus sterbend und auferstehend angezogen hat (vgl. Röm 6; Offb 19,8). Das Taufkleid stellt aber auch ein Statussymbol einer Gesellschaft unter Gleichen dar und ist Zeichen der neuen Identität, die der Getaufte in der Gemeinschaft der Glaubenden erworben hat.

3.4.2 Die Krise der Kindertaufe

Ein zeitgenössisches Tauflied

Ein zeitgenössisches Tauflied, das sich über die Konfessionsgrenzen hinaus bei der musikalischen Gestaltung von Tauffeiern hoher Beliebtheit erfreut, ist „Kind, du bist uns anvertraut" (vgl. Martini, Sprache und Rezeption). Es ist in vielen inoffiziellen Liedsammlungen sowie in sieben Regionalanhängen des Evangelischen Gesangbuchs, im Reformierten Gesangbuch der deutschsprachigen Schweiz und im Methodistischen Gesangbuch enthalten. In diesem Lied spiegeln sich einige gesellschaftliche Grundannahmen über die Taufe wider, die aus liturgietheologischer Perspektive problematisch sind:

Zitat

1. Kind, du bist uns anvertraut. / Wozu werden wir dich bringen? /
Wenn du deine Wege gehst, / wessen Lieder wirst du singen? /
Welche Worte wirst du sagen / und an welches Ziel dich wagen?

2. Kampf und Krieg zerreißt die Welt, / einer drückt den andern nieder. /
Dabei zählen Macht und Geld, / Klugheit und gesunde Glieder. /
Mut und Freiheit, das sind Gaben, / die wir bitter nötig haben.

3. Freunde wollen wir dir sein, / sollst des Friedens Brücken bauen. /
Denke nicht, du stehst allein; / Kannst der Macht der Liebe trauen. /
Taufen dich in Jesu Namen. / Er ist unsre Hoffnung. Amen.

Text: Peter Horst 1971 / Friedrich Karl Barth, Gerhard Grenz 1973; Weise: Johann Rudolph Ahle 1664 / Wolfgang Carl Briegel 1687 („Liebster Jesu, wir sind hier“) (Evangelisches Gesangbuch Regionalteil Bayern/Thüringen 576)

Die feiernde Taufgemeinschaft wendet sich im Liedtext an das zu taufende Kleinkind. In der ersten Strophe wird im Modus der Frage die ethische Verpflichtung (von Eltern, von Paten?) angemahnt, das Kind auf den rechten Weg zu bringen (1,2). Die ungewisse Zukunft des Kindes zeichnet sich in zu wählenden politischen Haltungen (1,4), Reden (1,5) und (Berufs-)zielen (1,6) ab. Die zweite Strophe markiert einen moralischen „Rundumschlag“, der die Welt als lebensfeindlichen (2,1 f.) und korrupten (2,3) Ort anprangert, an dem das Recht des Stärkeren gilt (2,4). Dagegen sind Mut und Freiheit zu setzen (2,5 f.). Diese Atmosphäre bildet die Grundlage dafür, in der dritten Strophe den Auftrag an das Kind zu formulieren, als Friedensstifter (3,2) tätig zu sein. Unterstützung findet der Täufling dabei in den Menschen, die ihm das Lied zusingen, die ihm Freunde (3,1) sein, zu ihm stehen (3,3) und das „Urvertrauen“ in ihm reifen lassen wollen (3,4). Ganz am Schluss erst wird eine religiöse Perspektive eröffnet: Die Taufe des Kindes erfolgt „auf Jesu Namen“ (3,5), der die Hoffnung der Singenden ist (3,6). Letzteres erscheint angesichts der zuvor düster gezeichneten Zukunftsperspektive kaum noch glaubwürdig.

Ein heute typisches Taufbewusstsein

Das Lied steht stellvertretend für ein heute typisches Taufbewusstsein (weitere Eindrücke aktuellen Taufverständnisses lassen sich eindrucksvoll auf der Homepage www.kindertaufe.org studieren): Das Kind wird dem allgemeinen Verständnis nach nicht primär in eine Glaubensgemeinschaft hinein getauft, sondern in eine gesellschaftlich-familiäre Lebensgemeinschaft, die – theologisch gesprochen – nicht an Sündenvergebung, an Heil und an Neuschöpfung des Kindes interessiert ist, sondern an einer gelingenden gesellschaftlichen Integration. Taufe erscheint hier als eine pädagogische „Leistung" der familiären Umgebung bzw. als Initialzündung für eine gute Karriereplanung; der theologisch wesentliche Gedanke, dass sich im Sakrament die Heilswirklichkeit Gottes und seine Beziehung zum Täufling zum Ausdruck bringen, bleibt weitgehend ausgeblendet.

Krise des Taufsakraments

Zwischen dem oben skizzierten theologischen Taufverständnis und den landläufigen Vorstellungen über die Taufe, wie sie das Lied präsentiert, liegt eine große Kluft. Wissenschaftler sprechen von einer Krise des Taufsakraments, deren Aspekte folgend summarisch aufgezeigt werden sollen (die folgenden Gedanken stützen sich im Wesentlichen auf die Ausführungen Meßner, Einführung 143–149):

Marginalisierung
Privatisierung

Im geistlichen Leben der Gemeinde ist die Taufe *marginalisiert* und somit weitgehend *privatisiert*: Sie findet meist nicht in einem öffentlichen Gemeindegottesdienst, etwa in der sonntäglichen Eucharistiefeier statt, sondern im Kreis der Familie und Freunde. Gemeindemitglieder sind dann selten oder eher zufällig zugegen. Zudem wird die Taufe in der Seelsorge oftmals nicht als das Fundament christlicher Spiritualität wahrgenommen, was dazu führt, dass sie nicht die Identität des heutigen Christen bestimmt. Damit zusammenhängend ist eine *Individualisierung* zu beobachten: Ausgehend vom neuscholastischen Sakramentsverständnis wurde die Taufe zu einseitig als ein „Gnadenmittel" für den Einzelnen aufgefasst, als individuelle Befreiung von der Erbsünde. Dabei wurde zu wenig darauf geachtet, die Taufe als Ereignis der Kirche zu feiern und die Initiation als Gestaltwerdung des Leibes Christi zu begehen. Die genannten Probleme ergeben sich auch aus der *Dekomposition*, die der dreiteilige Initiationsritus im Laufe der Kirchengeschichte erfahren hat (vgl. 3.3). Durch die Verselbstständigung von Taufe, Firmung und Erstkommunion zu einzelnen Sakramenten wurde die Taufe gewissermaßen *punktualisiert*: Sie wird nicht mehr als Übergang von einer katechumenalen Einübung in den Glauben zur verantwortlichen Vollmitgliedschaft in der christlichen Glaubensgemeinschaft begriffen, die in einem

Individualisierung

Dekomposition

Punktualisierung

lebenslangen Prozess gepflegt sein will, sondern als gesonderte Handlung am Anfang des Lebens, die allzu oft konsequenzenlos für den Lebensstil bleibt. Rituell entspricht dem ein *Minimalismus*, der die Zeichenhaftigkeit der Taufe kaum noch sinnenhaft erfahrbar werden lässt – etwa wenn ein Täufling, anstatt untergetaucht oder übergossen zu werden, nur mit drei Spritzern Wasser benetzt wird. Die Symbolik der Taufe als Bad der Wiedergeburt ist dadurch geschwächt.

Minimalismus

Einheit von Glaube und Taufe

Ein weiteres Problem betrifft die *Trennung von Katechese und Taufe*, die durch die Säuglingstaufe in einer weithin postchristlichen Gesellschaft begünstigt wird. Heute ist es nicht mehr selbstverständlich, dass ein getauftes Kind in einem praktizierend christlichen Elternhaus aufwächst und im Glauben erzogen wird, dass also die Eltern, die im Ritus der Taufe stellvertretend für das Kind den Glauben bekannt haben, dieses – mit Unterstützung der Gemeinde – nachfolgend im christlichen Glauben unterweisen. Die für das Sakrament erforderliche Einheit von Glauben und Taufe ist häufig nicht mehr gegeben. Dass damit auch die notwendige Beziehung zwischen Umkehr und Taufe auseinandergefallen ist, geht zulasten der Plausibilität des Beichtsakraments. Der innere Zusammenhang zwischen Taufe und Wiederversöhnung im Bußsakrament bleibt vielfach unverstanden.

Zwei unterschiedliche Kirchenbilder

Historisch gesehen stehen Erwachseneninitiation und Kindertaufe für zwei unterschiedliche *Formen der Sozialgestalt* der Kirche. Der Ritus der Erwachseneninitiation ist kennzeichnend für die spätantiken Stadtgemeinden, in denen die christliche Gemeinschaft sich als eine Art Gegengesellschaft verstand (vgl. in dieser Hinsicht etwa die „Berufsverbote“ in TA 15 f.: s.o. 3.2.1). Kindertaufe dagegen wird zur Norm, wenn – wie seit dem frühen Mittelalter – Kirche und Gesellschaft weitgehend deckungsgleich sind (Volkskirche). Gesellschaftliche Sozialisation ist damit auch ein Hineinwachsen in die Kirche. Es spricht Vieles dafür, das heutige Verhältnis von Kirche und Gesellschaft in unseren Breiten eher mit der Minderheitensituation der alten Kirche zu vergleichen. Die Taufe Unmündiger ist unter diesen Bedingungen dann sinnvoll, wenn das Kind die Chance hat, in einer Familie aufzuwachsen, die in einer christlichen Gemeinde verwurzelt ist. So schreibt auch das Kirchenrecht als Bedingung, „damit ein Kind erlaubt getauft wird“, vor: „... es muß die begründete Hoffnung bestehen, daß das Kind in der katholischen Religion erzogen wird“ (CIC/1983 can. 868 § 1 n. 2). Hingegen erscheint die weithin beobachtbare und durch das deutsche Kirchensteuersystem begünstigte *Dienstleistungsmentalität*, die nur eine punktuelle Sakramentenspendung einfordert, ohne die ekklesiologischen Konsequenzen (Beteiligung am Leben der Gemeinde) tragen zu wollen, aus liturgiewissenschaftlicher Perspektive als problematisch.

Seit dem Beschluss zur Revision der deutschen Ausgabe des Taufrituale im Jahr 1993 wurden seitens der deutschsprachigen katholischen Kirche vielfältige Überlegungen angestellt, wie diesen Problemanzeigen pastoral begegnet werden könnte. Die Ergebnisse haben sich in einem Konzept differenzierter Taufpastoral niedergeschlagen, das abschließend erörtert wird.

3.4.3 Ein umsichtiger Lösungsversuch: der zweistufige Kindertaufritus 2007

Im Jahr 2007 wurde für das deutsche Sprachgebiet eine Neuausgabe des *Ordo baptismi parvulorum* (lat. ²1973) vorgestellt, die gegenüber der Ausgabe von 1971 nicht nur eine angemessenere Wiedergabe der lateinischen Vorlage ist, sondern einige wertvolle Neuerungen und Ergänzungen zur Verfügung stellt. Die deutschsprachigen Bischöfe haben in einem Begleitheft eine beachtenswerte Pastorale Einführung (PE) publiziert, in der wichtige Aspekte der Taufliturgie und -pastoral thematisiert werden und die auf Grundlage einer kundigen Situationsanalyse hilfreiche Orientierungen für die Sakramentenpastoral an die Hand gibt (vgl. Klöckener, Feier des Glaubens 65).

Eine hilfreiche Orientierung

Gänzlich neu und ohne lateinisches Vorbild ist in diesem Rituale der Abschnitt „Die Feier der Kindertaufe in zwei Stufen“, mit dessen Konzept die deutschsprachigen Bischöfe auf die pastorale Situation in den deutschsprachigen Ländern antworten. Das Ziel ist, wieder einen engeren Zusammenhang zwischen Glaube und Taufe herzustellen (vgl. PE 2; 10), die Feier der Kindertaufe aus der Atmosphäre des Privaten und Familiären herauszulösen (vgl. PE 2; 7; 48) und an die christliche Gemeinde anzubinden (vgl. PE 11; 15; 25; 27; 29; 34). Die Taufe wird in der Einführung als Initial eines Prozesses, als Start eines lebenslangen Glaubensweges akzentuiert (vgl. PE 3; 26; 28; 47).

Das zweistufige Modell der Kindertaufe

Die erste Stufe umfasst die Aufnahme des Kindes unter die Taufbewerber. In einem Wortgottesdienst, der neben dem Dank für die Geburt die Katechumenatsriten, d.h. die Frage nach dem Namen des Kindes, die Bitte um Bewahrung vor dem Bösen (Exorzismus) und die Salbung mit Katechumenenöl, enthält, wird der Weg zur Taufe eröffnet (vgl. Kindertaufe 183–191).

Daran schließt sich eine individuell bestimmbare Phase des Eltern- und gegebenenfalls auch Patenkatechumenats an, in dem die Eltern, die später die Glaubenserziehung ihres Kindes übernehmen sollen, sich im Rahmen pfarrgemeindlicher Katecheseangebote wieder neu an den Glauben und die Kirche annähern. Nach einigen Monaten folgt als zweite Stufe die Taufe des Kindes.

Der zweistufige Kindertaufritus bildet den ernsthaften Versuch einer differenzierten Taufpastoral, die die gesellschaftlichen Realitäten ernst nehmen will, ohne den Wesensinhalt des Sakraments preiszugeben. Er ist als erster wichtiger Impuls einer erneuerten Sakramentenpastoral zu werten (PE 7).

Literatur

Quellen

Codex des kanonischen Rechtes. Lateinisch-deutsche Ausgabe mit Sachverzeichnis, im Auftrag der Deutschen Bischofskonferenz u.a., Kevelaer 62009.

Die Feier der Kindertaufe. Pastorale Einführung. (Für die beteiligten deutschsprachigen Länder), hg. v. SEKRETARIAT DER DEUTSCHEN BISCHOFSKONFERENZ (Arbeitshilfen 220), Bonn 2008.

Die Feier der Kindertaufe, in den Bistümern des deutschen Sprachgebietes. Zweite authentische Ausgabe auf der Grundlage der Editio typica altera 1973, Freiburg i. Br. 2007.

Die Pessach-Haggada. Mit Illustrationen aus Handschriften des Britischen Museums, hg. v. SHIRE, Michael, München 1998.

Evangelisches Gesangbuch. Ausgabe für die evangelisch-lutherischen Kirchen in Bayern und Thüringen, München 1995.

Gemeinsame Synode der Bistümer in der Bundesrepublik Deutschland, Beschluss *Der Religionsunterricht in der Schule*, in: Texte zu Katechese und Religionsunterricht, hg. v. SEKRETARIAT DER DEUTSCHEN BISCHOFSKONFERENZ (Arbeitshilfen 66), Bonn 41998, 127–160.

Missale Romanum. Editio princeps (1570), Faksimileausgabe hg. v. SODI, Manlio (Monumenta liturgica Concilii Tridentini 2), Vatikanstadt 1998.

Missale Romanum ex decreto Sacrosancti Oecumenici Concilii Vaticani II instauratum, auctoritate Pauli PP. VI promulgatum, Vatikanstadt 32002; Messbuch. Die Feier der Heiligen Messe, für die Bistümer des deutschen Sprachgebietes, Einsiedeln u.a. 21988.

Traditio Apostolica – Apostolische Überlieferung. Übers. und eingel. v. GEERLINGS, Wilhelm (FC 1), Freiburg i. Br. 32000.

Zweites Vatikanisches Konzil, Konstitution über die heilige Liturgie *Sacrosanctum Concilium*, in: LThK Konzil I (1966), 15–109.

Literatur

ASSMANN, Jan: Der zweidimensionale Mensch: das Fest als Medium des kollektiven Gedächtnisses, in: DERS. (Hg.), Das Fest und das Heilige. Religiöse Kontrapunkte zur Alltagswelt (Studien zum Verstehen fremder Religionen 1), Gütersloh 1991, 13–30.

BERGER, Rupert: Pastoralliturgisches Handlexikon, Freiburg i. Br. u.a. [4]2008.

BIERITZ, Karl-Heinrich: Gottesdienst und Gesellschaft, in: KLÖCKENER, Martin/HÄUSSLING, Angelus A./MESSNER, Reinhard (Hg.): Gottesdienst der Kirche. Handbuch der Liturgiewissenschaft. Teil 2: Theologie des Gottesdienstes, Bd. 2: Gottesdienst im Leben der Christen. Christliche und jüdische Liturgie, Regensburg 2008, 83–158.

BIERITZ, Karl-Heinrich: Liturgik (de Gruyter Lehrbuch), Berlin 2004.

FOUCAULT, Michel: Andere Räume (1967), in: BARCK, Karlheinz (Hg.): Aisthesis: Wahrnehmung heute oder Perspektiven einer anderen Ästhetik. Essays /Reclam-Bibliothek: Kunst-Wissenschaften 1352), Leipzig [5]1993, 34–46.

FRANZ, Ansgar/FUHRMANN, Siri: Gottesdienstformen in der Schule, in: engagement. Zeitschrift für Erziehung und Schule 3 (2008), 181–189.

GERHARDS, Albert/KRANEMANN, Benedikt: Einführung in die Liturgiewissenschaft (Einführung Theologie), Darmstadt [2]2008.

Gottesdienst der Kirche. Handbuch der Liturgiewissenschaft. Begr. v. MEYER, Hans Bernhard (†) u.a., hg. v. KLÖCKENER, Martin/HÄUSSLING, Angelus A./MESSNER, Reinhard, Regensburg 1983 ff.

GUARDINI, Romano: Über die systematische Methode in der Liturgiewissenschaft, in: JLw 1 (1921), 97–108.

HAUSCHILDT, Eberhard: Was ist ein Ritual? Versuch einer Definition und Typologie in konstruktivem Anschluss an die Theorie des Alltags, in: WzM 45 (1993), 24–35.

HÄUSSLING, Angelus A.: Die Psalmen des Alten Testamentes in der Liturgie des Neuen Bundes, in: RICHTER, Klemens/KRANEMANN, Benedikt (Hg.): Christologie der Liturgie. Der Gottesdienst der Kirche – Christusbekenntnis und Sinaibund (Quaestiones disputatae 159), Freiburg i. Br. 1995, 87–102.

HÄUSSLING, Angelus A.: Liturgie: Gedächtnis eines Vergangenen und doch Befreiung in der Gegenwart, in: DERS. (Hg.): Vom Sinn der Liturgie. Gedächtnis unserer Erlösung und Lobpreis Gottes (Schriften der Katholischen Akademie in Bayern 140), Düsseldorf 1991, 118–130 (erneut abgedruckt in: DERS., Christliche Identität aus der Liturgie. Theologische und historische Studien zum Gottesdienst der Kirche, hg. v. KLÖCKENER, Martin/KRANEMANN, Benedikt/MERZ, Michael B. (Liturgiewissenschaftliche Quellen und Forschungen 79), Münster 1997, 2–10).

JANOWSKI, Bernd: Schöpferische Erinnerung. Zum „Gedenken Gottes" in der biblischen Fluterzählung, in: JBTh 22 (2007), 63–89.

JEGGLE-MERZ, Birgit: Erneuerung der Kirche aus dem Geist der Liturgie. Der Pastoralliturgiker Athanasius Wintersig/Ludwig A. Winterswyl (Liturgiewissenschaftliche Quellen und Forschungen 84), Münster 1998.

KERTELGE, Karl: Art. Kirche I. Neues Testament, in: LThK 5 ([3]1996), 1453–1458.

Klöckener, Martin: Feier des Glaubens – Feier der Kirche. Die Neuausgabe der „Feier der Kindertaufe", in: HlD 62 (2008), 59–65.

Kranemann, Benedikt: Die Feier der christlichen Initiation, in: Hoping, Helmut u.a.: Heil erfahren in den Sakramenten (Theologische Module 9), Freiburg/Basel/Wien 2009, 52–103.

Kranemann, Benedikt: Liturgiewissenschaft angesichts der „Zeitenwende". Die Entwicklung der theologischen Disziplin zwischen den beiden Vatikanischen Konzilien, in: Wolf, Hubert (Hg.): Die katholisch-theologischen Disziplinen in Deutschland 1870–1962. Ihre Geschichte, ihr Zeitbezug (Programm und Wirkungsgeschichte des II. Vatikanums 3), Paderborn u.a. 1999, 351–375.

Luckmann, Thomas: Die unsichtbare Religion. Mit einem Vorwort v. Knoblauch, Hubert (Suhrkamp-Taschenbuch Wissenschaft 947), Frankfurt a. Main 1991.

Markschies, Christoph: Wer schrieb die sogenannte Traditio Apostolica? Neue Beobachtungen und Hypothesen zu einer kaum lösbaren Frage aus der altkirchlichen Literaturgeschichte, in: ders./Kinzig, Wolfram/Vinzent, Markus: Tauffragen und Bekenntnis. Studien zur sogenannten „Traditio Apostolica", zu den „Interrogationes de fide" und zum „Römischen Glaubensbekenntnis" (Arbeiten zur Kirchengeschichte 74), Berlin/New York 1999, 1–79.

Martini, Britta: Sprache und Rezeption des Kirchenliedes. Analysen und Interviews zu einem Tauflied aus dem Evangelischen Gesangbuch (Veröffentlichungen zur Liturgik, Hymnologie und theologischen Kirchenmusikforschung 38), Göttingen 2002.

Messner, Reinhard: Die Kirche an der Wende zum neuen Äon. Vorüberlegungen zu einer Theologie der eucharistischen Anamnese, in: Hell, Silvia (Hg.): Die Glaubwürdigkeit christlicher Kirchen. Auf dem Weg ins 3. Jahrtausend (FS Lothar Lies), Innsbruck 2000, 209–238.

Messner, Reinhard: Einführung in die Liturgiewissenschaft (UTB: Theologie 2173), Paderborn u.a. ²2009.

Ristow, Sebastian: Frühchristliche Baptisterien (Jahrbuch für Antike und Christentum Ergänzungsband 27), Münster 1998.

Schulz, Hans-Joachim: Gottesbegegnung als Mysterienerfahrung in der byzantinischen Liturgie, in: LJ 51 (2001), 18–30.

Schütz, Alfred/Luckmann, Thomas: Strukturen der Lebenswelt. Neuausgabe (UTB 2412), Konstanz 2003 (Erstausgabe: Frankfurt a. M., Bd. 1: 1979; Bd. 2: 1984).

Turner, Victor: Das Ritual. Struktur und Antistruktur, Frankfurt a. M. 2000.

van Gennep, Arnold: Übergangsriten (Les rites des passage). Aus dem Französischen v. Schomburg, Klaus/Schomburg-Scherff, Sylvia. Mit einem Nachwort v. Schomburg-Scherff, Sylvia (Campus-Bibliothek), Frankfurt a. M. u.a. 1999.

Wintersig, Athanasius: Pastoralliturgik. Ein Versuch über Wesen, Weg, Einteilung und Abgrenzung einer seelsorgswissenschaftlichen Behandlung der Liturgie, in: JLw 4 (1924), 153–167.

Zerfass, Alexander: Mysterium mirabile. Poesie, Theologie und Liturgie in den Hymnen des Ambrosius von Mailand zu den Christusfesten des Kirchenjahres (Pietas Liturgica Studia 19), Tübingen/Basel 2008.

V. Einführung in die Missionswissenschaft

Eva Mundanjohl, Giancarlo Collet, Arnd Bünker

1. Begriff und Begriffsgeschichte

Mission scheidet die Geister. Kaum eine Kennzeichnung kirchlicher oder religiöser Praxis nötigt so sehr zur Stellungnahme ‚pro' oder ‚contra', wie es die Rede von Mission zu tun vermag. Dabei ist der Begriff Mission noch relativ jung. Bis ins 16. Jahrhundert hatte er lediglich in der dogmatischen Rede über die Trinität seinen festen Platz. „Missionen", das waren die „trinitarischen Sendungen": der Sohn, der vom Vater gesandt ist, und die Sendung des Geistes. Erst mit den Jesuiten (gegründet 1534) wurde „Mission" zu einer Sache kirchlicher Sendungsverhältnisse und recht bald schon zu einem Begriff für die Orte, denen die Sendung galt. Man wurde gesandt – und damit Missionar; man erhielt eine „Mission" im Sinne eines Auftrages und ging in die „Missionen", die Gebiete, in denen der Auftrag zu erfüllen war. Dieser Gebrauch des Missionsbegriffs prägt bis heute das, was vereinfachend als das ‚klassische' Missionsverständnis bezeichnet werden kann.

Das ‚klassische' Missverständnis

Erst mit dem II. Vatikanischen Konzil (1962–1965) wird zumindest eine deutliche Alternative ins Begriffsspiel gebracht: Das Missionsdekret *Ad gentes* (AG) erkennt Mission als Wesensbestimmung, als Identität, der Kirche: „Die pilgernde Kirche ist ihrem Wesen nach ‚missionarisch' (d.h. als Gesandte unterwegs)" (AG 2). Hier geht es nicht mehr um einen Auftrag, hier geht es um die Identität, das Wesen der Kirche. Was bedeuten diese Änderungen für die wissenschaftliche Reflexion über „Mission"? Darum soll es in dieser Einleitung gehen. Sie ist in fünf Kapitel unterteilt: Das folgende Kapitel gibt einen Überblick über die aktuelle Situation des Christentums, die ohne Mission nicht zu verstehen wäre. Das dritte Kapitel verfolgt die wechselhafte Geschichte des Faches Missionswissenschaft. Das vierte Kapitel nennt einzelne inhaltliche Schwerpunkte, die sich aus der Sicht der Missionswissenschaft heute für Theologie und Kirche nicht zuletzt in Europa ergeben. Schließlich wird in einem kleinen Schlusskapitel deutlich, worin Autorin und Autoren dieses Beitrags die Perspektiven des Faches Missionswissenschaft als (störrisches) Fach in der Theologie sehen.

Der Begriff der **Mission** stammt aus ursprünglich aus der Trinitätslehre. Erst mit der Entstehung des Jesuitenordens im 16. Jahrhundert wurde er auf das Verkündigungswirken von zu den Heiden ausgesandten Christen verwendet.

2. Aktuelle Situation des Christentums

Gerhard Ebeling (1912–2001)

Vor einigen Jahren schrieb der evangelische Theologe Gerhard Ebeling (1912–2001): „Das Christentum ist undenkbar ohne Mission. Sie entspringt dieser Gewissheit, die es unmöglich macht zu verschweigen, was der zum Glauben Gekommene erfahren hat (Apg 4,20)“ (Ebeling, Dogmatik des christlichen Glaubens 133). Das Christentum war seit Beginn seines Entstehens eine missionarische Religion, die von ihrem Selbstverständnis her andere Menschen für sich zu gewinnen suchte, und es gehört zu jenen Weltreligionen, die einen universalen Anspruch stellen. Christinnen und Christen waren davon überzeugt, dass das mit Jesus Geschehene für die Welt als Ganze und die Menschheit insgesamt von Bedeutung war. Deshalb zogen sie von Jerusalem „bis an die Grenzen der Erde“ (Apg 1,8). Das missionarische Handeln der christlichen Glaubensgemeinschaften war dabei immer getragen von einem bestimmten Verständnis ihrer selbst sowie der Welt und der Menschen, denen das Evangelium zu verkünden war. Aber nicht nur das Selbstverständnis der Kirchen, sondern auch jenes der Welt und die Verhältnisbestimmung der beiden zueinander haben sich im Verlauf der Geschichte gewandelt und dieser Wandel äußerte sich im missionarischen Verhalten der Christinnen und Christen. Im Folgenden geht es deshalb darum, in groben Zügen die Ausbreitung des Christentums (2.1) zu skizzieren und kurz auf die heutige Situation einzugehen (2.2). Beides zusammen bildet den Horizont jener wissenschaftlichen Beschäftigung mit der universalen Bestimmung des Evangeliums, die für eine Missionswissenschaft fundamental ist.

2.1 Historische Vergewisserung

Die Anfänge christlicher Mission als ausdrückliche Verkündigung des Evangeliums liegen bei jenen Gemeinden Palästinas, die auf Grund bestimmter Erfahrungen mit dem vom Tode auferweckten Nazarener eine auffallende Propagandatätigkeit entwickelten und Menschen, die von diesem eschatologischen Heilsereignis nichts wussten, die „gute Nachricht" zu verkünden begannen. Als eine Gruppenbildung des palästinensischen Judentums verstand sich die Kirche zunächst als ein Ereignis innerhalb Israels. Das Urchristentum bestand aus den beiden Gruppen der Hebräer (Juden aramäischer Sprache) und der Hellenisten (griechisch sprechende Juden, die früher in der Diaspora gelebt hatten). Nachdem es zu einem Konflikt zwischen Hellenisten und der griechisch sprechenden Synagoge Jerusalems kam, wurden jene aus der Stadt vertrieben und sie begannen daraufhin mit der Verkündigung unter Nicht-Juden. Die äußere Teilung des Urchristentums führte freilich zu einer inneren Grundlagenkrise, in der es um die Verbindlichkeit des Judentums für das Christentum ging. Die Einigung auf dem sogenannten Apostelkonvent (Apg 15,6 ff.; Gal 2,1 ff.) besagte: Das Evangelium soll ohne Auflage von Gesetz und Beschneidung verkündet werden. Innerhalb kurzer Zeit breitete sich das Christentum sowohl durch Wandermissionare als auch durch die Präsenz von Christen unter Nicht-Christen vor allem in den Städten aus, wobei die damalige Weltsprache, die „Koine", für seine Universalisierung nicht unbedeutend war. Das Christentum kam dem Wahrheitsverlangen und der Erlösungssehnsucht der Menschen entgegen und das glaubwürdige Lebenszeugnis trug wesentlich zu dessen Ausbreitungserfolg bei, auch wenn es zeitweise heftig verfolgt wurde. Nach einer Zeit politischer Duldung wurde das Christentum nicht nur staatlich gefördert, sondern sogar zur neuen Religion der Spätantike.

Verkündigung unter Nicht-Juden

Im 7. Jahrhundert kam es unter dem Einfluss des Islam zu einer allmählichen Verlagerung des Christentums vom östlichen Mittelmeerraum, Nordafrika und Teilen Kleinasiens nach Nordwesteuropa und Skandinavien sowie nach Ost- und Südosteuropa, wo die germanischen Völker und die Slawen das Christentum annahmen. Unter den verschiedenen Stämmen nördlich der Alpen erfolgte langsam eine politische Einigung, wobei die Missionierung der unter Chlodwig I. (482–511) geeinten Franken folgenreich war. Christianisierung bedeutete hier immer auch Einbindung in das Reich. Unter der Initiative und dem Schutz der Könige kam es zur Christianisierung (Kirchen- und Klostergründungen), was umgekehrt jedoch auch politischen Widerstand gegenüber der Annahme des Christentums bewirken konnte, der mit Gewalt gebrochen wurde. Christianisierung dauerte Jahrhunderte und führte von Einzel- über Massenbekehrung bis zur Zwangsbekehrung und Schwertmission. Aus der Allianz der fränkischen Herrscher mit den römischen Päpsten entstand das „christliche

Chlodwig I. (482–511)

Abendland“, eine Verschmelzung von Reich und Kirche, welche gegenüber dem Kaisertum Superiorität beanspruchte (Investiturstreit), zu den Kreuzzügen (1076–1291) aufrief und damit als Westkirche über den abendländischen Raum ausgriff. Die Initiative zur Mission lag bei den Päpsten, die sowohl die Verbreitung als auch die Verteidigung des christlichen Glaubens als „negotium fidei“ (Glaubensauftrag) verstanden. Nicht mehr Laienchristen waren primäre Träger von Mission, sondern Reform- und Bettelorden (Dominikaner, Franziskaner). Der abendländischen Christenheit gelang es dann im ausgehenden Mittelalter, die östlichen und südlichen Sperren des Islam auf dem Seeweg zu durchbrechen. Neue Kontinente mit einer Vielfalt von Kulturen und Religionen wurden erschlossen und ein neues Zeitalter der Mission begann. Papst Nikolaus V. gab 1454 die neu entdeckten oder zu entdeckenden Gebiete dem König von Portugal als Schenkung, verbunden mit dem Missionsauftrag.

Kreuzzüge (1076–1291)

Reform- und Bettelorden

Zitat

... Seit langem haben wir dem ... König Alfons ... die umfassende und unbeschränkte Befugnis eingeräumt, die Sarazenen und Heiden und die übrigen Feinde Christi, wo auch immer sie sich aufhalten, anzugreifen, aufzuspüren, zu bezwingen, niederzukämpfen und zu unterwerfen, und die Königreiche, ... Besitzungen ..., welche auch immer sie innehaben und besitzen, anzugreifen und sich zu unterwerfen und die Bewohner jener Länder in immerwährende Sklaverei zu führen ... (Nikolaus V.: Bulle „Romanus pontifex“ vom 8. Januar 1455)

Christoph Kolumbus (1451–1506)

Nach der sogenannten Entdeckung Amerikas durch Christoph Kolumbus (1451–1506) übertrug Papst Alexander VI. 1493 durch Schiedsspruch die westlich des 55. Längengrades liegenden Gebiete Spanien, während die östlichen an Portugal gingen. In dieser „Patronatsmission“ waren die Könige für die Verbreitung des Glaubens verantwortlich und sie verpflichteten sich zu Auswahl, Entsendung und Unterhalt der Missionare. Im Gegenzug erhielten sie bestimmte Rechte wie die Präsentation von Bischöfen oder die Erhebung des Zehnten.

Zwischen dem 15. und 16. Jahrhundert vollzogen sich große ökonomische, merkantile, technische und politische Veränderungen, welche den großen kolonial-expansionistischen Aufbruch Europas markierten und gleichzeitig den Beginn der „Welteroberung" durch das Christentum einleiteten. Das Nationalbewusstsein erwachte und mit den neuen Möglichkeiten wuchs die Neugier auf fremde Länder und Kontinente, eine Neugier allerdings, die zwischen Staunen und Entsetzen hin und her schwankend nicht etwa zur Wahrnahme eigener Grenzen und gegenseitiger Bereicherung führte. Vielmehr mischten sich in die Neugier schnell Besitzgier und Herrschsucht, die, wenn nicht unmittelbar, dann in der Folge, den brutalen Tod unzähliger Menschen, die Zerstörung oder bleibende Traumatisierung ihrer kulturell-religiösen Identitäten bedeuteten. Der Durchbruch des Christentums als Weltreligion, das bisher vor allem als Religion Europas galt, verdankt sich zunächst dem expansionistischen Aufbruch der portugiesisch-iberischen Kolonialmächte, zu denen später auch noch andere stießen (Frankreich, England, Holland, Dänemark). Der Eurozentrismus mit seinem Glauben an die Überlegenheit eigener Rationalität und an die universale Gültigkeit eigener Verhaltensweisen war grundgelegt. Die Beziehungen zu den anderen Kontinenten waren und blieben einseitig, eine Haltung, welche die industrielle Revolution verstärkte. Europäische Erkenntnisse und Erzeugnisse, westliches „Know-How" und teilweise verbesserte Lebensbedingungen, welche den Anschein quasi „omnipotenter" Fähigkeiten der Kolonialmächte gaben, stießen deshalb auf nicht geringe Bewunderung seitens der Kolonisierten.

Durchbruch des Christentums als Weltreligion

Gegen ein gewaltsames Vorgehen bei der Christianisierung durch die Kolonialmächte erhoben sich schon früh kritische Stimmen, welche die freie Glaubensverkündigung und -entscheidung einklagten (Bartolomé de Las Casas 1484–1566) und durch friedliche Institutionalisierung (Reduktionen) umzusetzen suchten, auch wenn damit das Kolonialsystem als solches nicht infrage gestellt wurde.

Bartolomé de Las Casas 1484–1566

Zitat

Und wenn die göttliche Weisheit (Weisheit 8,1) die Sanftheit des Evangeliums behauptet, predigt und lehrt, dann ist damit klar, dass sie eine Norm zur Predigt des evangelischen Gesetzes aufgestellt hat, die mit der Sanftheit ebendieses Gesetzes übereinstimmt: eine zarte, sanfte und milde. (Bartolomé de Las Casas: Von der alleinigen Art der Berufung 1526)

Auch gegen ein unangepasstes „Überstülpen" westlicher Glaubensformen und Kirchenstrukturen auf kulturell anders geprägte Völker meldeten sich solche Stimmen. Im Fernen Osten beispielsweise stieß Mission wegen ihrer abendländischen Gestalt vor allem unter den Gebildeten auf Schwierigkeiten, denen Missionare wie Roberto de Nobili (1577–1656) Matteo Ricci (1552–1610) durch neue Methoden, welche zu einem indischen bzw. chinesischen Christentum führten sollten, begegnen wollten. Doch wurden diese Methoden, die auch zu Ordensrivalitäten führten, von Rom untersagt (Ritenstreit). Um die im Zusammenhang mit der Patronatsmission aufgekommenen Missstände zu beheben, die Missionsarbeit zu „entpolitisieren" und konzeptuell zu koordinieren, wurde 1622 die römische „Kongregation zur Glaubensverbreitung" gegründet, die sich programmatisch gegen eine Gleichsetzung von Missionierung mit Europäisierung wandte; stattdessen wurde der religiöse Charakter der Mission herausgestellt sowie eine weitgehende Anpassung an die jeweiligen Kulturen gefordert.

Roberto de Nobili (1577–1656) und Matteo Ricci (1552–1610)

Zitat

Verwendet keine Mühe darauf und ratet keinesfalls jenen Leuten, ihre gewohnten Riten und Sitten zu ändern, es sei denn, sie widersprächen offensichtlich der Religion und den guten Sitten. Was wäre absurder, als Frankreich, Spanien, Italien oder einen anderen Teil Europas nach China einzuführen? Nicht diese, sondern den Glauben sollt Ihr einführen, der keines Volkes Riten und Gewohnheiten – sofern sie nicht verkehrt sind – zurückweist oder verletzt, sondern sie vielmehr hegen und schützen möchte. (Instruktion der Propaganda von 1659)

Der Erfolg blieb allerdings beschränkt. Die Leistung lag insbesondere in der Heranbildung eines einheimischen Klerus und im Versuch der durch die Kongregation entsandten apostolischen Vikare, einheimische Kirchen zu schaffen. Doch sorgte das Nebeneinander von Patronatsmission und Propagandamission für neuen Konfliktstoff.

Nach einer Zeit des Stillstandes und Rückganges der Missionsarbeit, die u.a. durch Ideen der Aufklärung, Vertreibung der Jesuiten und der Aufhebung ihres Ordens bedingt war, kam es im Verlauf des 19. Jahrhunderts zu einem Neuaufbruch. Durch die Wiederherstellung der Gesellschaft Jesu 1814, eine Stärkung der Propagandakongregation, der zentralen Missionsbehörde, und durch das Pontifikat von Gregor XVI., der die Missionsarbeit als wichtige Aufgabe seines Amtes erklärte, kam es innerhalb der katholischen Kirche zu einem missionarischen Neubeginn. Zahlreiche Initiativen kamen aus Frankreich, das in der Ausbreitung des christlichen Glaubens am aktivsten war. Neue Orden und Kongregationen wurden gegründet bzw. wiederbelebt. Dazu gehören französische Gründungen wie die Spiritaner, die Gesellschaft für afrikanische Missionen, die Weißen Väter und die Weißen Schwestern, dann italienische wie die Comboni-Missionare und die dazugehörige Schwesternkongregation, schließlich auch die deutsche Gründung der Steyler Missionswerke. All diese Missionsgesellschaften hatten ihre eigene Spiritualität und missionsmethodischen Schwerpunkte. Gleichzeitig erwachte unter den Laien ein neuer missionarischer Geist, der sich in zahlreichen Vereinsgründungen mit dem Ziel äußerte, die Missionsarbeit durch Gebet und Spenden zu unterstützen. So entstanden der Franziskus-Xaverius-Missionsverein (Missio Aachen) und auf Wunsch von König Ludwig I. von Bayern der Ludwig-Missionsverein (Missio München). Über die Missionsarbeit in Übersee berichteten zahlreiche populäre „Missionsblätter", die von den einzelnen Gesellschaften und Vereinen herausgegeben wurden und für ihre Sache warben. Ende des 19. Jahrhunderts erreichte die abendländische Kirche auf diese Weise weltumspannende Gegenwart. Überall war es zur Gründung von Kirchen gekommen, wobei einige auch den Weg ins Martyrium antreten mussten. Das Christentum wurde jedoch zu einem unübersehbaren Moment innerhalb der Weltgeschichte.

Missionsarbeit in Übersee

Auf dem Höhepunkt europäischer Expansion, in der Zeit zwischen der zweiten Hälfte des 19. und den ersten Jahrzehnten des 20. Jahrhunderts, finden wir also gleichzeitig einen gewaltigen missionarischen Aufbruch, wie er sich nicht nur im Entstehen zahlreicher missionarischer Institutionen in Europa zeigt, sondern auch in der missionarischen Erschließung ferner Regionen, in denen Missionskirchen errichtet wurden. Die europäische Kolonialherrschaft in diesen Jahrzehnten umfasste nicht weniger als die Hälfte der Erdoberfläche und sie beherrschte ungefähr ein Drittel der damaligen Weltbevölkerung. Keine der großen Weltreligionen scheint sich dermaßen rasch und so weitreichend verbreitet zu haben wie gerade das Christentum zu dieser Zeit. Doch um welchen Preis? „Kirche, Kultur, Kommerz" – sie bilden integrative Teile des Kolonialismus, der nach der Erfahrung vieler als allgegenwärtiges „Unterdrückungssystem" zur Herrschaft des „weißen Mannes" führte. Dieser war von sich und von der Überlegenheit seiner eigenen Kultur so überzeugt, dass er glaubte, andere Völker seien nach seinen eigenen Maßstäben zu zivilisieren.

Europäische Kolonialherrschaft

Zitat

Was am wichtigsten ist, die Mission ist in erster Linie befähigt und berufen, die Eingeborenen in ihrer individuellen und sozialen Haltung psychisch umzugestalten und auf ein höheres sittlich-religiöses Niveau zu erheben, sie vor allem instand zu setzen, die durch unsere europäische Zivilisation ihnen übermittelten höheren Güter und Bedürfnisse, das verfeinerte Lebensglück und den verfeinerten Lebensgenuss ohne Schaden sich anzueignen und zu genießen ... Die Mission ist es, die unsere Kolonien geistig erobert und innerlich assimiliert, soweit eine solche Assimilation in Anbetracht der tiefgreifenden Verschiedenheiten überhaupt durchführbar ist. Der Staat vermag die Schutzgebiete sich wohl äußerlich an- und einzugliedern; das tiefere Ziel der Kolonialpolitik, die innere Kolonisation, muss ihm die Mission vollbringen helfen. Durch Strafen und Gesetze kann der Staat den physischen Gehorsam erzwingen, die seelische Unterwürfigkeit und Anhänglichkeit der Eingeborenen bringt die Mission zustande. (Schmidlin, Deutsche Kolonialpolitik und katholische Heidenmission 276–278)

Die von den Kolonialregierungen der Missionskirche anvertraute Erziehung bot für die „seelische Unterwerfung“ bzw. für die „spirituelle Eroberung unzivilisierter Völker“ ein breites Feld. Die Einheimischen wurden in den sogenannten Missionsschulen nicht nur zum Gehorsam gegenüber den kolonialen Autoritäten angehalten, sondern auch über die eingeführten Arbeitstechniken und die Arbeitsmoral zu brauchbaren Mitgliedern einer Kolonialgesellschaft herangezogen. Ihre langfristigen Wirkungen waren jedoch nicht genau abzuschätzen. Denn gegen den ausgesprochenen Willen vieler Missionare und Missionsleitungen haben die Missionsschulen auch zu nationalen Unabhängigkeitsbewegungen beigetragen. Der Drang zur Unabhängigkeit war offenkundig und ihre geschichtliche Verwirklichung unumgänglich. Die seit Ende des 2. Weltkrieges verstärkt einsetzende politische Emanzipation der kolonisierten Völker, die Auflösung der Kolonialreiche, bedeutete schließlich das Ende einer historischen Epoche, in der Europa seine Herrschaft über andere Völker aufrichtete und es dabei zum Bündnis zwischen christlicher Mission und Welteroberung kam. Der „weiße Mann“ hatte sein bisheriges Image eingebüßt, die westlichen Kolonialstaaten verloren ihre moralische Autorität, das Ansehen eines ehemals „christlichen Abendlandes“ schwand dahin, und die christliche Mission diskreditierte sich als Herr-

Auflösung der Kolonialreiche

schaftsinstrument. Mit dieser geschichtlichen Hypothek bleibt das westliche Christentum bis heute verbunden und für die christliche Mission erweisen sich folgende Postulate als unabdinglich: „Verzicht auf religiöse Überheblichkeit, Verständnis für die Selbstinterpretation Andersglaubender, Einsicht in die verlorene Dominanz des Christentums in den eigenen Ursprungsländern; Vertrauen auf zwischenmenschliche Glaubenserfahrungen, letztlich Mission als glaubwürdig gelebtes Christentum, nämlich durch ‚alltägliches Lebenszeugnis andere einzuladen, der Verheissung des Evangeliums zu trauen'" (Angenendt, Toleranz und Gewalt 474 f.).

2.2 Genese der heutigen Situation

Christliche Mission war über Jahrhunderte vorwiegend „Westmission", d.h. eine von Orden und Missionsinstituten der abendländischen Kirche getragene Arbeit. Inzwischen ist sie zur Weltmission geworden mit einer universalen Trägerschaft. Folgende Stichworte charakterisieren die heutige Situation: Globale Missionssituation, Tertiaterranität des Christentums (d.h., das Christentum befindet sich vor allem in der sogenannten Dritten Welt), Multikulturalität der Weltkirche, wachsende Urbanisierung und weltweite Migration.

Einerseits sind die aus der abendländischen Missionstätigkeit hervorgegangenen Kirchen in Übersee – mit Ausnahme Lateinamerikas – nie oder selten über den Minderheitenstatus hinausgekommen. Andererseits sind auch die Kirchen im Westen auf dem Weg, Minderheiten zu werden. Der Prozess der Minorisierung – sowohl als Wachstum als auch als Rückgang – kennzeichnet die heutige gesellschaftliche Situation der Weltkirche, die als *globale Missionssituation*, als „planetarische Diaspora" (Karl Rahner, 1904–1984) oder programmatisch als „Mission in sechs Kontinenten" charakterisiert werden kann.

Globale Missionssituation

Zitat

Dass es keine christlichen Länder mehr gibt (außer vielleicht den iberischen), das ist eine Tatsache. Das Christentum ist (wenn auch in sehr verschiedener Dosierung) überall in der Welt und überall auf der Welt in der Diaspora: es ist als wirkliches überall zahlenmäßig eine Minderheit, es hat nirgends eine faktische Führerrolle, die ihm erlaubt, machtvoll und deutlich der Zeit den Stempel christli-

Zitat

cher Ideale aufzuprägen. Wir sind sogar unzweifelhaft in einer Periode, wo diese Diasporaisierung noch fortschreitet, welche Gründe immer dafür namhaft zu machen wären. (Rahner, Theologische Deutung 27)

Die Christinnen und Christen leben (mehr oder weniger) überall auf der Welt in einer Situation der Minderheit, welche in der Gestaltung des gesellschaftlich-kulturellen Lebens einerseits Grenzen setzt, andererseits aber auch neue Möglichkeiten eröffnet. Eine tief abendländisch geprägte Kirche, eingewachsen in eine von ihr selbst hervorgebrachte Kultur, steht einer Vielfalt anderer Kulturen und Religionen gegenüber. Diese Tatsache impliziert nicht nur eine Pluralisierung und Konkurrenzsituation sondern auch eine Relativierung und Infragestellung von Christentum und Kirche. Andere Religionen beanspruchen dieselbe universale Geltung und werben auch im ehemals „christlichen Abendland" um Mitgliedschaft.

Schwerpunkt der Weltchristenheit

Was den Mitgliederbestand der Weltchristenheit betrifft, so ist folgende Tatsache bedeutsam: Die überwältigende Mehrheit aller Christinnen und Christen lebt mittlerweile in der sogenannten nicht-westlichen Welt, nämlich in Lateinamerika, Afrika, Asien und Ozeanien. Seit Mitte der siebziger Jahre im letzten Viertel des vergangenen Jahrhunderts hat sich der Schwerpunkt der Weltchristenheit vom Norden in den Süden verlagert. Diese Verlagerung wurde begrifflich verschieden zum Ausdruck gebracht: So ist die Rede von der „Tertiaterranität des Christentums" (H.J. Margull), vom „Kommen der Dritten Kirche" (W. Bühlmann), vom „Aufbruch zu einer kulturell polyzentrischen Weltkirche" (J.B. Metz). Während die Europäer Anfang des 19. Jahrhunderts noch ziemlich genau die Hälfte der Christenheit ausmachten, so in den achtziger Jahren des 20. Jahrhunderts weniger als ein Drittel. Im gleichen Zeitraum ist aber der prozentuale Anteil Afrikas, Asiens und Lateinamerikas an der Weltchristenheit auffallend gestiegen. Wichtiger als konkrete Zahlen ist dabei die unbestreitbare Tatsache, dass der Schwerpunkt der Weltchristenheit, namentlich auch der katholischen Kirche, sich inzwischen vom Norden (Europa und Amerika) in den Süden (Afrika, Asien und Lateinamerika) verlagert hat. Auch wenn die römisch-katholische Kirche weltweit die mitgliederstärkste Kirche war und ist, so ist dennoch das enorme Wachstum der Pfingstkirchen, Neopentekostalen und Charismatiker unübersehbar, wobei der Schwerpunkt auch hier die nicht-westliche Welt ist. Inzwischen hat die Christenheit mit über 60 % ihren Ort im Süden, was darüber hinaus bedeutet, dass die Armen in ihr auch deren Mehrheit stellen. Das, was empirisch als Weltkirche bezeichnet werden kann, ist darum auch als Dritte-Welt-Kirche zu denken.

Die meisten Christinnen und Christen haben heute ihre Identität aus den Geschichten nicht-europäischer Kulturen und im Kontext nicht-christlicher Religionen zu gewinnen, auch wenn es im Zuge der Globalisierung eine Kultur nivellierende „McDonaldisierung" der Welt gibt. Ihrer zahlenmäßigen Bedeutung und dem erstarkten Bewusstsein ihrer Eigenständigkeit entsprechend erlangten die Ortskirchen in Afrika, Asien und Lateinamerika im Verlauf der letzten Jahrzehnte eigenes Gewicht und weltkirchliche Bedeutung, was auf den Stellenwert des europäischen Christentums unmittelbar und zwar relativierend zurückwirken musste. Nicht nur auf Grund jahrhundertealter konfessioneller Differenzen ist nämlich eine kirchliche Vielfalt bereits gegeben, sondern der katholischen Kirche stellt sich die dringende Aufgabe, sich vor allem in den Kulturen des Südens „inkulturieren" zu müssen, wenn denn die nach wie vor wirksame Dominanz „westlichen Christentums" überwunden werden soll. Das Ringen dieser Kirchen um eine eigene geschichtliche und kulturelle Identität – die Überwindung einer „spiegelbildlichen Reproduktion der westlichen Kirchen und die Nachahmung ihrer Modelle, Traditionen und Formen der Spiritualität" (J.M. Éla, 1936–2008) – eröffnet aber dem Christentum, das selbst auf dem Weg ist, eine nicht-abendländische Religion zu werden, die Möglichkeit einer *multikulturellen Weltkirche,* in der das eine Evangelium in der Vielfalt seiner Stimmen vernehmbar zu machen ist.

Zuwanderung in die Städte

Inzwischen lebt mehr als die Hälfte der Weltbevölkerung in *Städten,* eine Tatsache, die sowohl auf die Zuwanderung in die Städte (bzw. mit der Landflucht) als auch auf den Zuwachs der dort lebenden Menschen zurückzuführen ist. Besonders hoch ist der Anteil der Stadtbevölkerung in Europa und in den beiden Amerika (über 70 %); in Asien geht die Verstädterung ebenso rapide voran (mehr als 40 %). Weil die Städte jedoch mit den zu ergreifenden infrastrukturellen Maßnahmen nicht Schritt halten können, ist gleichzeitig damit eine Zunahme der Verarmung breiter Bevölkerungsschichten verbunden, was die durch die Nord-Süd-Verlagerung der Weltchristenheit ohnehin schon gegebene Verarmung der Kirche zusätzlich beschleunigt und verschärft.

Zitat

In der urbanen Welt ereignen sich komplexe sozioökonomische, kulturelle und religiöse Transformationen, die auf alle Dimensionen des Lebens Einfluss nehmen. Sie umfasst Sattelitenstädte und periphere Stadtviertel. In der Stadt leben die verschiedensten Schichten zusammen: wirtschaftliche, politische und soziale Eliten, die Mittelklasse mit ihren unterschiedlichen Abstufungen und die große Masse der Armen. In der Stadt koexistieren Binome, die eine tägliche Herausforderung darstellen: Tradition – Moderne, Globalität – Regionalität, Inklusion – Exklusion, Personalisierung – Entpersonalisierung, säkulare Sprache – religiöse Sprache, Homogenität – Pluralität, Stadtkultur – multikulturelle Phänomene." (Sekretariat der Deutschen Bischofskonferenz, Aparecida 2007, 512)

Städte sind Schmelztiegel unterschiedlichster religiöser und weltanschaulicher Vorstellungen und Lebensweisen; Glaube und kirchliche Zugehörigkeit sind deshalb verstärkt zu einer Angelegenheit freier persönlicher Wahl geworden. Für die pastorale Arbeit der Kirchen, die ihre Strukturen und Organisationsformen weitgehend vom Land auf die Stadt übertragen hatten, nämlich territoriale Aufteilung in Pfarreien, stellen sich neue Herausforderungen. Andere Formen christlicher und kirchlicher Präsenz bei den Menschen, die in unterschiedlichen Milieus und Kulturen leben, sind zu suchen und zu finden, Formen, welche eine pfarreiliche Allzuständigkeit hinter sich lassen und stattdessen auf die mündige Verantwortung der Laien und kleiner Gruppen setzen (Basisgemeinden). Vor allem an den Peripherien der Großstädte, wo kirchliche Präsenz unter den armen und leidenden Menschen am notwendigsten ist, genügt eine territoriale, pfarreiliche Strukturierung nicht. Hier sind andere Formen von Pastoral angesagt, die sich viel stärker mit Diakonie verbindet.

Durch die wachsende weltweite *Migration* haben sich nicht nur die gesellschaftlichen, politischen und religiösen Verhältnisse verändert, sondern auch die kirchlichen Landschaften transformieren sich. Auch Christinnen und Christen sind in die weltweiten Migrationsbewegungen involviert; sie tragen zur Differenzierung der religiösen und kirchlichen Landkarte in der Welt bei. Während im 19. Jahrhundert zahlreiche Christen vom Norden in den Süden aufbrachen, um dort missionarisch zu wirken, sind umgekehrt im Verlauf des vergangenen Jahrhunderts viele aus den Kirchen des Südens in den Norden gekommen und haben die ekklesiale Landschaft auch im multikulturellen und multireligiösen Europa verändert. Mittlerweile gibt es überall christliche Migrationsgemeinden, d.h. von (oder für) Migrantinnen und Migranten gegründete Gemeinden, deren Mitglieder mehrheitlich Menschen mit Migrationshintergrund sind und die sich zum katholischen, evangelischen, orthodoxen, methodistischen, adventistischen usw. Glauben bekennen. Migrationsgemeinden sind weithin nach den Kolonialsprachgrenzen getrennt. Darunter werden in erster Linie solidarische Netzwerke, Orte christlicher Verbundenheit und nicht etwa Gebäude verstanden, wiewohl solche dazugehören können. Dabei kann die religiöse Zusammensetzung dieser Gemeinden plural sein, d.h. Migrationschristinnen und -christen gehören verschiedenen Denominationen an, aber es gibt auch Migrationsgemeinden ein- und derselben Konfession. Migrationsgemeinden – ob monoethnisch oder multiethnisch – machen eine religiöse und kulturelle Vielfalt vor Ort sicht- sowie die universale Dimension von Christentum und Kirche erfahrbar. Migrantinnen und Migranten leben ihren Glauben oft nicht nur selbstbestimmt, sondern für ihn wird geworben. Viele von ihnen verstehen sich als Missionarinnen und Missionare im europäischen Kontext. Von „mission reversed" ist deshalb die Rede. Migratinnen und Migranten, die aus nichteuropäischen Ländern nach Europa kommen und zu denen nicht wenige Christinnen und Christen gehören, repräsentieren aber nicht etwa eine Entchristlichung europäischer Gesellschaften, sondern vielmehr eine „Enteuropäisierung europäischer Christenheit". Migranten und Flüchtlinge bringen ihre jeweilige kulturelle Lebensweise und religiöse Glaubensüberzeugung, also auch ihre geschichtlich geprägten Christentümer mit, um deren Bewahrung und Integration sich zu bemühen Gesellschaften und Kirchen aufgetragen ist. Die Kirchen werden damit vor neue ökumenische Herausforderungen gestellt.

Migrationsgemeinden

Zusammenfassung

In den über 2000 Jahren Kirchengeschichte hat die Mission unterschiedliche Wendungen genommen: Die Verkündigungstätigkeit der frühen Christen sorgt für die Ausbreitung der christlichen Religion im römischen Reich; nach der Anerkennung des Christentums als Staatsreligion wurde die Mission zum politischen Instrument der Expansion und später der Kolonialisierung. Der Zusammenbruch der europäischen Kolonialreiche in Amerika, Afrika und Asien hat entsprechend zu einer Diskreditierung des Christentums und zu einer Wiederbelebung der genuinen Stammes- und Kulturreligionen bzw. zu einer Stärkung des Islams geführt. Noch immer ist das Christentum die größte Glaubensgemeinschaft weltweit, doch verdankt es diese Entwicklung vor allem den mit ungeheurer Dynamik wachsenden Pfingstkirchen in Amerika und Asien.

3. Das Selbstverständnis der Missionswissenschaft

„Missionswissenschaft – was soll das denn sein?"

Beim Griff zu missionswissenschaftlichen Publikationen oder aber bei der Nennung von Veranstaltungen unter dem Titel „Missionswissenschaft" lässt sich bei Studierenden und anderen Teilnehmenden aller Altersklassen meist ein erstaunter Blick wahrnehmen sowie Fragen wie: „Missionswissenschaft – was soll das denn sein? Fangen Missionswissenschaftler und -wissenschaftlerinnen jetzt etwa an, mir zu erzählen, wie ich in anderen Ländern missionieren soll? Ist das denn noch zeitgemäß und gehört es nicht endgültig der Vergangenheit an?" Gleich vorweg sei hier gesagt, dass diese Frage zu kurz greift. Zugleich ist damit aber doch eine zentrale Frage aufgeworfen, nämlich jene nach dem Selbstverständnis von Missionswissenschaft, dem im Folgenden nachgegangen werden soll. Dabei liegt auf der Hand, dass es dem missionswissenschaftlichen Selbstverständnis ebenso erging wie dem Christentum und der Mission selbst: Es unterlag im Laufe der Jahrhunderte unterschiedlichsten Veränderungen. Es bietet sich an, auf der Basis des schon Erfahrenen hier ebenfalls chronologisch vorzugehen und sich die Stationen und Herangehensweisen der Missionswissenschaft zu vergegenwärtigen. Auf diese Weise wird schnell erkennbar sein, wie sehr Wissenschaft kontextgebunden ist.

3.1 Die Institutionalisierung der Disziplin „Missionswissenschaft"

Raimundus Lullus (1232–1316)

Missionswissenschaft ist eine recht junge Disziplin im theologischen Fächerkanon, auch wenn die Verkündigung des Evangeliums – wie schon gesehen – mit den Anfängen des Christentums verbunden ist. Zwar gab es schon im 14. Jahrhundert die Überlegung des mittelalterlichen Mystikers Raimundus Lullus (1232–1316), der beim Konzil von Vienne 1311 die Idee der Einrichtung von Lehrstühlen für orientalische Sprachen artikulierte, um die Missionstätigkeit effektiver zu unterstützen, dennoch kam es lange nicht zu einer wissenschaftlich eigenständigen Reflexion der Missionspraxis.

Die Institutionalisierung des Nachdenkens über Mission ging schließlich einher mit dem Höhepunkt europäischer Expansion mit „alten" Akteuren wie Spanien und Portugal sowie den „neuen" Kolonialmächten wie England, Frankreich und Deutschland in der Zeit zwischen der zweiten Hälfte des 19. und den ersten

Jahrzehnten des 20. Jahrhunderts. Zusammen mit der damit verbundenen Gründung neuer Missionsorden und Missionsvereine, mit der Verstärkung der sowohl geistigen als auch finanziellen Unterstützung für die Mission in den Kolonien lässt sich die Vermehrung des Interesses an den Fragen der Mission auch an den dazugehörenden Publikationen ablesen, da es zu einer Vervielfachung der literarischen und wissenschaftlichen Auseinandersetzung mit der Thematik kam. Entsprechend finden sich nicht nur missionsgeschichtliche Werke, deren Vielfalt zunahm. Daneben gibt es im Nachgang eine noch intensiver rezipierte missionarische Erbauungs- sowie Entdeckungsliteratur für die „Daheimgebliebenen", oft auch in Form von Biographien über frühere Missionare (vgl. Müller, Katholische Missionsgeschichtsschreibung 27 ff.). Daneben tritt ab dem ausgehenden 19. Jahrhundert mit der Gründung der Zeitschrift „Die katholischen Missionen" ein Presseorgan, das in Berichten die Missionstätigkeit in verschiedenen Ländern schildert; so finden sich auch diverse Berichte über die oben schon erwähnten Missionsschulen o.ä., die ein wichtiges Moment in der Missionstätigkeit dieser Zeit ausmachen. Mit solcher Literatur und Zeitschriften sollte die Leserschaft in Europa über den Stand der „Missionsländer" informiert, über Erfolge und Schwierigkeiten von Missionaren berichtet, zum Gebet und Opfer aufgerufen und um Nachwuchs geworben werden.

Zitat

Wer kann leugnen, dass uns deutschen Missionspriestern eine hervorragende Stelle von Gott für die Missionstätigkeit zugewiesen ist? Ja, deutsche Missionspriester mit deutscher Energie, mit deutscher Arbeitsfähigkeit und deutscher Berufstreue haben wir für die Mission notwendig. (Antoniusbote, 396)

Es lässt sich ohne Übertreibung ein „missionsfreundliches Klima" in dieser Zeit in Europa feststellen, das auch Auswirkungen auf den akademischen Bereich hatte, denn konsequenterweise forderte die intensive Missionstätigkeit auch eine wissenschaftliche Auseinandersetzung mit derselben.

In diesem zeitgeschichtlichen Rahmen entwickelte der Protestant Alexander Duff (1806–1878) die Idee eines eigenen Lehrstuhls für Missionswissenschaft, die 1867 in Edinburgh (Schottland) mit ihm als erstem Lehrstuhlinhaber umgesetzt wurde. Auch in Deutschland fand eine intensive Auseinandersetzung mit

Alexander Duff (1806–1878)

der Thematik statt, was 1896 in der Errichtung eines protestantischen Lehrstuhls für Missionswissenschaft in Halle mündete, welcher mit Gustav Warneck (1834–1910) besetzt wurde. Neben dieser Einrichtung auf protestantischer Seite und neben einer gleichzeitig dauerhaften Diskussion über die Idee einer Institutionalisierung der Missionswissenschaft in der Theologie – z.B. auf Katholikentagen in Breslau 1909 und in Augsburg 1910 – trat noch ein drittes auslösendes Moment für eine entsprechende Reaktion auf katholischer Seite: 1909 forderte das Kultusministerium die theologischen Fakultäten auf, auch das Kolonialwesen im Lehrbetrieb zu berücksichtigen. Es war genau die Zeit der deutschen Kolonialherrschaft, die von 1884 bis 1919 dauerte. An der Katholisch-Theologischen Fakultät in Münster wurde dieses Anliegen an den Inhaber des Extraordinariats für Dogmengeschichte und Patrologie, Josef Schmidlin (1876–1944), der auch schon allgemein in die Frage nach der Institutionalisierung des Faches involviert war, herangetragen. Schmidlin setzte die Aufforderung schon im Sommersemester 1910 in einer entsprechenden Vorlesung um und so wurde seine Lehrtätigkeit um das Gebiet der Missionskunde erweitert. Um nochmals zu verdeutlichen, wie sehr die Entstehung des Faches zu diesem Zeitpunkt mit seinem zeitgeschichtlichen Entstehungsrahmen – europäische Expansion – verbunden war, sei hier kurz die Begründung der Fakultät zur Einrichtung des Faches genannt: Das neu zu unterrichtende Fach widme sich einer Materie, „deren theologisch-wissenschaftliche Behandlung an den Hochschulen in unserer Zeit infolge der kolonialen Aufgaben und Bestrebungen des Deutschen Reiches immer mehr zum Bedürfnisse" (Hegel, Der Lehrstuhl für Missionswissenschaft 7) werde.

Gustav Warneck (1834–1910)

Josef Schmidlin (1876–1944)

Josef Schmidlin gilt als der Begründer der katholischen Missionswissenschaft. Das Ziel der Mission lag für ihn sowohl in der Einzelbekehrung als auch in der Volkschristianisierung, in der Bekehrung der Ungläubigen sowie in der Pflanzung der Kirche. Die Definition des von ihm gelehrten Faches in seinem Werk „Katholische Missionslehre im Grundriss" (1. Auflage: 1919) lautet aufbauend auf diesem Ziel: „Die Missionswissenschaft oder Wissenschaft von der Mission hat kritisch und systematisch die christliche Glaubensverbreitung sowohl in ihrem tatsächlichen Verlauf als auch in ihren Grundlagen und Gesetzen zu untersuchen und zu erörtern" (Schmidlin, Katholische Missionslehre im Grundriss 2). Missionswissenschaft war für ihn „gewissermaßen eine Kolonialausgabe der gesamten Theologie. Apologetik, Dogmatik, Ethik, Exegese, Kirchenrecht und Pastoral, von der und für die Mission, auf das Missionsfeld projiziert, in der Eigenart, wie sie der Missionar den Heiden oder Bekehrten gegenüber zur Anwendung bringen muss" (ebd. 10). Das Fach gliederte sich demnach in die beiden großen Bereiche der Missionskunde (Missionsgeschichte und Missionskunde) sowie Missionstheorie (Missionstheologie, Missionsmethodik, Missionsrecht, Missionspastoral). Darüber hinaus war es Schmidlin jederzeit ein Anliegen, auch andere Disziplinen für die missionswissenschaftliche Ausbildung heranzuziehen, so z.B. Sprachkunde und Ethnographie. Sein „Lehrziel" kann man seinen eigenen Worten eines Aufrufes aus der Zeitschrift für Missionswissenschaft von 1930 entnehmen: „Insbesondere die Missionsgesellschaften und ihre Obern ... seien nochmals darauf hingewiesen, daß Ostern ein systematischer dreijähriger Kurs der gesamten Missionswissenschaft an der Universität begonnen hat und sie gebeten werden, Vertreter dafür zu schicken. Es wäre zu empfehlen, neben den für die heimatlichen Lehranstalten heranzubildenden Missionsdozenten auch den einen oder anderen praktischen Missionar oder Aspiranten von Herbst ab auf 2–4 Semester teilnehmen zu lassen, damit zugleich die Missionsfelder mit Spezialisten versehen werden" (Schmidlin, Mitteilung betr. Missionswissenschaftlicher Vorlesung 201). Neben dieser Heranbildung von „Spezialisten" galt sein anderes Augenmerk aber vor allem auch der Profilierung der Missionswissenschaft als theologischem Fach, was er sowohl durch die Festigung des Lehrauftrages zum ordentlichen Ordinariat umsetzte als auch durch die Übernahme des Vorsitzes des neu gegründeten *Internationalen Instituts für missionswissenschaftliche Forschungen* (IIMF) und teilweise in diesem Rahmen auch durch die Herausgabe der *Zeitschrift für Missionswissenschaft* (heute: Zeitschrift für Missionswissenschaft und Religionswissenschaft, ZMR). Die Münsteraner Tätigkeiten und auch die allgemeine theologische Auseinandersetzung mit missionswissenschaftlichen Fragen strahlte auch in andere Universitäten und es lässt sich für das beginnende 20. Jahrhundert die Gründung einer Vielzahl an missionswissenschaftlichen Lehrstühlen feststellen, genannt seien hier nur München 1919, Löwen 1928, Paris und Würzburg 1927.

Dennoch fand die Missionsbegeisterung mit dem Ende des Ersten Weltkriegs und damit auch mit dem Beginn der Krise der europäischen Kolonien in weiten Strecken ebenfalls ihr Ende – und auch das Interesse der Regierungen, die noch 1909 das Berücksichtigen des Kolonialwesens gefordert und gefördert hatten, war abgeflaut bzw. nicht mehr vorhanden. Dennoch konnten sich missionswissenschaftliche Lehrstühle oder Lehrtätigkeiten halten, indem sie wie die Fakultät in Münster darauf hinwiesen, dass nicht das Ende der Missionstätigkeit gegeben sei.

Die nationalsozialistische Machtergreifung und das damit einhergehende „Aushungern“ theologischer Fakultäten brachten jedoch auch den missionswissenschaftlichen Lehrstuhl in Münster an den Rand des Umsetzbaren. Nach der Zwangsemeritierung Schmidlins 1934 wurde der Lehrbetrieb – natürlich bei weitem nicht in der Breite des von Schmidlin erarbeiteten Lehrplans – mit Lehraufträgen aufrecht erhalten, bevor 1944 der Universitätsbetrieb und damit auch die Lehre an der Katholisch-Theologischen Fakultät vollständig eingestellt wurde.

Thomas Ohm (1892–1962)

Mit dem Ende des Zweiten Weltkrieges und der Wiederaufnahme des universitären Lehrbetriebes übernahm 1946 der Missionsbenediktiner Thomas Ohm (1892–1962) den Lehrstuhl für Missionswissenschaft in Münster und mit der Änderung der zeitgeschichtlichen Rahmenbedingungen fand auch eine Veränderung im Selbstverständnis des Faches statt: War dies durch Schmidlin vor allem missions*geschichtlich* geprägt – Schmidlin war eigentlich Kirchenhistoriker –, so versah der habilitierte Fundamentaltheologe Ohm das Fach mit einer stärker *theologischen* Prägung. Er sah die Missionswissenschaft als jene Wissenschaft, die sich unter praktischen, geschichtlichen und theoretischen Gesichtspunkten mit der Mission auseinandersetzen solle, wobei die Missionstheorie für ihn den Grundstock der Missionswissenschaft bildet.

Entgegen seinem Vorgänger auf dem Lehrstuhl warnte er vor der „Übertragung“ des hiesigen Christentums in andere Kontexte. Ohm zeichnet sich dabei durch ein sehr feines Gespür für das Auftreten gegenüber dem Fremden und dem dabei getragenen Kleid der „Europäisierung“, das er abgelegt wissen möchte, aus:

Zitat

Immer noch ist unser Selbstbewußtsein zu groß und die Einschätzung der Asiaten zu gering. Immer noch meinen einzelne, unsere Kultur verbreiten zu wollen. Immer noch unterscheiden wir nicht hinreichend zwischen dem Wesen des Christentums und seinen europäischen Gewändern, etwa der Bergpredigt und den europäischen Sitten. (Ohm, Ex contemplation loqui 145)

Um sein Verständnis des Faches und der Prioritäten von Missionswissenschaft zu erkennen, lässt man ihn am besten in einer Rückschau auf seine Lehr- und Forschungstätigkeit selbst zu Wort kommen:

Zitat

Vor allem lag es mir am Herzen, immer wieder darauf hinzuweisen, daß es in der Mission zuerst und zuletzt um eine geistige und geistliche Sache, nicht zuerst und zuletzt um Institutionen und Organisationen und Methoden geht, so wichtig diese sein mögen, und daß der Sieg ... dort sein wird, wo die größte Lebendigkeit und Strahlungskraft im Religiösen, wie Geist und Weisheit, Glaube und Kraft aus der Höhe und namentlich Liebe ist. ... Dafür brauchen wir freilich außer dem Wissen um die Neuheit des Christentums ein Gespür für das Kommende, für die neuen Richtungen und Kräfte sowie eine Analyse der Zeit und ihrer Zeichen. (Ohm, im Dienste der Missionswissenschaft in Münster 35)

Ohm selbst wurde noch in die Vorbereitungskommission für ein Missionsschema (einem Textvorschlag zur Missionsthematik) für das II. Vatikanische Konzil berufen, starb jedoch vor dessen Eröffnung.

Josef Glazik (1913–1997)

Sein Schüler und Nachfolger auf dem Lehrstuhl, Josef Glazik (1913–1997) musste kurz vor dem Konzil in einer Gesamtbetrachtung konstatieren, dass die Missionswissenschaft knapp 50 Jahre nach ihrer Institutionalisierung eine untergehende Wissenschaft war, was sich u.a. an dem Fakt der verringerten Zahl der missionswissenschaftlichen Lehrstühle – insgesamt noch drei in Deutschland – ablesen ließ. Noch ein viel größeres Symptom der Krise der Missionswissenschaft in den 1950er und 1960er Jahren äußerte sich jedoch in der oben schon genannten (vgl. 2.1) Entkolonialisierung und dem Verlust des Ansehens der christlichen Mission, die sich oftmals als Verbündete von Herrschaftsinteressen gezeigt hatte und damit in allen Facetten in Frage gestellt wurde. Die Länder der sogenannten Dritten Welt positionierten sich als eigenständige Partner auf der Weltkarte und nicht mehr als „Missionsobjekte"; die aus der westlichen Missionstätigkeit entstandenen Kirchen suchten nach der Anerkennung ihres Ausdrucks des christlichen Glaubens und machten gegenüber Rom das Recht auf Eigenständigkeit vermehrt geltend.

Um dies nochmals festzuhalten: Lag der Beginn der institutionalisierten Missionswissenschaft in der Phase der europäischen Expansion, so fand sie ihre schwerste Krise in der Entkolonialisierung, wobei diese immense Auswirkungen auf die gesamte Weltchristenheit hatte. Bei Beginn des Konzils hatte sich das Bild der christlichen Weltkarte vollständig verändert. Die Krise der Missionswissenschaft konnte dabei nur überwunden werden, indem ein neues Verständnis von Mission und damit im Einklang auch von Missionswissenschaft virulent werden würde, das auf die neu entstandene Situation mit ihren Herausforderungen eingehen konnte. Diese Neubestimmung – oder besser: die Rückbesinnung auf den Kern von Mission – wurde im II. Vatikanischen Konzil (1962–1965) greifbar, das damit sowohl für das missionswissenschaftliche Selbstverständnis als auch für eine Neusituierung der Missionswissenschaft innerhalb der Theologie insgesamt Folgen haben musste.

II. Vatikanisches Konzil (1962–1965)

3.2 Paradigmenwechsel in der Missionswissenschaft nach dem II. Vatikanischen Konzil

War gerade noch die Rede von einer veränderten christlichen Landkarte, so spiegelte sich diese Veränderung schon in der Präsenz der Teilnehmer während des Vaticanum II wider: Anders als beim vergangenen I. Vatikanischen Konzil nahmen Bischöfe aus aller Welt am Vaticanum II teil und brachten so die Stimmen ihrer Ortskirchen in die Konzilssäle, wenn auch die Vertreter der europäischen Ortskirchen quantitativ immer noch in der Mehrheit waren. In den Diskussionen und den daraus resultierenden Dekreten wurden auch neue Weichen für die Missionswissenschaft gestellt, indem neue kirchliche und theologische Voraussetzungen geschaffen wurden, denen wir im Folgenden kurz nachgehen.

Das Missionsdekret *Ad gentes*

Das Missionsdekret *Ad gentes* (AG), das 1965 nach intensiven Diskussionen und vielfältigen Änderungen seinen Abschluss fand, beginnt nach den einleitenden Worten mit einem Paukenschlag:

Zitat

Die pilgernde Kirche ist ihrem Wesen nach ‚missionarisch' (d.h. als Gesandte unterwegs), da sie selbst ihren Ursprung aus der Sendung des Sohnes und des Sendung des Heiligen Geistes herleitet gemäß dem Plan Gottes des Vaters. (AG 2)

Anders formuliert: Mission ist keine Sache von Spezialisten oder einigen Wenigen, sondern Aufgabe aller Christinnen und Christen, unabhängig von ihren geographischen, gesellschaftlichen und auch institutionellen Orten. Als Rahmen für diesen Auftrag, die Verkündigung des Evangeliums durch alle Glieder der Kirche, schafft das Konzil weitere Bedingungen, die zugleich die Öffnung der Kirche zur Welt durch das Konzil deutlich machen: Bei der Verkündigung des Evangeliums dürfe keinerlei Zwang auf andere ausgeübt werden und es müsse auf Machtmittel verzichtet werden (vgl. AG 13). Eine ökumenische Öffnung vertretend, hält das Dekret *Unitatis redintegratio* (UR) darüber hinaus fest: „Vor der ganzen Welt sollen alle Christen ihren Glauben an den einen, dreifaltigen Gott, an den menschgewordenen Sohn Gottes, unsern Erlöser und Herrn bekennen und in gemeinsamem Bemühen in gegenseitiger Achtung Zeugnis geben für unsere Hoffnung, die nicht zuschanden wird" (UR 12). Weitergehend wird in der Erklärung über das Verhältnis der Kirche zu den nichtchristlichen Religionen *Nostra aetate* (NA) deutlich gemacht, dass sich in nichtchristlichen Religionen ein „Strahl jener Wahrheit erkennen lasse[n], die alle Menschen erleuchtet" (NA 2). Schlussendlich wird in *Dignitatis humanae* (DH) die Religionsfreiheit betont (vgl. u.a. DH 1; 11; 12) und zugleich eingestanden, dass „bisweilen im Leben des Volkes Gottes auf seiner Pilgerfahrt ... eine Weise des Handelns vorgekommen ist, die dem Geist des Evangeliums wenig entsprechend, ja sogar entgegengesetzt war" (DH 12). Kurz gesagt: Die Texte zeugen von einer Öffnung der Kirche zu den Anderen hin und nehmen diese nicht als „Missionsobjekte", sondern in ihrer unverletzlichen, personalen Würde als Subjekte der Menschheitsfamilie wahr.

Doch auch innerhalb der eigenen Kirche bedarf es der Öffnung, was die Konzilsväter anerkennen und betonen. Um es anders zu sagen: Die Kirche hat sich als *Welt*kirche wahrgenommen und auch als solche definiert. Das umfasste zweierlei: Auf der einen Seite anerkennt die Kirchenkonstitution *Lumen Gentium* (LG) alle Ortskirchen als eigenständige Teilkirchen mit gleichen Rechten und Pflichten gegenüber den anderen Teilkirchen und der Gesamtkirche (vgl. LG 13). Mit dieser Anerkennung und dem Herausstellen der Bedeutung von Weltkirche ist darüber hinaus auf der anderen Seite die herausfordernde Situation gegeben, dass Abschied genommen wurde von einer Unterscheidung in „zu missionierend" und „missionierend", schließlich – um es nochmals in Erinnerung zu rufen – ist Kirche ihrem Wesen nach missionarisch: Es gibt nicht mehr nur eine Richtung der Mission: von hier nach dort, sondern alle Wege sind denkbar. Die Anerkennung der „Eigenheit" der Regionalkirchen umfasste aber auch ganz praktische Überlegungen, so z.B. die Anpassung der Liturgie an „die Eigenart und Überlieferungen der Völker" (*Sacrosanctum*

Concilium (SC) 37 ff.) wie es in der Anerkennung der Muttersprache als Sprache der Liturgie (vgl. SC 54) zum Ausdruck kommt.

Wenn das II. Vatikanische Konzil also – summierend – festhielt, dass 1) Mission Aufgabe aller Christinnen und Christen im Rahmen einer Weltkirche sei, dass 2) keine Machtmittel eingesetzt werden dürfen, wenn 3) die Grenze zu nicht-christlichen Religionen weniger hart wird und wenn 4) die Eigenarten der Regionalkirchen berücksichtigt werden mögen, wenn das Konzil 5) das „Aggiornamento", das Heutig-Werden der Kirche fordert und wenn die „Zeichen der Zeit" identifiziert und orientierungsgebend sein sollen (vgl. LG 4 und 11), dann konnte und durfte dies alles nicht ohne Auswirkungen für die junge Disziplin der *Missionswissenschaft* und für ihr Selbstverständnis bleiben.

Der Boden der Missionswissenschaft hatte sich sowohl theologisch durch das Vaticanum II als auch durch die globalen gesellschaftlichen und sozio-politischen Entwicklungen verändert und erweitert, und der Weg musste notwendigerweise wegführen von einer eurozentrischen Perspektive des missionswissenschaftlichen Diskurses. Wie konnte sich Missionswissenschaft jedoch im Anschluss an diese Öffnung der Kirche positionieren?

Um die wissenschaftliche Disziplin mit den Anforderungen der Zeit in Einklang zu bringen, wurden verschiedene Konzepte diskutiert. Den Anfang machte der Münsteraner Pastoraltheologe

Adolf Exeler (1926–1983)

Adolf Exeler (1926–1983) mit dem Vorschlag einer *„vergleichenden Theologie"* statt Missionswissenschaft. Er reagierte damit auf die Gegebenheiten der Weltkirche und wollte die verschiedenen „theologischen Reichtümer und Charismen der einzelnen Kirchen und Kulturkreise für die große katholische Einheit theologischen Denkens fruchtbar" machen (Exeler, Vergleichende Theologie statt Missionswissenschaft 201). Sprich: Er wollte die verschiedenen Theologien zu einem „Voneinander-Lernen" anregen, bei dem die verschiedenen Besonderheiten, sozio-politischen und gesellschaftlichen Gegebenheiten mit bedacht werden und die eigene Theologie auch konstruktiven Anfragen ausgesetzt wird. Zweierlei ist bei diesem Vorschlag von Exeler, der auch von anderen mit diskutiert wurde, kritisch zu bemerken: Zum Einen bedürfte es einer definitorischen Instanz, die das „Vorhandensein" von einer Theologie – was ist alles darunter zu verstehen? –, die in das Gespräch eintreten kann, überhaupt erst feststellt. Sollte diese Instanz dann wieder „europäisch" sein? Zum Anderen stellt sich ebenfalls die Frage, wie der Dialog mit nichtchristlichen Religionen, die bei Exeler (noch) nicht angedacht sind, aber zum missionswissenschaftlichen Sujet gehören, noch in dieses

Konzept passen würde. Der Vorschlag von Exeler verblieb also bei all dem Neuen und Beachtenswerten, das er enthielt, zu sehr im innertheologischen Bereich, wobei „Theologie" zugleich aus einer europäischen und universitär-akademischen Sichtweise heraus gedacht und definiert wurde.

Walter J. Hollenweger (*1927)

Ein anderes Konzept, das diesen blinden Punkt der vergleichenden Theologie zu überwinden suchte, ist der Vorschlag einer *Interkulturellen Theologie,* wie er u.a. von Walter J. Hollenweger (*1927) vertreten wurde. Interkulturelle Theologie ist eine Theologie, die sich weder ins Schneckenhaus einer „Lokaltheologie" zurückzieht noch diese ihre „Theologie vor Ort" als für alle allgemein verbindlich erklärt. Das „Inter" kann freilich nicht theologisches „Niemandsland" heißen. Interkulturelle Theologie ist nach der Definition von Hollenweger vielmehr „diejenige wissenschaftliche Disziplin, die im Rahmen einer gegebenen Kultur operiert, ohne diese zu verabsolutieren ... (sie ist) auf der Suche nach einer ‚Leib Christi'-Theologie, in welcher jedes Organ seiner Funktion und seinem Zweck treu bleibt, gleichzeitig aber einen Beitrag zur Funktion des Gesamtleibes leistet und dabei nicht unterstellt, dass es das wichtigste, das theologischste oder das wissenschaftlichste Glied am Leibe sei" (Hollenweger, Erfahrungen der Leibhaftigkeit 50; 38). Dieses missionswissenschaftliche Selbstverständnis hat dann für die gesamte Theologie Auswirkungen. „Theologie auf interkulturelle Weise treiben heißt einerseits, das zu denken, was *fremde* Erfahrungen mit dem Evangelium, also kulturell anders bestimmte Christen und Gemeinden, uns zu denken geben. Und andererseits bedeutet es, bei unserer theologischen Arbeit immer mit zu bedenken, was unsere Erfahrungen mit dem Evangelium kulturell anders bestimmten Christen und Gemeinden zu denken geben" (Kessler/Siller, Vorwort zur Reihe „Theologie interkulturell" 12). Dieses Modell „Missionswissenschaft als Interkulturelle Theologie" ist dann weniger ein wissenschaftliches Fach sondern mehr eine Methode, die jedoch zugleich höchst interessant ist. Dabei gilt es aber zu bedenken, dass in diesem dialogischen Miteinander der Kommunikationspartner immer auch eine eigene Standortbestimmung notwendig ist und es bedeutet auch, dass man u. U. damit konfrontiert wird, dass Christinnen und Christen aus anderen Kulturkreisen das Gespräch mit jenen aus Europa auf Grund deren früheren Absolutheitsanspruches meiden. Wer diese Methode der interkulturellen Theologie also anwenden will, muss sich des eigenen Standortes, der eigenen Geschichte und der jeweiligen Wunden bei den anderen bewusst sein und diese kritisch reflektieren, um in das Gespräch eintreten zu können.

Theo Sundermeier (*1935)

Zuletzt wurde Missionswissenschaft als *Xenologie*, als Lehre vom Fremden vorgestellt, wobei Theo Sundermeier (*1935) als der Initiator dieser Richtung gilt. Es geht hier nicht um ein Gespräch zwischen verschiedenen Theologien, das möglichst in Harmonie enden solle, sondern um das Verstehen des Fremden, wobei alle Gesprächspartner als Subjekte mit unveräußerlicher Würde zu sehen sind und die eigene Person auch immer den Anfragen durch die fremden Anderen bzw. anderen Fremden an sich selbst ausgesetzt ist. Aufgabe der Missionswissenschaft bestünde nach diesem Selbstverständnis vor allem darin, dass sie nach der Feststellung der hermeneutischen Bedingungen zum Verstehen des Anderen die lokalen und weltweiten Handlungsdimensionen zu erarbeiten habe.

Wie das Konzept von Missionswissenschaft auch aussehen mag, es muss sich an verschiedenen Parametern messen lassen: Zum einen muss sie die Geschichte der christlichen Mission kritisch reflektieren und aufarbeiten und sich in einen gleichberechtigten Dialog mit dem Fremden, an dem diese Mission oft schuldig geworden ist, begeben – sei dieser Fremde „fremd" innerhalb der eigenen Kirche oder „fremd" in einer anderen Religion und Kultur. In diesem Tun hat sie theoretisch und praktisch über die gegenwärtige Verkündigung des Evangeliums zu reflektieren, wobei sie die „Zeichen der Zeit" im Blick zu halten und in den theologischen Diskurs immer wieder – auch unbequem – einzubringen hat.

Welches diese Zeichen der Zeit, die theologischen und kirchlichen Herausforderungen heute sind, wird im Folgenden zu betrachten sein, um dann zu eruieren, welche Aufgabe eine gegenwärtige Missionswissenschaft haben kann.

Zusammenfassung

Dem missionswissenschaftlichen Selbstverständnis erging es ebenso wie dem Christentum und der Mission selbst: Es unterlag im Laufe der Jahrhunderte unterschiedlichsten Veränderungen. Den entscheidenden Paradigmenwechsel hat auch hier das II. Vatikanische Konzil vollzogen: Mission ist keine Sache von Spezialisten oder einigen Wenigen, sondern Aufgabe aller Christinnen und Christen, unabhängig von ihren geographischen, gesellschaftlichen und auch institutionellen Orten. Als Rahmen für diesen Auftrag, die Verkündigung des Evangeliums durch alle Glieder der Kirche, setzt das Konzil neue Standards: Bei der Verkündigung des Evangeliums darf es keinerlei Zwang geben und es muss auf alle Machtmittel verzichtet werden.

4. Herausforderungen für Theologie und Kirche in Europa

Das Nachdenken über Herausforderungen für Theologie und Kirche in Europa wird in zwei Unterkapitel unterteilt. Unter 4.1 findet man eine Darstellung *zentraler theologischer Themen*, die seit einigen Jahrzehnten dazu dienen, die neuen Herausforderungen für Theologie und Kirche in Europa durch die veränderte weltweite Situation des Christentums zu markieren.

Unter 4.2 wird darüber hinaus nach dem aktuellen Beitrag der *Missionswissenschaft für die Theologie und die Kirche in Europa* gefragt.

4.1 Zentrale Themen und Herausforderungen für das missionarische Selbstverständnis in Europa

Die Geschichte der Mission und der Missionswissenschaft ist eine Geschichte überraschender Wendungen. So wie Mission über die Jahrhunderte immer anders verstanden und praktiziert wurde, so hat sich auch die missionswissenschaftliche Reflexion immer neu orientieren müssen. Man kann in dieser Hinsicht von einem langen – und oft schwierigen – Lernprozess sprechen.

Die größte Schwierigkeit dabei dürfte gewesen sein, dass das über Jahrhunderte europäisch geprägte oder dominierte Christentum nicht mehr länger als Akteur der Mission in außereuropäischen Weltregionen gesehen werden kann, die ihrerseits das Christentum nur passiv anzunehmen hätten. Der sogenannte Übergang von der „*West*kirche" zur „*Welt*kirche" und die Entdeckung, dass die missionarische Identität der Kirche in der ganzen Welt gilt und darin zugleich immer wieder neu zu finden ist, sind hier von zentraler Bedeutung.

Von der „*West*kirche" zur „*Welt*kirche"

Ihre Selbst-Entdeckung als *Welt*kirche machte die katholische Kirche vor allem im II. Vatikanischen Konzil und sie selbst erhielt mit diesem einen starken Impuls für die Gestaltung einer Vielfalt, die bisher so nicht gegeben war: Die Ortskirchen sollten nicht mehr durch römische Vorgaben in ihrer Pastoralverantwortung fremdbestimmt werden, sondern selbst die Verantwortung für ihre Pastoral und damit auch für ihr missionarisches Selbstverständnis tragen. Diese Entwicklung steht noch am Anfang und es zeigen sich vielfältige Probleme. Wohl deshalb hat Karl Rahner schon im Anschluss an das Konzil sehr vorsichtig formuliert: „Das II. Vatikanische Konzil ist in einem ersten Ansatz, der sich erst tastend selber zu finden sucht, der erste amtliche Selbstvollzug der Kirche *als Weltkirche*" (Rahner, Theologische Grundinterpretation des II. Vatikanischen Konzils 288). Programmatischer sprach dann Johann Baptist Metz vom Übergang der eurozentrisch geprägten Kirche zu einer „kulturell-polyzentrischen Weltkirche" (Metz, Im Aufbruch zu einer kulturell polyzentrischen Weltkirche 93–123), in der es ganz unterschiedliche Entfaltungsformen der Kirche und ihrer Sendung, ihrer Mission, geben müsse.

Das Missionsverständnis für Europa

Die Kirche in Europa steht vor diesem Hintergrund heute vor der Aufgabe, das Missionsverständnis für den eigenen Kontinent neu zu entdecken. Dieser Prozess hat zwei Seiten.

Zum Einen geht mit der Entdeckung von Europa als einem „neuen Missionsgebiet" neben allen anderen die Aufgabe einher, spezifische Herausforderungen der Mission der Kirche hier in Europa wahrzunehmen und zu bewältigen. Welches sind die „Zeichen der Zeit" aus der Perspektive der europäischen Ortskirchen und was bedeuten sie für ihre Praxis der Kommunikation des Evangeliums, also für ihre missionarische Identität? Was bedeutet zum Beispiel die besondere Geschichte des Christentums Europas mit ihrem konstantinischen Erbe und dem dann folgenden Ringen um das Verhältnis von Staat und Kirche für ihre missionarische Identität heute? Wie ist die Kirche in Europa bis in die Gegenwart durch Aufklärung und Säkularisierung herausgefordert? Welche Folgen zieht die neue religiöse Pluralisierung für das Selbstverständnis der Kirche Europas nach sich? Was bedeutet es für die Kirche in Europa, wenn sich der eigene Kontinent als „Festung" gegen Migrantinnen und Migranten abschließt, so dass jährlich Tausende an den europäischen Außengrenzen ums Leben kommen?

Zum Anderen müssen sich die europäische Christenheit und europäische Theologie auch mit einer Kränkung auseinandersetzen: Europäische Theologie und europäische Christenheit sind nämlich nicht mehr automatisch die universal gültigen Muster, die für jede Theologie und jede Form weltweiter Christenheit zugleich bestimmend sein können. Vielmehr haben sich europäische Theologie und europäische Kirchen mit ihren eigenen Entwürfen auch mit den Entwürfen aus anderen Weltregionen auseinanderzusetzen. Am Beispiel der Konzilsrezeption mag dies deutlich werden. Schon bald nach dem Konzil haben die anderen Kontinentalkirchen eigene Leitlinien für ihr jeweiliges Selbstverständnis als Ortskirchen formuliert: Die Kirche Lateinamerikas hat sich als „Kirche der Armen" entdeckt, die Kirche Afrikas hat begonnen, aus den religiösen und kulturellen Traditionen Afrikas Kraft zu schöpfen, und die Kirche in Asien hat angesichts ihrer dortigen Minderheitssituation unter vielen anderen Religionen ihr Selbstverständnis als Kirche gefunden, die sich mit anderen Religionen gemeinsam auf die Pilgerschaft zur Wahrheit einlässt und dabei die Sorge um die Armen des Kontinents in den Vordergrund stellt. Und Europa? Die Kirche in Europa tut sich bis heute schwer, ihre Rolle im Konzert der Weltkirche zu finden. Noch immer herrscht eine Mentalität, dass die Kirche in Europa eine Sonderrolle in der Welt spielen könne. Dagegen spricht die Beobachtung von Giuseppe Alberigo (1926–2007), der eine „Leitposition" europäischer Ortskirchen nicht mehr erkennen mag und stattdessen eine „geospirituelle Verlagerung der Konzilsrezeption" feststellt.

Giuseppe Alberigo (1926–2007)

Die Kirche Europas ist noch immer dabei, ihre missionarische Identität zu finden. Dabei kann sie durchaus von den anderen Ortskirchen lernen. Dies kann auf zwei Ebenen geschehen: Zum Einen gilt es in einer weltkirchlichen Lerngemeinschaft, von den Erfahrungen anderer Ortskirchen zu lernen, sich von ihnen kritisch hinterfragen zu lassen und dabei auch selbst die anderen zu befragen. So wird gewissermaßen im weltkirchlichen Gespräch eine Balance hervorzubringen sein, die einerseits an einer gemeinsamen katholischen bzw. christlichen Identität festhält und zugleich ein hohes Maß an Unterschieden erlaubt. Neben diesem weltkirchlichen Gespräch z.B. auf der Ebene von Ortskirchen, zwischen Kontinentalkirchen, im Rahmen von gesamtkirchlichen Synoden – aber auch bei jeder Pfarreipartnerschaft (z.B. zwischen einer Pfarrei in Deutschland und einer Pfarrei in Lateinamerika oder Afrika) – gibt es seit einigen Jahrzehnten noch eine andere Herausforderung. Diese hängt mit der Globalisierung und der weltweiten Migration zusammen: Christinnen und Christen unterschiedlichster Herkunft, kultureller Prägung, theologischer Einstellung ... begegnen sich hierbei auf der ganzen Welt. Nahezu alle Großstädte der Welt vereinen dadurch die unterschiedlichsten Christentümer: In Deutschland geht man zum Beispiel von ungefähr 1000 pfingstlerischen (pentekostalen/charismatischen) Migrationskirchen aus Afrika, Asien und Lateinamerika aus. Dazu kommen hunderte katholischer muttersprachlicher bzw. anderssprachlicher sogenannter Missionen, die überwiegend durch binneneuropäische Migrantinnen und Migranten geprägt sind (z.B. spanische, italienische Mission). Hier findet sich mittlerweile „*Welt*kirche" mitten in Europa und in unserer unmittelbaren Nachbarschaft. Lokales Lernen, kontinentales und weltkirchliches Lernen verbinden sich somit zu einer sehr komplexen Herausforderung für die Kirche in Europa.

Heute kann man weltweit von einer Vielzahl unterschiedlichster Christentümer sprechen – und zugleich festhalten, dass es kaum noch Regionen gibt, die nur eine einzige Christenheit beheimaten. Christentum lässt sich mittlerweile überall multikulturell finden. In Europa gehört die „Enteuropäisierung europäischer Christenheit" (Collet, „Gemeinsam das Evangelium verkünden" 243–266) zum Alltag des Christlichen.

Die Frage nach der missionarischen Identität der Kirche in Europa kann nicht ohne Bezugnahme auf die Geschichte der Mission beantwortet werden. Schließlich gibt es dort unzählige Lernerfahrungen, die zu ignorieren einer entschlossenen Blindheit, ja „Wirklichkeitsverweigerung" gleichkommen würde. Nicht zuletzt die Fehler der Mission, bei denen das Evangelium eher verdunkelt als verkündigt wurde, geben bis heute zu denken. Insgesamt kann die Geschichte der Mission gelesen werden als die Geschichte einer immer neuen und manchmal schmerzvollen Entdeckung dessen, was das Evangelium konkret für die Menschen in ihren unterschiedlichsten Kulturen und Lebenssituationen bedeutet. Diese Frage muss nun auch für Europa immer wieder neu gestellt und beantwortet werden. Zwei Begriffe sind hier in den letzten Jahrzehnten vor dem Hintergrund der gerade benannten, weltweiten kirchlichen und theologischen Entwicklungen wichtig geworden: Inkulturation und Kontextualisierung.

4.1.1 Inkulturation

„Heimisch-Werden" des Evangeliums in einer Kultur

Inkulturation meint das „Heimisch-Werden" des Evangeliums in einer Kultur. Das Konzept der Inkulturation geht dabei über ältere Vorstellungen hinaus. Früher hat man mit dem Begriff der Anpassung (Adaptation) den Versuch bezeichnet, die Gestalt europäischer Theologie und Kirche weltweit an andere Kulturen „anzupassen". Man ging davon aus, dass lediglich die äußeren Formen ein wenig geändert werden müssten, um den Inhalt des Evangeliums in anderen Kulturen zu vermitteln. Die Übersetzung der Bibel in nahezu unzählige Sprachen ist sicher das am meisten hervorstechende Beispiel: Der Inhalt bleibt gleich, so die Annahme, während die Worte und die Grammatik ganz andere sein können. Aber auch nonverbale Elemente bei der Ausbreitung der europäischen Art, Kirche zu sein, wurden angepasst: So hat man sich z.B. bei der Architektur von Kirchen während des 20. Jahrhunderts langsam vom typischen neogotischen Stil abgewandt und ortstypische Bauformen und Kunstelemente aufgegriffen.

Aber: Wer schon einmal übersetzt hat, der weiß, dass jede Übersetzung sich auch auf den Inhalt auswirkt bzw. dass dieser in den verschiedenen Kulturen unterschiedlich wahrgenommen und verstanden wird. Jede Übernahme anderer kultureller Muster wirkt auf den Inhalt zurück. Als man beispielsweise in Kyoto die Kathedrale baute, wurde auch ein farbiges Glasfenster mit dem Hl. Georg, der den Drachen tötet, eingefügt. Weil aber in Ostasien der Drache nicht als Symbol des zu bekämpfenden Übels, sondern vielmehr als Herrschaftszeichen gilt, wurde dies als Zerstörung des Japanischen durch das Christentum verstanden. Eine neugotische Kirche in Afrika stand immer auch für die europäische Herkunft des christlichen Glaubens und war damit Ausdruck davon, dass das Christentum eigentlich europäisch und nicht afrikanisch war. Wer Christ werden wollte, musste – so eine Redewendung – zuerst aufhören, Afrikaner zu sein. Mit dem Bau „typisch afrikanischer" Kirchen wurde nun auch die steinerne Botschaft der Kirchengebäude eine andere: In der Kirche gibt es keine kulturelle Vorrangstellung einer bestimmten Kultur. Jede Kultur kann christlich werden, den Glauben ausdrücken und durch den Glauben verändert werden. Der Inkulturationsbegriff weist auf diesen Zusammenhang hin: Mit jeder Kultur, in der das Evangelium Wurzeln fasst und sich ausdrückt, finden sich auch neue, vorher nicht gekannte Bedeutungen des Evangeliums. Zugleich verändert jedoch das Evangelium jede Kultur auf eine andere und nicht vorhersehbare Weise, da das Evangelium auch ein kritisches Potential enthält, das vorgefundene kulturelle Muster infrage stellt.

In Europa haben wir uns an zurückliegende europäische Inkulturationen des Evangeliums so sehr gewöhnt, dass man lange denken konnte, sie gehörten zum unverzichtbaren Bestand von Kirche bzw. der Theologie. Die lateinische Sprache mag dafür ein gutes Beispiel sein, aber auch die Liturgie, die sich in weiten Teilen, z.B. in Kleidung und Anrufungen, noch aus dem römischen Kaiser-Zeremonial speist. Heute fällt es der Theologie wie der Kirche in Europa schwer, die eigene Selbstrelativierung hinzunehmen. Adventskranz, Weihnachtsbaum, Ostereier ... mögen in Europa hilfreich (gewesen?) sein, um die Bedeutung der Menschwerdung und der Auferstehung Jesu zu verdeutlichen. In anderen Kulturen können solche kulturellen Elemente aber den Zugang zum christlichen Glauben eher verstellen als ihn fördern. Man muss eben den mitteleuropäischen Winter mit Dunkelheit und Schnee kennen, um die Kerzensymbolik des Adventskranzes und des Weihnachtsbaumes zu verstehen. Macht das aber Sinn als eine Übersetzungshilfe des Weihnachtsevangeliums im Hochsommer auf der Südhalbkugel, wo die meisten Christinnen und Christen leben?

Mittlerweile wird man wohl auch einräumen müssen, dass vieles an der europäischen Art, den Glauben auszudrücken und das Evangelium zu „übersetzen", selbst in Europa folkloristisch wirkt und als „alter Zopf" aus vergangenen Tagen erscheint. Gerade in einem ebenso aufgeklärten und säkularisierten wie religionspluralen Europa stellt sich die Herausforderung zur Inkulturation des Evangeliums mit neuer Dringlichkeit. Wie kann die europäische säkulare und zugleich mehr und mehr religionsplurale Kultur Europas die Bedeutung des Evangeliums ans Licht bringen? Und wie kann das Evangelium die heutige europäische Kultur zu einer besseren Kultur machen? Es wird der Kirche und der Theologie in Europa darum gehen müssen, das Evangelium, das Gute an der „Guten Nachricht", so die Übersetzung von Evangelium, für die heutigen Menschen und in ihrem europäisch-kulturellen Rahmen neu zu entdecken und zur Sprache zu bringen, damit es Menschen tatsächlich auch als *gute* Nachricht treffen kann.

4.1.2 Kontextualisierung

Bedeutung des Evangeliums für konkrete Menschen und Lebenssituationen

Der Begriff der Kontextualisierung beschreibt dasselbe Anliegen, die heutige Bedeutung des Evangeliums für konkrete Menschen und ihre Lebenssituationen zu entdecken. Während der Inkulturationsbegriff vornehmlich auf die *kulturellen* Ausdrucksmittel und Erfahrungen zielt, um das Evangelium heute zur Sprache zu bringen, so geht es beim Begriff der Kontextualisierung um die der *sozialen* Bedingungen, unter denen Menschen zusammenleben, und die nun im Blickpunkt theologischen Nachdenkens stehen. Politische Systeme, ökonomische Herrschaftsformen, eine Globalisierung, die Arme und Reiche immer weiter voneinander entfernt, Ungerechtigkeit in den Geschlechterverhältnissen, die ökologische Bedrohung etc. – dies sind Merkmale, die unterschiedliche Kontexte von Menschen und ihr Zusammenleben definieren. Die unterschiedlichsten Lebensverhältnisse und ihre Bedingungen stehen im Vordergrund kontextueller Theologien. Als Frage könnte man hier formulieren: Welche Bedeutung hat das Evangelium in bestimmten Situationen und unter bestimmten Lebensbedingungen, die das Evangelium als eine Nachricht mit Hoffnungscharakter verständlich macht? Was bedeutet beispielsweise das Evangelium in einem Kontext, in dem durch wirtschaftliche Ausbeutung große Mehrheiten von Bevölkerungen systematisch unterdrückt werden? Was bedeutet das Evangelium für Frauen, die in vielen Gesellschaften schlechter gestellt sind als Männer? Was bedeutet das Evangelium für Menschen, die auf Grund ihrer Hautfarbe diskriminiert werden? Jedes Mal geht es um die Veränderungskraft des Evangeliums angesichts heilloser Zustände in der Welt, unter denen Menschen zu leiden haben. Wenn das Evangelium nicht nur auf eine Hoffnungsperspektive im Jenseits abzielt, sondern für die lebenden Menschen konkrete „Gute Nachricht“ sein soll, dann müssen hier Antworten gesucht und gefunden werden.

In der Folge des II. Vatikanischen Konzils haben Bischofskonferenzen von Lateinamerika, Afrika und Asien wichtige Schritte zur Entwicklung kontextueller Theologien getan. Beispielsweise haben die lateinamerikanischen Bischöfe 1968 in Medellin (Kolumbien) und auch jüngst, 2007 in Aparecida (Brasilien), bekräftigt, dass das Evangelium die Christen aufruft, die Armen aus der wirtschaftlichen Not und ihrer Ausbeutung zu befreien, und dazu motiviert, die gesellschaftlichen Verhältnisse so zu ändern, dass die Schwachen leben können. In der Sprache der Theologie findet sich seither die Formulierung „Option für die Armen“. Gemeint ist damit die gute Nachricht, dass Gott selbst auf der Seite der Armen steht und von der Kirche verlangt, in ihrer Sendung dieselbe Entscheidung für die Armen zu ihrer eigenen Option zu machen, d.h. Kirche der Armen wird.

Europäisch geprägte Kirche und Theologie tun sich bis heute mit solchen Kontextualisierungen des Evangeliums schwer. Zu oft mussten sie herbe Kritik einstecken aus anderen Teilen der Weltkirche – und auch aus Europa selbst, wo immer weniger Menschen die Kirche als Zeugin einer guten Botschaft in ihrem Leben wahrnehmen. Paktiert(e) die europäische Kirche nicht allzu oft mit den Herrschenden und vertröstet(e) die Armen, während sie zugleich von der Situation „unheiliger Allianzen mit dem Mammon“ profitierte? Repräsentiert die europäische Kirche nicht bis heute ein „eurozentrisches“ und „patriarchales“ System, wenn man bloß einmal auf die Herkunft der meisten führenden Kirchenmänner schaut? Die Kontextualisierungen in Kirche und Theologie, die in der Weltkirche vorgenommen wurden, fordern heute auch die europäische Kirche und Theologie heraus. Wie kann Kirche in Europa glaubwürdig bleiben angesichts der Überzahl der bitter armen Schwestern und Brüder im „globalen Süden“? Die Würzburger Synode (Gemeinsame Synode der Bistümer der Bundesrepublik Deutschland 1971–1975) hat diese Herausforderung prophetisch ins Wort gefasst:

Zitat

Wir dürfen im Dienste an der einen Kirche nicht zulassen, daß das kirchliche Leben in der westlichen Welt immer mehr den Anschein einer Religion des Wohlstandes und der Sattheit erweckt, und daß es in anderen Teilen der Welt wie eine Volksreligion der Unglücklichen wirkt, deren Brotlosigkeit sie buchstäblich von unserer eucharistischen Tischgemeinschaft ausschließt. Denn sonst entsteht vor den Augen der Welt das Ärgernis einer Kirche, die in sich Unglückliche und Zuschauer des Unglücks, viele Leidende und viele Pilatusse vereint und die dieses Ganze die eine Tischgemeinschaft der Gläubigen, das eine neue Volk Gottes nennt. Die eine Weltkirche darf schließlich nicht in sich selbst noch einmal die sozialen Gegensätze unserer Welt einfach widerspiegeln. Sie leistet sonst nur gedankenlos jenen Vorschub, die Religion und Kirche sowieso nur als Überhöhung bestehender gesellschaftlicher Verhältnisse interpretieren. (Sekretariat der Deutschen Bischofskonferenz, Beschluss „Unsere Hoffnung" IV,3)

Auch wenn dieser Text nun schon einige Jahrzehnte alt ist – sein Anliegen wurde bis heute nicht eingelöst, sondern stellt sich mit erhöhter Dringlichkeit. Eher sieht es so aus, dass sich europäische Kirche und Theologie zunehmend schwer tun mit den Anfragen, die sich durch die weltweiten Kontextualisierungen des Evangeliums stellen: Befreiungstheologien; feministische Theologien; schwule, lesbische und Queer-Theologien; Schwarze- bzw. antirassistische Theologien; Öko-Theologien; Theologien aus den Erfahrungen aller möglichen benachteiligten Menschen und Gruppen, die das Evangelium mit ihren Augen lesen ... eröffnen zugleich hoffnungsvolle Horizonte des Evangeliums und Anfragen an das theologische und kirchliche Gewissen in Europa, jedenfalls dann, wenn sich Kirche und Theologie diesen Fragen stellen. Müssen Theologie und kirchliche Praxis in Europa nicht kritischer gesehen und auch korrigiert werden, wenn sie glaubwürdig sein sollen?

Durch die weltweite Migration ist längst nicht mehr eindeutig und abgrenzbar, wo „erste" und „dritte" Welt anzusiedeln sind. Großstädte auf der ganzen Welt verbinden Menschen jeglicher Herkunft und Lebenssituation. Hier kommen die weltweit aufgeworfenen Fragen kontextueller Theologie auch physisch in Europa an. Dazu kommt, dass man in der europäischen Kirche zunehmend die Notwendigkeit verspürt, dass das Evangelium und die kirchliche Praxis einer Kontextualisierung bedürfen. Welche Antworten gibt der Glaube im Blick auf die ökologischen Fragen, die sich heute stellen und bei denen Europa eine hohe Verantwortung zukommt? Was fordert das Evangelium von westlichen Gesellschaften, wenn sie ihre tödliche Abschottung gegen Migrantinnen und Migranten aus der Perspektive der Opfer betrachten? Was ist das richtige Verständnis des Evangeliums angesichts eines weltweiten Szenarios aus Religionskriegen und religiös begründeten Konflikten? ...

Kontextuelle und inkulturierte Theologien sind Früchte einer weltweiten Suche nach der Bedeutung des Evangeliums für die Menschen. Die Pluralität, die sich in den Ergebnissen spiegelt, die Buntheit der Zeugnisse für das Evangelium und die Unterschiedlichkeit der Gestalten von Kirche, die man beobachten kann – weltweit und heute auch im Nahbereich unserer überall globalisierten Welt – bringen weitere theologische und kirchliche Herausforderungen mit, die hier nur kurz angedeutet werden können: Wie können wir voneinander lernen? Sollen wir überhaupt voneinander lernen und warum? Was bleibt als gemeinsame Identität des Christlichen oder des Katholischen und wie wird dieses bestimmt?

4.1.3 Ökumenisches Lernen

Aus der Vielfalt kirchlicher und theologischer Entwürfe entsteht im weltkirchlichen (so die Sprachregelung für die katholische Weltkirche) bzw. im ökumenischen (hier sind weltweit alle christlichen Kirchen, Netzwerke, Gemeinschaften ... gemeint) Horizont eine weltweite „Lerngemeinschaft". Während in der klassischen Mission die Welt einseitig von Europa bzw. vom Westen zu lernen hatte, so könnte man heute von einem weltweiten, wechselseitigen Netzwerk unterschiedlichster Lehr-Lern-Beziehungen sprechen. Paulo Freire (1921–1997) und Ernst Lange (1927–1974) haben – aus katholischer und evangelischer Tradition, aus Brasilien und Deutschland kommend – beim Weltkirchenrat in Genf einen Vorschlag für ökumenisches Lernen entwickelt. In Anlehnung daran kann man sagen, dass die Auseinandersetzung um unterschiedliche Modelle des Kirche-Seins und der Theologie nicht abstrakt geführt werden kann, also letztlich unter den Vorzeichen einer (immer noch westlichen) „wissenschaftlichen" Kultur, die allzu leicht den Anspruch objektiver Neutralität für sich in Anspruch zu nehmen in Gefahr ist. Man würde dann nämlich wieder ins Reich theologischer Ideen fliehen und sich nicht mehr

Eine weltweite „Lerngemeinschaft"

Paulo Freire (1921–1997) und Ernst Lange (1927–1974)

von den Problemen und Nöten der Menschen in Frage stellen lassen. Diese Nöte haben aber mit Konflikten zu tun. Sie gehen aus Situationen der Ungerechtigkeit und Unterdrückung hervor. Wer sie ändern möchte, riskiert Konflikte und schafft neue Konflikte. Im weltweiten Dialog der Theologien lassen sich diese Konflikte nicht aussperren. Theologien sind nicht neutral. Daher ist das Ziel des gemeinsamen Lernens die Arbeit an den Konflikten und ihren Lösungen.

Zitat

Ökumenisches Lernen heißt deshalb, in einem ersten Schritt ‚ökumenische Wahrnehmung' einzuüben. Damit ist die Fähigkeit gemeint, sich Fremden gegenüber zu öffnen und sie in ihrer Eigenart zu Wort kommen zu lassen. Über die bloße Kenntnisnahme der Vielgestaltigkeit kultureller, politisch-sozialer, religiöser und kirchlicher Lebenswelten hinaus geht es um die (selbst-) kritische Auseinandersetzung mit den eigenen Bewertungsmaßstäben und Umgangsweisen mit Fremden. ... Ökumenisches Lernen bedeutet nicht in erster Linie Lernen *über* die Anderen sondern Lernen *mit* und *von* den Anderen. ... Ökumenisches Lernen bedeutet, die eigene Identität angesichts der aktuellen geschichtlichen Herausforderungen immer neu zu überprüfen und im ökumenischen Dialog in Frage stellen zu lassen. ... Ökumenisches Lernen findet in einer Welt statt, die durch die globalen Konflikte zwischen Armen und Reichen, Mächtigen und Ohnmächtigen, Unterdrückern und Unterdrückten zutiefst geprägt ist. ‚Wie können Unterdrücker und Unterdrückte, Peiniger und Opfer miteinander, ja voneinander lernen?' fragt Werner Simpfendörfer (1927–1997) und fordert als ersten grundlegenden Schritt, Austragung von Konflikten zu suchen. Ökumenisches Lernen ist deshalb als Konfliktlernen zu organisieren, als ein ‚Lernen am und für den Konflikt'. (Piepel, Lerngemeinschaft Weltkirche 203–207)

Ökumenisches Lernen ist also Lernen am Konflikt – und zwar an den Konflikten, an denen die miteinander Lernenden selbst beteiligt sind. Das ist für keine Seite leicht, vor allem nicht für diejenigen, die zu einer schwierigen Änderung ihres Verhaltens und ihrer Ansprüche herausgefordert sind – vor allem also die Reichen und Privilegierten. So will die Theologie der Befreiung mit der Option für die Armen nicht einfach die Spendenbereitschaft erhöhen, sondern die Kirche in Europa dazu ermutigen, die Kritik an den Machtverhältnissen in dieser Welt zu teilen und ihr Verhalten zu ändern. Europäische Theologie und Kirchen sollen sich darauf einlassen, an den Konflikten zu lernen, wenn sie daran festhalten möchten, dass das Evangelium eine gute Botschaft für alle Menschen ist – und das bewährt sich eben gerade gegenüber den Schwachen und den Opfern, wenn sie denn nicht mehr länger in ihrer Situation verharren sollen.

4.1.4 Neue Katholizität

Diese Überlegungen führen direkt zur Frage nach der gemeinsamen Identität des Christlichen in seinen unterschiedlichsten Entfaltungen. Gibt es angesichts der weltweiten unterschiedlichen Inkulturationen und Kontextualisierungen noch einen gemeinsamen Kern des Christlichen? Lässt sich die Identität des Evangeliums noch irgendwo in seiner universalen Bedeutung finden? Auf der Ebene empirischer Beobachtung wird man wohl mit Theodor Ahrens (*1940) festhalten können, dass lediglich noch der Bezug zur Jesus-Story in der Bibel die unterschiedlichen Christentümer verbindet. Aber schon die Art und Weise der Bezugnahme auf Jesus bzw. auf die Bibel ist zum Teil völlig unterschiedlich. In der pluralen Situation der vielen Christentümer gibt es keine hegemoniale Macht mehr, die hier noch erfolgreich autoritäre Vorgaben machen und sich als maßgebende Interpretationsinstanz verstehen könnte. Vor diesem Hintergrund kann das Modell einer „Neuen Katholizität", wie es von Robert Schreiter (*1947) entwickelt wurde, hilfreich sein, da es mehrere Dimensionen berücksichtigt. Schreiter versteht den Begriff der Katholizität nicht im Sinne einer römisch-katholischen Einheitlichkeit. Vielmehr geht er auf den griechischen Ursprung des Wortes zurück und findet die Bedeutung: umfassend, alles einschließend. Katholisch meint also gerade nicht Einheitlichkeit oder Uniformität, sondern Vielfalt und Fülle. Zugleich belässt er es nicht dabei, die Vielfalt und Fülle stark zu machen, sondern er fügt den Begriff der Kommunikation hinzu. Die Vielfalt und die Fülle an Unterschiedlichem sind nicht einfach zusammenhanglos, sondern alles muss kommunikativ, z.B. in Prozessen ökumenischen Lernens, zusammen gehalten werden, um sich der gemeinsamen Katholizität auch in der Unterschiedlichkeit – und auch noch im unabgearbeiteten Konflikt – zu vergewissern. Die innere Identität der „neuen Katholizität" meint für ihn entsprechend beides: Kommunikation und Fülle. Regeln bzw. Kriterien für die Kommunikation in der

Die Identität des Evangeliums

Theodor Ahrens (*1940)

Robert Schreiter (*1947)

Fülle des Unterschiedlichen benennt er mehrere. So gelingt es Schreiter, dass in der Kommunikation ganz unterschiedliche Ebenen von Theologien und kirchlicher Praxis berücksichtigt werden können, nicht nur diejenigen, die aus der Perspektive europäischer Theologie vielleicht zuerst genannt würden. Schreiter nennt als Kriterien einer Identität abstützenden Kommunikationspraxis:

- die Möglichkeit, eine Theologie oder Praxis im Ganzen der Traditionen des Christlichen unterbringen zu können;
- den Zusammenhalt von Gebets- und Glaubenspraxis;
- die Verankerung einer Theologie und einer Praxis im tatsächlichen Leben christlicher Gemeinschaften;
- die prinzipielle Zustimmung zu einer Theologie und kirchlichen Praxis durch andere Kirchen;
- und schließlich die Bereitschaft, selbst auch gegenüber anderen Kirchen und Theologien den kritischen Dialog zu suchen.

Ähnlich wie beim Konzept des ökumenischen Lernens geht es also bei der „Neuen Katholizität" nicht darum, eine Identität ein für alle Mal festzustellen, sondern diese als Ausdruck eines Prozesses zu verstehen, der grundsätzlich unabgeschlossen bleibt – und auch unabgeschlossen bleiben muss, solange sich die Kirche nicht vor einer sich verändernden Welt verschließt und ihr damit das Evangelium vorenthalten würde. Das wäre nichts anderes als die De-Mission der Kirche; aber „(e)s gibt für die Kirche keine Möglichkeit, sich zufrieden über das Erreichte in sich selbst zu verschließen. Sie ist selbst die Geste der Öffnung und muss sich daher fortwährend in den Dienst dieser Geste stellen und sie geschichtlich realisieren" (Ratzinger, Das neue Volk Gottes 285).

4.2 Der Beitrag der Missionswissenschaft für Theologie und Kirche in Europa

Die oben genannten Themen der Theologie und der Kirche sind innerhalb der theologischen Fächer nicht spezifisch fachgebunden. Sie sind sogenannte „Querschnitt-Themen", allgemeine Aufgaben der Theologie insgesamt. So gehen beispielsweise Exegese und Kirchengeschichte älteren Inkulturationen und Kontextualisierungen des Glaubens und der gläubigen Menschen nach. Systematische Theologie reflektiert den christlichen Glauben immer auch angesichts der gegenwärtigen kulturellen und gesellschaftlichen Verstehens- und Erwartungsvoraussetzungen. Und die Praktische Theologie arbeitet im Bereich der Reflexion über die

Praxis der Kirche an der heutigen Wirklichkeit eines inkulturierten und befreienden Glaubens. Außerdem dürfte auch die Aufgabe ökumenischen Lernens vor allem durch die Praktische Theologie wahrgenommen werden.

Vor diesem Hintergrund wurde schon oft gefragt, warum es dann überhaupt eine eigene Missionswissenschaft brauche. Eigentlich müsste doch die ganze Theologie einer missionswissenschaftlichen Grundorientierung folgen. Für diese Überlegung spricht vieles und von daher muss die Missionswissenschaft immer auch in ihrer Beziehung zu den anderen theologischen Disziplinen gesehen werden. Ohne missionswissenschaftliche Spezialisierung wären freilich die einzelnen Disziplinen „überfordert" wie umgekehrt Missionswissenschaft ohne Rückbezug zu den anderen Disziplinen Gefahr liefe, dilettantisch ihre Sache zu bearbeiten. Missionswissenschaft kann nämlich gerade nicht die oben genannten Themen allein bearbeiten. Aber sie kann und muss ihre spezifischen Beiträge einbringen:

Missionswissenschaft als Anwältin für Erfahrungen mit dem Evangelium

Missionswissenschaft ist dabei wohl in besonderem Maße Anwältin für Erfahrungen mit dem Evangelium, die in anderen Kulturen und in anderen Kontexten gemacht werden – also in der großen außereuropäischen Mehrheit des weltweiten Christentums. Sie ist jedoch genauso sensibel für die Entwicklungen, die sich aus der „Enteuropäisierung europäischer Christenheit" ergeben. Diese für uns in Europa häufig (noch) fremden Erfahrungen mit dem Evangelium gilt es in der Praxis einer „Neuen Katholizität" zu berücksichtigen. Unsere eigene Katholizität bedarf ja der ökumenisch lernenden Rückbindung an die anderen Kirchen innerhalb der Weltchristenheit. Das gilt für alle unsere Entwürfe der Inkulturation und Kontextualisierung des Evangeliums, wie es auch für diejenigen der anderen Ortskirchen gilt. Es kann zwar keineswegs darum gehen, afrikanische Ahnentheologie oder eine lateinamerikanische Befreiungstheologie einfach in Europa zu übernehmen – wohl aber darum, sich von eben diesen Theologien in der eigenen theologischen und kirchlichen Verantwortung herausgefordert und zugleich bereichert zu sehen. In einer globalisierten Welt, in der Probleme oder Erfahrungen aus einer bestimmten Weltregion nicht mehr „auf Distanz" zu halten sind, ist der weltkirchliche Austausch um so dringender. Missionswissenschaft kann unter diesen Vorzeichen als diejenige theologische Disziplin gesehen werden, welche die Theologie für die Wirklichkeit der Globalisierung sensibilisiert und die Stimmen anderer Theologien zu Gehör kommen lässt. Dabei findet sie sich in Prozessen ökumenischen Lernens wieder: Im Bereich der Exegese bringt sie die Stimmen häufig unterdrückter Bibelleserinnen und Bibelleser zur Geltung, die z. B. in Afrika eine ganz eigene charismatische Bibellektüre pflegen. Sie bringt die Perspektive einer Kirchengeschichte ehemaliger „Missionsländer" ein, die nicht nur die Großtaten europäischer Mission erzählt, sondern aus der Sicht der Missionierten, auch die Perspektiven ihrer Opfer – Sklavenhandel, kulturelle Unterdrückung, Rassismus, Schaffung ökonomischer Ausbeutungsstrukturen – in das kirchliche Gedächtnis einbringt; und die überhaupt erst die europäische Kirchengeschichte aus ihrer eurozentrischen Perspektivenverengung herausholt. Missionswissenschaft bringt aber auch dogmatische oder moraltheologische Anliegen und Sichtweisen aus außereuropäischen Regionen ins Gespräch mit europäischer Theologie. Eine lateinamerikanische Christologie der Befreiung, eine afrikanische Theologie der Familie oder aber eine indische Theologie des Dialogs mit anderen Religionen sind auch für eine zeitgemäße Theologie in Europa nicht mehr wegzudenken. Dies umso mehr, als auch in Europa selbst bereits seit einigen Jahrzehnten „Christentümer" aus allen Weltregionen leben.

Die globalen Migrationsströme haben dazu geführt, dass aus der ganzen Welt unterschiedlichste christliche Kirchen und christliche Frömmigkeitsformen in unserer direkten Nachbarschaft leben. In Deutschland rechnet man mit ca. 1000 sogenannten Migrationskirchen. Darin sind katholische sogenannte anderssprachliche Missionen noch gar nicht eingerechnet. Weltkirche ist überall Realität: lokal und global. Für die Missionswissenschaft ist dadurch eine neue Herausforderung entstanden, nämlich eine Vermittlerrolle zwischen den ganz unterschiedlichen Christentümern. Diese Rolle kann sie aber nur dann überzeugend vertreten, wenn die Missionswissenschaft sich ihrer eigenen kulturellen und kontextuellen Verankerung bewusst ist, wenn sie nicht mit dem Anspruch auftritt, quasi universal zu denken und gleichsam „über" den Unterschieden zu schweben. Die Forderung des ökumenischen Lernens richtet sich auch an die Missionswissenschaft selbst: Sie ist unmittelbar Beteiligte – und nicht distanzierte Beobachterin. Missionswissenschaft in Europa bleibt eine Disziplin europäischer Theologie. Sie stellt sich zwar dem weltweiten Gespräch – aber eben als europäische Stimme. Das ist die Konsequenz ökumenischen Lernens, dass sich keine Theologie und keine theologische Disziplin mehr einfach *über* die anderen stellen kann, sondern dass sie vielmehr ihre Stimme in ein Gespräch einzubringen und auf andere Stimmen zu hören hat. Missionswissenschaft wird sich deshalb immer darum bemühen, auch die anderen für sich sprechen zu lassen. In diesem Sinne kann sie anwaltschaftlich und mit den anderen solidarisch sein. Sie wird sich aber auch bewusst halten, dass sie immer in der Gefahr einer „ökumenischen Amnesie“ (Klaus Hock, *1955) steht. Damit ist gemeint, dass sie ständig in der Gefahr ist, andere Christentümer, andere Kirchen, andere Gruppen zu übersehen. Missionswissenschaft kann ihren Beitrag zur Theologie nur leisten, wenn sie sich ihrer Grenzen und der Notwendigkeit zur ständigen Selbstkritik immer bewusst bleibt.

Klaus Hock (*1955)

Zusammenfassung

Beim Nachdenken über die Zukunft von Theologie und Kirche in Europa kommen zum einen zentrale theologische Themen in den Blick, die seit einigen Jahrzehnten dazu dienen, die neuen Herausforderungen für Theologie und Kirche in Europa durch die veränderte weltweite Situation des Christentums zu markieren: Inkulturation, Kontextualisierung, ökumenisches Lernen und Neue Katholizität. Zum anderen schärft die Frage nach dem aktuellen Beitrag der Missionswissenschaft für die Theologie und die Kirche in Europa das Bewusstsein, dass Missionswissenschaft eine Disziplin europäischer Theologie bleibt. Sie stellt sich zwar dem weltweiten Gespräch – aber eben als europäische Stimme.

5. Zur aktuellen Diskussion um die Entwicklung des Faches

Missionswissenschaft hat sich immer wieder verändert. Was ist heute eigentlich von den Anfängen in der Kolonialzeit geblieben? Sollte man nicht das Fach endlich auflösen und den problematischen Begriff der Mission und damit auch die Missionswissenschaft endlich aus der Theologie und ihrem Fächerkanon streichen? Der deutsch-brasilianische Missionswissenschaftler Paulo Suess (*1938) hat diese Frage gestellt und sich gegen das leichtfertige Streichen des Missionsgedankens ausgesprochen – und zwar als Ausdruck der Verantwortung vor der schwierigen Geschichte der Mission und ihrer über lange Zeit schwierigen Ideologie: „Im Ausrottungseifer gegenüber der Missionsideologie auch das Paradigma der ‚Mission‘ fallen zu lassen, könnte schon wiederum der Ansatz zu einer neuen Ideologiebildung sein, der Ideologie politischer Unschuld und bloßer Selbstrelevanz des Christentums“ (Suess, Unübersichtlichkeit im Missionsszenario 75). Paulo Suess fragt zu Recht, ob einer christlichen Kirche ohne Mission nicht der Stachel gezogen würde, der sie selbst vor ihrer Selbstgenügsamkeit

Paulo Suess (*1938)

schützen könnte. Wäre es denn wünschenswert, wenn die Kirche oder wenn die Christinnen und Christen aufhören würden, sich mit den Heilshoffnungen der anderen Menschen solidarisch zu erklären? Dies muss ja nicht zwangsläufig zu einer kolonialistischen und paternalistischen Mentalität führen, die immer schon weiß, was für die Anderen gut und richtig ist. Gerade, wenn man auch den Anderen zugesteht, selbst Erfahrungen mit dem Heil oder mit der Heilszusage des Evangeliums gemacht zu haben, kann man ja die „Begegnung auf Augenhöhe" als notwendige Grundhaltung missionarischer Kommunikation sehen.

Selbstverständnis der Missionswissenschaft

Das Selbstverständnis der Missionswissenschaft war von Anfang an in Bewegung. Die sogenannte Krise der Mission wurde auch zur Krise der Missionswissenschaft. Zugleich hat sich das Fach in seinen Krisen aber auch weiter entwickelt – und es ist darin doch an einer entscheidenden Stelle ihrem Ursprung treu geblieben, nämlich im Festhalten an ihrem ganz grundsätzlichen Thema, der Reflexion über die Geltendmachung der universalen Heilzusage des Evangeliums in unserer Welt. Die Formen dieser Geltendmachung, des Zeugnisses, haben sich immer wieder geändert. Sie wurden oft zu Recht kritisiert – aber daran hatte die Missionswissenschaft selbst ihren Anteil, auch wenn die Geschichte der Missionswissenschaft ebenfalls nicht „ohne Tadel" geblieben ist.

So ist das Festhalten an der Grundfrage der Missionswissenschaft, die sich als Frage nach dem verstehen lässt, wie der Glaube an das von Gott allen Menschen zugesagte Heil durch die Kirche bezeugt werden kann, auch heute geboten, gerade angesichts neuerer Bestrebungen, das Fach Missionswissenschaft gewissermaßen zu „entkernen": Zum Einen gibt es die Tendenz, Missionswissenschaft aus dem Kanon der Theologie herauszunehmen und es wie eine religionswissenschaftliche oder kulturwissenschaftliche Disziplin zu behandeln, deren Thema dann wäre, wie eine Religion sich gegenüber ihrer Außenwelt kommunikativ verhält. Hier würde Missionswissenschaft dann als Beobachtungswissenschaft fungieren und sie könnte diese Aufgabe für alle möglichen Religionen auch vergleichend übernehmen. Ähnliche Engführungen können zum Anderen aber auch eintreten, wenn Missionswissenschaft lediglich auf eine bestimmte Methode reduziert wird, wenn man sie z.B. lediglich als Wissenschaft des interreligiösen Dialogs, als vergleichende Pastoraltheologie oder als komparative Theologie begreifen wollte. Diese Methoden mögen zwar wichtig und notwendig sein, sie können aber das Grundthema der Missionswissenschaft nicht ersetzen.

Der Preis solcher Engführungen wäre jedenfalls hoch: Es würde das christliche theologische Zentrum gleichsam neutralisiert werden, nämlich der Bezug auf die geglaubte Heilszusage, ohne die aus christlicher Perspektive jede „Mission" der Kirche leer wäre. Das Theologische an der Missionswissenschaft liegt also zum Einen am Thema der christlichen Heilshoffnung und ihrer Bezeugung gegenüber allen in der Welt. Zum Anderen aber geht es auch um die konkrete Ver-Ortung der Missionswissenschaft bzw. derer, die sie betreiben: Die Heilsthematik ist ja immer in einer konkreten Welt zu bearbeiten. Das Evangelium bedeutet hier immer wieder Neues und Unerwartetes. Zugleich wird dieses Neue aber erst in konfliktträchtigen Prozessen ökumenischen Lernens und der Überwindung ökumenischer Amnesie sichtbar. Hier sind Missionswissenschaftlerinnen und Missionswissenschaftler selbst als Akteure – nicht nur als Beobachter – gefragt. So muss sich Missionswissenschaft über ihre eigene Kontextualisierung immer wieder Rechenschaft geben – gerade dies qualifiziert sie als eine theologische Disziplin, weil sie im Einlassen auf die Prozesse ökumenischen Lernens die Heilszusage des Evangeliums als Thema der Theologie ernst nimmt.

Literatur

AHRENS, Theodor: Gegebenheiten. Missionswissenschaftliche Studien, Frankfurt a. M. 2005.

AHRENS, Theodor: Mission nachdenken. Studien, Frankfurt a. M. 2002.

AHRENS, Theodor: Vom Charme der Gabe. Theologie interkulturell, Frankfurt a. M. 2008.

AHRENS, Theodor: Zur Zukunft des Christentums. Abbrüche und Neuanfänge (Beiheft Interkulturelle Theologie 11), Frankfurt a. M. 2009.

AHRENS, Theodor (Hg.): Zwischen Regionalität und Globalisierung. Studien zu Mission, Ökumene und Religion (Perspektiven der Weltmission 25), Ammersbek bei Hamburg 1997.

ANGENENDT, Arnold: Toleranz und Gewalt. Das Christentum zwischen Bibel und Schwert, Münster 2007.

ANTONIUSBOTE. Monatsschrift der Franziskaner Missionen und des Dritten Ordens 22 (1915).

BARRETT, David B. (Hg.): World Christian Encyclopedia. A Comperative Survey of Churches and Religions in the Modern World AD 1900–2000, Oxford ²2001 (2 Bde).

Bartolomé de Las Casas: Von der alleinigen Art der Berufung 1526, zit. in: Delgado, Gott in Lateinamerika 115.

Baur, John: Christus kommt nach Afrika. 2000 Jahre Christentum auf dem Schwarzen Kontinent (Studien zur christlichen Religions- und Kulturgeschichte 6), Fribourg 2006.

Bevans, Stephen B./Schroeder, Roger P.: Constants in Context. A Theology of Mission for Today (American Society of Missiology series 30), Maryknoll 2004.

Bibliographia Missionaria. Begr. v. Rommerskirchen, Johannes, fortges. v. Henkel, Willi und Metzler Josef, Vatican City 1 (1934).

Bibliotheca Missionum. Beg. v. Streit, Robert, fortgef. v. Dindinger, Johannes, fortges. v. Rommerskirchen, Johannes und Metzler, Josef, 30 Bde., Münster 1916–1974.

Theologie im Kontext. Informationen über theologische Beiträge aus Afrika, Asien, Ozeanien und Lateinamerika, Aachen 1–23 (1980–2002).

Bibliothek Theologie der Befreiung (BThB). Düsseldorf 1987 ff. (16 Bde. erschienen).

Bischof, Franz-Xaver u.a. (Hg.): Einführung in die Geschichte des Christentums, Freiburg i. Br. 2011.

Bosch, David J.: Transforming mission. Paradigm shifts in theology of mission (American Society of Missiology series 16), Maryknoll 1991.

Bühlmann, Walbert: Wo der Glaube lebt. Einblicke in die Lage der Weltkirche, Freiburg i. Br./Basel/Wien 1974.

Bujo, Bénézet: Plädoyer für ein neues Modell von Ehe und Sexualität. Afrikanische Anfragen an das westliche Christentum (Quaestiones Disputatae 223), Freiburg i. Br. 2007.

Bünker, Arnd: Missionarisch Kirche sein? Eine missionswissenschaftliche Analyse von Konzepten zur Sendung der Kirche in Deutschland (Theologie und Praxis 23), Münster 2004.

Bünker, Arnd/Weckel, Ludger (Hg.): „... Ihr werdet meine Zeugen sein ..." Rückfragen aus einer störrischen theologischen Disziplin, Freiburg i. Br. 2005

Bünker, Arnd u.a. (Hg.): Gerechtigkeit und Pfingsten. Viele Christentümer und die Aufgabe einer Missionswissenschaft, Ostfildern 2010.

Brandt, Hermann: Vom Reiz der Mission. Thesen und Aufsätze (Missionswissenschaftliche Forschungen: Neue Folge 18), Erlangen 2003.

Coakley, John W./Sterk, Andrea (Hg.): Readings in World Christian History, Vol. 1: Earliest Christianity to 1453, New York 2004.

Collet, Giancarlo: „... bis an die Grenzen der Erde." Grundfragen heutiger Missionswissenschaft, Freiburg i. Br. 2002.

Collet, Giancarlo: „Gemeinsam das Evangelium verkünden". Bemerkungen zur Enteuropäisierung europäischer Christenheit, in: Bünker, Arnd u.a. (Hg.): Gerechtigkeit und Pfingsten. Viele Christentümer und die Aufgabe einer Missionswissenschaft, Ostfildern 2010, 243–266.

Dahling-Sander, Christoph u.a. (Hg.): Leitfaden ökumenische Missionstheologie, Gütersloh 2003.

Delgado, Mariano (Hg.): Gott in Lateinamerika. Texte aus fünf Jahrhunderten. Ein Lesebuch zur Geschichte, Düsseldorf 1991.

DIRKS, Karsten: Ernst Lange weiterdenken. Impulse für die Kirche des 21. Jahrhunderts, Berlin 2007.

EBELING, Gerhard: Dogmatik des christlichen Glaubens, Bd. I, Tübingen 1979.

ELLACURÍA, Ignacio/SOBRINO, Jon (Hg.): Mysterium liberationis. Grundbegriffe der Theologie der Befreiung. 2 Bde., Luzern 1995 f.

EXELER, Adolf: Vergleichende Theologie statt Missionswissenschaft, in: WALDENFELS, Hans (Hg.): „...denn Ich bin bei Euch". Perspektiven im christlichen Missionsbewusstsein heute, Köln 1978, 199–211.

GIBELLINI, Rosino: Handbuch der Theologie im 20. Jahrhundert, Regensburg 1995.

GRÜNDER, Horst: Welteroberung und Christentum. Ein Handbuch zur Geschichte der Neuzeit, Gütersloh 1992.

HANCILES, Jehu J.: Beyond Christendom. Globalization, African Migration and the Transformation of the West, Maryknoll 2008.

HASTINGS, Adrian (Hg.): A World History of Christianity, London 1999.

HEGEL, Eduard: Der Lehrstuhl für Missionswissenschaft und die missionswissenschaftliche Studieneinrichtungen in der Katholisch-Theologischen Fakultät Münster, in: GLAZIK, Josef (Hg.): 50 Jahre Katholische Missionswissenschaft (Missionswissenschaftliche Abhandlungen und Texte 26), Münster 1961, 3–21.

HOCK, Klaus: Das Christentum in Afrika und dem Nahen Osten (Kirchengeschichte in Einzeldarstellungen 4,7), Leipzig 2005.

HOLLENWEGER, Walter: Erfahrungen der Leibhaftigkeit (Walter Hollenweger: Interkulturelle Theologie 1), München 1979.

HOLLENWEGER, Walter J.: Interkulturelle Theologie, 3 Bde., München 1979–1988.

HUBER, Friedrich: Das Christentum in Ost-, Süd- und Südostasien sowie Australien (Kirchengeschichte in Einzeldarstellungen 4,8), Leipzig 2005.

Instruktion der Propaganda von 1659, zit. in: Koschorke u.a., Außereuropäische Christentumsgeschichte 28.

International Bulletin of Missionary Research. Ventnor/New Jersey 1 (1977). (Heft Nr. 1 jedes Jahrgangs enthält die jeweils neuesten Zahlen).

IRVIN, Dale/SUNQUIST, Scott (Hg.): History of the World Christian Movement. Vol. I: Earliest Christianity to 1453, New York 2002.

KAHL, Werner: Jesus als Lebensretter. Westafrikanische Bibelinterpretationen und ihre Relevanz für die neutestamentliche Wissenschaft (New Testament Studies in Contextual Exegesis – Neutestamentliche Studien zur kontextuellen Exegese 2), Frankfurt a. M. 2007.

KERTELGE, Karl (Hg.): Mission im Neuen Testament (Quaestiones disputatae 93), Freiburg i. Br. u.a. 1982.

KESSLER, Hans/SILLER, Hermann Pius: Vorwort zur Reihe „Theologie interkulturell", in: BUJO, Benezet: Afrikanische Theologie in ihrem gesellschaftlichen Kontext (Interkulturelle Theologie 1), Düsseldorf 1986, 9–16.

KOSCHORKE, Klaus/LUDWIG, Frieder/DELGADO, Mariano (Hg.): Außereuropäische Christentumsgeschichte (Asien, Afrika, Lateinamerika) 1450–1990 (Kirchen- und Theologiegeschichte in Quellen 6), Neukirchen-Vluyn 2004.

MARGULL, Hans-Jochen: Überseeische Christenheit II. Vermutungen zu einer Tertiaterranität des Christentums, in: Verkündigung und Forschung 19/1 (1974), 56–103.
MAYEUR, Jean-Marie u.a.: Die Geschichte des Christentums. Religion – Politik – Kultur, Freiburg i. Br. u.a. 1991 ff.
MCMANNERS, John (Hg.): Geschichte des Christentums, Frankfurt a. M. u.a. 1993.
METZ, Johann Baptist: Im Aufbruch zu einer kulturell polyzentrischen Weltkirche, in: KAUFMANN, Franz-Xaver/METZ, Johann Baptist: Zukunftsfähigkeit. Suchbewegungen im Christentum, Freiburg i. Br./Basel/Wien 1987, 93–123.
MÜLLER, Karl: Missionstheologie. Eine Einführung, Berlin 1985.
MÜLLER, Karl/USTORF, Werner (Hg.): Einleitung in die Missionsgeschichte. Tradition, Situation und Dynamik des Christentums (Theologische Wissenschaft 18), Stuttgart u.a. 1995.
MÜLLER, Karl: Katholische Missionsgeschichtsschreibung seit dem 16. Jh., in: MÜLLER, Karl/USTORF, Werner (Hg.): Einleitung in die Missionsgeschichte. Tradition, Situation und Dynamik des Christentums (Theologische Wissenschaft 18), Stuttgart 1995.
MÜLLER, Karl/SUNDERMEIER, Theo (Hg.): Lexikon missionstheologischer Grundbegriffe, Berlin 1987.
OHM, Thomas: Ex contemplatione loqui. Gesammelte Aufsätze (Missionswissenschaftliche Abhandlungen und Texte 25), Münster 1961.
OHM, Thomas: Meine Tätigkeit im Dienste der Missionswissenschaft in Münster, in: GLAZIK, Josef (Hg.): 50 Jahre Katholische Missionswissenschaft (Missionswissenschaftliche Abhandlungen und Texte 26), Münster 1961, 33–40.
PIEPEL, Klaus: Lerngemeinschaft Weltkirche. Lernprozesse in Partnerschaften zwischen Christen der Ersten und der Dritten Welt (Misereor-Dialog 9), Aachen 1993.
PRIEN, Hans-Jürgen: Das Christentum in Lateinamerika (Kirchengeschichte in Einzeldarstellungen 4,6), Leipzig 2007.
RAHNER, Karl: Theologische Deutung der Position des Christen in der modernen Welt, in: Ders.: Sendung und Gnade. Beiträge zur Pastoraltheologie, Innsbruck/Wien/München ⁴1966, 13–47.
RAHNER, Karl: Theologische Grundinterpretation des II. Vatikanischen Konzils, in: Ders., Schriften zur Theologie, Bd. XIV (In Sorge um die Kirche), Zürich/Einsiedeln/Köln 1980, 287–302.
RAISER, KONRAD: Die drei Kreuze der ökumenischen Bewegung, in: DEML-GROTH, Barbara/SOBRINO, Jon: Der Glaube an Jesus Christus. Eine Christologie aus der Perspektive der Opfer, Ostfildern 2008.
RATZINGER, Joseph: Das neue Volk Gottes. Entwürfe zur Ekklesiologie, Düsseldorf 1969.
RAUPP, Werner (Hg.): Mission in Quellentexten. Von der Reformation bis zur Weltmissionskonferenz 1910, Erlangen u.a. 1990.
REINBOLD, Wolfgang: Propaganda und Mission im ältesten Christentum. Eine Untersuchung zu den Modalitäten der Ausbreitung der frühen Kirche (Forschungen zur Religion und Literatur des Alten und Neuen Testaments 188), Göttingen 2000.

Reinhard, Wolfgang: Geschichte der europäischen Expansion, 4 Bde., Stuttgart u.a. 1983–1990.

Ritschl, Dietrich/Ustorf, Werner: Ökumenische Theologie. Missionswissenschaft (Grundkurs Theologie 10,2; Urban-Taschenbücher 430,2), Stuttgart 1994.

Rzepkowski, Horst: Lexikon der Mission. Geschichte, Theologie, Ethnologie, Graz 1992.

Schäfer, Klaus: Anstoß Mission. Impulse aus der Missionstheologie, Frankfurt a. M. 2003.

Scherer, James A./Bevans, Stephen B. (Hg.): New Directions in Mission and Evangelization, 3 Bde., Maryknoll 1992 ff.

Schmidlin, Josef: Deutsche Kolonialpolitik und katholische Heidenmission, Münster 1912.

Schmidlin, Josef: Katholische Missionslehre im Grundriss (Lehrbücher zum Gebrauch beim theologischen Studium), Münster ²1923.

Schmidlin, Josef: Mitteilung betr. Missionswissenschaftliche Vorlesungen in Münster, in: ZMR 20 (1931) 261.

Schmitt, Eberhard (Hg.): Dokumente zur Geschichte der europäischen Expansion, 7 Bde., München/Wiesbaden 1986–2008.

Schreiter, Robert: Abschied vom Gott der Europäer. Zur Entwicklung regionaler Theorien. Mit einem Vorwort von Edward Schillebeeckx (Edition solidarisch leben), Salzburg 1992.

Schreiter, Robert: Die neue Katholizität. Globalisierung und die Theologie (Theologie interkulturell 9), Frankfurt a. M. 1997.

Sekretariat der Deutschen Bischofskonferenz (Hg.): Aparecida 2007. Schlussdokument der 5. Generalversammlung des Episkopats von Lateinamerika und der Karibik (Stimmen der Weltkirche 41), Bonn 2007.

Sekretariat der Deutschen Bischofskonferenz (Hg.): Beschluss „Unsere Hoffnung", in: Dies. (Hg.): Gemeinsame Synode der Bistümer in der Bundesrepublik Deutschland, Bd.1, Bonn 1985, 71–111.

Senior, Donald/Stuhlmueller, Carrol: The biblical foundations for mission, Maryknoll 1983.

Sievernich, Michael: Die christliche Mission. Geschichte und Gegenwart, Darmstadt 2009.

Sobrino, Jon: Christologie der Befreiung, Ostfildern 2008.

Suess, Paulo: Unübersichtlichkeit im Missionsszenario, in: Concilium 30 (1994), 74.

Sundermeier, Theo: Konvivenz und Differenz. Studien zu einer verstehenden Missionswissenschaft (Missionswissenschaftliche Forschungen: Neue Folge 3), Hg. v. Küster, Volker, Erlangen 1995.

Theologie der Dritten Welt. Freiburg i. Br. u.a. 1981 ff. (bisher 39 Bde. erschienen).

Theologie interkulturell. Düsseldorf/Frankfurt a. M./Ostfildern 1986 ff. (19 Bde. erschienen).

Theologiegeschichte der Dritten Welt. München 1991 ff.

Thomas, Norman E.: Classic Texts in Mission and World Christianity (American Society of Missiology series), Maryknoll 1995.

Verstraelen, Frans J. u.a. (Hg.): Missiology. An Ecumenical Introduction. Texts and Contexts of Global Christianity, Grand Rapids, Michigan 1995.
Werner, Dietrich: Mission für das Leben – Mission im Kontext. Ökumenische Perspektiven missionarischer Präsenz in der Diskussion des ÖRK 1961–1991 (Ökumenische Studien 3), Rothenburg 1993.
Wilfred, Felix: Theologie vom Rand der Gesellschaft. Eine indische Vision (Theologie der Dritten Welt 35), Freiburg i. Br. 2006.

Übersicht über die gesamte Reihe

Grundlegung

Modul 1: Biblische Theologie, hg. v. Dominik Burkard
1. Exegetische Methoden
2. Altes Testament und Geschichte Israels
3. Neues Testament und biblische Zeitgeschichte
4. Bibelkunde

Modul 2: Historische Theologie, hg. v. Dominik Burkard
1. Kirchengeschichte zwischen Geschichte, Theologie und Religionswissenschaft
2. Methoden der Kirchengeschichtsschreibung
3. Alte Kirchengeschichte in Grundzügen
4. Patrologie in Grundzügen
5. Mittelalterliche Kirchengeschichte in Grundzügen
6. Neuzeitliche Kirchengeschichte in Grundzügen

Modul 3: Systematische Theologie, hg. v. Karlheinz Ruhstorfer
1. Einführung in die Theologische Erkenntnislehre
2. Theologischer Grundkurs: Einführung in die katholische Glaubenslehre
3. Einführung in die Moraltheologie
4. Einführung in die Christliche Sozialethik
5. Einführung in die Religionswissenschaften

Modul 4: Praktische Theologie, hg. v. Claußs Peter Sajak
1. Einführung in die Pastoraltheologie
2. Einführung in die Religionspädagogik
3. Einführung in das Kirchenrecht
4. Einführung in die Liturgiewissenschaft
5. Einführung in die Missionswissenschaft

Modul 5: Philosophische Grundfragen der Theologie, hg. v. Karlheinz Ruhstorfer
1. Philosophie der Antike
2. Philosophie des Mittelalters
3. Philosophie der Neuzeit
4. Philosophie der Moderne und Postmoderne
5. Aktuelle Fragestellungen
6. Einführung in die Religionsphilosophie

Modul 6: Welt und Mensch als Schöpfung Gottes, hg. v. Karlheinz Ruhstorfer

1. Schöpfung im Alten und Neuen Testament
2. Naturphilosophie und Philosophische Anthropologie
3. Alleinheitsdenken und Schöpfungsdifferenz
4. Theologische Anthropologie

Modul 7: Gotteslehre, hg. v. Karlheinz Ruhstorfer

1. Zentrale Gottesbilder im Alten Testament
2. Der Gott Jesu und der christlichen Gemeinden
3. Die Entwicklung der Gotteslehre in der Frühen Kirche
4. Philosophische Gotteslehre
5. Theodizee
6. Trinitätslehre

Modul 8: Jesus Christus, hg. v. Karlheinz Ruhstorfer

1. Königtum Gottes und messianische Erwartungen im Alten Testament
2. Von der Verkündigung Jesu zum verkündigten Christus
3. Entwicklung der Christologie bis Chalkedon
4. Grundlagen der Christologie und Soteriologie
5. Jesus in Philosophie und Kultur

Modul 9: Wege christlichen Denkens und Lebens, hg. v. Dominik Burkard

1. Taufe, Eucharistie, Buße in der frühen Kirche
2. Christliches Denken und Leben in Mittelalter und Neuzeit
3. Sakramentenlehre
4. Verkündigungsrecht und Sakramentenrecht
5. Die Feier der Sakramente
6. Sakramentenkatechese
7. Bild und Religion

Modul 10: Kirche. Mysterium und Volk Gottes, hg. v. Dominik Burkard

1. Kirche im Neuen Testament und in frühchristlicher Zeit
2. Historische Ekklesiologie
3. Reich Gottes und Kirche als Institution
4. Dogmatische Ekklesiologie
5. Verfassungsrecht der lateinischen Kirche
6. Pastorale Konkretionen

Modul 11: Dimensionen und Vollzüge des Glaubens, hg. v. Dominik Burkard

1. Gebet, Gottesdienst und Feste im biblischen Israel
2. Glaubensvollzüge in Urgemeinde und frühchristlicher Zeit
3. Historische Ausprägungen christlicher Spiritualität
4. Gebet und Zeit in der Liturgie
5. Formen der außersakramentalen Glaubenspraxis
6. Homiletik
7. Christliche Sexualethik

Modul 12: Christliches Handeln in Verantwortung für die Welt, hg. v. Clauß Peter Sajak

1. Politische Philosophie
2. Philosophische Ethik
3. Theologische Fundamentalethik – Grundlagen
4. Geschichte der Sozialen Frage
5. Politische Ethik
6. Wirtschaftsethik
7. Bioethik

Modul 13: Christwerden in Kultur und Gesellschaft, hg. v. Clauß Peter Sajak

1. Brennpunkte im Verhältnis Staat und Kirche in der Neuzeit
2. Kirche und Staat im Kirchenrecht
3. Politische Ethik
4. Personaler Glaube im Kontext der Zeit
5. Religionsdidaktik als Theorie religiösen Lehrens und Lernens
6. Religion in Kultur und Medien

Modul 14: Christentum und andere Religionen, hg. v. Clauß Peter Sajak

1. Religionsphilosophie
2. Theologie der Religionen
3. Das Judentum
4. Der Islam
5. Buddhismus und Hinduismus
6. Religiöse Bildung im Kontext der Pluralität

Details zu den bislang erschienenen Bänden unter www.utb.de

Personenregister

A

Ahrens, Theodor 271
Alberigo, Giuseppe 263
Alexander III. (Papst) 132
Alexander VI. (Papst) 240
Ambrosius von Mailand 197–198
Assmann, Jan 190
Aurelius Augustinus 68, 74, 180, 224

B

Basedow, Johann Bernhard 65
Baumstark, Anton 181
Beck, Ulrich 46
Beck-Gernsheim, Elisabeth 46
Benedikt XIV. (Papst) 180
Benedikt XV. (Papst) 133
Benedikt XVI. (Papst) 148, 161, 163, 171
Benner, Dietrich 55
Binsfeld, Peter 18
Bonifaz VIII. (Papst) 132, 170
Borromäus, Karl 69

C

Calvin, Johannes 22
Canisius, Petrus 68
Cardijn, Joseph 40–42
Casel, Odo 181–182, 200
Chlodwig I. (König) 239
Clemens V. (Papst) 132

D

De Las Casas, Bartolomé 241
de Nobili, Roberto 242
Duff, Alexander 251

E

Ebeling, Gerhard 238
Englert, Rudolf 81, 91
Exeler, Adolf 258–259

F

Feindt, Andreas 109–110
Foucault, Michel 204–205
Fowler, James W. 100–101
Freire, Paulo 269

G

Gensicke, Thomas 97
Glazik, Josef 255
Gmünder, Paul 102–103
Goldman, Ronald 100–101
Göttler, Joseph 65
Graf, Anton 54
Gratian 131–132
Gregor I. (Papst) 18, 22, 183
Gregor IX. (Papst) 132
Gregor VIII (Papst) 132
Gregor von Nazianz 18
Gregor XVI. (Papst) 242
Griesl, Gottfried 56
Guardini, Romano 181–182

H

Heimann, Paul 108
Herder, Johann Gottfried 65
Hippolyt von Rom 210,
Hobbes, Thomas 137–138
Hock, Klaus 275
Hollenweger, Walter J. 259

I

Innozenz III. (Papst) 132

J

Jesus 18, 21, 26, 28, 31, 49, 57, 100, 104, 106, 122–123, 140, 191, 198, 201, 208, 210, 217, 219, 221, 227–228, 238, 271
Johannes (der Täufer) 208–209, 227–228
Johannes (Evangelist) 214
Johannes Chrysostomos (Patriarch) 18
Johannes XXII. (Papst) 132
Johannes XXIII. (Papst) 134, 149, 159
Johannes Paul II. (Papst) 121, 135–137, 141, 146, 160, 163, 171
Jungmann, Josef Andreas 181

K

Kabisch, Richard 65
Kant, Immanuel 18, 38–39
Klafki, Wolfgang 108
Kohlberg, Lawrence 101–103
Kolumbus, Christoph 240

L

Lange, Ernst 269
Lullus, Raimundus 250
Luther, Martin 68, 122, 183

M

Maria Theresia (Kaiserin) 17, 69
Mayer, Anton Ludwig 181
Meyer, Hilbert 73, 108–109, 111
Michael I. Kerullarios (Patriarch) 183

N

Niemeyer, August Hermann 70
Nikolaus V. (Papst) 240
Nipkow, Karl Ernst 89, 94

O

Obstraet, Johannes 18
Ohm, Thomas 254–255
Oser, Fritz 102–103
Otto, Gert 58

P

Parsch, Pius 182
Paul VI. (Papst) 134, 171
Paulus (von Tarsus) 130, 189, 191, 195–196, 209–210, 214, 217, 220
Pestalozzi, Johann Heinrich 65
Piaget, Jean 99–101, 103
Pius V. (Papst) 68
Pius X. (Papst) 133

R

Rahner, Karl 23, 59, 261
Rautenstrauch, Franz Stephan 17–19, 21, 22, 56, 69
Reilly, George 92
Reischle, Max 65
Ricci, Matteo 242
Ruster, Thomas 92

S

Sailer, Johann Michael 20–21
Salzmann, Christian Gotthilf 65
Schillebeeckx, Edward 49, 90
Schleiermacher, Friedrich 32, 80
Schmidlin, Josef 252–254
Schreiter, Robert 271–272
Schulze, Wolfgang 108
Schweitzer, Friedrich 71, 83–84, 89, 94
Sen, Amartya 38
Sixtus IV. (Papst) 132
Sohm, Rudolph 122–123
Stenger, Hermann M. 51
Stieglitz, Heinrich 68
Strabo, Walahfrid 180
Suess, Paulo 275
Sundermeier, Theo 260

T

Tertullian 200
Tillich, Paul 90
Turner, Victor 203

U

Urban IV. (Papst) 132

V

van Gennep, Arnold 202
von Mende, Durandus 180
von Rivo, Radulph 180
von Wessenberg, Ignaz Heinrich 181

W

Warneck, Gustav 252
Winter, Vitus Anton 181
Wintersig, Athanasius 182

Z

Zerfaß, Rolf 32, 34–35, 44, 57

Sachregister

A

Ad gentes (Dekret) 237, 256–257
Ägypten 25, 192, 195, 201, 208, 228
Amt 23, 49, 54, 56, 59, 124, 145, 150, 169, 172, 180, 211
Anamnese 190, 193, 194, 196, 200, 227, 229
Anthropologie 56, 60, 66–68, 90, 184, 204
Armut 26, 29, 30, 31, 37–39, 58, 247–248, 262–263, 266–267, 270
Auferstehung 35, 48, 191, 195–196, 198, 201–202, 210, 217–218, 222, 227–229, 265
Aufklärung 19, 180–181, 242, 262

B

Befreiung 40, 50, 57, 151–152, 194–195, 201, 214, 224, 226–228, 231, 267–268, 270, 273–274
Berufung 46–53, 126, 170–171, 173, 195, 228–229, 244
Bibel 24, 26, 37, 48, 52–53, 57, 59, 68, 77, 91–92, 106, 114, 130, 140, 179–180, 182, 186, 190, 191–198, 202, 207–210, 216, 219, 227–228, 264, 271, 274
Bildungsstandards 88, 104–105, 107, 110
Buße 196, 232

C

Caritas 15, 21–22, 57

D

Diakonia 21–22, 52, 57–58, 60, 83–84, 122, 248
Dispens 151–152, 158
Dogmatik 27, 127, 145, 187, 237, 252, 274

E

Ehe 84, 125, 127, 130, 139, 148, 151, 159, 165, 169–170, 172, 196, 218
Epiklese 193, 195, 201, 227, 229
Eschatologie 26, 191, 196, 198, 202–203, 208–209, 222, 239
Ethik 71, 86, 104, 113, 214, 230, 252
Eucharistie 57, 158, 180, 183, 189, 196–198, 201, 206–207, 211, 215–216, 220–222, 225–226, 231, 268
Evangelium 18–21, 23, 28, 30, 40, 44, 47, 51, 104, 205, 208, 213, 238–239, 241, 245, 247, 250, 257, 259–260, 262, 264–269, 271–273, 276–277
Exodus 24–25, 192–193, 195, 201, 208, 228
Exorzismus 208, 213–216, 222, 224, 233

F

Firmung 52, 79–80, 219–221, 224–226, 228, 231
Freiheit 44–53, 76, 79, 82, 174–175, 195, 230–231, 257

G

Gaudium et spes (Konstitution) 29–31, 47–48, 50–51, 56
Gebet 77, 93, 169, 181, 187, 189, 193, 196, 200–201, 207, 211, 213–216, 218–220, 224, 226
Gemeinde 45, 67, 75, 76, 79, 87–88, 144, 183, 186, 189, 224, 226, 232, 248–249
Globalisierung 28, 247, 263, 266, 273
Gottesdienst 13, 33–35, 52, 57–58, 124, 149, 169, 179, 180, 182–190, 193, 200, 204–207, 211–215, 221, 224–225, 231, 233
Gravissimum educationis (Erklärung) 75–76

H

Heil 29–30, 47, 57, 102, 124–127, 129, 145, 156, 170, 174–175, 182, 187–188, 190–200, 202–203, 208, 217, 219, 224, 226–227, 231, 239, 267, 276, 277
Hermeneutik 58, 71–72, 92, 260

Hirte 22, 24–27, 44, 146, 172
Homiletik 15, 21

I

Identität 35, 77, 84, 102, 190, 192, 229, 231, 241, 247, 263, 269–272
Individualisierung 45–47, 50, 77, 83, 99, 101, 231
Interreligiösität 84, 113, 115, 276
Islam 239–240, 249
Israel 24–25, 31, 186, 191, 193–195, 201, 208, 228, 239

J

Jerusalem 25, 179, 238–239
Judentum 184, 195, 239

K

Karfreitag 198, 214
Katechese 66–68, 73–76, 78–82, 84–85, 87, 124, 169, 211–212, 232–234
Katechetik 21–22, 66–69, 74, 81
Katechumenat 79, 184, 211–214, 221–222, 224–225, 231, 233, 234
Koinonia 57–58, 60
Kolonialismus 240–241, 243–244, 249–253, 255, 275–276
Konstantinische Wende 49, 68
Konzil
I. Vatikanisches Konzil 141, 256
II. Vatikanisches Konzil 27, 31, 47, 49–51, 54, 56, 60, 75–76, 78, 123, 129, 134, 136–137, 141, 155, 159–161, 175, 179–181, 185–187, 195, 206, 225, 237, 255–256, 258, 260–261, 267
Konzil von Trient 78, 133, 171, 186
Konzil von Vienne 250
Korrelation 82, 89, 90–94, 96, 112, 114
Kreuzzüge 240

L

Leiturgia 57, 60
Lumen gentium (Konstitution) 27–28, 30, 47–49, 51, 123, 187, 257–258

M

Martyria 57, 60
Migration 245, 248–249, 263, 268, 274
Missale Romanum (Konstitution) 171, 194, 201
Mysterium 57, 179, 182, 195, 197–200, 226, 228

O

Offenbarung 30, 90, 139–140, 171–173, 175, 191, 197, 199
Ökumene 59–60, 83, 113, 115, 183, 249, 257, 269–275, 277
Oration 139, 194–195
Ostern 180, 193–199, 201, 205, 210, 213–214, 216, 224, 226, 228–229, 253, 265
Ostkirchen 136–137, 163, 181, 184

P

Pascha/Pessach 182, 192, 195, 198, 215
Pastor bonus (Konstitution) 18, 164
Philosophie 66–67, 69, 86, 104, 112, 137, 184
Pluralität 45, 47, 56, 82, 84, 98, 115, 195, 246, 248, 262, 266, 269, 271
Predigt 15–16, 21, 38, 55, 58, 140, 169, 208, 241, 254

R

Religionsunterricht 22, 67, 72–83, 85–115, 184–185
Remonstration 149–150

S

Sakrament 19, 22, 28, 57, 68–69, 79, 84, 87, 124–125, 131, 149–150, 168–169, 172, 188–189, 196, 199–200, 221, 223–225, 227–229, 231–234
Sapienta Christiana (Konstitution) 126, 163
Satan 216–218, 222–223
Schöpfung 11, 56, 65, 69, 83, 127, 138, 189, 191, 197, 216, 222, 226–229, 231
Seelsorge 16–17, 21, 23, 54–55, 88, 165, 172, 182, 231
Septuaginta 179, 186
Spiritualität 84, 179, 217, 231, 243, 244, 247

Subjekt 40–44, 70–71, 82, 102, 202, 204, 257, 260
Sünde 123, 195, 198, 201, 208–209, 214, 218, 224, 226, 228–231

T

Traditio Apostolica 210–216, 218–219, 221–222

U

Unitatis Redintegratio (Dekret) 257

V

Verkündigung 35, 52, 57–58, 92, 179, 185, 192, 197, 205–208, 210, 238–239, 249–250, 257, 260
Vernunft 138–139, 143–144

W

Wiedergeburt 173, 194–195, 218, 228–229, 232
Würzburger Synode 78–79, 87, 90, 184, 267

Die Autorinnen und Autoren

Prof. Dr. theol. Lic. iur. can. Gregor Bier (geb. 1959) ist Ordinarius für Kirchenrecht und Kirchliche Rechtsgeschichte an der Theologischen Fakultät der Universität Freiburg.

Dr. theol. Arnd Bünker (geb. 1969) ist Leiter des Schweizerischen Pastoralsoziologischen Instituts in St. Gallen, Geschäftsführer der Pastoralplanungskommission der Schweizer Bischofskonferenz und Dozent für Pastoralsoziologie an der Universität Fribourg.

Prof. Dr. theol. Giancarlo Collet (geb. 1945) war von 1988 bis 2010 Direktor des Instituts für Missionswissenschaft an der Katholisch-Theologischen Fakultät der Westfälischen Wilhelms-Universität Münster.

Prof. Dr. theol. Reinhard Feiter (geb. 1956) ist Direktor des Seminars für Pastoraltheologie an der Katholisch-Theologischen Fakultät der Westfälischen Wilhelms-Universität Münster.

Prof. Dr. theol. Ansgar Franz (geb. 1959) ist Ordinarius für **Liturgiewissenschaft und Homiletik** an der Katholisch-Theologischen Fakultät der Johannes Gutenberg-Universität Mainz.

Dr. Siggi Fuhrmann (geb. 1976) ist Wissenschaftliche Assistentin am Lehrstuhl für Liturgiewissenschaft der Rheinischen Friedrich-Wilhelms-Universität Bonn.

Dipl. theol. Eva Mundanjohl (geb.1979) ist Missionswissenschaftlerin und arbeitet als Geschäftsführerin des Prüfungsamtes I der Westfälischen Wilhelms-Universität Münster.

Prof. Dr. theol. Clauß Peter Sajak (geb. 1967) ist Ordinarius für Religionspädagogik an der Katholisch-Theologischen Fakultät der Westfälischen Wilhelms-Universität Münster.

Dr. theol. Alexander Zerfaß (geb. 1978) ist Wissenschaftlicher Mitarbeiter in der Abteilung **Liturgiewissenschaft und Homiletik** der Katholisch-Theologischen Fakultät der Johannes Gutenberg-Universität Mainz.